2023年第2辑　总第319辑

上海审判实践

上海市高级人民法院 主办

主编 王光贤　副主编 郑天衣

上海人民出版社

《上海审判实践》责任编辑团队

（按姓氏笔画排序）

王　茜，法律硕士，上海市第一中级人民法院三级高级法官
王　静，法学硕士，上海市高级人民法院三级高级法官
沙　洵，法学博士，上海市高级人民法院三级高级法官
张　俊，法学博士，上海市高级人民法院三级高级法官
张心全，法学博士，上海市高级人民法院三级高级法官
陈　克，法律硕士，上海市高级人民法院三级高级法官
林俊华，法学硕士，上海市高级人民法院三级高级法官
金殿军，法学博士，上海金融法院三级高级法官
孟　猛，法律硕士，上海市高级人民法院三级高级法官
俞小海，法学硕士，上海市高级人民法院研究室科长
娄正涛，法学硕士，上海铁路运输法院三级高级法官
洪　波，法律硕士，上海市第三中级人民法院三级高级法官
徐　川，法学硕士，上海市高级人民法院三级高级法官
徐卓斌，法学博士，上海市高级人民法院三级高级法官
徐晨平，法律硕士，上海市高级人民法院三级高级法官
高明生，法学硕士，上海市高级人民法院三级高级法官
程小勇，法学博士，上海市高级人民法院三级高级法官
彭　浩，法学硕士，上海市高级人民法院三级高级法官
董　敏，法学硕士，上海市高级人民法院三级高级法官
董　庶，法律硕士，上海市高级人民法院三级高级法官
董　燕，法学博士，上海市高级人民法院三级高级法官
潘庸鲁，法学博士，上海市高级人民法院三级高级法官
戴　曙，法学博士，上海市高级人民法院三级高级法官

目　录

专稿

司法实务

改革前沿

司法大数据分析

案例精解

观点争鸣

审判业务文件

建立小微企业专门破产程序研究

吴金水*

“小微企业”是指“任何法定形式的微型和小型企业，包括个人企业经营者和根据本国国内法符合微型和小型企业条件规定的已组成或未组成公司形式的、有限或无限责任的实体”。① 长期以来，小微企业对我国 GDP 贡献率高达 60% 以上，吸纳 70% 以上的农村转移劳动力，提供 80% 的城镇就业岗位和 90% 的企业数量。② 小微企业使经济的发展实现了灵活性和多样性，增强了社会与经济的弹性，是创业活力和财富创造力的关键引擎。③

当前，民营经济尤其是小微企业生产经营困难较多，发展预期偏弱，信心不足。2022 年 12 月召开的中央经济工作会议指出，“明年经济工作千头万绪，要从战略全局出发，从改善社会心理预期、提振发展信心入手，纲举目张做好工作”。破产法是对诚实而不幸的债务人的人道主义保护法，是帮助困境企业“涅槃重生”之法。破产保护是小微企业树信心、强发展的底气所在。本文立足于小微企业在破产程序中遇到的特殊问题，围绕尽早解决小微企业

* 吴金水，上海市高级人民法院党组成员、副院长。

① 联合国国际贸易法委员会《小微企业破产法立法指南草案》，https://undocs.org/ch/A/CN.9/WG.V/WP.174。对于小微企业的定义全球并无统一界定标准，各国一般依据本国国情，以年度总收入或净收入、资产和 / 或负债、销售额、法律结构以及员工人数等因素予以界定。本文依据我国国家市场监管总局小微企业库的划分标准，将注册资本或出资额在 5000 万元以下的企业归入小微企业。由于个体工商户在经营活动、规模和财务方面均与具有法人资格的小微企业具有相似性，我国的一些政策文件中个体工商户视同小微企业，其他国家也将其归入小微企业，本文亦将个体工商户纳入小微企业范围研究。

② 因缺乏小微企业作为独立单位的统计数据，上述数据统计对象为中小微企业，但所研究的对象接近小微企业的特点。参见《解码“专精特新”中小企业成长秘籍》，载“天眼查”微信公众号 https://mp.weixin.qq.com/s/sQ9bkWPmxkOdAajmRjKltw，2023 年 1 月 28 日访问。

③ 参见［加］罗兰德·戴维斯等：《中小微企业破产——模块法》，韦子唯译，法律出版社 2022 年版，第 1 页。

财务困境、构建适合小微企业的重整模式、激励债权人与债务人协同配合简化程序等核心问题，就如何构建小微企业专门破产程序提出建议。

一、小微企业在现行破产保护制度下面临的困境

小微企业的生命周期整体较短，美国与日本小微企业的平均寿命分别为8.2年、12.5年，而我国小微企业的平均寿命仅为2.5年。[④]对于这一现象，需要辩证分析，小微企业及时退出市场既有实现经济的灵活性与多样性的积极作用，但也需要进一步研究现象背后的原因，为小微企业的发展提供制度保障，以鼓励创业创新。

（一）从破产保护的视角分析小微企业的经营特点

尽管小微企业在组织性质和经营形式上各不相同，但从破产保护的视角来看，拥有一些共同的经营特点：

（1）规模小而敏感脆弱，容易陷入财务困境。根据经济合作与发展组织的报告，小微企业特别容易受到宏观经济和金融冲击的影响。[⑤]小微企业缺乏可以让金融贷款人接受的实物资产以用作抵押，主要依赖亲友借款、分担风险，获得资本或银行的支持与服务有限；缺乏相应的资源寻求处理破产问题的专业人员的帮助，较其他企业更易陷入财务困境。

（2）具有鲜明的人身属性和个人色彩。[⑥]小微企业与企业主（甚至企业主的家庭、亲友）可能存在人格混同。在财产方面，合伙企业与个体工商户的组织形式已经决定企业主无法将其个人财产与企业财产清晰分离，而以法人形式存在的小微企业也因其融资贷款能力有限，需要企业主本人或依赖其亲友提供借款、担保或分担风险。[⑦]在人员构成方面，小微企业往往由企业主自行经营管理，雇员也往往是企业主亲友，企业的运行主要依靠企业主个

④ 参见刘兴国：《中国企业平均寿命为什么短》，载《经济日报》2016年6月1日第9版。

⑤ See Organization for Economic Co-operation and Development, The Impact of Global Crisis on SME and Entreneurship Financing and Policy Respones, 2009（OECD）.

⑥ 参见徐阳兴、武诗敏：《我国中小企业重整的司法困境与对策》，载《法律适用》2020年第15期。

⑦ 参见联合国国际贸易法委员会《减少微型、小型和中型企业（中小微企业）面临的法律障碍》第十六条，https://undocs.org/ch/A/CN.9/WG.V/WP.110。

人（或其家庭）的技术与客户资源，与企业主个人（或其家庭）难以剥离。同时，存在家族控制，易发生独断和腐败行为。

（3）管理相对落后，缺乏对企业生存危机的敏感意识。小微企业往往缺乏有效的财务记录，甚至没有财务记录，以至于企业主自己都不能注意到企业可能陷入财务困境。企业主在发生经营危机时，害怕损害商誉往往隐瞒危机，甚至借高利贷予以拖延。

（4）资产主要是办公设备等“轻资产”。小微企业破产时有价值的财产不多，一般不具备对社会资源的吸引力，难以出售或转让，难以从有形资产和无形资产（如客户名单或与顾客的关系）中获益。

（5）企业间相互依赖，一荣俱荣，一损俱损。小微企业相互间依存度较高，市场可能仅包括亲戚、关系密切的朋友和本地熟人。[⑧] 在供应商和客户方面往往相对缺乏多样性，企业之间形成相对封闭的单一供应链，一旦失去重要的交易相对人，因迟延付款面临的违约风险会更高。因此，一个小微企业经营失败可能造成更多小微企业经营失败。

（二）小微企业在现行破产保护制度下面临的困境

《企业破产法》以规范意义上的法人（即大中型企业）为设计蓝本，设想破产企业存在有价值的破产财产，债权人众多，债权债务关系复杂，并未充分考虑到小微企业鲜明的人身属性和个人色彩，未能提供有效的制度供给。小微企业在当前破产保护制度下面临的困境主要表现在：

（1）现有的企业破产程序费用高昂、复杂漫长、操作程序严密繁琐，缺少繁简分流机制，可能难以为小微企业所使用。为了充分保障债权人权益，破产案件往往要经历财产调查、账目审计、资产评估、债权人会议及表决等诸多事项，对于小微企业而言，破产费用可能高于企业的可变现资产。由于受到未解决的财务困难和原有债务的负担，小微企业不愿进入破产程序。

（2）缺乏允许债务人参与破产程序的制度支持。在小微企业的资产没有

⑧ 联合国国际贸易法委员会《减少微型、小型和中型企业（中小微企业）面临的法律障碍》第十六条，https://undocs.org/ch/A/CN.9/WG.V/WP.110。

相应成熟市场的情况下，债务人协助制定财产变价方案将有利于实现资产的及时与高值变价。同时，债务人的参与也有助于减少管理人的工作量，降低破产成本。然而，现实中债权人对债务人参与破产清算往往持抵触态度，以致债务人无法参与破产程序；同时，对于债务人参与破产清算也缺乏相应的监督，难以防止债务人滥用权利导致债权人利益受损。

（3）缺乏对小微企业投资人及相关人员的个人债务与小微企业破产协调处理的机制。小微企业主及其亲友为企业信贷融资提供担保，甚至借消费贷用于企业经营是我国经济生活中普遍存在的现象，企业破产也往往意味着个人破产。当小微企业陷入财务困境时，为企业提供担保的企业主为避免自己深陷债务旋涡，可能不愿意及时申请进入破产程序，以致延误拯救企业的最佳时机，还可能为解脱自身的担保债务而实施偏颇性清偿。

（4）部分小规模市场主体无法获得重整程序的适用资格。《企业破产法》仅适用于具有法人资格的公司，个体工商户则不属于企业破产法调整的范畴，而个人独资企业、合伙企业等形式的其他组织只能通过参照适用的方式进行清算，这些不具有法人资格的小微企业均无法适用重整程序获得新生。

（5）债权人对小微企业破产持明显的消极态度。除已设定担保的财产外，小微企业其余资产对于无担保债权人几乎没有分配价值，债权人不愿意投入时间、精力和资源推进破产程序，使待表决事项处于不确定状态。“有担保债权人的坚持到底和无担保债权人的不参与，危及债务重组谈判的成功和有生存能力的小微企业获得重整的机会，从而使清算成为唯一的选择。”⑨

（6）引入新的战略投资人、原出资人退出的重整模式使得小微企业的重整可能性极低。统计上海法院2020年至2022年审结小微企业破产案件的情况，重整结案的案件仅占2%。⑩一方面，重整程序对原出资人所有权和经营权的剥夺导致企业主缺乏申请重整的动力，错失重整时机；另一方面，小微企业缺乏对新的战略投资人有吸引力的可转让资产，难以招募到新的投资人。

⑨ 联合国国际贸易法委员会《小微企业破产立法指南草案》，https://undocs.org/ch/A/CN.9/WG.V/WP.174。

⑩ 对上海法院2020年至2022年审结破产案件进行随机抽样统计分析，债务人为小微企业的破产案件约为1500件，其中以重整结案的数量为30件。

二、小微企业专门破产程序设计的考量因素

联合国国际贸易法委员会于2021年12月发布的《小微企业破产法立法指南草案》建议，通过简易破产程序使无生命力的小微企业得以快速清算，并对有生命力的小微企业进行重整，从而促进小微企业债务人重获新生。[11]简易破产程序通常包括审判组织的简化，如法官独任审判；采用在线方式送达通知、公告；减少债权人会议次数，并采用在线方式召开债权人会议；不设债权人委员会；采用书面、传真、短信、电子邮件等非现场方式进行表决；压缩程序期限，缩短案件结案时间等。简易破产程序有利于降低小微企业进入破产程序的门槛，缩短办案时间，降低破产成本，但并不能完全解决小微企业在破产保护中面临的所有问题。构建小微企业专门破产程序需要考量以下问题：如何使小微企业破产案件符合简易破产程序适用条件，如何提高小微企业的重整可能性，如何激励债权人与债务人协同配合简化破产程序。

（一）如何使小微企业破产案件符合简易破产程序适用条件

适用简易破产程序的破产案件通常需要满足以下条件：债权债务关系简单、债权人人数较少、债务人财产状况清晰。要使小微企业的破产案件满足上述条件，在企业出现破产原因时及时进入破产程序有利于避免企业的财务状况复杂化，但及时进入破产程序不等于尽早进入破产程序，过早进入破产程序可能会使贸易债权人产生不安从而影响企业的正常生产经营。

破产实务研究中，企业的持续运营价值是评估企业生存状况的一个重要指征。企业本质上是一种资源配置的机制，通过组织劳动力、资本、技术、生产资料等生产因素创造财富，在企业正常生产经营的情况下，生产资料所创造的价值即持续运营价值可能远超过资产负债表中记载的资产价值；而生产资料的清算价值（即变现价值）则可能远低于资产负债表中记载的资产价值，例如，某企业固定资产账面价值2000余万元，清算变现时只能卖到500万元。

根据持续运营价值与清算价值的比较结果，以财务困境和经济困境来区

⑪ 联合国国际贸易法委员会《小微企业破产法立法指南草案》，https://undocs.org/ch/A/CN.9/WG.V/WP.174。

分债务人的经营状态。如果债务人无法清偿到期债务，但是其持续运营价值超过清算价值，那么该债务人就只是处于财务困境。“陷入财务困境的债务人拥有‘持续运营盈余’，如果将相关资产从企业的运营中予以剥离，该盈余就会受损。相比之下，陷入经济困境的债务人不仅无法履行到期债务，而且没有任何持续运营盈余。”⑫ 对于只是陷入财务困境的企业，应当尽可能使其继续存活下来；而对于陷入经济困境的企业应当及时进行清算，释放企业主的技能和精力以便他们创造新的价值。

“上工治未病，不治已病”，在小微企业仅陷入财务困境时及时予以破产保护，尽可能维护企业持续运营价值，从而避免企业的生存危机复杂化，是简化小微企业破产问题的关键。

（二）如何提高小微企业的重整可能性

重整是指对可能或已经出现财务困境但又有挽救希望的企业，通过对各方利害关系人的利益协调，强制进行营业重组与债务清理，使企业避免破产获得再生的法律制度。⑬

实践中，破产重整多表现为转让型重整模式，即将企业整体转让给新投资人或原债权人，原出资人权益调整为零，由此获得的变现所得用于清偿债务人。⑭ 与清算程序中整体转让企业资产相比，转让型重整除了保留企业“壳资源”或避免资产变卖过程中产生的税费外，与整体转让企业资产的清算程序并无实质差别。对于小微企业而言，资产的静态变现价值难以吸引外部投资人，转让型重整无法适用。

我国破产法并未规定重整必须采取将出资人权益剥夺的模式，为何实践中大多数的重整均采取引入外部投资人而对原出资人权益进行剥夺？可能是源于美国法上的“绝对优先原则”对破产实践产生了较为深远的影响，该原

⑫ ［加］罗兰德·戴维斯等：《中小微企业破产——模块法》，韦子唯译，法律出版社2022年版，第2页。

⑬ 参见王欣新：《破产法》，中国人民大学出版社2011年版，第243页。

⑭ 以上海破产法庭2021年度典型案例为例，6起重整典型案例均未采用保留出资人权益的模式，http://192.0.100.105/lib/lfsf/sfContent.aspx?gid=H8425&userinput=%E4%B8%8A%E6%B5%B7%E7%A0%B4%E4%BA%A7%E6%B3%95%E5%BA%AD2021%E5%85%B8%E5%9E%8B%E6%A1%88%E4%BE%8B%E5%88%86%E6%9E%90。

则强调破产计划尊重在先顺序债权人的绝对优先权，在公司资不抵债的情况下，股东对公司不再存有资产权益，原则上在重整后不能继续保留在公司的股份。⑮ 这一观点仅考虑了出资人对企业资产享有剩余索取权，却忽略了出资人作为经营者与企业资产之间的有机联系，以及维持这种有机联系后企业可能创造的持续运营价值。因此，在重整程序中是否排除出资人权益应当具体情况具体分析，当保留出资人权益更有利于企业保持生产力，有利于破产财产最大化时，应当保留出资人权益。

小微企业的所有权与经营权高度合一，主要依赖企业主个人技能或特殊资源经营，为了维护小微企业持续运营价值，并消除小微企业主因担心失去企业控制权而不愿启动破产程序的顾虑，应当构建允许保留出资人权益的重整保护模式以提高重整可能性。

（三）如何激励债权人与债务人协同配合简化破产程序

对企业而言，破产往往因各种矛盾冲突集中爆发而产生。破产法所要解决的主要矛盾是多数债权人之间因债务人有限财产不足以清偿全部债权而发生的相互冲突和清偿问题，通过对债权人的公平清偿和对债务人正当权益的合理保护，实现对社会整体利益的维护。⑯ 为了维护破产财产价值最大化，破产法对个人债权的追收予以了限制，使债权人通过集体变现和分配程序实现权益。在这个集体程序中，个体利益与集体利益之间始终存在着冲突，需要建立相应的激励机制（包括反向激励）以协调这些相互竞争的利益冲突，最大限度促进公平合作。

具体到小微企业破产程序的设计，个体利益与集体利益的冲突主要表现为：及时启动破产程序拯救企业与企业主不愿申请破产之间的矛盾；债务人参与破产程序助推资产的高值变价与债权人不信任不支持之间的矛盾；保留出资人权益提高重整可能性与债权人反对之间的矛盾；便捷推进程序与债权人对表决事项消极反应之间的矛盾。

针对上述冲突，相应的激励措施应当根据冲突形成的原因通过具体制度

⑮ 参见许德风：《破产法论》，北京大学出版社 2015 年版，第 486 页。
⑯ 参见王欣新：《破产法（第三版）》，中国人民大学出版社 2011 年版，第 3—4 页。

规定予以解决，比如企业主不愿申请破产，可能是担心其个人因企业破产而破产，可以通过小微企业破产程序中协调解决企业主个人债务的措施来消除企业主的顾虑；但同时也应当建立相应的问责机制，对于恶意拖延破产申请的债务人予以惩罚。有关激励机制的具体程序设计将在下文进一步展开。

三、建立小微企业专门破产程序的具体设想

破产法的主要目标是：第一，建立一个机制，以确保债务人破产时，其价值不会遭受不必要的损失；第二，以规范的、正当的方式分配其所保存的价值和相应的破产损失；第三，适当地促进创业活动，防止经济活动的损失和就业机会的丧失。⑰ 在小微企业的破产程序构建中，上述目标则具体化为：通过简易破产程序使无生命力的小微企业得以快速清算，并对有生命力的小微企业进行重整，从而促进小微企业债务人重获新生。围绕这一目标，小微企业专门破产程序应当构建以下机制。

（一）尽早解决小微企业的财务困境

首先，需要建立有针对性的识别机制，找出仍然具有生存能力的企业，支持其重组运营，及时摆脱财务困境继续存活下去；而对于那些没有生存能力的企业则应尽可能整体回收资产用在更合适的地方，使债权人获得尽可能高的回报。识别机制建立的关键是获取债务人充分的财务信息，建议破产法规定企业主负有信息披露义务和合作义务，具体包括：提供财务和业务状况的完整准确信息，使债权人能够在掌握全面信息的情况下行使表决权评估债务人提交的重整计划，监督债务人的经营活动；帮助破产专业人员有效控制破产财产，为追回资产提供便利与合作；及时将联系地址变更情况通知破产管理人与法院。

其次，赋予债务人及时申请破产程序的义务。当企业出现财务困境时，债务人应当及时申请破产程序。在衡量债务人是否履行及时申请破产程序的义务时，应当结合其是否采取措施避免破产予以考察。当债务人已经善意地

⑰ 参见［加］罗兰德·戴维斯等：《中小微企业破产——模块法》，韦子唯译，法律出版社2022年版，第44页。

采取措施避免破产或减少在即将破产时的损害，与债权人进行谈判，则申请义务可以暂停。

再次，建立尽早解决企业财务困境的社会支持机制，具体包括：(1)对债务人履行信息披露义务的支持机制。建立小微企业必须披露的财务信息的模型，并可以从相关的政府部门、公共机构或商会的网站上免费下载这些模型，帮助小微企业在日常经营中完善财务信息；来自公共机构如税务机关、登记处、信用信息系统和银行部门的信息能够得到整理，制定信息保密规则的例外以及个人数据共享规则，以便相关主体可以依法获得这些信息。(2)对企业主早期拯救企业的支持机制。为了便于企业主获得拯救企业的专业知识，相关职能部门应当提供相应支持和辅导，如提供重整计划草案、清算计划草案、破产申请文件、与债权人达成调解的调解协议等资料的在线模板；开展各种宣传教育活动，宣传解决中小微企业困境的方式和路径，避免让债权人在公司面临财务困境时承担进一步商业风险的相关注意事项；提供咨询服务，为企业主寻求破产保护提供具体指导。(3)早期识别企业财务困境状况的预警机制。银行有关于债务人资产和额外负债的详细信息，可以对小微企业的经营风险进行监测；税务机关掌握的小微企业的商品及服务税，以及增值税和公司税等信息，都可以作为企业状况的提示和预警信号，当因为延迟报税等原因而缺乏相应信息时，信息缺乏本身也是值得重视的警告信号；其他拥有相关信息的第三方如会计师、工会、社会保障机构等均有义务标示出企业的负面发展信息。(4)为困境中的小微企业提供融资救助的支持机制。在企业陷入财务困境的初始阶段，金融债权人在贷款决策时应遵守审慎规则，当企业出现财务困境时，不应将关注点仅局限于回收债权，而应对企业经营状况进行具体分析，根据个案情况给出相应的解决方案，使有生存能力的企业得到拯救，金融债权人的业务也可以得到发展。在企业进入正式破产程序期间，供应商和其他贸易债权人已经明确感知到风险，企业将难以获得贸易债权人提供的商业信贷。这一阶段，维持企业的正常运营，一个可能的途径是由政府的财政扶持资金为企业的融资提供担保。当然，这种担保应当建立在对企业的生存能力进行充分的专业评估并获得肯定结论的基础之上。

（二）增加保留出资人权益的重整模式

简易重整程序中，当企业的持续运营价值需要依赖企业主的个人技能或特殊资源才能实现时，允许企业主在适当的监管和协助下，保留对企业的控制权并继续经营，债务人以其未来的收入对债权人进行清偿。

关于监管和协助的主体，联合国国际贸易法委员会建议由主管机关担任，理由是：小微企业债务人的破产财产可能不足以为任命破产管理人提供资金；小微企业的业务简单，可能也没有必要任命破产管理人。但同时也指出，在一些法域，破产管理人可能是破产程序的强制性参与者，尽管债务人留任的做法仍然是可能的，但可能需要有一个独立专业人员 / 机构的参与，该专业人员 / 机构将密切监管整个过程并不断向主管机关通报情况。[18] 上述两种做法中，主管机关担任监管者和协助者更有利于程序的简便和破产成本的控制，考虑到我国破产案件的主管机关是法院，既是破产程序的监管者同时还是发生争议时的裁判者，再担任协助者不利于居中裁判；同时，小微企业主在经营管理和处理破产事务时的专业知识有限，而目前获得相关专业知识的渠道有限，离不开破产管理人的协助。因此，本文建议由破产管理人担任监管和协助者，对于确有挽救价值但资产可能不足以支付破产管理人报酬的债务人，可以培育公益破产管理人担任监管和协助者，公益破产管理人的报酬由政府补贴。

在保留企业主控制权的重整模式中，作为监督和制约，债权人享有以下权利：（1）获得债务人的财务和业务状况信息、重整计划等文件的权利，这些信息对于债权人评估债务人的生存能力至关重要，是债权人行使表决权的基础。此外，有关的公告和通知、财产分配方案必须以合理的方式送达债权人，以便债权人行使提出异议、监督等权利。（2）提交竞争性计划提案的权利，即债权人对企业主提交的重整计划不满意，可以在债务人提交计划后的特定时间内提交竞争性计划；如果债务人没有提交重整计划，债权人也可以提交一个独立的计划。债权人与债务人提交的计划均可提交债权人表决，由

⑱ 参见联合国国际贸易法委员会《小微企业破产法立法指南草案》，https://undocs.org/ch/A/CN.9/WG.V/WP.174。

债权人综合衡量哪一个计划对债权人的回报更高、能保留更多的就业机会等因素予以取舍。（3）要求债务人中止的权利，当保留企业控制权的企业主从事破坏或滥用破产财产的行为时，债权人有权要求企业主暂停上述行为。鉴于企业主的行为是否会造成破产财产价值的贬损存有一定的争议，不当中止企业主的行为可能会造成重整程序的停滞，该项申请应当设置一定的门槛，比如只适用于合计超过一定比例债权额的债权人申请时才适用，当达到这一门槛时，中止自动生效。债务人可以向法院提出反对意见，依据法院裁决结果决定相关行为能否继续实施。（4）申请终止重整的权利，当债权人有充分依据证明债务人的重整计划注定要失败时，可以申请终止重整，以节省成本，避免清算程序拖延。这项申请由债权人表决，当表决通过时，重整程序将转为清算程序。

（三）允许债务人参与破产财产清算

为了提高认定和核实债权的效率，可以由债务人拟备债权人和债权清单，该清单由管理人转发给清单上所列的全体债权人进行核实，并指明对清算表示异议的期限。在规定的期限内未提出异议的，所列债权视为无争议，获得认定；有争议的债权则由管理人进行复查，并作相应处理。

当债务人的资产具有独特性，缺乏成熟市场时，应当允许债务人在主管机关的监督下就组织变卖某些资产提供咨询意见，协助制订财产变价方案，以利用其特殊技能、资源或独特知识帮助实现资产的及时与高值变价。

（四）协调解除企业主及其关联人员的个人债务

小微企业主及其关联人员债务的解除涉及个人破产法的破产免责制度。由于小微企业主个人债务免除中的一些具体规定，比如不可免责的事由、免责考察期、免责的撤销应当由个人破产法予以规定，故本文暂不讨论这些具体制度，仅解决在小微企业破产程序中协调解除企业主及其关联人员的个人债务。

在协调解除企业主及其关联人员个人债务的范围上，联合国国际贸易法委员会建议综合处理企业主及其关联人员的所有债务。理由是：企业主及其家庭成员可能都参与经营活动，并使用消费者信贷为企业融资，作为启动资本或用于经营业务。一旦企业破产，即使企业是一个独立的法律实体，也可能导致个人破产。因此，分别的单独程序按小微企业所涉及的各种债务适用不同的准入条件和程序步骤，可能不是最优解决办法。[19] 考虑到小微企业破产首先需要适用简易破产程序，如果将企业主及其关联人员的个人债务全部置于小微企业破产程序中处理，将产生各种复杂的问题，不宜适用简易程序，故本文还是建议只协调解除与债务人有关的个人债务。

（五）制定防范“债权人冷漠”的法律措施

小微企业破产中由于破产财产价值有限，“无产可破”案件时有发生，债权人缺乏参与破产的利益驱动，不可避免地会出现债权人怠于参与破产程序即“债权人冷漠”现象。“债权人冷漠”的现象会使待表决事项处于不确定状态，拖延程序进行。对此，日本《民事再生法》以明示反对、默示同意的机制[20] 予以规制，联合国国际贸易法委员会《小微企业破产立法建议》则建立了“视同认可机制”[21] 予以规制。

这一机制产生的正当性基础在于集体行动的每一个成员负有协同推进程序高效便捷进行的义务。建议破产法中规定“视同认可机制”，防范“债权人冷漠”导致重大问题处于不确定状态，拖延程序进程。作为激励债权人参与的策略，该机制应体现以下要素：（1）待表决事项切实通知到各债权人，并告知提出异议的期限和方式以及弃权的后果；（2）债权人接到待表决事项后，如有反对意见，应当在规定时间内提出；（3）如果在规定时间内没有提出反对意见，以后就没有权利再提；（4）债权人没有在规定内对待表决事项发表同意与否的意见，则视为同意。

（责任编辑：郑天衣）

---

[19] 参见联合国国际贸易法委员会《小微企业破产法立法指南草案》，https://undocs.org/ch/A/CN.9/WG.V/WP.174。

[20] 如日本《民事再生法》规定，在一般的小规模民事再生程序中，如果债权人未明确表示不同意再生计划，则认为其同意再生计划。参见［日］谷口安平主编，山本克己、中西正编：《日本倒产法概述》，佐藤孝弘、田言译，中国政法大学出版社2017年版，第309页。

[21] 联合国国际贸易法委员会《小微企业破产法立法指南草案》，https://undocs.org/ch/A/CN.9/WG.V/WP.174。

寻衅滋事罪口袋化的司法限缩路径

陈姣莹*

寻衅滋事罪作为从流氓罪分离出来的最大分支，《中华人民共和国刑法》（以下简称《刑法》）第二百九十三条第一款叙明四个罪状九种行为类型，总结了我国长期司法经验中具有典型意义的流氓行为类型。在社会积极治理导向的驱动下，寻衅滋事罪高频率适用，呈现入罪门槛低，适用范围宽泛，渐趋“口袋化”。溯其根源，寻衅滋事罪构成要件的设置具有开放性，以及法益内容过于抽象化。

一、司法实践中的困境

寻衅滋事罪口袋化，除立法条件的先天不足及司法解释的范围延伸外，司法实践中也存在扩张适用，主要表现为以下几点。

（一）刑法谦抑理念不足，致打击面过宽

寻衅滋事罪作为从流氓罪分离出的最大分支，构成行为类型涵盖侵犯人身权利、财产权利和大部分破坏社会秩序行为。这些行为按照社会危害性的轻重分别受到治安管理处罚法和寻衅滋事罪的规制。寻衅滋事罪作为维系社会秩序的罪名，本该承担起行刑衔接的功能，协调好行为的社会危害性从一般往严重发展的尺度，界定好轻度行为和重度行为的分类。但是，由于实务界对于把握“情节较重”“情节严重”“情节恶劣”的梯度设置缺乏感性认识，加之打击数考核指标等利益驱动，在实践中刑事手段过度侵入治安处罚的适用空间，很多可以用治安处罚评价的行为也涌入刑事领域，而且一旦启动刑

* 陈姣莹，法学硕士，上海市高级人民法院刑事审判庭法官助理。

事程序就向定罪推进，进一步加剧“口袋罪”的问题。

究其根本，实践中对罪刑法定原则、谦抑理念的贯彻不足，对刑事实质违法性的把握不准，导致2013年最高人民法院、最高人民检察院（以下简称两高）司法解释中相应的出罪条款虚置。该司法解释中明确了对于矛盾因被害人引起或激化及因婚恋等纠纷而实施殴打等行为的事出有因行为可以不作为犯罪处理，但实践中对出罪事由的尺度把握往往过于严格。过于强调对社会秩序法益的保护而忽视个体权利法益对社会秩序法益的入罪制约，将刑法作为社会管理法来看待，导致寻衅滋事罪适用的活性化与口袋化，引起刑法不当干预。

（二）对构成要件认定标准不一，致罪与非罪、此罪与彼罪界限模糊

1. 对客体要件的界定不合理

寻衅滋事罪保护的法益，刑法和司法解释都明示为“社会秩序”，但随意殴打他人，追逐、拦截、辱骂、恐吓他人，强拿硬要或者任意损毁、占用公私财物等三种罪状的构成要件行为，对社会秩序的侵犯系通过侵害具体的人身或者财产而间接实现，法益侵害具有社会法益和个人法益的复合性。如果行为停留在侵害个人法益层面，就不能认定为寻衅滋事罪。但实践中有一种倾向将公共场合发生的侵害行为一律视作寻衅滋事。长期以来，只要证明在公共场所实施了符合四种罪状九种类型的客观行为，就认定为寻衅滋事罪，这是该罪沦为“口袋罪”的原因之一。

2. 对主观方面把握不严，存在客观定罪的倾向

寻衅滋事罪在主观方面应表现无事生非、借故生非等寻衅动机，系为树立流氓权威而实施“寻衅”行为并隐含压制被害人反抗的意图来达到欺压他人的目的。然而实践中，往往忽视对主观动机的审查，一些具有明确的行为对象和行为目的、明显侵害个人法益的行为，因为没有达到故意伤害罪、故意毁坏财物罪、敲诈勒索罪等的数额或者情节，就用寻衅滋事罪作为替代。

以伤人型寻衅滋事犯罪为例，这类案件在行为特征上与故意伤害罪相同，由于两罪入罪所要求的受伤害程度不同，故在被害人仅有轻微伤后果的情况下，公诉机关一般均以寻衅滋事罪提起公诉，也有在同样造成轻伤结果的前提下，有的案件以故意伤害罪定罪处罚，有的以寻衅滋事罪定罪处罚，忽视

对犯罪主观故意的证据收集和审查。

以损毁财物型寻衅滋事犯罪为例，这类案件在行为特征上与故意毁坏财物罪相同，但两者在入罪门槛上不同，故实践中对被损毁财物的价值在 2000 元以上不满 5000 元的损毁财物行为，因达不到故意毁坏财物罪的入罪门槛，往往以寻衅滋事罪提起公诉，对于物损在 5000 元以上的损毁财物行为，如因主观故意判断不当，也存在本该以故意毁坏财物罪定性的行为却以寻衅滋事罪定罪的情况。

3．对客观方面某些特定行为的理解存在争议

（1）对于“凶器”的理解

最高人民法院发布的《关于审理抢劫、抢夺刑事案件适用法律若干问题的意见》将“凶器”界定为枪支、爆炸物、管制刀具等国家禁止个人携带的器械或者为了实施犯罪而携带其他器械。

在认定寻衅滋事罪的“凶器”时，虽不能照搬硬套抢劫、抢夺犯罪的规定，但在实践中，对于持凶器的理解逐渐宽泛化，与日常生活中所理解的凶器缺乏相当性评价，有时按照聚众斗殴中的“持械”来认定，比如扳手、棒球棒等可以致伤的物品，有时持烟灰缸、啤酒瓶、板凳等物品，也认定为寻衅滋事罪中的“持凶器”。

（2）对于“纠集他人”的理解

寻衅滋事罪中的纠集他人行为应与聚众斗殴中的聚众行为有共通性，指聚集三人或三人以上的行为，“纠集”方式既包括有预谋的纠集行为，也包括临时纠集行为。然而实践中，关于聚众的认定也渐渐宽泛，直接降低了入罪门槛。比如对于三人以上无纠集的共同殴打行为是否应被认定为聚众存在争议，这种争议也往往直接影响罪与非罪的认定。

（3）对于“损毁”的理解

实践中，对于未减少财物效用但是仍然造成物损的行为能否定性为“损毁”存在争议。最典型的当属划车行为，有认为划车不影响汽车的移动运输效用，不能评价为毁坏或者损毁。但更多的案件中对于划车行为仍然以寻衅滋事罪或者故意毁坏财物罪定罪处罚。可见，不同的理解导致不同的案件处理结果相差较大。

（三）对新类型网络虚假信息型寻衅滋事把握不定，致入罪门槛过低

两高《关于办理利用信息网络实施诽谤等刑事案件适用法律若干问题的解释》中明确规定编造虚假信息，或者明知是编造的虚假信息，在信息网络上散布，或者组织、指使人员在信息网络上散布，起哄闹事，造成公共秩序严重混乱的，以寻衅滋事罪定罪处罚。然而《刑法》第二百九十三条第一款第四项规定，在公共场所起哄闹事，造成公共场所秩序严重混乱的，才符合寻衅滋事罪的构成要件。这里就存在两层扩张解释，一是将网络空间解释为公共场所，网络空间秩序解释为现实的社会秩序，且将公共场所秩序悄然置换成公共秩序；二是将网上编造和散布信息而引起众多网民关注和评论的行为解释为起哄闹事。① 在具体的司法适用过程中，该罪在网络空间中被置于社会管理秩序的刑事治理前沿，无形中扩大了该罪的适用范围。

二、实务案例说法

2020 年 5 月 18 日 23 时许，乐某饮酒后找代驾段某某送其回家，驶至乐某居住小区门口时，乐某下车引导段某某进入小区，因段某某不熟悉路况迟迟未开动，乐某遂让段某某下车并自行驾车驶入小区地下停车库（约 20 米左右）。段某某追入地下车库，从车后备厢里取回自己的自行车并帮助乐某倒车，因段某某未能顺利倒车入库，乐某让段某某下车并与其发生口角，乐某踹了段某某一脚，段某某随即电话报警，乐某手持矿泉水瓶及临时取得的灭火器追逐段某某。当时车库并无第三人，乐某因醉酒步履蹒跚，追逐了约 1 分钟，但水瓶和灭火器均未脱手。之后，乐某继续回去倒车，段某某等待警察。②

经验伤，段某某下腹部皮外伤。经抽取乐某血液进行鉴定，其血液中乙醇浓度为 2.12 mg/mL。

乐某到案后基本如实供述上述事实，并与段某某达成调解协议，赔偿段某某人民币 1 万元，并取得谅解。

① 参见薛美琴：《网络造谣犯罪的类案解析及刑法适用研究》，载《法律适用》2020 年第 8 期。
② 一审（2021）沪 0104 刑初 644 号；二审（2021）沪 01 刑终 1541 号。

公诉机关指控乐某犯危险驾驶罪、寻衅滋事罪。

一审法院认为，乐某虽持灭火器追逐他人，但不属于情节恶劣，且事发时间接近凌晨，持续时间短，地下车库内亦无他人，未造成公共场所秩序严重混乱，所以乐某的行为构成危险驾驶罪，但不构成寻衅滋事罪。

检察机关提起抗诉，认为从灭火器外形特征来看，足以致人伤害，乐某临时起意、持灭火器追逐代驾段某某，对段某某的人身安全造成危害，对其行为应当评价为持凶器追逐他人，属情节恶劣，应予认定犯寻衅滋事罪。

二审法院经审委会讨论决定，乐某的行为不构成寻衅滋事罪，驳回抗诉。

笔者认为，一审、二审适用法律正确。理由如下：

（1）寻衅滋事罪作为妨害社会管理秩序罪章节中的罪名，立法本意是保护多个法益，除了人身损害、财物损害等，最关键的是要有社会秩序的法益侵害性。不考虑该罪名蕴含的社会秩序法益，只要任何打架斗殴、滋事行为都可以入罪，那么治安管理处罚法的处罚范围就被严重限缩了。本案案发地点为住宅小区地下车库，案发时间接近凌晨，除乐某与段某某外并无第三人，无论从当时的周边环境、持续时间还是从乐某行为造成的后果来看，均未达到破坏社会秩序的程度，完全可以由公安机关治安处罚，或作为危险驾驶的量刑情节予以考量。

（2）乐某与段某某发生争执，临时拿起车库内的灭火器追逐段某某。灭火器虽具有一定的致伤力，但根据监控录像显示，乐某在追逐过程中并未将灭火器脱手扔出或击打到段某某，且乐某处于醉酒状态，步履蹒跚，追逐约1分钟就放弃，未造成现实伤害，故结合案件实际情况，对于“凶器”应作限缩解释，对乐某的行为不宜认定为持凶器追逐他人。

三、司法限缩路径

当前，在寻衅滋事罪的构成要件不断被扩张适用的情形下，应当对寻衅滋事罪的法益内容进行合理界定，对客观的行为要件与主观要件进行规范限缩，从罪名解释层面上予以体系性的分析与构建，注重处理好行刑衔接及该罪与其他个罪间的关系。笔者认为，对于寻衅滋事罪的适用可作以下分层限缩。

（一）以罪刑法定原则限制口袋化适用

从目前的司法实践看，寻衅滋事罪时常被当作一个维护社会管理秩序的兜底性罪名，有口袋化趋势，甚至会时常与治安管理处罚或者民事违法的行为相混淆，进而导致司法实践中没有恪守刑法介入最后手段性的原则。之所以反对寻衅滋事罪的不断口袋化，在本质上还是出于该罪的适用时常存在违反罪刑法定原则的隐忧。口袋化是对罪刑法定原则的冲击。所以，要从认识层面，统一认识，转变司法理念，严格落实罪刑法定原则，严把寻衅滋事罪妨害社会管理秩序的本质特征。坚持主客观相统一原则，压缩寻衅滋事构成的空间，尽量排除口袋罪存在的空间。

严格贯彻宽严相济刑事政策，探寻寻衅滋事罪的立法渊源和立法精神，根据犯罪的具体情况，区分寻衅滋事一般违法与犯罪的界限，为行政处罚留下必要空间，避免以刑罚处理一般违法行为。对黑恶势力等有组织实施的寻衅滋事犯罪，聚众型寻衅滋事的组织、策划、指挥者，以及其他影响人民群众生活安宁的寻衅滋事犯罪，坚决依法从严惩处。对于涉及邻里、婚恋、家庭、债务、拆迁补偿等民事、行政纠纷，或被害人有重大过错引发、有一定前因的滋事行为，应严格、审慎把握入罪条件，未对他人正常生活、工作、生产经营造成严重影响的，建议不作为寻衅滋事犯罪处理；对认罪认罚，且积极赔偿被害人损失或取得被害人谅解，犯罪情节轻微的，建议加大不起诉或免予刑事处罚力度。对于不构成寻衅滋事罪的行为，引导行政法、民法等法律或者社会公共道德予以矫正，通过有关部门批评制止或者处理处罚。

（二）以构成要件的限缩解释限制入罪范围

1．罪质特征清晰准确把握

寻衅滋事罪日趋口袋化，就是因为罪质特征的模糊化、泛化，如何将罪质特征清晰准确地描述。根据《刑法》第二百九十三条的规定，寻衅滋事罪的行为类型主要包括随意殴打他人、追逐、拦截、辱骂、恐吓他人，强拿硬要或者任意毁损、占有公私财物以及在公共场所起哄闹事的行为，并且需要达到情节恶劣、情节严重或者公共场所秩序严重混乱的程度，对于情节的具体认定，相关的司法解释也有所规定。

对于殴打行为的认定，在确定随意殴打行为中的“随意”要件时，从寻衅滋事罪的立法沿革出发，其应当具有一定的流氓动机，例如，行为需要是无事生非或者借故生非。从体系解释的视角出发，之后的寻衅滋事行为也应当具有这种随意性。

对于在公共场所起哄闹事，造成公共场所秩序严重混乱的行为属于寻衅滋事罪。此时对于何为寻衅滋事罪中的“公共场所秩序”也存在体系解释的逻辑。单纯的网络空间秩序可以扩大解释为属于公共秩序，但公共场所应具有公共性与现实性的特征。

同理，对于毁损、占有公私财物中的“公私财物”应当限于现实财物，而不包括虚拟财物。虚拟财物对于所有者而言，存在丧失所有权的可能，但与物理意义上的损毁相比，还是存在显著区别的。从寻衅滋事罪的立法沿革、立法目的以及寻衅滋事罪的主要规制对象来看，不能将任意毁损、占有公私财物中的“财物”解释为包括虚拟财物。

2．强化突出主观故意中的流氓动机内容

寻衅滋事罪是从流氓罪中分解出来的。流氓罪行虽然往往使公民的人身或公私财产受到损害，但它的本质特征是公然藐视法纪，以凶残、下流的手段破坏公共秩序，包括破坏公共场所的和社会公共生活的秩序。该罪的基本特征可以表现为主观上的“流氓”动机与客观上的“无事生非”“借故生非”。

根据2013年两高司法解释，认定“无事生非”，行为人主观上为寻求刺激、发泄情绪、逞强耍横等，客观上毫无来由地惹是生非、寻衅闹事，实施《刑法》第二百九十三条规定的行为的，就是典型的“无事生非”，实践中主要表现在毫无起因、肆意妄为。认定“借故生非”，行为人因日常生活中的偶发矛盾纠纷，主观上具有寻求精神刺激、发泄不良情绪、耍威风、取乐等流氓动机，并在此动机的支配下客观上实施了小题大做的、超出常人想象的《刑法》第二百九十三条规定的行为。实践中这种情况更为常见，往往因一定纠纷或矛盾引发，“借故生非”也正是与故意伤害中“事出有因”的重要区别，为防止“借故生非”的滥用，司法解释也规定“矛盾系由被害人故意引发或者被害人对矛盾激化负有主要责任的除外”。

在理解动机内容时，要强化流氓特征。如果“逞强好胜”，可以限缩理解为“当众逞强好胜”；“寻求刺激”可以限缩理解为“寻求低级趣味刺激”，这样，个别针对性行为的流氓动机特征更明显。

3．罪量程度进行限缩把握

寻衅滋事行为类型不仅横向地与刑法体系中其他罪名的行为有关联，而且纵向地与治安处罚法的同类行为有对应，横向的甄别因为行为特征相似，主要依据主观要件的区分；纵向的甄别，主要依据违法性程度的高低，把握“情节恶劣”“情节严重”“造成公共场所秩序严重混乱”的界限。

不能对所有行为均以犯罪处理，要根据行为的情节、后果进行区别对待，既要结合有关法律规定和解释，又不能背离常情常理，既要根据行为手段、对公共秩序造成的影响等客观要素，又要结合行为人的主观心态、人身危险性大小等主观因素，全面分析，综合评估，合理认定，防止唯数额论、结果论，片面强调打击。

坚持刑事最后手段性原则，使治安处罚、道德否定评价有足够空间，推动公检法达成共识，一是对于行刑交叉地带的侵害行为，坚持采用就低适用治安处罚原则；二是建立单向回流机制，经过治安处罚的行为原则上不再进入刑事领域，进入刑事程序的行为，若经办案机关审查，认为没有必要给予刑事评价的，可以结案并原路返回公安机关进行治安处罚。

4．精准把握构成要件，科学区分此罪与彼罪

实践中，在行为模式具有共性的情况下，“随意殴打型”寻衅滋事罪与故意伤害罪，“辱骂他人型”寻衅滋事罪与侮辱罪，“强拿硬要型”寻衅滋事罪与抢劫罪、强迫交易罪、敲诈勒索罪，“任意毁坏财物型”寻衅滋事罪与故意毁坏财物罪等此罪与彼罪的关系，容易出现误判。

如何对容易和寻衅滋事发生关联的罪名作出适当的区分？要精准把握各罪名的构成要件，明确彼此的罪状边界。

（1）寻衅滋事主观上具有流氓动机。寻衅滋事罪由原流氓罪脱胎而来，因此需重点考察有无流氓动机，可以通过审查案件前因上被害人是否有过错，被害对象是否随意确定，作案的时间、地点、手段是否可能造成恶劣社会影响，引起公共场所秩序混乱等因素，结合被告人供述，精准认定行为人是否有“逞强好胜”“精神空虚”“寻求刺激”等主观内容，主观上的流氓动机与客观上的无事生非，是与前述相近罪名进行区分的关键。

（2）寻衅滋事客观上应为无针对性地实施寻衅滋事行为。行为人应该是“随意”“任意性”作为，无事生非、借故生非，而并非事出有因。

（3）要注重犯罪之间的竞合关系。比如，甲将乙打成轻伤，这时，首先要肯定甲的行为构成故意伤害罪，然后再判断甲的行为是否属于随意殴打他人，情节恶劣。如果得出否定结论，就只能将甲的行为认定为故意伤害罪；如果得出肯定结论，就要认定甲的行为同时触犯故意伤害罪和寻衅滋事罪，择一重罪处罚。同样，对于亦构成抢劫罪、敲诈勒索罪等重罪的情况下，应当坚持择一重罪处罚的原则，该从重打击的从重打击，不能简单以寻衅滋事兜底了之，精准定罪尤为重要。

5．限缩认定虚假信息型的寻衅滋事

在虚假信息型的寻衅滋事案件中，首先要准确认定“虚假信息”。信息的虚假性，应当结合信息指向的对象、信息来源、信息基础事实是否真实、行为人是否为事件亲历者或受害方、发布信息的主观目的以及信息发布渠道等综合判断。对于关键内容真实、部分内容失真的信息，一般不宜认定为“虚假信息”。对于行为人基于个人体验所作的陈述或者基于客观事实作出的一般经验上的评价，即便与客观事实存在出入，也不宜认定为“虚假信息”。对于因轻信而传播虚假信息，危害不大的，不以犯罪论处。

其次，从网络空间、现实空间的角度综合评判对公共秩序造成的影响。对于网络空间秩序的影响，可以根据信息网络平台的性质（是否是官媒平台、大型网络平台等）、规模、知名度，网络信息的点击数、浏览数、转发数、评论数，受影响用户人数、时间跨度、时间特征等综合评判。对于现实空间秩序的影响，可以根据公共场所的性质、公共活动的重要程度、公共场所的人数、起哄闹事的时间、公共场所受影响的范围与程度、对具体被害人或被害单位造成的危害后果等综合判断。

（三）以谦抑原则和法体系的有效协同规制出罪情形

寻衅滋事行为，并不是简单地侵犯人身权利、财产权利或者侵犯公共场所秩序的行为，行为人所实施的行为是通过侵犯身体健康权、财产权利或者公共场所秩序这一手段，以达到破坏社会公共秩序的最终目的，即让不特定的人或者财物处于不安全的状态之下。在明确寻衅滋事罪法益内容的基础上，应当对寻衅滋事罪的成立范围作出法益层面的合理限定。[③]

在随意殴打、追逐、拦截、辱骂、恐吓他人，强拿硬要或者任意损毁、占用公私财物这些行为类型中，法益分为直接和间接两个层面，除了公共场所秩序出现混乱外，其他的秩序是否混乱由个体权利受损程度予以决定，以认定属于情节恶劣或情节严重。如果法益侵害未达到入罪程度，则不能以犯罪论处。

在纯粹起哄闹事这一行为类型中，或许只会对社会秩序法益造成侵犯。此时的秩序法益具有直接决定是否构成犯罪的意义。如果没有在客观上造成公共秩序的严重混乱，即未对秩序法益造成显著的破坏，那么行为就不属于寻衅滋事罪的规制范围。

在现实的司法实践中，面对轻微的寻衅滋事情形，行为究竟是符合治安管理处罚方面的规定还是符合刑法中的寻衅滋事罪的规定，两者之间的界限本来就是模糊的。对此，应当具有刑法谦抑的规范意识和善良普世的价值观念，着眼于法体系的整体性与刑法的最后手段性，将该行为朝着非罪化的方向解释，将寻衅滋事罪的规定逐渐压缩至社会治理的最小范围。

笔者认为，对常见多发易导致认定寻衅滋事罪失误的情形，可进行一定程度的规制，除两高《关于办理寻衅滋事刑事案件适用法律若干问题的解释》规定的行为人因婚恋、家庭、邻里、债务等纠纷，实施殴打、辱骂、恐吓或毁损、占用他人财物等行为，不宜认定为寻衅滋事罪外，对突发偶发对人身、财物侵犯的行为，如果不是情节恶劣或严重的，可经有关部门批评制止，或者行政处罚；对于邻里、熟人间，因民事、行政纠纷引发的殴打、辱骂、恐吓或针对争议标的的毁损、占用行为，如被毁损、占用的财物价值没有明显超过争议民事权益价值的，一般也不宜以犯罪论处。

（四）以证据裁判原则夯实公正司法的基石

坚持证据裁判原则，一体遵循事实清楚，证据确实、充分的证明标准，重视审查证明行为对公共秩序造成破坏的证据。对于偶发性的寻衅滋事行为，对社会秩序的影响、情节是否“恶劣”“严重”难以认定的，应当作“出罪”

③ 参见刘浩：《寻衅滋事罪口袋化的司法限缩路径》，载《北京理工大学学报》2022年第1期。

处理。

对于寻衅滋事案件的证据，可以从行为实害和危险程度、主体犯意、对公共秩序的破坏程度等几方面进行审查，其中，寻衅滋事的主观故意也是需要证据证明的，作以下提示：[④]

（1）细致分析被告人供述，审查其自述的作案目的、动机、心态、情绪，是否明确承认系寻求刺激、发泄情绪、无事生非、借故生非或积极追求扰乱社会秩序后果的发生。作为法定的构成要件，对行为人的流氓动机或者主观随意性必须有证据予以证实。如果被告人辩称无破坏社会秩序的故意，要重视证据证明的客观事实对主观心态的反映。

（2）结合证人证言、被害人陈述、手机短信、微信聊天记录等，审查被告人起意、预谋的情况，是否蓄意破坏社会管理秩序，判断是否事出有因。慎重认定“无事生非”或者“借故生非”。

（3）结合案发材料、现场勘验检查笔录等证据，审查案发时间、地点、对象。一般来说，被告人选择白天，在交通流量大、人员密集的公共场所，针对不特定多数人的，可以反映出其对社会管理秩序的蔑视态度。而在封闭的私人场所针对特定个人的，一般难以评价为扰乱社会管理秩序。

（4）结合证人证言、被害人陈述等证据，审查案发缘由，被告人的行为方式、手段是否具有无因性、无理性、随意性，是否不为社会一般人所理解和接受。判断随意性还可关注被告人使用的犯罪工具是蓄意准备还是临时取得。

（5）结合到案材料、案发现场形成的影像资料、被告人供述与辩解等审查其作案后的态度。如果被告人实施犯罪后非但不掩饰、隐瞒罪行，反而大肆宣扬，威慑他人，证明其本身具有公然挑衅社会的态度。

（责任编辑：潘庸鲁）

④ 参见薛汉荻：《“行为—后果”链条与“公共场所秩序严重混乱”的认定》，载《山西师大学报》2015 年第 4 期。

小礼品类刷单炒信行为的刑法规制与防范举措

——以礼品网系列案为视角

刘娟娟*

刷单炒信是网络经济时代的一项附属品。网络商家雇用刷手进行恶意刷量、虚假交易、虚假评价，以实现吸引眼球、提高收益之目的。刷单炒信从发空包式的初始阶段演化成发小礼品假包式的模式，在虚假刷单的同时，通过礼品平台购买廉价小礼品，形成寄送物品的真实物流信息，以逃避各方监管。本文以礼品网系列案为例，结合组织架构、盈利模式、行为特征等，认定具有刑法意义上的社会危害性、刑事违法性及应受惩罚性，应当评价为非法经营罪。从源头上督促电商平台引入第三方评价体系，加强前置性行政处罚的监管力度，完善落实相互配套的征信诚信制度，通过事前防范、事中预警与事后惩罚，构建预防与惩罚相结合的严密法网。

一、小礼品类刷单炒信行为的现状评析

（一）概念特征及演变过程

互联网信息时代促成双层社会的场域。现实社会中，实体经济依赖消费者的真实体验，依靠货真价实来促进销量、提高好评率。网络社会中，消费者通常会关注数据与流量，参考销量排名、好评率及商家信誉度来选择商品，网购空间成为培育滋生刷单炒信的优厚土壤。刷单炒信是网络商家利用虚假手段伪造销量、排名、好评率及用户评价等，实施的反复操作行为。近年来，已经成为众人皆知的行业潜规则，形成庞大的黑灰产业链。分为正向刷单与

* 刘娟娟，法学博士，上海市浦东新区人民法院刑事审判庭副庭长。

反向刷单，前者是商家雇用刷手虚假购买商品，产生虚假销量并给予虚假好评，进而提高销量和信誉度的情况；后者是利用刷手对同业竞争者及商品给予恶意差评，或故意制造竞争者刷单的假象，导致被电商平台降级处罚等情况。

伴随网络经济的兴起发展，刷单炒信在不断地更新迭代。第一阶段是初创期，由商家单独实施，注册多个账户，通过自买自卖提高销量；第二阶段是发展期，商家雇用刷手，通过职业化操作完成自买自卖；前两个阶段都属于发空包式，自买自卖虽然产生虚假销量、好评率及信誉度，但没有真实的物流信息，极易被监控发现并招致处罚。后演变成第三阶段即发假包式，商家雇用刷手，利用礼品平台购买廉价小礼品，形成真实物流信息，官网能查询到快递公司、集散路径、快递员姓名等正常信息。刷手、刷单平台、礼品平台、物流都呈现职业化、规模化、精细化、网络化特征。商家只需登录刷单平台，按流程操作购买刷单服务；刷手接单，进行虚假下单、快递作单、签收、寄送完结后，输入虚假好评信息，按照刷单量获取报酬；礼品平台接收商家下单，信息同步传输至物流公司，物流公司寄送价格低廉礼品完成物流信息。所有环节通过线上交易，参与人员无需线下见面，形成操作简易、快速流动、利益庞大、覆盖面广的产业链条。

（二）危害现状及成因探究

网络经济健康发展的前提是良性有序的竞争环境。在刷单炒信肆意横行的网络空间中，各种销量、排名、好评率等消费参考因素，都不具有真实性与可信度。宏观层面上，损害正常的信用评价标准与评价体系，破坏网络交易市场的游戏规则，扰乱正常的市场秩序与市场环境。微观层面上，一方面，公民个人信息被严重泄露，刷单炒信需要大量买卖他人手机号、银行卡、身份证信息及住址等，严重侵犯公民个人信息权；另一方面，虚假交易、虚假评价、虚假买家秀等给消费者带来严重误导，侵害消费者的知情权与选择权，排斥挤压诚信商家，产生羊群效应，造成劣币驱逐良币的逆淘汰现象。

究其原因，一方面与电商行业的经营环境密切相关，互联网交易的匿名性、跨区域性、虚拟性、单向性等特征，成为刷单炒信的催生剂；另一方面，电商平台自身存在一些固有问题，如网店的竞价排名规则不合理等，网店基于生存需要，天然具有刷单炒信的动机，有需求就会创造市场。电商平台的监管力量不足，导致大量刷单炒信者成为漏网之鱼，引发破窗效应，诱使更多的商家参与。此外，值得关注的还有惩处机制不完善，实践中少量适用行政处罚的案例，被处罚者往往是一边被罚一边继续扩大规模，或者打一枪换一炮，为应对监管不断创新改进模式，正所谓道高一尺、魔高一丈，这些原因共同促成刷单炒信的长盛难衰。

（三）全国各地查处情况之梳理

在2013年之前，各地对刷单炒信普遍缺乏监管。直到2016年央视消协晚会，首次曝光刷淘宝网店良好信誉只要1千元的重磅新闻后，相关监管才提上日程。各地工商部门进行排查，依据《反不正当竞争法》《网络交易管理办法》等处罚。如河南省工商局出具2份行政处罚决定书，一份针对河南爱思亿欧电子商务公司，涉及卖家客户数量1555家，虚构交易订单397万单，虚构交易流水共计13.98亿元，收取手续费1989万元，违法所得40万元，责令停止违法行为，罚款19万元；另一份针对郑州迪斯网络科技公司，卖家客户数量531家，虚构交易订单86万单，虚构交易流水3亿元，收取虚构交易手续费430万元，违法所得10万元，责令停止行为，罚款16万元。① 杭州市西湖区市场监管局发现整点抢、蓝天碧水等网店有刷单行为，金额累计1.2亿元，涉及商家1.86万家，涉案刷手6.36万名，均予以处罚，列入失信及重点监测名单，平台被列入黑名单。② 有些地区工商部门协同电商平台联合打击，如浙江省开展红盾网剑专项执法行动，在淘宝网协助下，处罚200多个炒信平台，罚没600余万元。③ 另据电子商务投诉与维权公共服务平台监测显示，天猫、淘宝、京东、当当网、拼多多、苏宁易购、1号店、易迅网等知名电商平台都有刷单现象，且屡禁不止、愈发蔓延。④

① 余瀛波：《河南查处两起网络刷单炒信大案　单起涉案虚假交易现金流水超过13亿元》，载《法制日报》2016年10月22日。

② 方列、周琳：《刷单炒信渐成电商毒瘤》，载《经济参考报》2017年1月11日。

③ 陈兆誉：《互联网经济中炒信行为的规制路径》，载《浙江大学学报（人文社会科学版）》2018年第6期。

④ 张璟：《中国电子商务研究中心评全国组织刷单入刑第一案》，载《计算机与网络》2017年第18期。

对刷单炒信是否入刑及如何处罚，学术界见仁见智。实践中，自 2017 年起，因刷单炒信引发的诉讼案例见诸报道。电商平台起诉刷单第一案，系阿里巴巴诉刷单平台傻推网不正当竞争案，被告杨某利用傻推网一年获利 36 万元，其余数名刷手获利合计 180 万元，判决傻推网赔偿阿里巴巴损失 20.2 万元。[⑤] 刷单入刑第一案，系阿里巴巴通过大数据发现并向公安机关提供线索，被告人李某某创建零距离商联盟网站，建立刷单炒信平台，制定规则与流程，吸纳 1500 多名会员接受任务，提升各自淘宝店铺的销量和信誉，李某某收取平台管理维护费、体验费及任务点销售收入 30 万元，另收取保证金 50 余万元。最终以非法经营罪判处李某某有期徒刑 5 年 9 个月，罚金 92 万元。[⑥] 反向刷单入刑第一案，董某某雇用大学生谢某某以同一账号恶意大量购买北京某科技公司淘宝店铺的商品，总数达 1505 单，买完后立即退货。北京某科技公司遭到淘宝网的降权处罚，造成损失 15.9 万余元，裁判认为，该行为属于破坏生产经营罪规定中的其他方法，以破坏生产经营罪判处董某某有期徒刑 1 年，缓刑 1 年，谢某某免予刑事处罚。有学者通过裁判文书网搜索刷单关键词，涉及刑事 1086 件、民事 782 件、行政 11 件。刑事认定诈骗罪占 58.7%，侵犯知识产权罪占 16.6%，非法经营罪占 3.4%。[⑦]

二、小礼品类刷单炒信行为的定罪考查

（一）礼品网系列案之定罪处罚

礼品网系列案涉及 16 名被告人，除 2 人系物流快递人员，其余 14 人均系各层级礼品网站的经营者或职员（具体身份及关系见图 1）。分别以非法经营罪被判处有期徒刑 7 个月至 5 年不等，罚金人民币 3 万元至 20 万元不等。其中 10 人适用缓刑，分别具有认罪认罚、坦白、从犯、退赃等情节。

⑤ 龚平：《杭州西湖法院判决刷单平台败诉　刷单炒信组织者赔偿二十余万元》，载《中国工商报》2017 年 11 月 23 日。

⑥ 徐艺、沈艺婷：《组织刷单炒信触犯法律底线——浙江省杭州市余杭区检察院办理全国首例组织刷单炒信案纪实》，载《人民检察》2017 年第 18 期。

⑦ 杨凯：《网络犯罪空间化视阈下刷单炒信出入罪之标准辨析——基于 1879 件网络平台刷单案法律文书刑事裁判结果不同违法制裁的均衡度分析》，载《山东法官培训学院学报（山东审判）》2018 年第 4 期。

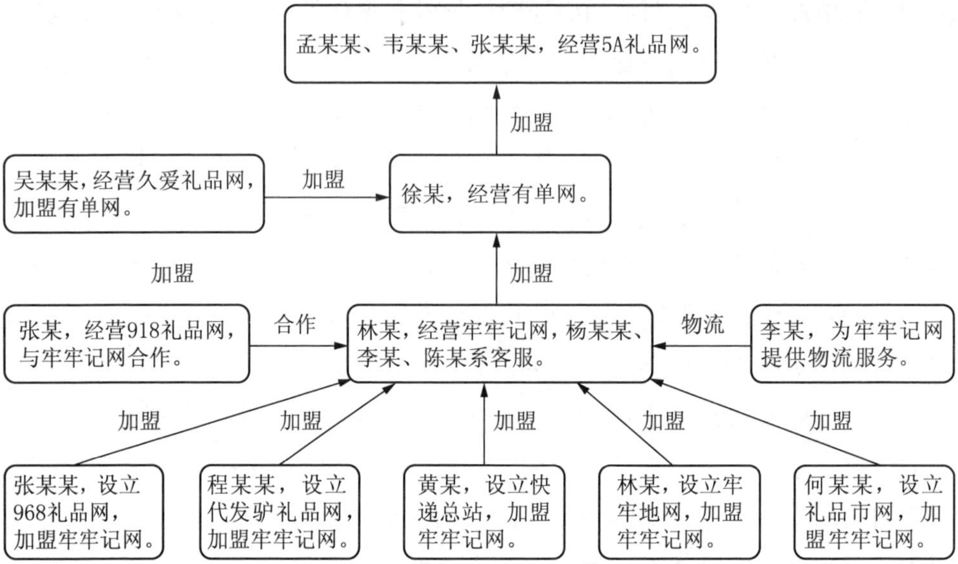

图1　被告人身份及经营行为关联图

系列案具有以下特点：第一，经营时间较短，从2021年4月至12月间，除牢牢记网经营时间跨度为8个月外，其他网店的时间跨度均为4—6个月。第二，低成本高获利，刷手、礼品平台、物流公司均系刷单服务提供者，获利来源于平台商家，直接转入支付宝或微信账户。非法经营额在13万元至458万元不等，获利数额2.5万元至5万不等，获利额占经营额的3.2%—20%。第三，全程线上交易，礼品平台经营者相互之间素未谋面，通过微信确立加盟或合作关系，接单、信息传输、充值扣款、获利等均在线上操作完成。第四，依赖电子证据，主要凭借调取手机或电脑中存储信息，审计确定非法经营额。第五，适用缓刑居多，16人中有10人适用缓刑，具有认罪认罚、坦白、从犯及退赃等情节，且系初犯偶犯的被告人，大多适用缓刑。

（二）定性之争与其他观点之驳斥

研判定性之前，有必要先详细梳理案情。平台商家雇用刷手虚假下单，商家通过礼品平台下单购买香包、梳子、纸巾、洗衣粉、钥匙扣、指甲刀、信封等价格低于2元的廉价礼品，下游平台加盟商将信息层层传递至上游礼品公司，再将信息传递给物流公司，由物流公司从关联仓库中提取对应礼品，寄送快递完成物流服务，后将真实物流信息反馈给平台商家。从主观犯意分析，平台商家、刷手、礼品平台、物流公司都知晓刷单性质，通过虚假刷单、寄送廉价物品、形成真实物流信息、逃避平台监管及处罚，最终达到提高销量、好评率及商家信誉，诱使消费者重点关注并购买商品的目的。从客观行为分析，刷单链条呈现闭合循环模式，平台商家发布刷单需求——刷手抢单虚假下单——平台商家向礼品平台下单购买廉价礼品并提供快递地址——礼品平台下游加盟商将信息逐级反馈给上家——上家将信息同步传输给物流公司——物流公司安排礼品仓库发货——快递公司代为签收信息反馈给平台商家，形成完整的刷单链条，每个环节缺一不可。判决书审理查明部分均统一表述：为淘宝等平台商户有偿提供发布物流信息服务，配合网店形成虚假销售记录，达到使网店信誉增加、排名靠前的目的。

关于定性，学界曾有三种不同观点，虚假广告罪、非法利用信息网络罪或帮助信息网络犯罪活动罪、非法经营罪。笔者赞同非法经营罪。应当排除虚假广告罪，根据《刑法》第二百二十二条规定，该罪系身份犯，主体限于广告主、广告经营者、广告发布者，客观上对商品或服务作出虚假宣传。对主体身份及虚假宣传的涵义，行政法规中已有明确规定。广告法规定，广告主是指为推销商品或服务，自行或委托他人设计、制作、发布广告的自然人、法人或其他组织；广告经营者是指接受委托提供广告设计、制作、代理服务的自然人、法人或其他组织；广告发布者是指受广告主或广告经营者委托发布广告的自然人、法人或其他组织。广告法还规定，对商品的性能、产地、用途、质量、价格、原材料、生产者、有效期等，应当清楚明白；反不正当竞争法规定，不得对商品质量、制作成分、性能、用途、生产者、有效期限、产地等作虚假宣传。首先，虚假广告罪的主体指商家及承担设计、制作、发布等职责的经营者与发布者，显然涉案礼品平台的被告人不符合该身份要件，实施行为限于接单、传送信息等简单重复类操作，不属于设计、制作、发布的专业范畴，与虚假广告罪的主体要件不符合。其次，虚假广告罪限于对商品本身的虚假宣传，而礼品平台参与虚构销量、消费者评价及店铺等级等，则属于对商品销售情况的虚假宣传，与虚假广告罪的客观要件不符合。最后，刷单行为系商家开展经营活动的一项环节，不属于法律意义上的发布广告，不符合虚假广告罪的侵害法益或客体。

应当排除非法利用信息网络罪与帮助信息网络犯罪活动罪，两罪系《刑法修正案（九）》增加的罪名。前罪的客观行为是设立网站及通讯群组、发布违法犯罪信息等，属于诈骗、传授犯罪方法、制售违禁品等犯罪预备行为的实行化设置。后罪的客观行为是为犯罪行为提供技术支持、广告推广、支付结算等，属于犯罪帮助行为的正犯规定。两罪都属于网络犯罪的范畴，是将技术中立、中性业务行为独立成罪的规定。司法实践中，两罪被称为堵截性罪名，当上游的诈骗类、洗钱类、传授犯罪方法等犯罪行为难以查证时，司法机关就降维打击，先将查证属实的预备行为或帮助行为单独入罪，以防漏网之鱼。两罪的客观行为均要求具备一定专业性及技术性，如设立钓鱼网站、提供互联网接入等。涉案礼品平台具有极低门槛，只要有智能手机，任何人都可操作完成，缺乏技术含量与职业技能，与网络犯罪的客观行为要件不符合。此外，作为刷单炒信链条上的重要环节，礼品平台属于实行犯或直接正犯，并非预备行为或帮助行为，与网络犯罪的行为模式亦不相符合。

（三）非法经营罪之入罪路径分析

笔者认为，小礼品类刷单炒信应当认定非法经营罪。

第一，具有严重社会危害性，互联网交易中对品质的判断依赖于数据，网购平台数据成为社会诚信的组成部分。电子商务的庞大体量和极低成本，让刷单行为肆无忌惮地发展，形成全网作假的行业奇观。严重干扰数据及信誉排名机制，影响正常经营与消费活动，撼动整个网络购物的诚信体系。当违规行为泛滥，社会治理整体失效时，动用刑法干预就具有正当性和必要性。立法者在制定非法经营罪时，不可能预见到未来互联网面临的问题，刷单炒信当然不在最初的立法射程之内。然而，法律是一种价值判断，不是单纯的文字游戏。评估法益侵害性应当兼顾现实社会和网络空间的并列关系，传统交易中通过虚假宣传开展的营销活动，与线上交易通过刷单数据造假的行为，具有同质属性，在违法性认定时，采用体系解释法，应当适用统一标准。

第二，符合犯罪构成要件。非法经营罪条文中的国家规定，是指全国人大及常委会制定的法律和决定、国务院制定的行政法规、行政措施、发布的决定和命令。根据《反不正当竞争法》规定，商家不得通过组织虚假交易等方式，帮助其他商家进行引人误解的商业宣传或者虚假宣传。据此，对销售状况、用户评价、信誉度作虚假的商业宣传可以构成对商品的虚假宣传，而刷单行为制造虚假的销量和用户评价，即属于虚假商业宣传。另据《全国人民代表大会常务委员会关于维护互联网安全的决定》，利用互联网销售伪劣产品或者对商品、服务作虚假宣传，构成犯罪的，依法追究刑事责任。从字面含义看，虚假宣传的对象除伪劣产品，还包括正常产品和服务。刷单炒信制造虚假销量、虚假好评、虚假物流信息，就是对商家产品的虚假宣传行为，违反上述国家规定。

另根据最高人民法院《关于准确理解和适用刑法中“国家规定”的有关问题的通知》，要依法严格把握刑法第二百二十五条第四项的适用范围，有关司法解释未作明确规定的，应当作为法律适用问题，逐级报最高人民法院请示。可见最高人民法院对非法经营罪的兜底条款予以严格限制，如果司法解释已有规定，可以直接根据司法解释作出判决。《最高人民法院、最高人民检察院关于办理利用信息网络实施诽谤等刑事案件适用法律若干问题的解释》(以下简称《解释》)规定，违反国家规定，以营利为目的，通过信息网络有偿提供删除信息服务，或者明知是虚假信息，通过信息网络有偿提供发布信息等服务，扰乱市场秩序的，以非法经营罪定罪处罚。《解释》的最大贡献是对公共秩序的扩张解释，全面承认网络空间秩序的现实性。适用范围为诽谤等行为，从行为实质分析，网络诽谤系借助网络捏造散布虚假事实，在礼品网系列案中，平台商家雇用刷手刷单提高虚假销量，同时从礼品平台下单购买廉价礼品形成真实物流信息，属于有偿提供发布信息服务，刷单炒信与网络诽谤具有同质性。这里关键是如何理解《解释》中的“虚假信息”和“扰乱市场秩序”。首先，刷单必然产生虚假信息，虚假的店铺销量、好评信息缺乏真实交易基础，本身就是影响消费者判断的虚假经济信息；其次，刷单的结果必然是扰乱市场秩序，试想，在注册用户仅限百万的网店发布虚假新闻，即构成网络诽谤属于扰乱市场秩序，举轻以明重，在拥有数亿用户的购物平台上发布虚假交易评论信息，更应认定属于扰乱市场秩序的行为。

第三，具有应受惩罚性。对刷单行为，究竟是用行政法规处罚，还是需要动用刑罚？需严格把握两项标准，一是区分数额，要对非法经营额与获利数额查证清楚，主要依赖电子证据，故对侦查机关提出较高的证明要求；二是区别身份，结合具体行为人的地位作用，重点处罚礼品平台及下游加盟商、物流公司的经营者，对于普通职员，可视情以情节显著轻微危害不大，不作为犯罪处理。刷单平台、礼品平台、物流公司是联接商家与刷手之间的通道，处罚中间环节足以切断信息联系，对于商家及刷手，因涉及数量众多，查证困难等原因，目前追诉情况较少。当然，如果商家与刷手符合参与时间长、次数多、获利高、因同类行为曾被行政处罚等情况，符合情节严重特征的，也应当予以追诉。

三、小礼品类刷单炒信行为的防范举措

（一）督促电商平台引入第三方评级体系

国内电商平台是一种内循环、封闭式的评估与执行体系，同时扮演运动员与裁判员的双重角色，这种规则在合理性与可信度方面本身就存在漏洞，容易为投机分子所利用。他山之石，可以攻玉，电商平台可以引入第三方信用评价机制。以美国亚马逊为例，信用评价侧重于产品本身的品质，第三方评价机构提供产品试用报告，为消费者购买提供指导；消费者针对产品质量、性能、价格等进行评论，买卖双方在论坛里互相交流，其中点击率最高、参考价值较大的评论回复，才能被置顶。商品的信用评级，不以销量、好评数的简单叠加为基数，而是综合消费者的信用等级、网购记录、评价详细程度等作为采分依据，信用记录高的消费者所作出评价将对商品信用产生较强的累积影响，缺乏网购记录且信用等级低消费者作的简短评价，仅对商品信用产生微弱影响。这种复杂的信用评级算法具有科学合理性，没有单纯唯数字论，避免因数字权重过大而激励商家不择手段提高数字。第三方信用评级机构独立于商家与买家，能有效保证评价的中立性、专业性和权威性。亚马逊的绝大多数用户以信用卡方式结算，与个人信用库直接关联，所有交易都会被信用局记录，极大地提高信用评价机构对虚假交易的识别和监测。⑧ 中国各省市的电子商务行业协会等部门，可以充分借鉴上述经验，在国内电商产业中逐步尝试推广第三方机构独立评价的做法，既保证信用评级的公正性和公信力，又从源头上弱化刷单行为的市场需求。

⑧ 陈显友:《电子商务信用评价与治理研究》，中国财政经济出版社 2014 年版，第 95 页。

（二）加强前置性行政处罚的监管力度

国外电商平台同样存在刷单情况，其治理主要依赖完善的立法、严格的执法和健全的信用体系。在德国、澳大利亚、日本、法国等国家，一旦查实有欺诈性刷单行为，平台商家将会面临非常严厉的惩罚，偷税漏税、欺诈消费者，刷单者的个人信用记录也会受到极大影响。国内电商平台有各自的信用评价和违规处理机制，如京东研发的反作弊识别系统，对有虚假交易店铺可作处罚，处罚包括作弊订单不计入销量排名、删除虚假评价、惩罚性降权、下架、关店、限制参与营销等。[⑨] 但电商平台毕竟没有执法权，应当强化行政监管力度。根据《网络交易管理办法》第二十条、《反不正当竞争法》第二十四条规定，对妨碍、破坏其他经营者合法提供的网络产品或者服务正常运行的，监督检查部门可责令停止违法行为，处10万元以上50万元以下的罚款；情节严重的，处50万元以上300万元以下的罚金。监管检查部门加强行政监管，不仅对刷单商家加大处罚力度，提高其违法成本，同时将刷手行为与社会信用体系建立联系，让刷单者在经济上得不偿失。此外要特别强调法秩序的统一性，刑法是最终保障法，只有当违反前置法的行政处罚与行为社会危害性难以匹配，不能起到惩处与预防效果，且明显具备刑事违法性与法益侵害性时，才有必要启动刑事司法程序。

（三）完善落实相互配套的征信诚信制度

建立全方位立体式的网络征信体系，如炒信信息采集机制、信用评级机制等。针对电商经营者，建立失信记录和信用分级系统，将有刷单行为的经营者通过备案分级，最严重者可列入黑名单，直至强制退出电商平台。对刷单平台、礼品平台、物流公司，一旦认定组织参与刷单行为成立，将列入企业信用失信黑名单，直至被吊销执照，平台负责人亦同步列入信用黑名单。对于刷手，利用平台大数据技术判定其实施刷单行为的，视情节不同，按不同幅度降低个人信用分值，直至纳入信用黑名单。信用黑名单体系应与生活

⑨ 李冰洁：《刷单、炒信明码标价公开交易　暴露监管不给力》，载《上海法治报》2017年11月14日。

缴费、税务、保险、医疗、社保等社会信息系统相连接，可能会影响求学、就业、出国、贷款、注册企业及招标投标等活动，进而将刷单炒信违法行为纳入社会整体的征信系统。综上所述，需要电商平台、行政监管部门、行业协会、社会组织、司法机关形成共同合力，才能有效铲除这颗市场毒瘤。

四、结语

合理规制小礼品类刷单炒信行为，逐步构建严密性、防范性、制度化的社会调控体系，构建电商平台监控处置、监管部门处罚措施、司法机关刑事惩罚的三层级处置机制，准确界定行政违法与刑事犯罪。只有通过实质审查体系规模、经营数额、时间跨度、空间影响等要素，评价具有社会危害性、刑事违法性和应受惩罚性时，才能认定非法经营罪。量刑时应当坚持宽严相济刑事政策，充分考虑认罪认罚、从犯、退赔等情节，坚持谦抑性原则，合理适用非监禁刑，体现教育与惩罚相结合的刑法理念，确保法律效果与社会效果的高度统一。

（责任编辑：潘庸鲁）

瑕疵证据的适用问题探讨

胡　劭　李荣锦*

瑕疵证据是在证据理论研究和实务中经常被谈及的概念，但从未以立法形式出现在我国刑事法律中。直至 2010 年 7 月实施的《关于办理死刑案件审查判决证据若干问题的规定》(以下简称《死刑案件证据规定》) 和《关于办理刑事案件排除非法证据若干问题的规定》(以下简称《非法证据排除规定》)，两者合称"两个《证据规定》"，瑕疵证据的概念才真正在立法意义上加以明确，两个《证据规定》中关于瑕疵证据的规定可以说是证据研究的重大理论创新。而在 2012 年 12 月出台的《关于适用〈中华人民共和国刑事诉讼法〉的解释》(以下简称《刑诉解释》) 第四章第二节至第七节及 2021 年 3 月 1 日施行的新《刑诉解释》第四章第二节至第七节以枚举的方式具体规定了瑕疵证据的表现形式，为瑕疵证据的理论研究和实务操作进一步提供了基础。本文从对瑕疵证据的定性出发，着重分析瑕疵证据在近些年的实务操作中适用的概况、成因以及风险防控。

一、瑕疵证据的定性分析

(一) 瑕疵证据的特性

1. 域外瑕疵证据

瑕疵证据是指在法定证据要件上存在轻微违法情节（瑕疵或者缺陷）的证据。① 我国现有的刑事法律对于瑕疵证据还没有完整精确的表述，只是存

* 胡劭，法学硕士，上海市黄浦区人民法院民事审判庭法官助理。李荣锦，法学硕士，上海市黄浦区人民法院执行裁判庭法官助理。

① 万毅：《论瑕疵证据——以两个证据规定为分析对象》，载《法商研究》2011 年第 5 期。

在学科上的探讨及相关条文的不详尽例举。由于各大法系遵循的诉讼理念不同，诉讼价值选择也不尽相同，对于瑕疵证据的特征化规定也有所出入。英美法系在程序正义和保障人权的诉讼理念之下，瑕疵证据界定范围本身就狭窄，而大陆法系在追求实体真实的诉讼理念之下，瑕疵证据界定范围相对来说较为宽泛。美国最初的毒树之果理论是将由违法收集的直接和间接证据完全排除，所有毒树之果实，包括衍生的二次证据都应该排除。在如此严格的证据采纳标准之下，美国司法界对此的争议也随之剧增，因此毒树之果的例外规定也应运而生。例外规定中，虽然有瑕疵但不危及被追诉人的基本人权的证据即可直接被法庭采纳，不予排除。英国的瑕疵证据制度相对于美国来说较为宽泛，英国《警察与刑事证据法》规定非法言词证据应当予以排除，但是从此言词证据衍生的证据不予排除。英国对于言词证据和实物证据在法官作出自由裁量时是在内心形成了非法证据与瑕疵证据的判断，对于瑕疵言词和实物证据都在一定程度上予以采纳。英国对于自白的任意性要求较高，但是法官的自由裁量权也能使某些瑕疵自白进入诉讼中。法官对于瑕疵实物证据的自由裁量权更大，根据普通法的传统，英国对于瑕疵实物证据并不硬性排除。而德国，对于非法言词证据予以排除，对于非法所得的物证和书证，法院会基于维护个人利益和刑事追诉目的的权衡决定是否排除，而且在司法实务中，这类证据经常被采纳。域外的瑕疵证据大都是在不侵犯被追诉人基本权利的基础上考虑的，瑕疵的言词证据和瑕疵的实物证据亦有不同的采纳标准，英美法系较大陆法系来说，采取更为严格的标准。两大法系的诉讼价值和理念的不同也致使瑕疵证据的界定范围和特性有所差异。

2．国内的瑕疵证据

结合我国现有的两个《证据规定》和《刑诉解释》，瑕疵证据突出表现为以下特性：一是瑕疵证据是程序违法中产生的。从《刑诉解释》第四章中法条规定的“可以补正或者作出合理解释”的瑕疵证据和“不能作为定案依据”的瑕疵证据来看，我国认定的瑕疵证据一般是违反技术性或手续性程序规则的后果。② 比如物证与书证的复制品需要注明与原件核对无异，需要收集人盖章签字；首次询问笔录需要记录告知被讯问人相关权利和法律规定；勘验、

② 胡忠惠等：《刑事瑕疵证据的文本分析》，载《人民检察》2013年第13期。

检查、搜查、提取笔录或者扣押清单上需要有侦查人员等签名，需要对物品的名称数量等注明详尽。可以看出，瑕疵证据仅是违反程序性规则的结果，侵犯了被追诉人轻微的程序性权利，并没有侵犯被追诉人的基本权利。二是瑕疵证据一般为效力待定的证据，从《刑诉解释》第四章法条表述来看，瑕疵证据本质上是违反法律的，是不合法的证据，原则上不予采用。但如果证据仅仅是存在某种轻微违法情节，在法政策上具有某种可容忍性，且其违法性可通过一定方式予以“修补”（补正）或“稀释”（合理解释），则原则上不宜径直将其排除，而是应当基于节约证据资源的目的，待其违法性消弭后再继续使用。③ 虽然我国没有明确瑕疵证据适用的整个程序，但是对于瑕疵证据的定性问题在逐步的立法中愈见明确。

（二）瑕疵证据与非法证据的关系

1. 瑕疵证据与非法证据的联系

提及两者的关系，不可否认，却有论之必要性。很多著作文章中将瑕疵证据和非法证据混同使用，这两个概念之间也是模糊不清、界限不明。据此，有学者认为合法证据、不合法证据、非法证据、瑕疵证据之间存在一定的逻辑关系。④ 有学者认为，从证据可采性角度对证据类型实行三分法，即合法证据、瑕疵证据和无证据能力的证据，修正了传统证据学两分法在逻辑分类上的错误。⑤ 结合多种观点分析，可以看出，从证据的合法性角度对证据进行划分时，证据分为合法证据和不合法证据，其中不合法证据包括非法证据和瑕疵证据；从证据的可采性角度对证据进行划分时，证据分为有证据能力的证据、证据能力待定的证据和无证据能力的证据。合法证据可以认定是有证据能力的证据，非法言词证据和一小部分瑕疵证据可以认定是无证据能力的证据，非法实物证据和大部分瑕疵证据可以认定为证据能力待定的证据，因为补正或者合理解释而决定其最终的证据能力。值得注意的是，大部分的瑕疵证据并不因事后的补正机制而改变自身的性质成为合法证据，事后机制

③ 万毅：《论瑕疵证据——以两个证据规定为分析对象》，载《法商研究》2011 年第 5 期。

④ 夏红等：《合法与非法之间——以两个规定对瑕疵证据的立场为切入点》，载《中国刑事法杂志》2012 年第 3 期。

⑤ 万毅：《论瑕疵证据——以两个证据规定为分析对象》，载《法商研究》2011 年第 5 期。

只是改变其的证据能力。划分标准的不同，致使非法证据和瑕疵证据在不同层级上都有一定的交集，但两者绝不可混同。

2．瑕疵证据与非法证据的区别

瑕疵证据和非法证据的区别虽说显而易见，但分类区别比较，两者的不同之处更易于掌握。学界大都认可，两者侵犯的客体是不同的，非法证据主要是以刑讯逼供、胁迫为主要手段侵犯公民的基本性权利，如《刑事诉讼法》第五十六条规定的非法言词证据和非法实物证据，非法言词证据是“肉体上或精神上遭受剧烈疼痛”违背意愿所供述，非法实物证据是“可能严重影响司法公正”而致，而瑕疵证据是轻微侵犯公民的程序性权利。两者的社会容忍程度是不同的，非法证据远超过社会公众的心理预期，是绝对排除的，而瑕疵证据基于节约证据资源的目的，在法政策上是具有容忍性的。两者是否转化不同，非法证据大部分是不可转化为有证据能力的证据，而瑕疵证据可以通过补正或合理解释转化为有证据能力的证据。⑥ 以下将进一步比较瑕疵言词、实物证据和非法言词、实物证据的区别，以对瑕疵证据的定性有进一步的基础。

（1）非法言词证据与瑕疵言词证据

《非法证据排除规定》第一条和《刑事诉讼法》第五十六条都规定了非法言词证据，即采用刑讯逼供等非法方法收集的犯罪嫌疑人、被告人供述和采用暴力、威胁等非法方法收集的证人证言、被害人陈述。新《刑诉解释》第一百二十三条解释了刑讯逼供等非法方法，即使用肉刑或者变相肉刑，或者采用其他肉体上或者精神上遭受剧烈疼痛或者痛苦的方法迫使被追诉人违背意愿供述。因此，非法言词证据是严重侵犯被追诉人、证人宪法性的基本权利，是取证程序重大违法的结果，应强制性排除。瑕疵言词证据在现有的法律法规中并没有明确的定义，从新《刑诉解释》第八十九条、第九十条、第九十四条、第九十五条规定的关于证人证言、被害人陈述及被告人的供述和辩解部分，可以归纳出两种瑕疵证据：一是“需要经过补正和合理解释”的瑕疵言词证据；二是“不能作为定案依据”的瑕疵言词证据。第一种瑕疵言词证据主要是违反询问或者讯问的程序性规定，比如询问证人地点不符合规

⑥ 任华哲等：《论刑事诉讼中的瑕疵证据》，载《法学评论》2009 年第 4 期。

定、讯问被告人笔录没有记录告知被讯问人相关权利和法律规定等。值得注意的是第二种“不能作为定案依据”的瑕疵言词证据，它和非法言词证据一样，不能作为定案依据，证据能力是相同的。但是两者是有本质上的区别的，非法言词证据是程序上的重大违法，是以侵犯被告人、证人、被害人的基本人权为前提的，违背证据的合法性而绝对排除；瑕疵言词证据是程序上的一般违法，比如讯问笔录没有经过被告人核对，其不能作为定案依据，很大程度上是因为其违背了证据的真实客观性而将其排除，区别于非法言词证据。

（2）非法实物证据和瑕疵实物证据

《刑事诉讼法》第五十六条第一款后半款规定了非法实物证据的自由裁量排除规则。非法实物证据是指不符合法定程序，可能严重影响司法公正的证据，它可以通过补正和合理解释作为定案依据。非法实物证据没有像非法言词证据采取绝对排除原则是因为实物证据较言词证据来说，具有较完整的客观真实性和稳定性，且实物证据重复取得的几率很低，又兼具较高的证明价值，为了节约证据资源，非法实物证据则由法官综合考虑收集实物证据违反法定程序以及所造成后果的严重程度等情况自由裁量排除。瑕疵实物证据亦没有确定的概念，从新《刑诉解释》第八十六条可以推出，瑕疵实物证据分为“不能作为定案依据”的瑕疵实物证据，比如在勘验、检查、搜查过程中提取、扣押的实物证据未附笔录或者清单，不能证明物证、书证来源；“经过补正和合理解释”的瑕疵实物证据，比如物证的照片、录像等副本、复制件未注明与原件核对无异。非法实物证据考量的依据是是否严重影响司法公正，影响的是证据的合法性。瑕疵实物证据考量的依据是取证程序是否合法，影响的是证据的真实客观性。根据《刑事诉讼法》和《刑诉解释》，非法实物证据和瑕疵实物证据都可以进行补正或者合理解释，因此两者的区别并没有言词证据那样明显。

综合以上梳理，我国现有法律中规定的瑕疵证据是在法定证据要件上存在轻微违法情节（瑕疵或者缺陷）的证据。它不涉及侵犯公民的宪法性基本权利，不严重影响程序的公正。它区别于非法证据概念，两者的外延亦没有交集。瑕疵言词证据和瑕疵实物证据存在差异，须区别对待。瑕疵证据的证据能力问题，是程序公正和实体公正的价值选择问题。“有用不为无用者所害”在某种意义上诠释了瑕疵证据可以补正的朴素哲学。现实中瑕疵证据的多发性以及刑事诉讼价值的选择性都决定了国家和社会对它应当具有适度的容忍和宽容。⑦

二、瑕疵证据的适用

（一）瑕疵证据的适用概况

瑕疵证据从两个《证据规定》的出台到《刑诉解释》的两次修订，瑕疵证据虽秉持节约证据资源的目的，但是适用情况并不乐观。瑕疵证据规则要求控诉方对瑕疵证据进行补救或者作出合理解释，而在以往的审判阶段，法官很少责令控诉方对瑕疵证据进行补救，直至2012年《刑诉解释》修订后，瑕疵证据案例的数量才开始逐年增加，裁判文书中才陆续出现对瑕疵证据的效力认定。以瑕疵证据为关键词检索近些年的裁判文书可以看出，瑕疵证据的认定主要存在以下几方面特点：一是文书中仅提及侦查行为存在瑕疵，但未明确证据名称及种类，譬如“本案虽然有一些细节无法查实，但是对于被告人定罪量刑的事实，包括犯罪构成要件事实及影响刑罚裁定的事实，均有证据证明，且具有瑕疵的相关证据，经过补正已达到证据的相关要求”，“本案的个别证据在形式上存在轻微瑕疵，这种轻微瑕疵并未人为故意造成，且能够及时补正，结合本案其他证据，能够形成完整的证据链条”；⑧ 二是文书中审判机关未要求对瑕疵证据进行补正或者作出合理解释，而是结合其他证据认定该证据的效力，譬如“经查，扣押清单和搜查笔录，没有见证人的身份证明，属于瑕疵证据，但结合证人荆某证言、被告人柴某供述能够认定所证明事实”，“关于程序上存在的瑕疵问题经庭实核实系公安人员的笔误等原因造成，但瑕疵证据与本案的其他证据能相互印证，可以证实被告人宋某销售假冒注册商标的行为”；⑨ 三是文书中审判机关倾向于要求侦查机关作出合

⑦ 夏红等：《合法与非法之间——以两个规定对瑕疵证据的立场为切入点》，载《中国刑事法杂志》2012年第3期。

⑧ 参见（2016）川33刑初字第11号刑事判决书、（2015）解刑初字第228号刑事判决书。

⑨ 参见（2013）宝渭法刑初字第00138号刑事判决书、（2014）白刑初字第278号刑事判决书。

理解释，侦查机关大多出具情况说明、办案说明、补正说明、合理说明等名称各异的合理解释形式，补强证据、出庭等补正形式较为少见。[⑩] 刑讯逼供等非法证据很少，但由于取证不规范的瑕疵证据还是大量存在的，法官对于瑕疵证据的审查表现出一定程度的容忍，对于瑕疵证据的补救更多地依赖于侦查机关出具的书面合理解释，为了提高审判效率，出庭陈述、要求提供同步录音录像等补正形式趋于少数。瑕疵证据适用中，要求补救的主要以实物证据为主，比如勘验、检查、搜查、提取笔录或者扣押清单上没有侦查人员、物品持有人、见证人签名，或者对物品的名称、特征、数量、质量等注明不详等。由于赃物数量存在误差而导致的瑕疵对于数额犯来说是定罪量刑的重要证据，因此对于清单上的数量数额问题要求补救，是必须进行的。法官对于瑕疵证据的审查，不仅考虑到其独立的证明作用，还要将其置于整个证据链中，即使被告人未对该证据提出异议，法官也应主动审查其形式要件和效力。大部分瑕疵证据经过侦查机关的一次补救基本都会被法官采纳为定案依据，只要不影响证据的客观真实性要求，不影响案件的实体结果，能够和其他证据相印证，大概率即被采纳。那么，两个《证据规定》和《刑诉解释》的规定对于侦查机关违法取证的行为很难起到抑制作用，并不是立法初衷所体现的诉讼价值。

（二）瑕疵证据适用情况的成因分析

1. 从我国诉讼结构角度分析

在我国现有的刑事诉讼结构下，公安机关、检察机关、法院分工负责，相互配合，互相制约是刑事诉讼的基本原则之一，正是在这样的诉讼结构制约中，侦查、起诉、审判机关之间的一体化与相互配合的递进式推进关系，使得控、审机关之间更多地以一种彼此信任的心态强调相互配合，强调各诉讼阶段的前后相继性。[⑪] 瑕疵证据规则实质上是对侦查机关侦查行为合法性

⑩ 参见（2014）合刑终字第00104号刑事判决书：侦查机关出具的《关于李某涉嫌受贿一案的情况说明》解释；（2018）沪0151刑初99号刑事判决书：相关办案民警对上述时间记载的变动进行了说明；（2014）临刑初字第22号刑事判决书：临洮县公安局禁毒大队办案说明，证实对瑕疵证据已补正。

⑪ 左卫民：《中国刑事案卷制度研究——以证据案卷为重心》，载《法学研究》2007年第6期。

的审查，最需要的就是要求法院保持裁判中立。但就我国现有的诉讼结构来说，法官依赖于控方提供的书面材料对证据进行审查；被告人及其辩护人在庭审中对于瑕疵证据的辩护参与度较低。如果法官没有主动审查瑕疵证据，被告人及其辩护人也未对瑕疵证据发表意见，那么该瑕疵证据则不会成为法庭审理的对象。如果法官主动审查瑕疵证据，大多数会认定为是轻微违法的结果，要求侦查机关补救，侦查机关出具《情况说明》对该瑕疵证据进行解释，只要解释合理，法官基本予以采信。因此，“在公、检、法三机关的关系出现问题的情况下，立法者所设计的几乎所有的刑事程序都很难逃脱被规避的命运”，瑕疵证据规则也注定只能流于形式，这似乎是权力制衡的现代化因素与我国权力集中的本土现实性因素相结合的妥协性反应。⑫

2. 从瑕疵证据本身分析

证据因为性状改变、来源不明、形式不符、取证程序轻微违法等成为证据能力待定的瑕疵证据，而在这些瑕疵证据中，比如书证的副本、复印件制作不合要求，未注明来源或者只有一名侦查人员签字；询问证人的地点不符合规定；讯问笔录没有记录告知被讯问人相关权利和法律规定的等，在刑事案件认定事实的证据链中，瑕疵证据发挥的证据作用和实际的证据地位是低于定罪量刑的证据的。部分审判机关对于瑕疵证据的认知并未领会两个《证据规定》和《刑诉解释》的立法精神，其对于瑕疵证据的忽视态度是可圈可点的。正因为证据的一点瑕疵而忽略证据的客观真实性，致使瑕疵证据规则适用不尽乐观。

三、瑕疵证据的风险防控

（一）瑕疵证据的补正

补正，即对瑕疵证据进行补充、纠正，也就是对瑕疵证据的瑕疵进行某种有针对性的补救。之所以对瑕疵证据进行补正，是考虑到侦查人员违反法律程序的情节比较轻微，没有造成严重的法律后果，因此没有必要采取排除证据这一极端的程序性制裁方式。而法院责令进行程序补正，一方面要给予

⑫ 参见胡忠惠等：《刑事瑕疵证据补救的实证观察》，载《北方法学》2015年第2期。

侦查人员一定的谴责和惩罚，令其承受程序上的不利后果，另一方面也是为了挽救有利于证明案件真实情况的瑕疵证据，使其不因为程序上的瑕疵而被排除于法庭之外。⑬ 从实践中的情况来看，一般可通过下列方式对瑕疵证据予以补正。

1．补强证据

由于侦查人员的疏忽大意或者对程序规定的不遵守，致使证据因缺失形式要件而产生瑕疵的，侦查机关可另行提供相关证据对其予以补强，从而对其予以补正。例如，搜查笔录中未记载见证人造成证据瑕疵的，侦查机关可采取让该见证人到场陈述搜查过程的方式对搜查笔录予以补正；讯问犯罪嫌疑人的笔录中未记录讯问时间或侦查人员未签名造成口供瑕疵的，侦查机关可提供同步录音、录像对其内容予以补强，从同步录音、录像中显示的时间和画面即可印证该次讯问的时间及参与讯问的侦查人员，据此，则该份讯问笔录的瑕疵即可得到补正；辨认记录过于简单而只有结果没有过程的，可以通过传唤有关办案人员出庭就辨认过程作证的方式补强该证据。

2．重新制作

重新制作适用于瑕疵言词证据，对于轻微威胁、引诱、欺骗等方法获得的被告人供述和辩解、证人证言、被害人陈述等，应在更换原侦查人员后重新进行讯问和询问，重新制作证据材料。笔录存在较大错误的情况下，仅仅是形式上的补充和修改，已经不足以消除人们的合理怀疑，因为它们的存在形式严重影响了其真实性。

3．当事人同意

证据存在瑕疵，往往意味着取证过程中当事人权利一定程度的受损，但若当事人对自身权利的受损状态并不介意，反而通过事后追认等方式认可该证据的有效性，则该瑕疵证据即可据此而“再生”。⑭ 当事人经过明示同意，承认对于瑕疵证据的认可出于自己真实的意思表示，那么瑕疵证据的证据效力即确定下来。比如在首次询问证人前，忘记告知证人相关权利和义务，随后向其告知，证人作出明确的同意，证人之前的陈述可以作为有证据能力的

⑬ 陈瑞华：《论瑕疵证据补正规则》，载《法学家》2012 年第 2 期。

⑭ 万毅：《论瑕疵证据——以两个证据规定为分析对象》，载《法商研究》2011 年第 5 期。

证人证言提交法庭。因为这类瑕疵证据并没有在实质上影响犯罪嫌疑人、证人等的自愿供述，造成当事人受损害程度较轻，经事后追认可认定其证据资格。

（二）瑕疵证据的合理解释

两个《证据规定》和《刑诉解释》还规定了瑕疵证据的另一种补救方式：作出合理解释。合理解释即通过对证据产生瑕疵的原因进行分析、阐释，排除其为非法取得或不真实的可能。实践中，侦查机关通过辩解、解释来稀释瑕疵证据的违法性以达合理解释，但何种解释才是法律意义上的“合理”。所谓解释的合理性指的是符合经验法则、合乎常情常理、理由充分。具体而言，就是要看通过侦查机关的解释，能否排除该证据系非法取得或虚假的可能。实践中，当司法机关要求侦查机关就瑕疵证据作出合理解释时，侦查机关往往会辩称系工作疏忽而“遗漏”或“笔误”。但侦查机关此类解释太过空泛、理由不够充分，仅凭这一解释难以排除该证据系非法取得或不真实。值得注意的是，现实中“直接补签”的情形是补救瑕疵证据最常见的方式，直接补签后，在事后审查中，该证据形式即像一份合法证据存在。因此，这种直接补签的方式应特别需要侦控方作出合理解释，排除伪造证据的嫌疑。合理解释作为瑕疵证据的一种补救方式，侦查机关应尽量做到解释的合乎情理并且理由充分，规范合理解释的程序来补正证据的瑕疵。

（三）完善瑕疵证据规则的操作程序

不管是两个《证据规定》还是《刑诉解释》都只是对瑕疵证据的形式加以规定和枚举，但是对于整个瑕疵证据补救程序包括监督程序没有明确的规定。首先，补救瑕疵证据的启动主体和补救主体应该由哪个机关或者哪个诉讼主体承担？法官依法具有主动审查瑕疵证据的权力，如果法官没有主动审查，被告人及辩护人有权向法官提出，请求法官审查某一证据是否为瑕疵证据，最终由法官作出是否要求补救的裁定。因此，法官是当然的启动主体。鉴于侦查人员很少出庭作证，也很少出庭支持公诉人公诉，且法院对侦查人员没有直接的领导权和指挥权，因此公诉机关应作为瑕疵证据补救程序的主体更符合我国目前的诉讼惯例。其次，瑕疵证据补救的标准。我国立法对于瑕疵证据补救到何种程度才能被采纳并没有作出规定。瑕疵证据的补救标准是一种程序证明，比实体事实的证明标准低，因此瑕疵证据补救只须达到“优势证据”的标准即可。最后，瑕疵证据补救的审查时机。瑕疵证据补救应在庭前会议阶段审查，庭前会议中，控辩双方可就瑕疵证据的补救是否达到要求进行辩论。如果在庭前会议中对证据的瑕疵问题控辩双方未能达成一致意见，法官也未能作出裁决，控方可在法庭审理时就这一问题进一步解释说明，如果法官认为该瑕疵证据已得到弥补，已具备证据资格，可以作为定案的依据。如果法官认为该瑕疵未能达到补救要求，应当裁决排除该证据的适用。

（责任编辑：潘庸鲁）

保证制度的规则迭变与司法适用

王朝晖　李　红　丁　勇*

新型保证制度确立担保从属性的核心立场，以一般保证责任为推定原则，以连带保证责任为约定补充，具有先进性。在共同保证人责任承担上，注重打造法效保护相互独立，法效追偿相互依存的实践理念。此类制度性设计还认为当债的加入与保证表意相冲突时，存疑即应推定为保证。而针对公司对外担保的效力性判断，则推陈出新地强调决议审查义务属必要的组织性规范，应适用分层分类的形式审查基准。至于司法实践中对反担保的定性，则需秉持求偿担保的立场，反担保非为对本担保进行担保，而系对约定或法定追偿权的担保。

一、新型保证制度规则设计的象限分析

（一）核心象限：惟有一以贯之保证担保的从属性原则

1. 保证担保从属性之争的沿革

案例：A公司、B公司及自然人C签订《工矿产品购销合同》，约定A公司向B公司购买钢材，若B公司未能履行，则C自愿提供连带责任保证；各方明确相应保证条款独立于主合同，不因主合同无效而无效。后B公司未按约供货，A公司遂要求C对B公司所需返还货款承担连带保证责任。C则抗辩主合同以合法形式掩盖非法目的，为无效合同，故从属于其的保证合同亦无效。保证人无过错，不应承担责任。

* 王朝晖，法学硕士，上海市杨浦区人民法院院长。李红，法学学士，上海市杨浦区人民法院商事审判庭庭长。丁勇，法学硕士，上海市杨浦区人民法院商事审判庭审判员。

以上诉辩，究其根源在于1995年《担保法》第五条第一款虽规定担保合同为从合同，然旋即又认为“担保合同另有约定，按照约定”。A公司之诉由若依以上条款进行文义解读，该法显然已赋予当事人相应意思自治权利，可由其自行约定担保条款或具有独立性，非主合同之从合同。而C主张之理论基础则为2007年《物权法》第一百七十二条第一款规定“主合同无效，担保合同无效，但法律另有规定除外”。可见《物权法》对担保合同可赋予独立性的权能来源由过往按约变更为依法，进行相当程度限缩，强调只有法律有规定才能改变合同的主从关系。

细观之，彼时《担保法》所适用担保方式包含保证、抵押、质押、留置及定金，系从债权请求权之角度来规制兼具物保与人保的担保类别。而《物权法》之适用则落脚于担保物权，相应规制对象为具有物权性质的抵押权、质权、留置权，进而结合区分原则之“债”“物”相分离理念调整物权变动。[①] 其并不包含具有债权请求权性质的保证担保，故而《物权法》唯有法律方能豁免担保物权从属性的规定就无法直接适用于保证担保。相反，若承认保证具有约定独立性又会严重破坏业已形成的担保物权制度设计，转而显现为担保物权从属性、担保（保证）请求权独立性这类同体异构的逻辑矛盾。为此，《最高人民法院关于适用〈中华人民共和国民法典〉有关担保制度的解释》（以下简称《民法典有关担保制度解释》）第二条第一款明确，保证担保亦当遵循担保具有从属性，法律另有规定方能例外豁免这一原则，填补了既有法律制度的运行缺陷，并再次重申从属性系保证担保所能长期存在的根本属性。试想，若保证担保能由当事人随意约定独立性（主债权无法履行，却可履行保证债权），实质会演变成主债权为一个债权，保证债权乃另一新债权，两项债权共同并行存在。而所谓的保证亦会由债的补充性变更为债的替代性，保证不再是担保，反而转变为主债务，如此会严重危害担保法律体系赖以长期存在的制度基石。

2．保证担保具有更高从属性的递进表现

（1）范围规制上的从属性。在保证人责任范围承担上，依据《民法典有关担保制度解释》第三条规定，若当事人对保证责任的承担约定了专门违约

① 凡秋霞：《浅议物权行为与债权行为之区分实益》，载《法制与社会》2011年第3期。

责任，保证人之责任范围应限缩于仅在债务人应承担责任范围内承担，即保证人责任范围永远受制于主债务人责任范围，而不论该保证人究竟承担的是违约责任、保证责任抑或是赔偿责任。该类范围规制的理论出发点来源于从债务恒小于或等于主债务，强调从债务对主债务的绝对从属性。

（2）方式推定上的从属性。在保证人保证方式推定中，《民法典》第六百八十六条第二款着重改变过往未明保证之推定方式，确定为一般保证而非连带责任保证。显而易见，一般保证相较于连带责任保证之从属性更为突出。连带责任保证事实上使得债权人的债务相对人实质增加，债权人或可向债务人主张债权，或可向保证人主张连带责任保证，系一对多的债权债务关系。反观一般保证，其要求债权人只有提起诉讼或仲裁并不能实质受偿后方可向保证人提出承担一般保证责任，系一对一的递进关系，一般保证人的责任承担依附于债务人穷尽财产仍不能清偿债务，有着更为明显的主从、先后关系，恰可谓从债务之于主债务具有相对劣后性。

（3）第三人权利定位上的从属性。在第三人权利能力视野下，《民法典有关担保制度解释》第二十条明确，提供物保的第三人在担保纠纷中可以适用《民法典》有关保证合同之规定。其意在表明，第三人所提供物保在权利定性上系对主债务的保证，兼具物保与人保的双重属性。其中物保属性指第三人所提供的物对债权人之债权权利进行担保，而人保属性则为第三人本身通过物起到对债务人债务进行担保的作用，这与债务人所提供物保乃纯物权权利尚有一定差别，第三人之物保系以物来行保证之实，非简单的物权担保。第三人不仅有对物的处分权，也具有对债（保证）的抗辩权，而该类抗辩权的取得在于第三人之从债务对于主债务天然所应具有的权利依附性。

（二）基础象限：站立于时代潮头下保证制度的规则演化

1. 保证之推定方式变革的深层次原因

（1）市场环境因素——经济高质量发展的必然法律选择。改革开放以来，在社会主义市场经济高速发展背景下，商事交易被冠以“效率优先兼顾公平”的司法观，进而促使只要保证人自愿承担相应保证责任，即使其未声明采用何种保证方式，司法一概视为连带保证责任。此类法律适用倾向着重保护债权人利益，解放商主体的负担与顾虑，进一步使得商事交易易于达成，促进国民经济总量快速递增，有着相当程度的制度优越性。然于审判实践中，该类保证方式亦会滋生出大量偿债纠纷，在国民经济形势相对宽松时期，尚处于可稳可控状态，一旦经济形势下行压力增大，大量商事保证纠纷旋即井喷而出。故而，此次保证推定方式转变实为契合社会经济高质量发展的总要求，由过往债权人利益保护优先转变为债权人、债务人及保证人三者利益相对衡平。

（2）诉讼程序因素——突出主从债务诉讼地位的共同性。在既往审判实践中，存在一定类型债权人仅起诉保证人承担连带保证责任而怠于主张主债务人之偿债责任，最终因连带保证责任人责任承担后行使追偿权而揭露基础主债权债务关系存疑或本不存在致使相应从属于其的保证担保纠纷事实查明不清，法律适用错误的再审案件。对裁判者而言，在具有实体主从性的债权保证关系中，若仅处理因连带保证责任所引起法律事实而忽视主债权的事实查明，则很难不谓之“管中窥豹”。过往，司法者为解决此类问题系通过追加主债务人为共同被告的司法技术方式予以处理，将主债权债务纳入保证纠纷中一并审查，用以防止可能存在的主债权瑕疵。② 然债权人对此类主动追加往往是具有抗拒性的，究其原因在于该等追加会不当拖延诉讼进程，影响其连带保证之债的尽速实现。此外，于案件审理中直接将主债务人追加为被告的做法可能存在司法裁判中立性偏废的问题，裁判者实际代替债权人行使民事处分权，在其已然发起连带保证之债并明确保证人为被告后，又另行替其确定新的被告。司法者依法查明基本事实、准确适用法律之使命与当事人依法行使连带保证之债间就不可避免地形成一对紧张关系。

笔者认为，未明保证方式推定由连带保证责任转变为一般保证责任，能于源头上降低相当一部分对未明主债权债务直接以未明保证方式推定适用连带保证责任而致案件事实查明困难等情形。《民法典有关担保制度解释》第

② 参见上海市高级人民法院《关于审理民间借贷合同纠纷案件若干意见》（沪高法民一〔2007〕第18号）第一条规定：在民间借贷中，债权人仅以担保人为被告，一般应追加债务人为共同被告。债权人仅以担保人为被告起诉至法院，通常应追加债务人为共同被告，此类案件的审理，不仅包括担保关系，还包括主债务即借贷关系。担保的主要基础法律关系为借贷，担保人是否承担担保责任的前提是借贷关系成立与否。

二十六条第一款明确债权人若仅起诉一般保证人，司法裁判不再如过往般追加主债务人为共同被告，而变更为径行驳回起诉。此类规制既尊重债权人所应具有实体民事处分权，又突出强调保证之债与主债务具有诉讼地位的共同性。

（3）权利能力因素——先诉抗辩权扩大的紧迫性。先诉抗辩权权能运行虚化。一般保证与连带保证责任最显著差别在于保证人是否享有先诉抗辩权。先诉抗辩权权能设置之初衷乃为保证人建立相应诉讼壁垒用以对抗债权人的债权请求权。然既有大量审判实践表明，一般保证责任相较于连带保证责任的实践应用常处于弱势地位，进而依附于一般保证责任之上的先诉抗辩权几无用武之地。释放先诉抗辩权的权能价值。事实上，未明保证方式推定类型的改变就成为解除固有先诉抗辩权权能枷锁的关键性钥匙。一般保证作为未来保证方式的主流选择，将会于司法实践中促使保证人积极行使先诉抗辩权。新型保证制度下的先诉抗辩权不仅为一类程序性权利抗辩，而且有以下特点：第一，不得单独对一般保证人提起诉讼，或可为一类实体性权利抗辩；第二，仅对债务人不能清偿部分承担保证责任，更能成为一类过程性强制措施抗辩；第三，对债务人财产保全优先于对保证人财产保全。此等细化大大加强先诉抗辩权的权利延伸，丰富一般保证人的对抗性措施，亦使得债权人的行权指向渐进明晰。当然，先诉抗辩权权能扩大不是无限的，从债务的对抗性永远不可能高于主债务本身，若主债务几无可能实现，就应毫不犹豫地执行从债务，这才符合一般保证之本意。为此，《民法典》第六百八十七条第二款才会设置四类先诉抗辩权的除外规则，权利与权利的对抗不能凌驾于权利实现本身，否则权利存在将变得毫无意义。

2. 共同保证人对外责任承担与对内责任分济

（1）共同保证人法效保护相互独立，法效追偿相互依存。《民法典有关担保制度解释》对多保证人间应如何向债权人承担共同保证责任有着相应的分层认知：第一，债权人于保证期间内向单一保证人主张保证责任，并不意味着其已向其他保证人行使相应保证请求权，多保证间的保证请求相互独立。意在表明于保证责任承担上应将每一保证视为独立的实体请求，行使与触发均需债权人明示，保证请求不应予以横向推定，保证责任本身具有独立价值。第二，债权人未于保证期间届满前向单一保证人主张权利，其他具有追偿权的保证人或可免除未来不能追偿该部分的保证责任。债权人对单一保证人的责任豁免，无论为意定抑或法定豁免，当然及于其他具有追偿权的保证人。共同保证人在对外责任承担上，显现出新型保证制度弱化保证人责任，强化保证人诉讼壁垒，而对债权人赋予较高程度行为与注意义务的趋势。此类规则补充具有先进性，乃为追求实质公平而设计，共同保证人相较于债权人而言有着“权利一体化，义务多元化”的特点。所谓“权利一体”指多保证人间对抗保证请求权的目的是共同的，因而于未能追偿部分适用“一部责任豁免，全部责任豁免”。义务多元则强调单一保证人的保证期间效益不受其他保证人保证行为制约，有着一定的独立价值。

（2）共同保证人间责任分担的司法规制。细看法律适用变革，原《担保法》第十二条及其司法解释第三十八条均曾有过承担担保责任的担保人，可以要求其他担保人分担责任份额的司法规制。而其后所实施的原《物权法》第一百七十六条却又摒弃该类观点，转而未有正面评价。现今《民法典有关担保制度解释》第十三条明确，担保人间原则上不能相互追偿，除非该担保人有债务追偿分担合意或以行为表明该合意。从法律关系角度而言，保证人承担保证责任后的追偿对象往往是主债务人，保证人应当亦必须先向主债务人索偿，保证人与主债务人间构成主从法律关系。而共同保证人相互间若不具有行为牵连性，则单一保证责任将因失去债务分担基础而无法在保证人间进行责任分济。此亦为何有且仅有保证人系连带共同保证下，其相互间方才有债务承担的可分性。恰又基于该种可分性，前述债权人对部分保证人的责任灭失，极易导致其余具有追偿分担基础的保证人无法对失格保证人予以责任分配而在相应范围内豁免自身保证责任。

二、新型保证担保制度司法适用疑难问题研究

（一）何以区分保证制度与债的加入

1. 自我表意不同：保证之表意注重位序先后，债的加入则强调共同分担

保证系债的补充制度，无论一般保证抑或连带责任保证，其均与主债务

人就偿债责任区分先后或从属关系。虽然债权人可直接向连带责任保证人主张保证责任，但该责任承担究其本质仍然从属于主债务，系在先替代责任。而债的加入为并存的债务承担，债的加入人与主债务人实处同一偿债位序，进而自愿共同分担主债务。就表意而言，保证担保所受主债务约束性低于债的加入制度。

2．责任范围不同：保证之债属主债追偿，债的加入系主债连带

保证责任承担后的救济在于赋予保证人对主债务整体追偿权，而债的加入人在承担加入债务之连带责任后，仅可就实际承担债务超过自己份额部分，向其他连带债务人在其未履行份额内予以追偿。债的加入之追偿权并非整体追偿，仅为加入人对超额分担部分的限制追偿。从追偿责任范围来看，保证担保的救济性高于债的加入制度。

3．利益衡量下的价值取舍：表意存疑时应对作出者责任从轻

“意思表示解释优先，存疑推定为保证”之规则设定，最大理论挑战来源于传统民商法认为保证属要式行为，保证合同或条款属要式合同，若仅凭当事人未明之表意，即可推定适用保证责任，是否冲击保证制度的要式基础，而不当扩大保证责任范围，使得有关保证责任之认定具有随意性。

“存疑推定为保证”属保证制度认定外的法律拟制规范，其存在本身并非意味着对保证制度中要式性条件进行了例外规定。当债的加入与保证难以区分时，则应直接推定适用保证制度，而毋需考虑该表意本身是否与保证之要式性要求相符。退而言之，若该表意能直接与保证制度相契合，又何谈适用“存疑推定为保证”的例外规范。该类推定实质体现为从轻第三人责任的司法取舍。债之加入的债务性负担大于保证制度，两者基于债权实现而言系债权人对第三人的博弈，基于债务承担出发则显现为债务人与第三人的对弈。债权人与债务人利益最大化在于“存疑推定为债的加入”，而第三人之权益保护至高性则仰仗于“存疑推定为保证”。实践中，第三人加入债务的动机往往是不同的，其基于债的加入制度加入债务更多考虑自身利益，乃为该利益分担债务。而作为保证方加入债务主要系为他人利益做债务补充。若简单认为“存疑推定适用债的加入”，一概将入债行为视为为自己利益，显然会绕开偿债负担较低之为他人利益而保证，直接上升为更高偿债义务之为自己利益而并存，不当加重第三人责任。毕竟对先有基础债务关系而后入债的第三人而言，赋予与债务人并存的责任承担有着明显的不公平性。基于此，选择“存疑推定为保证”更符合注重债权债务当事人利益衡平的司法适用理念。

（二）保证合同无效后是否仍应受保证期间制约

1．保证期间为独立的争议解决条款

《民法典》第五百零七条规定，合同无效或终止的，不影响合同中解决争议条款之效力。该类争议解决条款不应单指《民法典》第五百六十七条所明示的结算与清理条款，还应适时包含其他任何有助于合同争议解决之条款，当然理应及于此处的保证期间条款。保证合同中有关约定或法定保证期间之设立目的就在于督促债权人及时行权，若其怠于提出保证请求，则相应保证责任旋即归于消灭，而保证责任灭失不可不谓一类拟制的争议解决措施。

2．保证责任范围涵盖缔约过失责任，亦应受保证期间规制

《民法典》第六百八十一条将保证合同内容定义为两方面：保证人履行债务或保证人承担责任。当保证合同有效时，保证人的合同义务为按约对主债务承担保证责任，而一旦保证合同基于担保从属性而无效，保证人之保证责任内容就适时由担保偿债转变为依法履责，该种履责当然包括合同无效时缔约过失责任的承担。再观《民法典》第五百六十六条第三款，主合同解除后，担保人仍对债务人之民事责任承担担保义务，而合同权利义务终止之后果包含有恢复原状或赔偿损失，可见此时的保证责任亦不仅局限于偿还主债务，还涉及主合同所形成的衍生责任。进而言之，主合同有效解除，继而终止后的赔偿责任若属保证责任范畴，而主合同无效，保证合同无效终止后的缔约过失责任却非保证责任涵盖，两者显然难以相互周延。既然无效后的缔约过失责任仍受保证责任统御，其就理应受保证期间制约。

（三）公司对外担保（保证）效力之鉴别

《民法典有关担保制度解释》视域下公司对外担保（保证）效力类案件所赋予主体权益内外有别相对化的主要特征被重新定义。相应类案裁判不再局限于以关联性有无作为公司内外担保决议审查区分之标志，而进行权利义务

或有或无的单向分配，转而倾向于无论是否为关联或非关联担保，担保权人均被课以依关联性大小肩负不同程度的法定决议审查义务。

1. 决议审查义务之于公司对外保证的不可豁免性

司法实践中，债权人通常以《民法典》第六十一条的“代表权限制说”主张《公司法》第十六条之决议审查内容属公司内部治理规范，债权人作为公司外第三人，若构成善意，即无需履行相应决议审查义务。然《民法典有关担保制度解释》第七条则主张公司对外担保之决议审查义务系担保权人不可豁免的法定义务，而无论该担保系关联担保抑或非关联担保，担保权人均需且必须审查相应公司是否已就对外保证事项作出过决议。该立场一改过往审判实践中对《公司法》第十六条第一款之非关联担保定性为公司内部的管理性强制规范，公司外债权人不受此制约，而第二款之关联担保系效力性强制规范，各方均需严格恪守的固有认识，③ 主张决议审查规则系公司治理的组织性规范。在公司对外保证中，所谓债权人善意标准直接来源其有无履行决议审查义务，而公司内外有别的裁判基准则系履行决议审查义务后，就债权人审查行为边际的内外有别，非单纯以保证对象是否为关联方作内外有别之分界进而适用全有或全无的决议审查标准。

2. 决议审查标准应整体定性为形式审查

若按注意义务程度区分，上述决议审查之司法标准大致可细分为实质审查、穷尽的形式审查、有限的形式审查。实质审查系对保证决议内容、决议与章程关系、决议真实性、决议侵害第三人利益的绝对性审查。而穷尽的形式审查则注重对决议表面真实性、决议是否为法定股东会决议进行审查，至于该决议效力本身、决议签字真实与否等均不属于穷尽的形式审查范围。有限的形式审查标准较前两者更为宽泛，债权人仅需审查公司是否形成过相应对外担保决议而无需拘泥于决议形式是否仅限定为股东会决议。三类审查标准适用的基本逻辑在于依保证对象为公司内 / 外部人进而区分对外担保事宜关联度，又据此课以被保证人（债权人）不同的注意义务，再以注意义务大小决定被保证人所适用的决议审查标准。如图 1：

③ 甘培忠、马丽艳：《公司对外担保制度的规范逻辑解析——从〈公司法〉第 16 条属性认识展开》，载《法律适用》2020 年第 3 期。

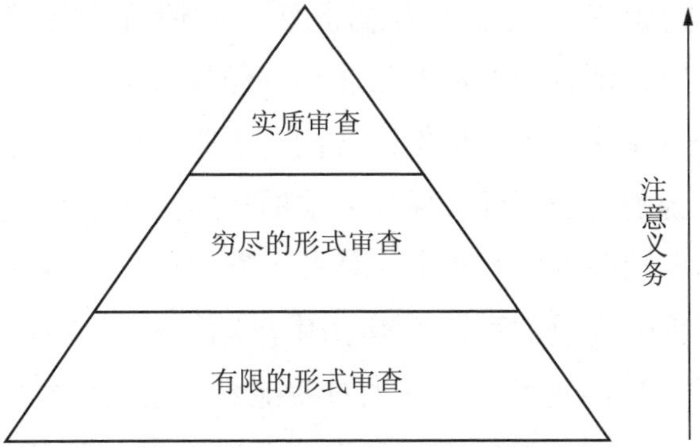

图 1　阶梯递进的司法审查标准

三、新型保证担保制度的刍议与探索

（一）何以对保证合同之违约责任独立性一概予以否定性评价

1．保证之违约责任独立性争端的缘由

正因保证合同具有担保范围上的从属性，保证责任的承担实需以主债务责任基础为限。为此，前述《民法典有关担保制度解释》第三条才设置对保证合同所约定专门违约责任应受主债务责任范围规制的司法考量，这在一定程度上间接否定保证行为之专门违约责任的独立性。若立足于此，不免令人诘问，前述保证期间条款尚可作为清理结算条款而独立存在并适用，何以在法效上尤为甚之的专门违约责任条款之独立适用却不为相关法律规范所肯定。

《民法典有关担保制度解释》注重于从属性的绝对坚守，无论从属于主债务的保证之债最终承担责任类型为有效的保证责任或无效的缔约过失责任抑或有效的违约责任，均需受主债务制约，而不得超过主债务人所应承担责任范围，否则一旦保证人就承担专门违约责任超限，其无法对超出主债务范围的专门违约责任之承担向主债务人予以再行追偿，这极易于本质上转化为由保证人承担偿债责任而非保证责任。与之相反，持保证之专门违约责任应具有独立性的观点认为保证合同之专门违约责任系从债务单独的违约责任，非主合同的违约责任，不应简单将两者混淆而盲目直接否定从债务的原因行为，仅依从债务责任承担结果与主债务是否符合从属性作出肯定或否定评价，系对主从关系的误读。

2．专门违约责任属保证人专属责任，非债务人受追偿责任

笔者认为，对保证合同约定专门违约责任具有实践可行性。该违约责任不同于保证责任，系保证人违反保证合同，不履行保证行为，未及时承担保证责任之违约行为的补偿责任。保证之债的从属性要求在于主从债务的责任契合，不因从债务畸高而肆意扩大主债务人偿债负担。履行保证责任的范围从属于主债务或保证无效的责任承担依附于主债务，旨在强调该责任类型为保证责任。而专门违约责任乃保证人自我兼具补偿与惩罚的真实意思表示，债务人不会亦不可能受该意思表示约束，无法于根本上产生债务追偿基础，更遑论从债务责任范围大于主债务。

于司法实践中，债权人因债权未及时受偿，当然可向保证人要求履行保证责任，并同时依据保证合同约定，请求保证人负担专门违约责任。这与《民法典》第五百八十五条第三款迟延履行违约金支付后，违约方仍应继续履行债务的精神是一致的。此时，债权人要求履行保证责任受主从关系制约而无法逾越责任范围，而承担专门违约责任则系与保证人的单独附加约定，不因保证之债主从关系影响而削弱。

（二）反担保之于主从关系的精准识别

反担保（保证）实为求偿担保（保证），《民法典》第三百八十七条第二款将之定性成第三人为债务人向债权人提供保证的，可以要求债务人提供反担保（保证）。司法实践中，部分观点借此认为反担保系对本担保合同的保证，在主合同与保证合同构成第一对主从关系外，反担保与保证合同构成第二对主从关系。故而才会存在当主合同无效，保证合同基于从属性无效，反担保合同又因保证合同无效而无效的论断，以及反担保合同范围受制于保证合同，进而从属于主合同的见解。④ 而《民法典有关担保制度解释》第十九条所演化保证合同无效，相应无效赔偿责任由反担保人在反担保合同范围内承担担保责任，仅系对保证合同无效的特别规定。如图 2：

④ 刘贵祥：《担保制度一般规则的新发展及其适用——以民法典担保制度解释为中心》，载《比较法研究》2021 年第 3 期。

主合同＞本担保合同＞反担保合同

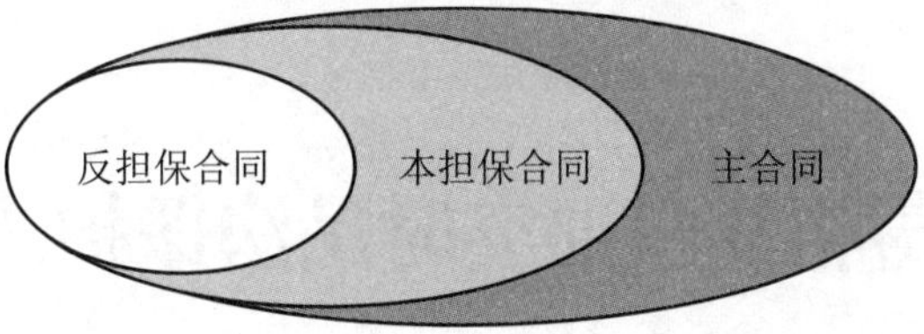

图 2

笔者认为，反担保既为求偿担保，顾名思义乃对追偿的担保。其并非简单从属于债权人与保证人间所形成的保证合同，实与反担保人及保证人间基于担保委托所形成担保服务合同构成主从关系，系独立在主合同与保证合同外的另一对主从关系。上述《民法典有关担保制度解释》第十九条亦应持此理解，本担保（保证）合同无效并不必然决定反担保合同效力，保证人基于保证合同无效所承担对外赔偿责任仍属保证人追偿权范围，反担保人理应按约承担对该追偿的担保责任。《民法典》第七百条规定，保证人承担保证责任后，除当事人另有约定外，其有权向债务人追偿，此意味着保证人追偿权的权能基础可能来源法定追偿权，亦可能通过当事人约定实现，故而反担保人之担保范围并非因隶属于主合同，而由其进行责任限制，实应受制于担保服务合同的约定追偿范围或相应法定追偿范围。如图 3：

主合同＞本担保合同；担保服务合同＞反担保合同

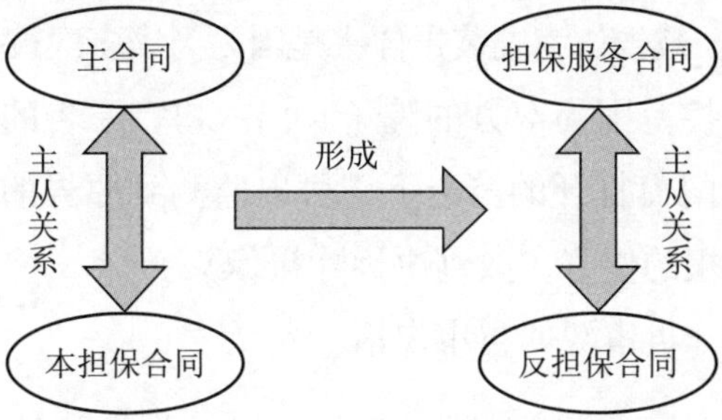

图 3

（责任编辑：张　俊）

隐私权与相邻权冲突时民法保护边界研究

——以涉摄像头案件为视角

上海市徐汇区人民法院课题组*

随着科技发展，民用监控、电子猫眼、可视门铃等摄像头产品被广泛使用。特别是在基础设施配套不齐全的老旧小区，基于安全感的缺失以及物业服务的缺位，为了保护自己的财产和人身安全，业主自行在家中甚至公共区域安装摄像头，然而摄像头摄录的区域和内容往往涉及邻居的隐私信息。如何平衡上述相邻权、隐私权之间的关系，值得深入研究。

一、实践检视：涉摄像头隐私权与相邻权冲突案件审理的分析

案例 1：张某某、顾某与沈某某排除妨害纠纷案

双方当事人各自的房屋东西相对。被告在自己房屋外墙上安装了全景监控摄像头。原告认为被告的摄像头可以对自己院子、一楼朝东房屋和二楼卧室进行拍摄，主张拆除。被告认为安装摄像头是因为门锁多次被撬，出于安全考虑。

一审认为，监控范围为双方的院子、出入口、原告的一楼朝东房屋和二楼卧室外立面。在门窗打开的情况下，可以监测到原告的室内活动，该行为显然已构成对隐私权的侵害，故判决拆除摄像头。

二审予以维持，再审驳回再审申请。①

* 课题主持人：尹学新，法学硕士，上海市徐汇区人民法院副院长。课题组成员：徐磊，法学硕士，上海市徐汇区人民法院民事审判庭庭长。刘倜倜，法学硕士，上海市徐汇区人民法院执行局法官助理。

① 详见（2018）沪 0151 民初 9204 号、（2019）沪 02 民终 4374 号民事判决书、（2020）沪 02 民申 516 号民事裁定书。相似判决思路和案由的还可见（2016）沪 0115 民初 5145 号、（2016）沪 0115 民初 56737 号、（2018）沪 0115 民初 36159 号、（2018）沪 01 民终 5464 号民事判决书、（2018）京民申 4636 号民事裁定书。

案例 2：史某某等与黄某某、谢某某相邻关系纠纷案

双方当事人系同层邻居。被告在楼道顶部安装了监控摄像头。原告认为该摄像头可以拍到自己的入户门，主张拆除及要求精神损害抚慰金。被告认为安装摄像头是保护家中安全。

一审认为，监控摄像头可视范围涉及原告的入户门，可以拍到其日常进出信息，该行为显然对隐私权和个人信息保护构成现实威胁，故判决拆除摄像头。原告未充分举证存在严重精神损害，故不支持精神损害抚慰金。

二审予以维持。②

案例 3：殷某与黄某某相邻关系纠纷案

双方当事人系同层邻居。原告 506 房大门紧邻被告 505 房的厨房窗户，厨房窗户外面是公共走廊。原告认为被告厨房内的摄像头，可以完整监控其出行信息，主张拆除。被告认为摄像头未构成侵权。

一审认为，摄像头安装于厨房内部，只能拍摄到窗外人员走动的局部情况，无法完整收集到原告的出行信息，故判决驳回。

二审予以维持，再审驳回再审申请。③

案例 4：包某某、王某与郑某某隐私权纠纷案

双方当事人系邻居，大门朝向互相垂直，阳台平行且相邻。被告的厨房、卫生间窗户均开在过道，被告在厨房、卫生间内和阳台空调外机上安装了摄像头，原告认为可以拍到其行踪，造成精神紧张，无法在家中居住，主张拆除全部摄像头。

一审认为，厨房、卫生间内的摄像头拍摄方向为窗户，窗户外为公共过

② 详见（2018）沪 0151 民初 9204 号、（2021）沪 02 民终 9248 号民事判决书。相似判决思路和案由的还可见（2016）沪 0115 民初 56737 号、（2017）沪 0105 民初 15287 号、（2017）沪 0106 民初 32928 号、（2017）沪 01 民终 8529 号、（2017）沪 02 民终 10779 号、（2019）沪 02 民终 710 号、（2019）沪 01 民终 8971 号、（2020）沪 0105 民初 15470 号、（2020）沪 0105 民初 16491 号、（2020）沪 0109 民初 11387 号、（2020）沪 01 民终 4263 号、（2020）沪 01 民终 7742 号、（2021）沪 0113 民初 7830 号、（2021）沪 0114 民初 24649 号、（2021）沪 0115 民初 65243 号民事判决书、（2020）沪 02 民申 320 号、（2020）粤民申 9901 号民事裁定书。

③ 详见（2021）粤 01 民终 205 号民事判决书、（2021）粤民申 6065 号民事裁定书。相似判决思路和案由的还可见（2020）沪 0109 民初 11692 号、（2020）沪 0118 民初 3530 号、（2020）沪 01 民终 8440 号、（2021）沪 02 民终 1617 号民事判决书。

道，无法拍摄到原告的房屋内部和大门，故不支持拆除。空调外机上的摄像头有可能拍摄到原告的阳台及内部，故支持拆除。

二审认为，厨房、卫生间内的摄像头虽然安装在私人空间，但是朝向原告必经的公共过道，一定程度上对其隐私权构成侵害，应当予以拆除，其他判决内容予以维持。④

上述四个案例案情相似，均是一方当事人出于保护自身财产等安全的需要在房屋内或房屋外安装摄像头，作为相邻容忍方的另一方当事人的阳台、门口或是过道等被一并监控，造成自己的出行信息等隐私信息遭到威胁，从而要求拆除摄像头。但是对于案由、处理结果，司法实践却未完全统一。

从案由上看，有排除妨害纠纷、相邻关系纠纷和隐私权纠纷。就排除妨害纠纷，原告行使物权受到被告的妨害，方可提起诉讼，然而被告的摄像头并未安装在原告的所有物上，也没有侵害原告对自己所有物的占有、使用、收益或处分。特别是案例1，原告的请求权基础在于隐私权受到侵害，因而适用该案由不够准确。实践中还存在一些案件原告既主张拆除搭建物又主张拆除摄像头。然而该搭建物也非搭建在原告的所有物上，往往是影响通行、采光等相邻权，因而此类案件适用排除妨害纠纷的案由也有舍近求远之嫌。⑤就相邻关系纠纷，原告行使相邻权需要被告的配合或者是被告拒绝配合时方可提起，往往聚焦于通行、采光、排水等事由。如前所述，原告的请求权基础在于隐私权受到侵害，隐私权属于人格权范畴，而相邻权属于财产权范畴，因而适用该案由不够准确，案例2、3均是例证。实践中还存在一些案件原告既主张拆除影响通行或采光等事由的搭建物又主张拆除摄像头。然而拆除摄像头因侵害的是隐私权，已经超出了相邻关系纠纷的案由外延，司法实践中

④ 详见（2020）沪01民终8049号民事判决书。相似判决思路和案由的还可见（2016）粤民再464号、（2017）沪02民终10779号、（2018）沪01民终5153号、（2019）沪0104民初1569号、（2020）沪01民终8049号、（2020）沪0118民初15600号、（2021）沪0115民初25371号民事判决书、（2019）冀民申8543号民事裁定书。

⑤ 此类案情和案由的可见（2016）沪0115民初5145号、（2018）沪01民终508号、（2018）沪01民终3170号、（2018）京02民终1754号民事判决书、（2018）京民申4636号民事裁定书。

对此存在纠正的倾向。[⑥] 就隐私权纠纷，原告因自己的隐私权受到侵害方可提起。被告安装的摄像头无论处于何处，因摄录到原告信息，侵害的正是隐私权，因此隐私权纠纷作为案由最为适当准确。

从处理结果上看，各个案例的审判思路都着重论证被告安装的摄像头是否侵害原告的隐私权，只要认为构成侵权，则判令拆除。但是否构成侵权，却因为没有统一的判断标准而易导致同案异判。正如案例 3、4，同样是室内安装的摄像头可以拍到公共过道，案例 3 及案例 4 的一审认为不侵害隐私权，案例 4 的二审则认为侵害隐私权。可见，此类涉及摄像头的案件中，相邻权权利人和隐私权权利人的对抗是其特征，故如何平衡双方的利益是其难点，本文将着力找寻双方的民法保护边界，以期为司法实践提供可行的判断标准。

二、权利溯源：隐私权、相邻权保护范围的认定

（一）隐私权的保护范围

呼吁对隐私权的保护，肇始已久。早在 1890 年，美国的沃伦与布兰迪斯在《哈佛法律评论》共同署名发表《论隐私权》，隐私权自此成为法学界探讨的课题。而我国民法对隐私权的保护范围也有一段历程。

1.《中华人民共和国民法通则》（以下简称《民法通则》）时期

《民法通则》并未明文规定隐私权，出于审判实践的需要，《最高人民法院关于贯彻执行〈中华人民共和国民法通则〉若干问题的意见（试行）》第一百四十条第一款首次把隐私的保护纳入民事领域，认定侵害隐私是对名誉权的侵害。此时的隐私尚未升格为隐私权，仅仅被视为名誉权的一种类型。而且对隐私的保护范围也限制在隐私不得以书面、口头等形式被宣扬。隐私

⑥ 司法实践中存在原告以相邻关系纠纷起诉要求拆除摄像头，而被审理法院认定为不属于相邻关系纠纷处理范围的案件，可见（2017）沪 0107 民初 18487 号、（2018）沪 02 民终 4302 号、（2020）沪 02 民终 4395 号、（2021）沪 02 民终 11174 号民事判决书。更有相邻关系纠纷案件，其中一审认定摄像头侵害相邻权，而二审认为侵害的是隐私权，详见（2021）沪 0106 民初 8393 号、（2021）沪 02 民终 9162 号民事判决书。特别有相同当事人、相同诉请（拆除摄像头）的系列案件，原告以相邻关系纠纷起诉则败诉，二审更指出此系侵权纠纷，详见（2014）普民一（民）初字第 431 号、（2014）沪二中民一（民）终字第 1156 号民事判决书；原告后以隐私权纠纷起诉则胜诉，详见（2015）普民一（民）初字第 259 号，（2015）沪二中民一（民）终字第 1841 号民事判决书。

权的内容一般包括个人信息隐私、个人独处的权利和个人空间隐私。⑦直至2009年,《中华人民共和国侵权责任法》才令民事领域出现了隐私权的表述,规定了对隐私权的保护,但未对隐私权作具体展开。⑧

2.《中华人民共和国民法典》(以下简称《民法典》)时期

随着《民法典》的颁布,人格权编成为热议的亮点,其将隐私权明确为一种单独的民事权利,分列于人格权之内,对隐私的概念进行了定义并对侵害隐私权的行为和方式作出了规定。据此,我国对隐私权的保护形成了明确的独立体系。

根据《民法典》,隐私权的保护客体是隐私,立法将其定义为自然人的私人生活安宁和不愿为他人知晓的私密空间、私密活动、私密信息。然而,原则式的规定,难以把握隐私的具体外延。故就本文而言,有必要探讨自然人在住宅内部、公共过道等的活动是否属于隐私。

住宅内部显系私密空间的范畴,私密空间内部及在此发生的一切行为均应属于隐私,如有他人不当地窥探甚至摄录住宅内部,必然侵害隐私权而应停止。生活中,住宅内部不仅仅指代个人住宅中封闭的空间。开放式阳台、院落、露台、独栋产权房屋的楼顶等虽然呈现一定的开放特征,但应专属于所有权人,同样具有非经允许他人不得进入的特征,故应当也属于私密空间。

公共过道具有公共空间属性,显然不属于私密空间。传统法学理论主要关注个体和私人意义上的隐私权,忽视或者否认公共空间存在隐私关系。⑨因而公共过道似乎不发生隐私权的问题。然而,楼宇内部和入户门直接相连的公共过道,虽然具有公共属性,但是在多数情况下往往还需要通过小区大门门禁、楼宇门禁、电梯门禁等才能到达,更因为其功能为通往居民住宅必经的走道,造成使用公共过道的人员往往较特定,使用人员的目的较特定,而和典型的公共空间,比如广场、商场等具有较大不同。因而公共过道本身带有极强的社区属性,有别于一般的公共空间。而且,隐私的立法定义

⑦ 参见王利明:《隐私权内容探讨》,载《浙江社会科学》2007年第3期。

⑧ 参见王利明:《和而不同:隐私权与个人信息的规则界分和适用》,载《法学评论》2021年第2期。

⑨ 岳林:《论公共空间的隐私》,载《思想战线》2020年第3期。

中“私人生活安宁”和“不愿他人知晓”传递出隐私的内涵之一，即不被他人一直注视。这是因为没有人愿意被他人一直注视，也无法做到在这种情况下自由行为。被一直注视本身就会束缚自然人的自由行动，从而背负极重的行为压力。同时一直被注视本身还代表着信息被不受控制地持续获取。可见，即使在公共空间，自然人也享有不被他人一直注视的权利。[⑩] 另外，《民法典》的立法设计将私密空间和私密活动、私密信息等并列，也昭示着私密活动、私密信息并不只发生在私密空间中。因而，居民在使用公共过道通往住宅时，在走道发生的秘密交谈、秘密行为等应当属于私密活动。通过关注公共过道而可以得到的居民出行规律、访客信息等应当属于私密信息。基于同样的理由，可能发生隐私权问题的公共过道并不仅仅包括入户的必经之路，还包括垃圾房等大量使用的必备生活区域以及通往这些生活区域的公共过道。

（二）相邻权的保护范围

相邻的不动产权利人之间，一方的支配力和另一方的排他力多数不导致冲突，然而发生对抗时，则意味着一方对于物的正常使用必然要限制相邻人权利或者另行实施侵害相邻人权利[⑪]的行为，此时就有了是否可以限制或侵害的问题。相邻权的出现便是为了解决上述问题，这使得相邻权成为对所有权的延伸。同样地，为了防止相邻权权利人滥用权利，造成相邻人受侵害的程度不当扩大，往往要求行使相邻权应当公平合理、程度适当。

《民法典》物权编第七章对相邻关系作了系统规定，不动产的相邻权利人应当按照有利生产、方便生活、团结互助、公平合理的原则，正确处理相邻关系。这既是对相邻权权利人的权利赋予，同时也是一种限制。《民法典》分别对相邻权行使的几种类型进行了具体规定，涉及用水、排水、通行、建造、排放等方面。可见相邻一方在作出需要另一方配合的行为时，相邻一方当然

---

⑩ 参见岑剑梅：《公共摄像监视的隐私权研究》，载《法治研究》2010 年第 7 期。

⑪ 本文采用“相邻人权利”这个表述，是为了涵盖财产权和人格权。基于对“相邻”的理解，因一方行使相邻权而造成受限制或受侵害邻人的权利属性，容易得出结论即该权利应当属于财产权，如排水、通行等侵害邻人的物权。当相邻权涉及日常生活时，往往有更深刻的人格权利意义，譬如半夜的噪声对邻人的侵害，受侵害的权利属性更体现为人格权。参见彭诚信：《现代意义相邻权的理解》，载《法制与社会发展》1999 年第 1 期。

享有对方配合的权利，而另一方则负有容忍的义务。⑫

就本文而言，有必要探讨自然人在自己住宅内部、公共过道等地方安装摄像头是否属于相邻权的保护范围。自然人安装摄像头的目的是为了摄录这些部位的信息，通过掌握这些信息能够实现更便捷地利用不动产（如掌握过道信息实现不开门而知晓访客身份）或住宅的安全（如掌握住宅信息实现对偷盗、侵入行为的及时知晓）。因而自然人对公共过道的摄录，属于更好使用自己的不动产而影响到邻居的权利，显然属于相邻权的保护范围。而对自家住宅内部的摄录一般不会影响到他人的权利，然而在某些情况下，譬如对阳台或者有窗房间的摄录，可能会拍摄到他人住宅或是公共走道的局部情况，此时的摄录视情形也有落入相邻权保护范围的可能。

应当明确的是，在住宅内部安装摄像头本身是对自己不动产物权的一种行使，故安装本身并不是行使相邻权，也不会妨害到他人，使用摄像头对自己或他人的住宅、公共过道等摄录才属于行使相邻权。类似地，在公共走道安装摄像头，安装部位因为不属于相邻权人的物权范围，因而其安装行为不是在行使物权，而其摄录行为才属于相邻权范畴。并且，如果安装行为没有得到业主大会授权，则有权主体可以主张排除妨害。特别地，当相邻权权利人将摄像头直接安装到相邻人所属物上时（譬如入户门），则安装本身侵害相邻人的物权，摄录行为侵害相邻人的隐私权，而发生物权和相邻权、隐私权和相邻权的两重冲突。

三、注意义务：界定隐私权、相邻权冲突时保护范围的尺度

前已论及，在涉摄像头案件中，安装方受相邻权保护，另一方应当予以配合，而被拍摄方受隐私权保护，另一方不得侵害。若单纯强调隐私权的人格权属性，根据人格权一般高于财产权的认识，相邻权将没有保护空间。

而将视野落于双方相邻这一空间关系时，鸡犬尚难免相闻，毗邻而居何以实现完全不瞥见邻人的生活以及完全不知晓邻人的个人信息。特别是长期的近距离生活下，必然会获取或多或少的邻人隐私信息，往往不致纠纷的原

⑫ 参见焦富民：《容忍义务：相邻权扩张与限制的基点——以不可量物侵扰制度为中心》，载《政法论坛》2013年第4期。

因大抵是双方对于会发生此种情况的将心比心以及睦邻友好的熟视无睹，若动辄课以侵犯隐私权予以规制，则略显矫枉过正。

因此，结合中国人自古以来的生活方式和集体观念，本不至于邻人之间因相邻权、隐私权冲突凸显而致纠纷不止。而涉摄像头案件中，应当明确的是，通过摄像头实现监控、拍录本质上是一种行使相邻权的方式，一种信息化时代背景下的智能行使手段。然而成也智能、败也智能，智能科技在全方位实现相邻权的同时，也容易“越界”获取过多的“冗余信息”（被记录的邻人隐私信息），尤其是这些信息对维护财产安全等完全没有裨益时，邻人的隐私权保护便上升到首位。

（一）应有之义：相邻权权利人负有注意义务

回归《民法典》，针对隐私权的规定中未有对隐私权的限制条款，而相邻权部分，唯有第二百八十八条中“有利生产、方便生活、团结互助、公平合理”的原则规定，可予解释出对相邻权的限制。这是因为相邻权的行使或使得相邻人权利受限，或直接影响相邻人权利，基于“团结互助、公平合理”，法律不对该行为作出否定评价。为此，针对相邻权，普遍认为其对应相邻人的容忍义务。[13] 因相邻权权利人享有相邻权，相邻人负有容忍义务，从而阻却了否定评价。

故同样基于“团结互助、公平合理”，应当认为不可强迫相邻人无限限缩自己的权利，否则双方之间的权利便会失衡，公平合理也就无从谈起了。这自然要求为了保护相邻人的权利，相邻权权利人负有注意义务，特别是在行使相邻权前，就应当注意自己影响他人（行使相邻权）的程度，对相邻权行使有所约束，一旦超过限度，则不应得到保护，而承担侵权责任。

结合相邻权限制他人权利或影响他人的属性，可以说是“有错在先”，因此更应强调对相邻权权利人的限制，以及为了避免权利失衡，更应强调相邻权行使前即负注意义务。那么比起行使相邻权时才产生的相邻人容忍义务，注意义务更适合成为衡量相邻权、隐私权民法保护边界的尺度。

[13] 参见王利明：《论相邻关系中的容忍义务》，载《社会科学研究》2020 年第 4 期；焦富民：《容忍义务：相邻权扩张与限制的基点——以不可量物侵扰制度为中心》，载《政法论坛》2013 年第 4 期。

（二）触类旁通：注意义务的具体内容

行使相邻权具有限制他人权利或影响他人的属性，这同紧急避险、正当防卫的属性类似。三者均可以阻却侵权责任的构成，理应适用相似的处理模式。《民法典》第一百八十一条规定正当防卫超出必要限度时要承担责任，即无法阻却侵权。《民法典》第一百八十二条规定紧急避险采取措施不当或者超过必要的限度，造成不应有的损害时要承担责任，即无法阻却侵权。可见，紧急避险、正当防卫制度中，必要的限度直接决定是否构成侵权。而必要的限度这一考量，实际来源于权利不得滥用这一原则，《民法典》第一百三十二条对此即有规定。⑭ 由此可以发现，普通的民事权利尚且不得滥用，更何况带有限制或影响他人权利属性的权利。自然，行使相邻权前负有的注意义务的具体内容就是超过必要限度与否，这就包括行使相邻权的必要性和方式不应超过必要限度，即行使的必要性和方式应和隐私权受侵害程度相当。⑮

具体到涉摄像头案件中，注意义务的内容即摄录相邻人信息的必要性、方式和相邻人隐私权受侵害的程度相当。

1．摄录相邻人信息的必要性和隐私权受侵害程度相当

相邻权行使不当会导致侵权责任，而侵权当然不应被鼓励，正是因为行使相邻权本是万不得已，若课以侵权责任则有违公平正义，所以才否定构成侵权责任。因此，摄录相邻人信息应当实属必要，权利人在穷尽其他手段都不足以实现自己目的时，方可行使相邻权。

这在拍摄公共过道的案件中较好理解，相邻权权利人为实现对公共过道信息的掌握，不可避免会监控到相邻人在公共过道中的信息，对该信息的监控必要性显然和相邻人隐私权受侵害程度相当。同样地，安装传统猫眼当然地被认为是可以实施的行为，此背后的法理也是如此。类似地，如果相邻权权利人住宅内部安装的摄像头会拍摄到相邻人住宅内部，且这种被波及的拍

⑭ 参见刘权：《权利滥用、权利边界与比例原则——从〈民法典〉第132条切入》，载《法制与社会发展》2021年第3期。

⑮ 参见刘史丹：《隐私权的新发展——私人摄像头侵犯隐私权案件的审理思路和判断要素初探》，载《法律适用（司法案例）》2017年第12期。

摄是不可避免的，因为拍摄目的在于掌握自己住宅的内部情况，故必要性是相当的。⑯但如果相邻权权利人不具有掌握自己住宅内部情况的目的，以相邻权为由，而故意实施对他人住宅内部的窥探，则显然超出了必要性。

2．摄录相邻人信息的方式和隐私权受侵害程度相当

当摄录相邻人信息实属必要时，其方式应当和隐私权受侵害的程度相当。具体来说，就是：

（1）形式和隐私权受侵害的程度相当。通过摄像头摄录相邻人的信息，存在两种形式：监控、拍录。监控仅是实时获取信息，未有存储行为。而拍录（包括瞬时的拍摄和延续的录影）是储存监控信息，因此拍录侵害隐私权的程度显然更重。对公共过道、相邻人住宅内部信息的拍录，都严重侵害隐私权，因而不得不摄录相邻人信息时，一般仅得以监控形式进行，除非拍录具有充足的必要。比如相邻权权利人听到门口有异响，打开摄像头发现有歹徒（可以是相邻人）在撬门，为了保存证据，其将该画面进行储存。

（2）范围和隐私权受侵害的程度相当。这包括空间范围和时间范围，空间范围指摄录到的画面中涉及相邻人隐私权部分的空间，而且不仅指代摄像头静止时候的摄录空间，还包括调整摄像头方向可实现的摄录空间。这是因为摄像头处在相邻权权利人的控制下，具有随时更改摄录范围的可能性，而且其完全可以选择固定式摄像头，并非穷尽了选择。比如，相邻权权利人为了财产安全而摄录入户门门口，随意选择了360度全景摄像头，可持续拍录全部过道、所有人的入户门，显然超出相邻人隐私权受侵害的相当程度。⑰

时间范围指摄录行为持续的时间。在仅仅监控时，如果摄像头持续不断运作，使得监控一直持续。此时因为监控的画面具有实时性，较难被相邻权权利人另做其他方式的加工和处理，因而对相邻人隐私权侵害的程度是轻微的。在拍录时，即使存在充足的必要，拍录的时间跨度也应与该充足的必要

⑯ 仅必要性是相当的，并不代表此时就应保护相邻权权利人。还要综合考虑摄录相邻人信息的方式和隐私权受侵害程度是否相当，比如摄录的涉及相邻人画面过于局部或清晰度不足以识别等，此时行使相邻权的必要性和方式均未超过必要限度，显然应保护相邻权权利人。

⑰ 详见（2021）沪0104民初5612号民事判决书。

所存续的时间跨度保持一致，而不得过分延长。比如，某电子门铃不仅可以显示访客来访的实时画面（画面包括公共过道），还可以进行录影，但未有访客来访时则无法录制。显然该电子门铃所录影的时间范围和相邻人隐私权受侵害的程度相当。

（3）精度和隐私权受侵害的程度相当。精度是指摄录到的画面中涉及相邻权隐私权的部分是否清晰、是否可有效辨别。如果画面中的信息十分模糊，或者过于局部，而无法有效辨别出相邻人具体的信息，则不管是监控还是拍录，均未超出相邻人隐私权受侵害的相当程度。比如，双方为联排别墅的邻居，相邻权权利人外墙的摄像头，画面涵盖相邻人的客厅和卧室，但因距离较远，难以看清。⑱

可见，具体到个案时，对注意义务的审查应当首先判断摄录行为的必要性，然后综合摄像头功能、可实现的摄录空间、摄录时间、安装位置、安装角度、清晰度等要素，以判断摄录相邻人信息的方式是否和隐私权受侵害的程度相当。

（三）人之常情：注意义务应采客观标准

前已论及，是否尽到注意义务是指行使相邻权是否超出必要限度。超出必要限度则应保护隐私权，未超出必要限度则应保护相邻权。而且这个必要限度应当采取客观标准，即以社会一般个体的认知作为判断标准。这是因为不同人对于隐私的关注度，以及对新生事物特别是互联网电子科技产品的接受度存在或大或小的差异，进而产生不一样的认识是很常见的。此时，站在隐私权受侵害方的角度，可能并不希望隐私被侵害一分一毫。而站在相邻权行使方的角度，可能认为自己已经尽到注意义务。

四、结语

审理隐私权、相邻权冲突案件，可从相邻权权利人的注意义务入手，划定隐私权、相邻权的民法保护边界。通过分析行使相邻权的必要性和方式同

⑱ 详见（2020）沪0118民初3530号民事判决书。相似的还有（2021）粤01民终205号民事判决书、（2021）粤民申6065号民事裁定书。

隐私权受侵害程度是否相当、是否超过必要限度，当相邻权权利人显然未尽注意义务时，应当保护隐私权权利人的合法权利。当其尽到注意义务时，应当保护相邻权权利人的合法权利。

在审理涉摄像头案件时，审判人员可按照如下顺序进行判断：

（1）对摄录的目的和必要性予以查明；

（2）对摄像头本身可实现的摄录形式、范围和精度予以查明；

（3）对安装后摄像头实际使用的摄录形式、范围和精度予以查明，如果系拍录的，特别要对摄像头有无内置的时间范围和清晰度约束功能[19]及启用情况予以查明；

（4）对摄像头监控或已存储的邻人信息予以查明，判断是否属于隐私权保护范围；

（5）衡量相邻权权利人是否尽到注意义务。

当判定应首要保护隐私权，需对摄录行为进行处理时，审判人员还要特别明确，并非安装摄像头本身侵害隐私权，而是摄录行为导致隐私权的损害。因而一旦判定相邻权权利人未尽注意义务时，万万不可机械化地判决拆除摄像头了事，毕竟这单方面压制了相邻权权利人。审判人员应当询问当事人的意愿，是否同意改变安装位置、改变摄录角度、更换设备、安装物理遮挡等方式改变摄录形式、范围和精度。当有对双方影响程度更小的处理方式时，不妨不予拆除。[20]既是成人之美，又不致当事人事虽了矛盾却升级了。

司法需要审慎，这更是因为个案解决的背后会招致其他连锁效应。从监控探头到可储存式摄像头，从固定式摄像头到活动式摄像头，从传统猫眼到电子猫眼，不可否认科技带来方便的同时，也会对旧有稳定的秩序造成破坏。但如果过分强调对秩序的维护，又容易导致科技和创新的停滞。涉摄像头案

⑲ 实践中存在一些摄像头产品，可对门口 X 米范围内逗留持续 Y 秒的人员自动开启拍录，且清晰度可准确辨认 Z 米范围内的人员（X、Y、Z 等参数均可自由设置）。虽然参数显然可被摄像头使用者随时更改，但摄像头本身有功能设置的上限，笔者认为这种情形下的摄像头不应"一刀切"均以存在侵犯隐私权可能性而判定拆除。否则将导致摄像头公司为了避免侵权而只开发仅能监控、低清晰度、固定式角度的摄像头，阻碍产品升级，也不符合高科技、高智能的时代趋势。

⑳ 类似的案件和判决可见（2020）沪 0105 民初 16491 号、（2020）沪 01 民终 4263 号民事判决书。

件正是如此，司法实践一直遭受各类新型产品的冲击和挑战。可一旦机械化地以拆除来处理，摄像头的功能、形态、用途等便不会有所突破和创新。因而，个案中应了解摄像头具体情况，特别是对新型产品功能进行分析，这样的判决在解决纠纷之余，也将引导生产企业转向更合规的研发方向。

（责任编辑：蔡一博）

筑牢信息安全边界：程序法视域下人脸信息民事公益诉讼的规则塑造

上海市嘉定区人民法院课题组*

一、引言

案例一：郭某购买杭州野生动物世界双人年卡，留存相关个人身份信息，并录入指纹和拍照。后野生动物世界将年卡入园方式由指纹识别调整为人脸识别，并要求郭某进行人脸激活，双方协商未果，遂引发纠纷。杭州市富阳区人民法院一审判决，野生动物世界赔偿郭某合同利益损失及交通费；删除郭某办理年卡时提交的包括照片在内的面部特征信息；驳回郭某其他诉讼请求。杭州市中级人民法院增判野生动物世界删除郭某的指纹识别信息。①

案例二：浙江省杭州市某网络科技有限公司开发经营的一款音乐视频教学类 App，存在未经用户同意收集使用个人信息、违反必要原则收集与其提供的服务无关的个人信息、未公开收集使用规则等情形，侵害了不特定公民的合法权益，致使社会公共利益受到侵害。2020 年 6 月 23 日，余杭区人民检察院依法向杭州互联网法院提起民事公益诉讼，诉请被告某网络科技有限公司停止违法违规收集、储存、使用个人信息并公开赔礼道歉。庭审中，双方当庭达成调解协议：被告立即删除违法违规收集、储存的全部用户个人信

---

* 课题主持人：陆文嘉，法学学士，上海市嘉定区人民法院副院长。课题组成员：邓珍，法学硕士，上海市嘉定区人民法院民事审判庭审判团队负责人。张耐，法学硕士，上海市嘉定区人民法院民事审判庭法官助理。

① （案例）详见浙江省杭州市中级人民法院（2020）浙 01 民终 10940 号民事判决书。

息1100万余条；在《法治日报》及案涉App首页公开赔礼道歉；承诺今后若存在违反协议约定的行为，将自愿支付50万元违约金用于全国个人信息保护公益基金的公益支出。②

案例一作为国内“人脸识别第一案”进入公众视野，系公民个人就“强制刷脸”行为提起的民事私益诉讼。案例二系人民检察院作为起诉主体通过民事公益诉讼追究信息处理者的侵权责任。人脸识别的司法案件未来可能还会涌现，人脸识别的个人信息保护甚至公共安全保护任重道远。2010年到2020年，我国人脸识别市场规模逐年扩大，年均复合增长率达30.7%，2020年已超过45亿元。③人脸识别技术在带来便利和商机的同时，也伴随着技术滥用，违规获取、利用人脸信息等行为大量涌现，对个人的人格权益和财产权益造成极大危害，甚至还可能威胁公共安全。当侵犯行为不直接针对具体个人，而是无差别地违法收集、滥用时，这种私益属性就转化为公益。实践中受害者分散，个人维权成本高、维权难度大，个人单独起诉存在较大的局限性，此时公权力机关等合法主体有了介入的必要性。然目前立法对于细化的诉讼程序规则规定较为薄弱，审判实践样本较少。本文立足于完善人脸信息的民事保护机制，从剖析人脸信息侵权案件的特征入手，着力围绕人脸信息民事公益诉讼的一般规则（诉讼模式、与私益诉讼的衔接）与特别规则（诉讼主体、诉讼请求、证明标准、归责原则、诉中禁令），对人脸信息民事公益诉讼的程序构建进行探微与审视。以期在数字经济和人工智能时代，为科技保驾护航，服务新技术发展大局。

二、溯源剖析：走近人脸识别技术与人脸信息侵权

（一）人脸识别信息与人脸识别技术的流程

人脸识别信息，是先利用传感器对人脸图像进行采集和检测，再将采集到的面部信息进行特征点提取，最后通过计算机软件进行数据化处理，人脸

② 详见最高人民检察院2021年发布11件检察机关个人信息保护公益诉讼典型案例之七。

③ 详见全国信息技术标准化技术委员会、生物特征识别分技术委员会：《2020年人脸识别行业研究报告》，2020年12月。

成为数字世界代码化了的一组“数字”。人脸识别的目的则是将该组数据用于现实中人脸采集、比对、耦合、校正，以实现数字模型和现实人脸之间的识别比对等。④人脸识别技术的流程主要包含五个部分：一是人脸采集：提取应用场景下人物的脸部特征（五官、表情、性别、有无眼镜等）；二是人脸对比：与数据库中的人脸数据对比，判断人脸相似度；三是人脸验证：通过人脸比对判断相似度，从而确定与数据库中的人是否同一人；四是人脸识别：根据验证结果产生人脸识别结果；五是活体鉴别：通过摇摇头、眨眨眼等方法防止使用照片、视频等假冒人脸完成识别（见图 1）。⑤

图 1　人脸识别技术流程

（二）人脸信息侵权行为的特点

法律上而言，人脸信息属于《中华人民共和国民法典》(以下简称《民法典》）第一千零三十条规定的生物识别信息，生物识别信息的上位法概念是个人信息。相较于其他的一般个人信息或者其他生物识别信息，人脸信息更为特殊（怎样特殊），这导致人脸信息一旦受到侵害，更可能会产生难以弥补的后果。人脸信息的特殊性决定了人脸信息侵权具有如下特点：一是人脸信息的不可更改性导致损害结果的不可逆性，一旦泄露很难救济。任何个人信息都有泄露的风险，相比电话号码、个人住址、银行账号这些个人信息，人脸信息显然具有更强的人身属性，一旦泄露后不能轻易更改，若通过改变容貌的方式来救济止损，花费的代价及成本过高。二是人脸信息收集的不易察觉性导致侵权行为的隐蔽性。指纹、基因等其他生物信息的获取一般会引起被获取信息者的注意，容易为人所发觉，并适用知情且同意的获取规则。但智能时代新技术的应用，使得人脸信息经常在被获取者不自知的情况下被捕捉，防不胜防。三是人脸信息在大数据时代具备可勾连其他信息的属性，导致侵犯客体的多重性。人脸识别技术不仅能准确地识

④　高富平：《个人信息保护：从个人控制到社会控制》，载《法学研究》2018 年第 3 期。
⑤　王彦秋、冯英伟：《基于大数据的人脸识别方法》，载《现代电子技术》2021 年第 4 期。

别到信息主体，包括种族、肤色、健康状况甚至情绪等情况，而且能够关联出每个个体的其他重要信息，如人物侧写、用户标签等。从更广义的角度来说，“智慧城市”本身就是扩大版的人脸识别技术，因为它指向无数摄像头、大数据技术、二维码扫描，人们不仅被识别脸，也栖居在人脸识别之中。⑥

（三）人脸信息民事保护的最佳路径

基于人脸信息侵权的上述特性，人脸信息与个人的隐私权、名誉权、财产权等多种权益关系紧密，对人脸信息的不正当使用对公民造成的侵害将是长久的、持续的、难以弥补的。相对于同类型的私益诉讼而言，公益诉讼在原告诉讼能力、判决威慑力、诉讼成本等方面胜出，特别是在人脸信息侵权案件中，由于人脸信息处理的专业性，技术的复杂性，往往不能为一般的公众所了解，如要证明人脸信息侵权事实的存在，个人可能需要对信息处理者、处理方式、信息获取、信息处理加工是否违法等进行举证，若非通过专业的机构调查，普通的公众很难仅凭自身力量完成初步举证，即便能够证明，也要耗费较多的经济、时间成本，况且维权的结果往往不尽如人意。久而久之，公众往往会形成“佛系”维权意识，仅在思想上重视人脸信息侵权带来的危害，但在实际维权中捉襟见肘。这种现实的无奈，放任侵权行为肆意侵害公共利益，游走在法律底线之外。而公益诉讼可以突破私益诉讼的局限性，具备立法层面的容许性、法理上的正当性、现实中的必要性，应当成为人脸信息民事保护的最佳路径。

三、实务考察：人脸信息民事保护的立法及司法运行样态解读

（一）立法之分布概况

目前，关于人脸信息民事公益诉讼的程序规则集中于以下法律及司法解释，上述规范性文件中涉及本文研究内容之规定梳理如下（见表1）：

⑥ 石佳友：《个人信息保护法与民法典如何衔接协调》，载《人民论坛》2021年第2期。

表 1

规范性文件	具体内容	具体条文
个人信息保护法	规定了履行个人信息保护职责的部门及履行职责的范围	第六十条、第六十一条第四项
	明确了个人信息侵害案件中的举证责任倒置情形	第六十九条
	确立了提起个人信息保护公益诉讼的主体：检察院、消费者组织、网信部门确定的组织	第七十条
两高解释（检察院作为原告）	检察院在民事公益诉讼中享有的诉讼权利、义务依据民事诉讼法，法律、司法解释另有规定的除外	第四条
	地域管辖、调取证据、证据保全、一审程序（陪审制）、诉前公告、起诉、禁止反诉、撤诉	第五条第一款、第六条、第七条、第十三条至十六条、第十九条
人脸识别司法解释	本法适用范围及人脸信息处理的概念	第一条
	处理人脸信息侵害自然人人格权益的具体样态	第二条
	审理侵害人脸信息纠纷案件举证责任的规定	第六条
	被侵害人主张财产损失赔偿的规定	第八条
	人民法院有权作出人格权侵害禁令的规定	第九条
	多数人诉讼可以采用共同诉讼方式的规定	第十三条
	人脸信息保护民事公益诉讼的规定	第十四条
民事诉讼法及证据规定	如以上文件无特别规定，则适用一般规定	

从上述立法例可以得出这样的结论：我国关于人脸信息民事公益诉讼的程序规则包含特别规定与一般规定，当专门的规范性法律文件中出现立法空白时，则适用一般性规范文件，即个人信息保护法律体系呈现出特别法优先于一般法的基本特征；相对于“另起炉灶”（重新建构一套特殊程序规则）的建构模式，我国人脸信息民事公益诉讼的程序构建，采用在既有的民诉法体系框架下，以合目的性为标准进行适当调整，从而体现人脸信息公益诉讼的特殊性。但相比消费民事公益诉讼和环境民事公益诉讼有出台专门的司法解释规定审理程序，人脸信息或者个人信息公益诉讼的程序规则尚未有进一步的立法实践。

（二）司法之实证考察

截至 2022 年 10 月 24 日，在中国裁判文书网站以关键词“人脸信息”进行搜索，共检索到109篇文书，其中民事案由的有87篇文书，经过相关性筛选，关联人脸信息侵权民事保护的案例仅2个，分别是薛某诉深圳平安普惠小额贷款有限公司等网络侵权责任纠纷，⑦郭某诉杭州野生动物世界有限公司服务合同纠纷（即本文中的案例一）。其中薛某起诉的网络侵权责任纠纷，其在该案中提出其通过平安普惠App借款时向平安普惠小贷公司提供过本人身份验证照片，且平安普惠小贷公司亦认可其在借款时收集了薛某的人脸信息，薛某认为平安普惠小贷公司处理、加工了该人脸信息，但法院认为其提交的证据不足以证明该主张，故对薛某主张的侵权责任不予支持。

规定人脸信息受损可以提起公益诉讼的立法，最高人民法院《关于审理使用人脸识别技术处理个人信息相关民事案件适用法律若干问题的规定》(以下简称《人脸识别司法解释》）和《个人信息保护法》分别于2021年8月1日和2021年11月1日施行。一方面，由于时间较近，为保护人脸信息而提起的民事公益诉讼判例尚未涌现。案例数量少并非意味着人脸信息司法保护的缺位，反而说明了人脸信息诉讼因缺乏完善的程序配套，导致有权起诉的机关、组织、部门在发动公益诉讼时徘徊不定。另一方面，被侵害者对人脸识别技术的专业认知存在障碍，对侵权事实的举证能力有限且维权成本高，多重因素决定了个人在面对侵权行为时怠于寻求救济，故本文的研究具有迫切性和必要性。

四、宏观审视：人脸信息民事公益诉讼的诉讼模式与预决效力

（一）人脸信息民事公益诉讼的诉讼模式

民事诉讼模式反映了法院和当事人之间在民事诉讼程序以及实体层面的诉讼地位和相互关系，根据学界的主流观点，民事诉讼的模式主要有两种：注重当事人行为的当事人主义和注重法院职权的职权主义。当事人主义的诉讼模式中法院是消极中立的，仅需要主持诉讼程序、听取双方意见并最后作出决断，因为案件审理的法律关系只涉及私人利益，法院不应过分干预当事人的处分权。若原告主张权利却不能提出相应证据证明被告的侵权行为，依

⑦ 详见（2022）京04民终288号案件。

法律规定和辩论主义原则，法院驳回原告的起诉即可。然而人脸信息民事公益诉讼具有特殊性，如被侵害者人数众多，取证难度高、审理内容专业强等，上述特点决定了法院应当在原告依自身力量无法取得证据或承受高额诉讼成本时，依职权调查取证，如主动收集关系到公共利益保护的证据，主动通知有关行政部门参与诉讼等，或是无论当事人是否申请，法院对关键性证据都依职权调取从而达到保护公共利益的目的。

人脸信息民事公益诉讼的目的是保护个人信息所牵连的公共利益，区别于私益诉讼，如果一味奉行当事人主义和辩论原则，尊重当事人的处分权，可能会使公共利益得不到及时、全面的维护。举例而言，人脸侵权案件中对侵权者的认定往往存在技术障碍，人民法院可主动依职权调查取证或依职权委托鉴定，避免人为因素导致的证明困难，避免保护公共利益落空。故而，人脸信息民事公益诉讼应坚持“职权主义为主，当事人主义为辅”的诉讼模式。在我国已经出台的《人脸识别司法解释》也体现了这一立场，如规定了公益诉讼中被告不存在反诉权，正是基于职权主义的程序及实体考虑。具体而言，人脸信息民事公益诉讼的程序规则如何体现职权主义诉讼模式的特点，本文依据现有法律规定，从自认、释明、事实认定、反诉、撤诉、调解等方面进行规则设计（见图 2）。

（二）从预决效力角度探讨私益与公益分离救济下的制度衔接

公益诉讼影响的地域往往范围广泛，涉及的社会公众范围也具有不特定性，人脸信息侵权案件中，当侵权者无差别地搜集、捕捉人脸信息进行存储、加工、处理时，侵权行为波及的地域范围和被侵害者难以确定，可以提起私益诉讼的主体往往有数个，且从人脸信息侵权案件的现有判例中，个人维权仍是解决该类纠纷的主要路径。如果不注重公益诉讼与私益诉讼的衔接，可能导致两种类型的诉讼之间产生矛盾判决。如果民事公益诉讼和私益诉讼无法有效衔接，实质上等于割裂了公共利益与个人利益的内在联系。如何融合上述冲突，实现多重民事保护，本文从预决效力角度探析公益诉讼与私益诉讼的衔接，使已决案件的影响扩大，更好地发挥人脸信息公益诉讼的实质影响作用。

根据最高人民法院《关于民事诉讼证据的若干规定》第十条第六款之规定，已为人民法院发生法律效力的裁判所确认的基本事实，当事人无须举证

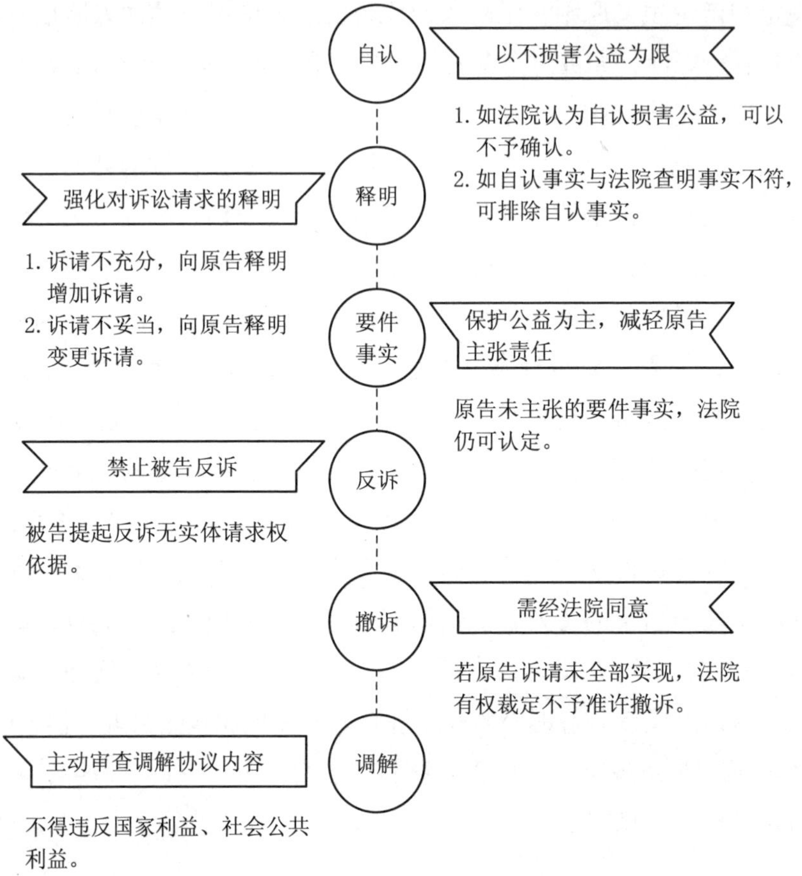

图 2

证明。当事人有相反证据足以推翻的除外。该条款确立了生效裁判所确认基本事实的预决效力。从 2020 年实施的最高人民法院《关于审理消费民事公益诉讼案件适用法律若干问题的解释》第十六条⑧来看，最高人民法院亦倾向于赋予民事公益诉讼判决确认的事实对之后提起私益诉讼的预决效力，但对

⑧ 最高人民法院《关于审理消费民事公益诉讼案件适用法律若干问题的解释》第十六条：已为消费民事公益诉讼生效裁判认定的事实，因同一侵权行为受到损害的消费者根据民事诉讼法第一百一十九条规定提起的诉讼，原告、被告均无需举证证明，但当事人对该事实有异议并有相反证据足以推翻的除外。

消费民事公益诉讼生效裁判认定经营者存在不法行为，因同一侵权行为受到损害的消费者根据民事诉讼法第一百一十九条规定提起的诉讼，原告主张适用的，人民法院可予支持，但被告有相反证据足以推翻的除外。被告主张直接适用对其有利认定的，人民法院不予支持，被告仍应承担相应举证证明责任。

被告的权利作出了部分限制，2020 年实施的最高人民法院《关于审理环境民事公益诉讼案件适用法律若干问题的解释》第三十条亦作出同样的回应，上述法律规定为两种类型的诉讼的合理连接提供了本土化依据。

认可预决效力，除了上文提到的避免矛盾判决之外，还具有其他积极作用，如对于人脸信息的侵权行为、损害结果、因果关系和过错等要件事实，如果公益诉讼原告已经举证证明并被人民法院认定，赋予其免证效力可以减轻私益诉讼原告的证明负担，同时也可以提升私益诉讼的审理效率。但笔者认为，公益诉讼确定的事实在私益诉讼中并非一概具有预决效力，也应根据人脸信息案件的特殊性设置例外情况，如公益诉讼的原告主张不利于被告的事实，但因证据未收集全面没有被证明，法院将作出有利于被告的事实认定。为防止被告在私益诉讼中直接主张前诉中对其有利的认定，不应赋予该事实免证效力。

综上，笔者建议对人脸信息民事公益诉讼的预决效力作如下规则设计（见图 3）：

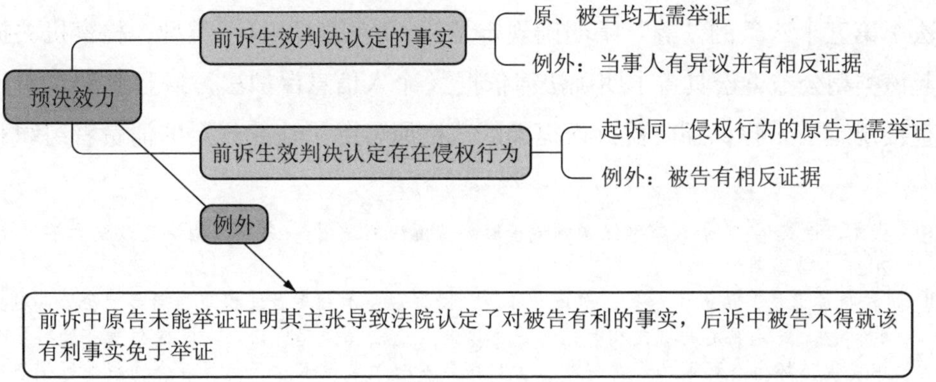

图 3

五、微观构造：人脸信息公益诉讼的特殊程序规则

上文提到了相对于消费和环境民事公益诉讼，人脸信息公益诉讼制度仍存在法律供给不足的现实问题。《个人信息保护法》《人脸识别司法解释》关于个人信息、人脸信息保护公益诉讼之规定较原则化，诸多实体与程序规范有待进一步探索和明确。法律规范的散布易导致法律适用的整体协同性较差，在这

一部分，本文对于法律规定中较为模糊、抽象的部分，试图在可操作性上进一步细化，基于人脸信息的特殊性，提起公益诉讼的程序规则也应进行针对性地设计，以使“静态的法律制度在最大程度上适应客观司法实践的动态变化”。⑨

（一）诉讼主体架构

规定什么样的主体可以提起公益诉讼，体现了国家对公民权利和公共利益保护的程度。在《人脸识别司法解释》出台之前，人脸识别公益诉讼并无明确直接的适格主体规定。只能从《民事诉讼法》第五十八条找到依据。⑩所谓“法律规定的机关和有关组织”，根据《消费者权益保护法》第四十七条，⑪则限定为“中国消费者协会以及在省、自治区、直辖市设立的消费者协会。”对于人脸识别公益诉讼。只能局限在侵害众多消费者合法权益的情况下，而人民检察院提起人脸识别公益诉讼，更是缺乏明确依据，只能通过法条中的“等”字扩大理解适用。

《人脸识别司法解释》和《个人信息保护法》的出台，明确了提起人脸识别公益诉讼的适格原告。其中《人脸识别司法解释》第十四条、⑫《民事诉讼法》第五十八条的“等”字明确规定了“人脸信息”这一类型，检察机关提起该类型公益诉讼具备了明确法律依据。《个人信息保护法》第七十条⑬更是直接规定了人脸识别公益诉讼提起的适格原告除了法律规定的消费者组织和

⑨ 张龙、徐文瑶：《个人信息保护领域检察公益诉讼的适用》，载《河南财经政法大学学报》2021年第4期。

⑩ 《民事诉讼法》第五十八条：对污染环境、侵害众多消费者合法权益等损害社会公共利益的行为，法律规定的机关和有关组织可以向人民法院提起诉讼。人民检察院在履行职责中发现破坏生态环境和资源保护、食品药品安全领域侵害众多消费者合法权益等损害社会公共利益的行为，在没有前款规定的机关和组织或者前款规定的机关和组织不提起诉讼的情况下，可以向人民法院提起诉讼。前款规定的机关或者组织提起诉讼的，人民检察院可以支持起诉。

⑪ 《消费者权益保护法》第四十七条：对侵害众多消费者合法权益的行为，中国消费者协会以及在省、自治区、直辖市设立的消费者协会，可以向人民法院提起诉讼。

⑫ 《人脸识别司法解释》第十四条：信息处理者处理人脸信息的行为符合民事诉讼法第五十五条、消费者权益保护法第四十七条或者其他法律关于民事公益诉讼的相关规定，法律规定的机关和有关组织提起民事公益诉讼的，人民法院应予受理。

⑬ 《个人信息保护法》第七十条：个人信息处理者违反本法规定处理个人信息，侵害众多个人的权益的，人民检察院、法律规定的消费者组织和由国家网信部门确定的组织可以依法向人民法院提起诉讼。

人民检察院外，还有由国家网信部门确定的组织。

综上，立法规定的公益诉讼适格原告有以下三类：中国消费者协会以及在省、自治区、直辖市设立的消费者协会（限于侵害众多消费者合法权益的情形），人民检察院和由国家网信部门确定的组织。

对于检察公益诉讼，根据民事诉讼法及两高解释的相关规定，检察机关作为提起主体应当保持谦抑性，符合“顺位”原则。具体为，拟提起诉讼的，应当经过三十日公告，公告期满，法律规定的机关和有关组织不提起诉讼的，才能提起诉讼。对不同的提起主体，本文多方面分析了各自的特点和区别，如表2：

表2

提起主体	主体性质	适用条件	案件线索来源	举证能力
消费者协会	社会组织	需符合法律规定的限制条件	多为个人举报（被动）	依赖于自身力量强弱
网信部门确定的组织	社会组织	类推适用法律规定的限制条件	多为个人举报（被动）	依赖于自身力量强弱
人民检察院	司法机关	无	个人举报、相关案件侦查	可外部寻求听证、委托调查

截至2022年10月24日，在中国裁判文书网搜索“个人信息”“公益诉讼”，检索到共375篇文书，其中民事案由的文书有26篇，经过相关性筛选，有17例个人信息公益诉讼的案例，起诉人均是人民检察院。虽然立法规定了起诉的顺位原则，但结合司法运行状况来看，人民检察院在个人信息保护领域相较其他主体具备更成熟丰富的诉讼经验、能力，其在联合外部力量（如网信、公安、法院等部门）查证时具有天然优势。在发现公益案件线索时，人民检察院因肩负“法律监督”的本职，其发掘案件保护公共利益的渠道亦趋于常态化，甚至在日常案件的侦察中，也可以发现其他违法案件的线索。综上，笔者认为目前更有利于保护个人利息公共利益的诉讼主体架构显然是“以检察机关为主，社会组织为辅”。

（二）引入惩罚性赔偿制度

根据现有的公益诉讼类型，原告起诉要求的责任承担方式较为固定，多为人身性、预防性、给付金钱性的诉讼请求，但同时兼具针对性的诉讼请求类型，如表3：

表3

公益诉讼类型	环境诉讼	消费者诉讼	人脸信息
保护领域	环境公益	消费者群体	公民隐私权、人格权
请求权内容	预防性：停止侵害、消除影响 人身性：恢复名誉、赔礼道歉 特殊诉请：修复生态环境、生态环境损害赔偿（生态修复费用、功能丧失损失、惩罚性赔偿）	预防性：停止侵害、消除危险、恢复原状 人身性：赔礼道歉 特殊诉请：三倍或十倍惩罚性赔偿	预防性：停止侵害、排除妨碍、消除危险 人身性：赔礼道歉 特殊诉请：可引入惩罚性赔偿

如前文所述，人脸信息侵权案件具有侵权行为隐蔽、侵权主体难以确定、调查取证难度大、被侵权人数量庞大等特点，被侵权人提起私益诉讼动力不足，能力欠缺，成案数量极少，胜诉率较低。在这种情况下，倘若公益诉讼的原告再不提出赔偿损失的诉讼请求，即便获得胜诉判决，由于没有经济上的较大损耗，侵权人可能继续抱有侥幸心理，一次的违法成本并不高昂，重新再犯的可能性较大。既不利于惩罚各种类型的信息处理者的侵权行为，起到威慑作用，也难以达到保护个人信息公共利益的目的。另外，基于人脸信息的特殊属性，与一般侵权行为相比，人脸信息侵权行为产生的损害往往在短期内无法完全体现，在影响难以预估的情况下，受害者的财产损失、精神损害往往难以通过具体的数额予以衡量，法院作出裁判亦缺乏赔偿标准，难以统一把握尺度。因此，应当将惩罚性赔偿引入人脸信息侵权的民事责任承担方式。

惩罚性赔偿又称为示范性赔偿，是指由法庭所作出的赔偿数额超出实际的损害数额的赔偿，它具有补偿受害人遭受的损失、惩罚和遏制不法行为等多重功能。设计惩罚性赔偿制度的初衷在于除对被告过去的侵权行为造成的损失进行弥补救济之外，同时对被告进行处罚以防止其将来重新再犯，是一种基于惩戒功能的考虑。笔者认为，惩罚性赔偿根据案件具体情况可包含三个部分，即实际的物质损失赔偿额、精神损失赔偿额以及惩罚赔偿额。这三部分其实也恰好对应了人脸信息遭受侵害对信息主体带来的物质性损失、精神性创伤。通过引入惩罚性赔偿，希望实现对侵权主体形成遏制和震慑的设计意图。

（三）证明标准与归责原则

1．证明标准

《人脸识别司法解释》第六条[14]规定了人脸侵权案件举证责任分配应参照民事诉讼法及相关司法解释的规定，但由于信息化时代个人泄露隐私的风险较高，概率较大，且信息流通速率提升，信息处理者的处理权限较为宽泛，受害者的举证能力较薄弱，故笔者认为人脸侵权案件的举证责任规则应倾向于分配给被告更高的证明标准，以削弱侵权者的“技术特权”。举例而言，一般的侵权案件中，如适用过错推定原则，被告需证明自己没有过错达到高度盖然性标准即可，但在人脸信息侵权案件中，被告往往是掌握专业技术的信息处理者，其反证自身没有过错应该将证明标准提高到“排除裁判者的合理怀疑”，这样的证明标准系在衡量两者技术能力差别后，为平衡双方实力以追求实质正义的表现，在维护公共利益的同时又能降低违法行为再次发生的概率，加大公益诉讼中被告的举证成本。

2．归责原则

笔者认为，根据侵权人的性质不同，人脸信息民事公益诉讼所适用的归责原则应采用三分法，具体如下：

第一，如侵权人系自然人，这类人脸信息侵权案件适用过错归责原则。该类案件中自然人的影响能力往往有限，且受害者群体数量一般较少，牵涉范围较小，换言之，自然人实施的侵权行为与传统的一般侵权行为并无本质上的差别，提起公益诉讼是为了矫正侵权人的过错，维持公共秩序，起到示范作用。公益诉讼原告与侵权人的实力往往持平，不存在一方掌握专业技术导致的举证鸿沟。此时，由原告就侵权人是否存在过错、是故意还是过失等

---

⑭ 《人脸识别司法解释》第六条：当事人请求信息处理者承担民事责任的，人民法院应当依据民事诉讼法第六十四条及《最高人民法院关于适用〈中华人民共和国民事诉讼法〉的解释》第九十条、第九十一条，《最高人民法院关于民事诉讼证据的若干规定》的相关规定确定双方当事人的举证责任。

问题进行举证是合理的。

第二，如侵权人系商业主体，这类人脸信息侵权案件应加重侵权人的证明责任，适用过错推定归责原则。这类案件中，两者在举证能力上往往存在一定的差距，一方为拥有丰富信息处理经验的运营平台商，如其侵犯了公共利益，法院应先推定侵权人对实施侵权行为存在过错，由商业主体证明自己不存在过错，如证明失败则应承担相应不利后果。有观点认为，对实力强劲如“淘宝”这种兼具技术与实力的网络经营者，应适用无过错推定原则，笔者对于这种观点不能认同，如采取无过错推定原则，势必会影响市场主体的经济活力，同时也限制了信息的合理流动。

第三，如侵权人系公权力机关，则应适用无过错归责原则。保护公共利益本是公权力机关职责之所在，公权力机关对于新技术的应用需始终抱有审慎态度，不能逾越信息处理的法治边界。适用这种原则并不严苛，对公权力机关提出更高的要求，有利于督促公权力机关依法履职，防止滥用职权，使其公权力在合理边界内运行。

（四）诉中禁令

《民法典》第九百九十七条[15]新增了人格权禁令的内容，《人脸识别司法解释》第九条[16]套用《民法典》人格权禁令的内容，规定人脸侵权案件中法院作出人格权侵害禁令的适用要件，本文结合上述法律规定，揣摩立法原意，对诉中禁令的法律适用条件进一步细化，具体如下：

1. 侵权行为要件：被申请人正在或者即将实施侵害申请人人格权的行为

人脸信息侵权行为的存在是法院作出诉中禁令的前提，申请人需向法院提交证据证明被申请人正在或者即将实施侵害申请人人脸信息的行为，该行

⑮《民法典》第九百九十七条：民事主体有证据证明行为人正在实施或者即将实施侵害其人格权的违法行为，不及时制止将使其合法权益受到难以弥补的损害的，有权向人民法院申请采取责令行为人停止有关行为的措施。

⑯《人脸识别司法解释》第九条：自然人有证据证明信息处理者使用人脸识别技术正在实施或者即将实施侵害其隐私权或者其他人格权益的行为，不及时制止将使其合法权益受到难以弥补的损害，向人民法院申请采取责令信息处理者停止有关行为的措施的，人民法院可以根据案件具体情况依法作出人格权侵害禁令。

为侵犯了申请人的隐私权或其他人格权益，如申请人未能完成上述举证，则将面临诉中禁令不被准许的不利局面。

2．损害后果要件：如不及时制止侵权行为可能会造成难以弥补的损害

人格权禁令禁止的是可能造成难以弥补的损害后果的侵权行为，该种损害往往无法通过金钱完全受偿，其针对的损害后果侧重于难以弥补，“难以弥补”这一要件在法律规定中未有过多解释，需要法官依据案件的具体情况加以判断，可能是难以衡量或弥补的非财产性损失，或是数额巨大的经济损失。一般难以通过本次诉讼达到完全救济，如可以借助裁判结果实现完全受偿，或是被申请人有能力予以赔偿的经济损失，一般不应认定为难以弥补的损害，法院不能作出诉中禁令。

3．利益平衡要件

该要件未在法律原文中予以明确提示，但笔者结合诉中禁令作出的必要性，如果诉中禁令的作出会导致双方当事人利益明显失衡，且可能侵犯到社会公共利益或其他公民的人身权利、财产权利以及其他合法权益，则有悖于公益诉讼制度初衷。因此，法院审查是否作出诉中禁令时需考虑是否会过度保护一方而造成利益失衡的负面效果。

4．释明要件：已向当事人释明诉中禁令的法律后果且已充分听取当事人意见

诉中禁令是一项具有强制性的权利保护措施，在终局裁判结果未确定前，无法确认申请人的诉请是否会得到支持，而诉中禁令可能会对被告产生一定程度的消极影响，故而法院在作出该程序判断时应当审慎把握，谨慎处理，向双方充分释明诉中禁令的可能后果，必要时可通过调查、提交书面意见的方式，充分听取被申请人的意见。此外，在作出诉中禁令之外，申请人是否还有其他的救济措施，这一点并不是法院作出禁令必须考虑的先决性因素，由于法律没有明文规定，法院不得增设非必要的附加条件。

六、结语

世界上没有完全相同的两片树叶，人脸信息作为人体最显著的特征，独一无二且具有强烈的隐私性。随着科技的不断发展，我们已经步入了全新的大数据时代，该时代背景下，人脸信息识别技术已经被广泛运用于国家社会管理、智慧城市建设和商业利用等领域。“刷脸技术”带来了社会便利与经济效益的同时，也面临着不少安全隐患。面对新技术新改革，司法既要敢于拥抱新科技，激发数字经济时代市场主体的创新活力，又要引导各项信息在法治框架内有序流动，规范人脸识别技术的合理合法使用，通过人脸信息民事公益诉讼的程序构建，强化人脸识别技术的司法补给，实现促发展与保安全的双向平衡。

（责任编辑：蔡一博）

医疗损害鉴定“并轨制”转型中的流程指引和体系构建研究

洪　珏　蒋　浩　吴文俊　薛晓芳*

医疗卫生事业与广大人民群众生命健康息息相关，最高人民法院要求各级人民法院充分发挥司法职能，推动构建和谐医患关系，为加快推进健康中国建设提供有力司法服务和保障。由于医学本身的专业性，诊疗行为有无过错及其与患者损害后果有无因果关系、原因力的大小等往往需要通过鉴定程序来认定，医疗损害鉴定对于医疗损害责任纠纷案件处理的重要性不言而喻。建立有效运转的体系和合理规范的流程可提高医疗损害鉴定送鉴效率和医疗损害案件的审理质量，构建信任机制，最终达到增强当事人司法感受度的效果。在梳理上海医疗损害鉴定的基本情况和发展现状的基础上，本文全面分析目前上海法院医学会和司法鉴定“双轨制”运行中的程序困境、功能错位等问题成因，探索构建以“鉴定渠道畅通 + 技术标准趋同 + 法律认识统一”为主要内容的上海法院医疗损害鉴定“并轨制”体系。

一、上海医疗损害鉴定①的基本情况、发展现状

（一）上海医疗损害鉴定的基本情况

2002年颁布的《医疗事故处理条例》规定由各省市医学会组织专家进

---

* 洪珏，法律硕士，上海市普陀区人民法院副院长。蒋浩，法学硕士，上海市普陀区人民法院商事审判庭庭长。吴文俊，法学硕士，上海市普陀区人民法院民事审判庭审判员。薛晓芳，上海市医学会医疗事故技术鉴定工作办公室主任。

① 特别说明，本文中的医疗鉴定的概念是以《侵权责任法》为节点作为分界，在此之前的医疗鉴定，根据《医疗事故处理条例》的表述是医疗事故鉴定，在《侵权责任法》实施后，医疗鉴定表述是医疗损害鉴定，《民法典》沿用了医疗损害的表述，在下文中为了便于表述，即使在时间节点上存在区别，下文将统一表述为医疗损害鉴定，对这一概念不再做区分。

行鉴定。上海法院从2002年起审理医疗纠纷中涉及的鉴定均由医学会进行。2010年随着《侵权责任法》实施，上海法院将鉴定内容调整为医疗损害鉴定的同时，采用以医学会为主的鉴定模式。

实践证明“上海模式”符合上海地区的实际情况，实践中争议不大。在二十余年的探索和磨合中，上海法院与上海市、区各级医学会通过每一件医疗损害鉴定案件的审理，积累了大量有益的经验，同时也形成了较为成熟的程序性事项告知和操作流程。医学会拥有丰富的临床专家资源，在处理医疗损害鉴定方面又积累了丰富的经验。上海在始终与国家法律、法规和政策保持一致的基础上，根据区域内临床专家资源丰富、鉴定程序规范、医学会鉴定能力稳定的特点，确定了符合上海区域特点的医疗损害鉴定模式。

（二）上海医疗损害鉴定的发展现状

近年来上海法院受理医疗纠纷一审案件的数量相对稳定。这些医疗纠纷案件中有近70%的案件需要启动医疗损害鉴定，即每年上海法院需要委托医疗损害鉴定的案件平均在500件左右。由于医学会内外部存在不少困难，导致医学会受理鉴定的数量和鉴定完成数量呈逐年下降趋势，这是引发医疗损害鉴定“送鉴难”日益突出的主要原因。

为了解决医疗损害鉴定“送鉴难”的问题，2020年8月起上海法院开始实行委托医学会和司法鉴定机构的医疗损害“双轨制”模式。所谓的“双轨制”就是不再对启动司法鉴定设定协商一致或者医学会无法鉴定的前提条件，启动医学会鉴定或者司法鉴定的条件同等。

从全国各地医疗损害鉴定的操作模式来看，“双轨制”是普遍模式，只不过在具体操作的过程中会结合自身区域特点表现出不同的优先级。然医学会和司法鉴定机构“双轨制”带来的是鉴定二元化，在两种不同技术规范标准语境下作出的鉴定意见可能引发差异。所以，提出医疗损害鉴定“并轨制”体系不是简单地将医疗损害鉴定划分为两种选择，而是探索以“送鉴渠道畅通＋技术标准趋同＋法律认识统一”为主要内容的有上海特色的医疗损害鉴定体系，将两种鉴定方式进行实质性融合，推动医疗损害鉴定同质化，形成更多共识。同时在国家层面上，2018年6月20日国务院常务会议审议通过的《医疗纠纷预防和处理条例》中创造性地提出从医疗损害鉴定的行政管理机构、管理机制入手，建立协调、统一的医疗损害行政管理模式。根据上述文件精神的指引，相信“并轨制”体系是国家层面希望逐步实现“一元化”的推进方向，是大势所趋，这意味着在具体操作层面，需要上海市高级人民法院、上海市卫健委、上海市司法局共同结合上海医疗损害鉴定特点、“双轨制”中暴露的问题等具体情况制定出符合上海地区特点的医疗损害鉴定管理办法。

二、医疗损害鉴定“双轨制”运行的现状及解析

2020 年 8 月开始，上海法院医疗损害鉴定“双轨制”模式不断推进，在实践中司法鉴定的送鉴案例不断积累，随之出现操作流程上的困扰，暴露出程序上的问题，不同的技术规范标准还可能引发实体问题，在上海法院医疗损害鉴定“并轨制”体系下希望予以解决和消除。

（一）信息公开、更新有待加强，运行效果未达预期

“双轨制”运行过程中，目前尚未对外发布具体具有医疗损害鉴定资质的司法鉴定机构名称、地址和鉴定人信息，原本列入内部核准名录的鉴定机构还出现了更名的情况，鉴定流程缺乏必要的指引，这些都制约着“双轨制”的有效运作。在医疗损害鉴定“并轨制”体系的制度设计中通过更合理有效的信息公开、及时的信息更新和不断完善、细化的流程指引，可以逐渐让当事人建立起有效的信任关系，进而提高对外委托鉴定的效率。

（二）程序层面：双轨制中的受理困境、功能错位

1．受理困境凸显监督机制失灵

医学会和司法鉴定机构，对法院委托的鉴定事项，都具有选择权。

从医学会的现状看，现在和今后相当一段时间，医学会仍将面临人员不足、处理能力有限的困境，大量的待鉴定案件使得医学会不得不“粗放式”操作：不受理、甚至是不审查医疗损害鉴定案件。

这些待委托送鉴的医疗损害案件使得一旦启动司法鉴定程序，司法鉴定机构天然地具有了“选择权”：即对于诊疗过程明确、病史资料完备、责任

判断相对较为容易的医疗损害案件，司法鉴定机构进行受理并作出鉴定意见；对于诊疗过程复杂、牵涉多学科且存在较大信访矛盾隐患的医疗损害案件，司法鉴定机构将作出退案处理，退案的理由基本上都是表述为“超出鉴定能力”。

现行“双轨制”下出现的医学会“不审查、不受理”、司法鉴定机构“选择性受理”医疗损害鉴定的困境，凸显出在现行体系下对医学会和司法鉴定机构在监督机制上的失灵，无法对医学会和司法鉴定机构进行有效的监督。

2．功能错位造成诉讼成本陡增

根据前述的受理困境分析，司法鉴定成为积压的待委托鉴定案件的“过滤器”，司法鉴定机构将易处理的医疗损害鉴定进行筛选后予以受理，将复杂的、矛盾突出的医疗损害鉴定不予受理，成为“前置性、选择性”鉴定。

基于前述提及的司法鉴定机构的鉴定费标准较高的情况，司法鉴定机构倾向于对医方无责的案件作退案处理，那么可以合理地预见到司法鉴定机构受理的案件中相当一部分案件将会认定医方存在一定过错。在这种情况下，收取鉴定费用标准为12900元或19350元，这样高额的鉴定费用意味着案件的诉讼成本急剧增加，无论最终医疗损害案件如何处理，都不利于化解医患矛盾，尤其是在医方仅被认定为轻微责任且患者不存在伤残等严重损害的情况下，高额的司法鉴定费将会成为影响医患双方达成调解一致的主要因素。

（三）实体层面：双轨制中的技术规范差异要求对程序选择精准把握

医学会鉴定与司法鉴定在依据的技术规范上存在明显不同，且在现行制度框架下，两种不同的鉴定技术规范不存在调和的可能性，法院审理中一旦程序把握不当，在现实中将引发实体处理的极大困境。

医疗损害鉴定是运用临床医学知识对医疗纠纷争议事件中的临床医学专门性问题所作的分析并提出专业意见的活动，运用什么知识，采用什么分析方法，直接影响到鉴定意见的科学性和准确性。② 必须承认的是，医学会与

② 董娟、刘子龙、付佳旗等：《358例医疗纠纷法医临床学鉴定分析》，载《中国法医学杂志》2014年第5期。张玲莉、李强、陈晓瑞等：《25例医疗纠纷的法医临床学鉴定回顾性分析》，载《中国法医学杂志》2005年第2期。

司法鉴定机构之间目前针对医疗损害鉴定缺乏统一的鉴定标准、逻辑体系，也缺乏统一的技术鉴定方法，因而导致医疗损害鉴定意见缺乏可重复性，科学性和公正性大打折扣。

举较为典型的两则案例，在（2018）沪0107民初16116号原告吴某昊与被告上海市儿童医院（以下简称儿童医院）、上海交通大学医学院附属新华医院（以下简称新华医院）医疗损害责任纠纷一案中，患儿左侧睾丸切除的人身损害结果经鉴定与被告诊疗之间存在因果关系，参照《医疗事故分级标准（试行）》损害等级为三级丁等，对应九级伤残。在（2020）沪0112民初22612号原告李某祥与被告上海市某区中心医院医疗损害责任纠纷一案中，医患双方曾向闵行区医疗纠纷人民调解委员会申请调解，在调解中医疗纠纷人民调解委员会咨询了相关专家意见，专家意见为根据《人体损伤致残程度》规定，一侧睾丸切除应评定为八级伤残（评定时李某祥年满14岁未满15岁）。上述两案，对同一损害后果：即单侧睾丸缺失，在不同的标准下会产生不同的伤残等级。两个案件中存在两种差异巨大的定残标准，用哪一种标准进而会直接导致残疾赔偿金的数额出现巨大差异，引发实体裁判差异。

上述案例引发深思：医学会进行医疗损害鉴定所参照适用的技术标准与司法鉴定机构进行医疗损害鉴定所参照适用的技术标准存在差异，而且这种差异从本质上而言是理念的差异，在现行体制下尚未出现调和的可能。

三、医疗损害鉴定“并轨制”体系的价值功能分析

医疗损害鉴定“并轨制”体系应当是将医学会与司法鉴定机构的鉴定进行实质性融合的体系，在医疗损害鉴定“并轨制”体系中可以对现有的鉴定资源通过流程再造进行更好地整合，以推动医学会和司法鉴定机构适用技术规范标准的同质化为手段达到推进医疗损害鉴定工作的规范化、标准化的效果，不断增强鉴定人的鉴定能力，确保医疗损害鉴定的客观性、可及性。

（一）畅通鉴定渠道，“并轨制”是切实解决送鉴难的重要方法

通过数据分析，上海法院积压的待委托鉴定案件数量是医学会两年左右的工作量，寄希望于通过引入司法鉴定完全解决目前上海法院积压的待鉴定

案件或者说取代医学会作为主流的鉴定模式，并非可行方案。只有充分调动起医学会和司法鉴定机构这两条轨道中鉴定人的积极性，才有可能力争在尽可能短的时间内有效化解医疗损害鉴定“送鉴难”的困境。医学会鉴定和司法鉴定可谓是医疗损害鉴定中“鸟之两翼、车之两轮”。

一方面，通过多种途径呼吁提高医学会中医疗损害鉴定人员待遇，促进医疗损害鉴定工作人员的职业化、专业化，吸引更多的人投身医疗损害鉴定行业，通过激励机制来激发医学会鉴定的积极性，才能让医学会鉴定在数量和质量上不断提升。另一方面，通过不断提高司法鉴定的接受度，让医患双方都更加接受司法鉴定机构这一鉴定途径，同时通过增强司法鉴定机构中临床专家的支持力度和选择范围，提高司法鉴定这一鉴定途径的公信力和认知度。

（二）相互取长补短，“并轨制”是逐步实现技术标准同质化的必由之路

在上海法院医疗损害鉴定“并轨制”推进的过程中，鉴定标准的同质化是必须面对和解决的重要问题。医疗损害鉴定作为服务法律的科学证明手段，其专业深度和技术难度远远超越法官的知识和经验范围，医疗损害鉴定中的鉴定技术方法常常用来帮助法官认识那些基于常识所不能认定的医学事实。而医疗损害鉴定与其他鉴定相比，其最典型的特征是具有更强的主体依赖性，不同的鉴定人，在没有统一评判原则、没有统一的技术标准的情况下，难以形成重复性好、质量可控的鉴定意见。③ 标准是一个行业发展的技术支撑，也是质量控制的基础性手段。但是我国医疗损害鉴定的现实情况是，两个体系之间缺乏可供操作的、业内达成广泛公示的技术标准，这样科学标准的缺位是司法实践中的重大困境。

从上海的实践来看，现行的医学会鉴定和司法鉴定各有利弊，希望通过联合出台地方性医疗损害鉴定管理办法，建立交流培训机制，组建专家库，在互通中实现医学会和司法鉴定之间的相互取长补短，推进整个医疗损害鉴定工作的标准化、同质化。

③ 王旭：《医疗损害鉴定与技术标准研究》，中国政法大学出版社2021年版，第51页。

（三）强调鉴定能力，“并轨制”是贯彻落实《民法典》法律规定的应有之义

司法鉴定系借助专家的专门知识、技能和经验，对专门性事实问题作出判断，法官以此妥当地处理案件，保证案件裁判的公正。因此，专家鉴定的能力是重点，鉴定人的确定应当考虑的是具备相应的鉴定能力、符合鉴定要求。

医疗损害的认定离不开相应的医疗鉴定路径，否则在认定损害事实和医疗行为的关系中，会导致医疗损害责任这一关键要件的判定陷入虚无的境地。一方面，医疗行业是绝对专业的领域，而且发展迅速，单纯依靠法医的知识和经验难以达到专业的要求，所以临床专家的专业性是确保“鉴定人”鉴定能力的有效保障，另一方面，在医患关系矛盾突出的大背景下，患方普遍对医生甚至是医学会缺乏足够的信任，司法鉴定的参与可以从一定程度上避免出现垄断式干预。所以，在医疗损害鉴定“并轨制”体系下应当逐步建立相对统一的医疗损害鉴定体系，尤其是通过专家组的内部交流、讨论，形成会议纪要，向整个医疗损害鉴定工作人员进行培训，确保医疗损害鉴定的客观性和统一化，解决医疗损害鉴定领域的诸多难题，规范医疗行为，最终实现法律对人民群众生命、健康的有力保障。

四、医疗损害鉴定“并轨制”体系下的构建原则、平台架构及配套指引

医疗损害鉴定“并轨制”体系的重要作用在于促使医学会与司法鉴定机构形成共识，规范医疗损害鉴定工作，一旦构建起各层面、多维度的信任机制，将有利于促使医疗损害纠纷案件全流程实质化解。笔者建议，上海市高级人民法院、上海市卫健委和上海市司法局联合出台《上海市医疗损害鉴定管理办法》，共同建立“上海医疗损害一体化鉴定平台”，对全市范围内的医疗损害鉴定进行统一管理，共同组建上海医疗损害鉴定专家组作为评价监督机制，通过体系建立和机制配套维护医患双方合法权益，保障医疗损害鉴定工作有序进行。在流程再造中坚持政治引领，通过法官准确地把握流程指引过程中的司法理念，在执法办案的过程中始终保持正确方向，进而实现医疗

损害纠纷的实质性化解。

（一）将构筑信任机制作为基本原则，促使医疗损害纠纷案件全流程实质化解

信任能够使复杂的社会关系变得简单，正如德国社会学巨擘卢曼所认为，信任构成了复杂性简化的有效形式，而熟悉是信任的前提，信任总是包含从可用于信任对象的信息出发作推断。④ 建立信任在现代社会无法全靠人际信任的维系，还要靠制度信任的保障。⑤ 信息沟通是制度信任的基础。

1. 从医患双方选取鉴定机构着手，建立信任机制

从这个角度而言，如果在“并轨制”鉴定开始前，能够制定出完整、清晰的流程图，向患者清楚地展示出各个环节的要求、目的和流程，尤其是将医学会和司法鉴定机构采用的不同的标准和技术标准予以列明，这样医患双方在签署《医疗损害鉴定技术规范标准和操作流程告知手册》后，至少从标准层面做到医患双方的信息对等，更有利于消除不信任。

2. 以重组鉴定流程为契机，在法院与鉴定机构之间筑牢信任机制

从鉴定流程设定的角度，有必要再审视并调整医学会的再次鉴定程序，建立起对医学会鉴定的整体信任机制。如果是从医疗事故行政调查的角度看，可能市医学会对区医学会的调查具有一定的复核权利，但如果从医疗损害鉴定的角度来看，没有规定表明市医学会是区医学会的上级复核机构，所以设定市医学会作为再次鉴定机构这一程序的初衷无非是考虑到评判医疗诊断行为与鉴定实施活动的专业性极强，为了避免区医学会在鉴定中出现评判上的偏差，给予的纠错机制，可以理解为某种意义上法院对区医学会鉴定能力的“不信任”。在医疗损害鉴定“并轨制”的体系中，没有必要设置市医学会再次鉴定这一程序，无论是区、市医学会都是具有资质的鉴定机构，同等地从

④ ［德］尼克拉斯·卢曼：《信任：一个社会复杂性的简化机制》，瞿铁鹏、李强译，上海人民出版社2005年版，第10—20页。

⑤ 有学者通过对乡村社会转型时期的医患信任进行实证分析，发现随着社会从传统向现代转型，未来村民对于村医的信任逻辑将是人际信任与制度信任的叠加。这一原理同样可以解释传统熟人社会向陌生人社会转变的医患信任问题。参见房莉杰、梁小云、金承刚：《乡村社会转型时期的医患信任——以我国中部地区两村为例》，载《社会学研究》2013年第2期。

事医疗损害鉴定。如果出现了符合重新鉴定条件情况的时候，法院只要再次随机确定鉴定机构即可，没有必要单一地确定为市医学会。

3．通过制度设定保障各级法院之间的“信任”机制

从一、二审法院审理案件的角度来看，一审与二审法院裁判者或者可能的再审裁判者之间同样也需要进一步建立信任机制。在医学会的鉴定意见中，常常会有这样的表述“医方存在病历书写不当、医患沟通不够充分的过错，但是与患者的损害后果之间不存在因果关系”，对于这样的表述，在审判实践中一审法院往往会根据实际情况确定由医方补偿患方一定的金额，具体的金额在数千元至上万元不等，可视为法院自由裁量权的范围。在医疗损害鉴定“并轨制”体系的制度设定中，与其依靠简单的二审裁判者尊重一审裁判者心证的这种“信任”机制，不如就让鉴定会的整个过程可以全程留痕，让二审的裁判者有机会查阅鉴定会的整个过程，了解评审的经过，从而对“心证”形成的过程有更深入的认识，从制度层面建立起更扎实的“信任”机制。

（二）建立独立、专门的“上海医疗损害一体化鉴定平台”，推进全流程网上鉴定管理

由上海市高级人民法院、上海市卫健委、上海市司法局共同建立“上海医疗损害一体化鉴定平台”，将全市法院医疗损害案件统一委托送鉴。

1．平台特点及特色功能

平台在建立时考虑具备以下特点和特色功能：

第一，数字化、信息化管理。有必要统合医学会和司法鉴定机构的医疗损害鉴定信息资源，在“上海医疗损害一体化鉴定平台”中将医学会和司法鉴定机构受理委托数、已处理的委托鉴定数和每一件受理的鉴定的进度均予以直接体现，一目了然地显示出各家医学会和司法鉴定机构的处理进展。

第二，独立性。在医学会和司法鉴定机构接入平台后，为了确保法院审判数据的安全，有必要将“上海医疗损害一体化鉴定平台”做到相对独立。

第三，流程化管理。“上海医疗损害一体化鉴定平台”有必要参考上海法院的全流程网上办案管理的先进模式，医疗损害纠纷案件中，可以将作为鉴定检材的相关资料进行扫描后，直接上传至“上海医疗损害一体化鉴定平台”的系统，不但可免去现场送材料的路程奔波，提高效率，还可以确保资料的

完整和安全，避免检材遗失或丢失。

第四，强大的数据存储功能。考虑到不少医疗案件中的摄片资料、影像资料等内容，数据量极大，有必要在“上海医疗损害一体化鉴定平台”这一新的系统中加强这一环节的设定，在平台中特别设置视频资料、影像资料上传的界面，便于专家阅片。

第五，在线举行鉴定会的会议功能和线下举行鉴定会时的录音/录像功能。在“上海医疗损害一体化鉴定平台”中可以设定在线会议的模式，由专家、承办人员及医患双方通过在线会议的方式进行，不但可以节省各方往返的时间成本，还可以做到全程留痕。在线下进行这些操作时可以录音/录像，将上述影像资料上传至“上海医疗损害一体化鉴定平台”中保存。

2.“平台”中的鉴定机构名册、操作流程和机制配套

首先是鉴定机构的体系设定方面，根据在前述信任机制中的分析，建议医学会与司法鉴定均在同一平台，上海市医学会与各区医学会均作为同一位阶的鉴定机构，与司法鉴定机构共同构成一体化医疗损害鉴定平台，将全市范围内所有医疗损害鉴定实行归口统一管理。

其次是鉴定机构选择的流程。在“上海医疗损害一体化鉴定平台”中应当统一对全市法院委托进行送鉴的案件根据系统设定的原则确定鉴定机构，若是随机确定鉴定机构，则将在供选择的鉴定机构中按照有一定的系数随机确定；若存在排除部分鉴定机构的，则在排除上述鉴定机构后仍然按照同一随机原则确定鉴定机构。一旦确定了鉴定机构，任何人无法随意更改。如需更改，必须得到高级人民法院该平台负责人的授权，且上述更改的记录也会全程留痕。

最后，推进医疗损害鉴定的工作不仅需要上海法院联合上海市卫健委、上海市司法局的共同参与，更重要的是需要市政府层面的支持和推进。医疗损害鉴定面临的困境，通过法院单方面沟通和联络恐难以解决，还需市政府出面统筹解决。

3. 配合发布《医疗损害鉴定技术规范标准和操作流程告知手册》，实现鉴定标准及程序的“告知—同意”手续

医学会与司法鉴定有不同的技术规范，其应当分别向法院明确其具体的技术规范标准，包括采用标准的名称、效力等级等具体信息，法院根据其明确的技术标准，在经过审核后印制成上海法院《医疗损害鉴定技术规范标准和操作流程告知手册》，将医学会与司法鉴定的技术规范标准一并予以载明。在法院对医疗损害纠纷案件进行证据交换时，法院向当事人送达上述《医疗损害鉴定技术规范标准和操作流程告知手册》，当事人应当在仔细阅读其中的《技术规范标准告知手册》后签署承诺书，明确表示其已知晓上述标准，并承诺一旦根据法律规定确定了鉴定机构后，当事人不得更改。

（三）上海市高级人民法院、上海市卫健委、上海市司法局共同组建上海医疗损害鉴定专家组，对医疗损害鉴定建立评价监督机制

专家组中将临床专家、法医和资深法官作为主要成员，同时吸纳部分市政法委、市卫健委、市司法局领导和高校教授等加入，对全市范围内涉及医疗损害鉴定的专业问题进行评定，建立定期评价机制，建立对医疗损害鉴定的监督保障体系。

1．专家组的基本分工及主要内容

专家组的工作内容应当包括以下几个方面的内容：第一，专家组应当下设鉴定人员权益保障委员会，对从事医疗损害鉴定的工作人员、临床专家或者法医面临的权益受到侵害的问题进行研究讨论，在必要时启动司法保障和救济程序，消除从事医疗损害鉴定专家的后顾之忧。第二，专家组应当下设案件评查委员会，定期对全市范围内医疗损害鉴定的案件进行抽查，通过查阅电子档案、录音录像资料和约谈等方式，对已作出鉴定意见的医疗损害鉴定案件的程序性和实体认定等问题进行评查，并形成案例通报，在全市范围内予以公布，这样可以更好地统一鉴定标准和操作流程。第三，专家组中应当下设纪律监督委员会，不定期地对全市范围内医学会或者司法鉴定的投诉、信访等内容进行研判，审查是否存在纪检等问题。对启动重新鉴定的医疗损害鉴定案件进行评查，查明具体重新鉴定的原因，对严重违反程序性规定的问题予以通报，并视情节的轻重作出具体处理或处罚。同时，纪律监督委员会应当每年要求全市医学会专家库和司法鉴定从业人员前述《承诺书》，保证参与医疗损害鉴定的人员对鉴定内容专业性、真实性作出承诺。第四，专家组将以季度为单位，对司法鉴定机构或者医学会的退回鉴定的案件进行复查和审查，对各家司法鉴定机构的具体鉴定能力、专业领域予以评定，对各区

医学会中侧重的专业领域予以区分，最终这些专业领域认定的信息，将被统一输入“上海医疗损害一体化鉴定平台”的系统中，在此后随机分案的过程中形成参数，避免出现多次“退回”的情况。同时，相关的资质认定等信息将被反馈至上海市司法局，在每年对司法鉴定机构评级的过程中作为重要的参考信息。第五，专家组组织开展内部学术研讨，力争形成上海市范围内的医疗损害鉴定统一认识和技术标准。在条件成熟后，组织邀请法学领域、医学领域和法医学领域专家在线授课，对全市法院系统审理医疗损害纠纷案件的法官、全市范围内从事医疗损害鉴定工作的人员开展培训和讲座，进一步统一认识，加快形成共识。

2. 对鉴定资质、范围定期更新，建立司法鉴定机构强制退出机制

在现行条件下需尊重司法鉴定机构的选择权并赋予鉴定机构退案权。当法院随机确定的鉴定机构产生后，法院将委托材料送交鉴定机构，如果遇到鉴定机构退回的情况，应当在“上海医疗损害一体化鉴定平台”中写明退回的原因，由专家组对该退回原因进行审查。如果退回原因符合规定，可根据案件情况将该退回原因告知当事人并依法进行处理，如果退回原因仅为“超出鉴定范围或能力”，未写明具体原因，在系统中对该鉴定机构提示为一次“预警”，一年中三次以上出现“预警”时启动强制暂停机制，将该鉴定机构暂停纳入随机鉴定机构范围。每年由专家组对鉴定机构的鉴定资质、范围进行评定，对不符合条件的鉴定机构启动强制退出机制。

（四）医疗损害鉴定“并轨制”体系中配套流程指引

任何一项体系的有效运行都离不开硬件和软件的协同配合，若将上述的体系构建比作硬件设施，则每位“裁判者”在处理每一件具体的医疗损害案件过程中对流程进行的指引和说明就是“并轨制”体系得以有效运行的“软实力”。

法院应当在证据交换中对《医疗损害鉴定技术规范标准和操作流程告知手册》中的内容予以说明，对其中的主要标准，如受理的标准（医学会不受理外地医疗机构的医疗损害鉴定）、伤残等级程度评定的标准（两种标准可能存在的评残差异），三期期限中可能存在的差异予以准确说明，让当事人充分知晓两种不同技术标准的差异，一定程度上消除信息不对称，使得当事人容易对鉴定机构和法院产生信任感。

医疗损害鉴定“并轨制”中鉴定费将成为可能引发纠纷的重要问题，有必要着重予以充分释明。在“双轨制”模式中，司法鉴定机构的鉴定费标准高，如果患者的心理预期无法达成，很有可能引发信访矛盾。根据法律规定，司法鉴定费应根据鉴定意见予以合理分担。从法经济学的角度看，这是出于尽力减少当事人诉讼成本的考虑。尤其在患者的全部诊疗费用低于20000元且不存在后续就诊的情况下，除非有确切的证据证明医方存在严重的诊疗过错，通常可以考虑启动多元解纷机制，引导当事人先行在各区医疗纠纷人民调解委员会进行调解，力争将纠纷化解在源头。在患者坚持要求鉴定的情况下，通过医学会或者司法鉴定机构的共同参与，先行就上述医疗损害纠纷案件再次组织一次调解，力争化解纠纷，在无法达成调解的情况下，法院可以在笔录中详细记明上述释明的过程，最后尊重患方的选择，启动司法鉴定，力争做到“三个效果”的统一。

党的二十大报告中明确“推进健康中国建设，把保障人民健康放在优先发展的战略位置”。建立起有效运行的医疗损害鉴定“并轨制”体系和合理规范的流程指引，将提高医疗损害鉴定的效率和医疗损害案件的审理质量，全方位构建信任机制，推动构建和谐医患关系，为推进健康中国建设提供有力司法服务和保障。

（责任编辑：洪　波）

论我国涉外仲裁司法审查的几个争议问题
——以《仲裁法》修订为视角

何 云*

党的十八大以来，随着全面依法治国推进和全面对外开放的发展，我国对商事仲裁制度的改革与完善越来越重视，商事仲裁制度已经成为一国营商环境和社会治理能力的重要体现。完善中国商事仲裁制度的核心问题之一，是对仲裁司法监督制度的研究与发展，特别是通过完善涉外仲裁的司法监督机制来促进整体商事仲裁制度的完善、提高仲裁公信力和国际竞争力，事关党的二十大提出的国家治理体系和治理能力现代化的提升，也是“加快我国法域外适用的法律体系建设”的重要目标和途径。

我国以1994年颁布实施的《中华人民共和国仲裁法》(以下简称《仲裁法》)以及《中华人民共和国民事诉讼法》(以下简称《民事诉讼法》)为中心建立的一整套仲裁司法监督体系，纳入了当事人意思自治、一裁终局等仲裁基本理念，将程序审查为主和实体审查为辅作为司法监督的主要模式，并确立了涉外仲裁和国内仲裁司法审查双轨制等具有中国特色的司法监督体制，运行近30年来极大地推动了我国仲裁事业的快速发展。但近年来随着我国市场经济的不断发展，《仲裁法》制定时所形成的涉外与国内双轨审查、程序与实体二元监督等模式，在实践中已显现出诸多弊端，迫切需要研究解决。

2021年7月30日，司法部正式公布《中华人民共和国仲裁法（修订）（征求意见稿）》(以下简称《征求意见稿》)。《征求意见稿》与现行《仲裁法》相比，最大的亮点就是统一了申请撤销国内裁决和涉外裁决的事项规定，并

* 何云，法学博士，上海市闵行区人民法院党组成员、副院长。

对司法监督的范围进行了部分修改，但对于双轨制变单轨制后涉外仲裁监督范围的设定、程序性审查原则的把握与实体监督如何安放等，仍然引发了激烈争议且留下了诸多尚未解决的问题。本文聚焦涉外仲裁司法监督机制构建中的监督模式及监督范围这一关键问题，选择四个方面的具体争议加以分析并提出意见。

一、涉外因素如何识别

在涉外仲裁司法监督机制中，涉外性的认定是前提问题。一方面，应准确界定涉外因素，将符合条件的仲裁裁决纳入涉外司法审查的对象；另一方面，应认真审视当前对涉外因素认定上是否过于严苛，并思考如何进一步扩大现有的涉外因素识别范围，从而积极主动地行使司法主权，构建更加完善的涉外法治体系，增强我国在国际法律事务中的话语权和影响力。

（一）涉外因素的现有识别路径

准确理解涉外仲裁裁决的概念和范围，首先需要厘清其与国内仲裁和国际仲裁的相互关系。“涉外”一词，指某一法律关系具有涉外因素，涉及两个以上国家、地区和当事人。对于涉外法律关系、国内法律关系与国际法律关系之间的内涵和联系，宜在“涉外法治”“国内法治”和“国际法治”的关系中理解。

2020年11月16日，习近平总书记在中央全面依法治国工作会议上强调指出，要坚持统筹推进国内法治和涉外法治。① 涉外法治可能包含某些国际法治元素，国际法治也可能包含各国法治体系中的某些涉外法治元素，但涉外法治在本质上属于国家法治范畴，仍是国内法治的一部分，涉外法治中的许多法律法规只是国内法中涉外法律关系的调整，是独立于国际法存在的，其立法的依据是本国宪法或相关国内法律，适用范围也仅限于本国域内，并不必然涉及国际法的适用，故不是国际法治的组成部分，不能将涉外法治等

① 参见《习近平在中央全面依法治国工作会议上强调　坚定不移走中国特色社会主义法治道路　为全面建设社会主义现代化国家提供有力法治保障》，载《人民日报》2020年11月18日第1版。

同于或取代国际法治。[②] 因此，国内法治和涉外法治是国内法治的两个方面，而国内法治和国际法治是全球法治的两个方面，都不可或缺。[③] 与之对应，在我国商事仲裁监督制度中，涉外仲裁裁决和国内仲裁裁决均是由我国仲裁机构在我国领域内作出的仲裁，属于广义上的国内仲裁。

而关于涉外性的具体判断，在我国法律领域中，立法层面并未直接使用“涉外因素”的概念，而是将民事关系划分为“涉外民事关系”与非涉外民事关系，并列举构成“涉外民事关系”的情形，进而界定“涉外因素”的内涵和外延。1992 年颁布的《最高人民法院关于适用〈中华人民共和国民事诉讼法〉若干问题的意见》第三百零四条规定：“当事人一方或双方是外国人、无国籍人、外国企业或组织，或者当事人之间民事法律关系的设立、变更、终止的法律事实发生在外国，或者诉讼标的物在外国的民事案件，为涉外民事案件。”故此，很长一段时间内，对于“涉外因素”的定义，均是“法律关系的主体、客体和事实方面具有涉外联系”。此后，2012 年颁布的《最高人民法院关于适用〈中华人民共和国涉外民事关系法律适用法〉若干问题的解释（一）》中的第一条对《最高人民法院关于贯彻执行〈中华人民共和国民法通则〉若干问题的意见（试行）》第一百七十八条确立的法律关系的主体、标的物，以及法律事实三要素进行了扩张：主体涉外性的国籍扩展到主体的经常居所地，还补充了其他“组织”的类型；扩大了法律关系要素涉外性的关联空间，用“中国领域内、外”取代“外国”或“外国领域”的关联空间；引入了扩张性的实质认定，纳入“其他情形”的兜底条款。此次法律修改虽然在涉外因素的认定上赋予法官一定的自由裁量权，但在社会经济高速发展、商事交易不断丰富更新的今天，此种解释仍然会使我国对于涉外因素的认定长期处于僵硬状态。

事实上，随着国际交往日益活跃，特别是对于在中国设立的涉外商独资企业、外商投资企业等在资金来源、交易标的、结算币种等方面明显具有涉外性的商事纠纷，能否认定为涉外案件将直接影响案件处理的标准和方向，

② 参见黄惠康：《统筹推进国内法治和涉外法治》，载《学习时报》2021 年 1 月 27 日第 2 版。

③ 参见黄惠康：《准确把握“涉外法治”概念内涵，统筹推进国内法治和涉外法治》，载《武大国际法评论》2022 年第 1 期。

在司法实践中已引发争议。

（二）涉外因素在实践中的扩展趋势

新近的一些司法实践中，已经出现一些案例拓展了涉外因素的认定限制，涉外因素在司法审查中呈现扩大的趋势。在2015年“西门子公司诉黄金置地公司”一案④的司法审查中，法院经审理认为，设立在自贸区的外商独资企业作为合同主体，具有一定涉外因素，标的物设备的流转亦具有国际货物买卖的特征，故认定双方可以将具有涉外因素的合同争议提交境外仲裁机构仲裁；在（2015）四中民（商）特字第00152号一案中，⑤法院以标的物在保税区现货交付、属于未清关的未入境货物为由，认定系争法律关系具有涉外因素；在（2017）沪72民特181号、182号案中，⑥因船舶的建造、交接、入籍和加入船籍国等与境外有多个连接点，法院最终认定涉案建造合同具有涉外因素。这些案例基于实际情况，都对涉外因素的认定在原有规定的基础上进行了有限突破。

此外，从政策层面来看，随着我国全方位对外开放格局的确立，在我国境内自贸试验区（港）建设领域、外商投资法制领域以及共建“一带一路”倡议下争端解决机制等领域的创新安排下，涉外因素的认定也已呈现出新的发展。2016年颁布的《最高人民法院关于为自由贸易试验区建设提供司法保障的意见》第九条第一款放宽了涉外因素认定尺度，允许特定情况下自贸试验区内注册的外商独资企业之间可以将其合同争议提交中国内地以外法域仲裁，包括在港澳台地区和外国进行的仲裁；该条第二款规定，一方或者双方均为在自贸试验区内注册的外商投资企业，约定将商事争议提交域外仲裁，发生纠纷后，当事人将争议提交域外仲裁，相关裁决作出后，其又以仲裁协议无效为由主张拒绝承认、认可或执行的，人民法院不予支持；另一方当事人在仲裁程序中未对仲裁协议效力提出异议，相关裁决作出后，又以有关争议不具有涉外因素为由主张仲裁协议无效，并以此主张拒绝承认、认可或执行的，人民法院不予支持。此外，2018年《最高人民法院关于为海南全面深

④ 参见上海市第一中级人民法院（2013）一中民认（外仲）字第2号民事裁决书。
⑤ 参见北京市第四中级人民法院（2015）四中民（商）特字第00152号民事裁定书。
⑥ 参见上海海事法院（2017）沪72民特181号、182号民事裁定书。

化改革开放提供司法服务和保障的意见》第十五条也体现了相同的精神。这意味着在仲裁协议效力认定领域，将在自贸试验区内注册的外商投资企业和涉自贸区（港）的民商事主体视为具有涉外因素的主体，相当于进一步放宽了对部分情形下仲裁协议的限制，赋予更多的仲裁协议主体以选择域外仲裁的权利。

以上可以看出，仲裁领域涉外因素的扩张，已经开始呈现向实质性的认定标准转化，即结合法律关系与外法域的联系标准而非仅仅是主体标准，此既回应了实践需求，顺应了时代发展，也体现了司法对仲裁支持的态度。但从长远来看，通过部分指导性文件的方式对涉外因素进行界定，仍是一种非正式的立法方式，在制度设定上存在着体系性缺陷。⑦而目前，《征求意见稿》第八十八条“具有涉外因素的仲裁的纠纷，适用本章规定。本章没有规定的，适用本法其他有关规定”仍然没有对涉外因素的认定标准及涉外仲裁裁决的准确范围作出明确规定，故涉外因素扩张下的司法审查机制建设，在立法层面，仍需要与我国现有的《涉外民事关系法律适用法》《外商投资法》以及《民法典》等相关法律，在商事主体类型、特定交易与外法域的联系以及是否存在实质性的法律冲突等方面实现体系性对接，以解决实践争议。

（三）特定区域内无涉外因素提交境外仲裁的有益探索

近些年，围绕着非涉外因素在域外仲裁的合法性问题，仲裁实务界与学术界多有热议。虽然我国《仲裁法》并未对无涉外因素争议能否提交境外仲裁机构进行仲裁作出明确规定，一般认为，禁止无涉外因素争议境外仲裁的法律依据主要是原《合同法》和《民事诉讼法》。⑧但是，最高人民法院曾在一例复函中指出，“由于仲裁管辖权系法律授予的权力，而我国法律没有规定当事人可以将不具有涉外因素的争议交由境外仲裁机构或者在我国境外临时

⑦ 参见王胜明：《涉外民事关系法律适用法若干争议问题》，载《法学研究》2012年第2期。

⑧ 原《合同法》第一百二十八条规定：“涉外合同的当事人可以根据仲裁协议向中国仲裁机构或者其他仲裁机构申请仲裁。”《民事诉讼法》（2021年修正）第二百七十八条规定：“涉外经济贸易、运输和海事中发生的纠纷，当事人在合同中订有仲裁条款或者事后达成书面仲裁协议，提交中华人民共和国涉外仲裁机构或者其他仲裁机构仲裁的，当事人不得向人民法院起诉。”

仲裁，故本案当事人约定将有关争议提交国际商会仲裁没有法律依据”。[⑨]因此在当前的司法实践中，无涉外因素纠纷不能提交境外仲裁已成为实务界较为统一的认识。

值得关注的是，《最高人民法院关于为自由贸易试验区建设提供司法保障的意见》第九条第一款规定：“在自贸试验区内注册的外商独资企业相互之间约定商事争议提交域外仲裁的，不应仅以其争议不具有涉外因素为由认定相关仲裁协议无效。”该意见在现有的对涉外因素的法律认定规则下，对我国在特定区域内探索允许无涉外因素提交境外仲裁提供了有力指引。

下一步，可以进一步探索在主体涉外商独资甚至所有外商投资企业、合同的全履行过程具有涉外因素，以及在自由贸易区、自由贸易港等特定政策领域进一步扩大提交境外商事仲裁的有效性，以充分发挥仲裁作用，积极探索多元化的法治保障途径，从而加快我国法域外适用的法律体系建设，推动建立与世界接轨、与中国现代化改革进程相适应的国际商事仲裁监督机制。

二、双轨审查抑或并轨审查

对国内仲裁和涉外仲裁采取不同的监督标准，即“双轨制”，是我国仲裁法的一项重要特点，也是我国涉外仲裁监督制度的显著特征。按照我国《仲裁法》的规定，对涉外仲裁裁决的司法监督事项主要体现在程序性审查，即审查仲裁程序有无违反法定程序或当事人合意选择的仲裁规则；而对于没有涉外因素的国内仲裁裁决，则除了程序性事项的审查之外，还包括对部分实体性内容审查。对于国内裁决和涉外裁决审查的双轨制问题，从我国《仲裁法》实施至今，一直存在争议。一种观点赞成继续实施现行双轨制模式，认为这与我国参加《纽约公约》时做出的承诺是一致的，同时也能够使得我国在国际仲裁中的地位保持稳定；[⑩]且考虑到其他很多国家的仲裁法为了增加对外国当事人的吸引力，对涉外仲裁给予特殊地位，故双轨制符合我国的实际情况。[⑪]另外一种观点认为涉外与国内均应进行监督，实行双重监督单轨制，

⑨ 参见最高人民法院〔2012〕民四他字第2号复函。

⑩ 参见郭晓文：《论仲裁法对我国仲裁制度的改革》，载《仲裁与法律通讯》1995年第3期。

⑪ 参见肖永平：《也谈我国法院对仲裁的监督范围——与陈安先生商榷》，载《法学评论》1998年第1期。

但应一并对待，不应当给予区别待遇，涉外仲裁也应当受到全面的监督。⑫

（一）双轨制的历史成因

对国内仲裁和涉外仲裁进行双轨审查的模式，在《仲裁法》制定之初有其特殊的历史背景和目的考虑。1994年《仲裁法》颁布前后，这一时期正处于我国改革开放的新形势之下，大量外资涌入国内市场，⑬且中国入世的步伐正在加快，在引资融资领域进行了大刀阔斧的一系列改革。就当时的国内形势来讲，伴随着对外贸易的发展，相应的涉及国际间贸易纠纷和争端的案件数量也迅速增长。跨国经济纠纷的增多意味着解决纠纷的方法必须加快与国际接轨。在经济发达国家，商事仲裁制度已经相对成熟，而当时仲裁在中国尚缺乏经验，法院对各类跨国争议处理也准备不足。故为了更好地处理国际间的贸易争端，得到国际上对我国仲裁制度的认可，1994年《仲裁法》在制定的时候不得不考虑这样的时代背景，在确定国内与涉外仲裁的监督范围和模式上考虑当时的经济发展大局需要。因此，基于我国的特殊国情与仲裁领域的实际情况，我国采取了双轨制方案，对国际上的仲裁制度、仲裁立法进行借鉴，且与我国《民事诉讼法》保持一致。从一定程度上来说，我国《仲裁法》借鉴国际立法对涉外仲裁采取程序性监督机制，而对国内仲裁裁决结合国内实际实施更为严格的司法审查，这也与当时内外实际状况相符，也体现了我国从计划经济体制向市场经济体制转变中的过渡性特征。

（二）双轨制的弊端

随着双轨制运行近30年，其弊端日益显现，这使得在新《仲裁法》修订之际再次深入审视这一制度并作出新的安排尤为必要。

法律面前人人平等是现代法治社会的基本原则。所谓的立法平等和法律适用平等也是该原则的重要体现，对仲裁裁决因主体是否涉外而区分为国内仲裁和涉外仲裁，并实行不同范围和事项的司法监督，与立法平等和法律适用平等原则不符。法律平等原则同样需要司法机关在依法对仲裁进行监督时，

⑫ 参见陈安：《我国涉外仲裁监督机制评析》，载《中国社会科学》1995年第3期。
⑬ 参见王海坤：《外资进入中国驶入快车道》，载《中国经济时报》2004年10月28日。

不论何种当事人都应对其进行平等地适法，不因当事人特殊或案件特殊而设置不同的保护力度，且是否涉外只是权利主体和客体的法律关系类属不同，而权利内容、权利行使和权利性质等方面并无实质区别。此外，仲裁司法审查案件因是否涉外而由法院内部不同的业务条线审理也会导致适法不统一的问题。当前，人民法院对于涉外案件进行归口管理，统一由专门的涉外审判庭或涉外专项合议庭进行审理，而对于国内案件，则一般由普通民商事条线审理。不同的业务庭，不同的审判条线对相关的问题把握会不尽相同，容易导致对仲裁审查案件的裁判尺度不统一，易造成混乱。另外，我国原先所区分的涉外仲裁和国内仲裁，在机构、性质、受案范围和仲裁员产生等方面越来越一致化，既能受理国内商事纠纷，同时也能受理涉外商事纠纷，以受案范围而区分仲裁机构并加以分类监督已无现实必要。

（三）司法监督机制中的并轨趋势

从当今世界主要国家的仲裁立法实践来看，国内与涉外一视同仁的做法是通例，只有极少数国家还保留双轨审查标准。例如：(1)《示范法》。联合国国际贸易法委员会制定的《示范法》第五条确定了司法不过度干预仲裁的原则，第三十四条用清单的方式规定了可以申请撤销仲裁裁决的具体情形，但对于本国境内作出的仲裁裁决，《示范法》不区分国内裁决和涉外裁决，采取同样的审查内容和规则。[⑭]（2）英国。作为世界上商事仲裁最为发达的国家之一，仲裁制度历史悠久，英国最早从1889年就制定了独立的仲裁法，之后进行了多次修订或制定新法。其《1950年仲裁法》和《1979年仲裁法》在司法监督方面对仲裁裁决都采取了较为严格的审查制度，法院不仅有权审查仲裁程序，也有权监督仲裁在事实上或法律上的错误，但对国内和国外裁决进行一视同仁，并不因是否为国内仲裁而与其他仲裁分类而治。《1996年仲裁法》亦仅是在上诉制度的设置上稍显内外有别。[⑮]（3）美国。其《联邦仲裁法》制定于1922年，后经过1954年、1988年、1992年等数次修订，它由美国国会制定，归属于联邦法律，对美国各州均具有约束力。现行的《联邦

⑭ 详见《示范法》第三十四条及相关条文。

⑮ 详见英国《1950年仲裁法》第二十二至二十七条及相关条文，后被《1979年仲裁法》所吸收。

仲裁法》规定，美国的仲裁司法监督以程序问题为主，但也关注实体方面的问题，但在审查方式上对在美国作出的仲裁裁决，无论是国内裁决还是国外裁决，都采取相同的监督方式和审查标准。⑯（4）法国。其民事诉讼法虽然将本土境内的仲裁区分为国内仲裁和国际仲裁，并分别在其新《民事诉讼法》第一千四百八十四条和第一千五百零二、一千五百零四条中进行规定，但不论是国内仲裁还是国际仲裁，审查的事项基本相同。⑰（5）德国。德国《民事诉讼法》对其境内作出的仲裁裁决，不分其为国内仲裁或国际仲裁，均适用该法的各项规定，即对仲裁裁决采取同样的监督方式，并没有对涉外仲裁等作出特别规定。⑱（6）新加坡。新加坡是笔者检索到的极少数仍对仲裁的司法监督采用双轨制的国家，其对于涉外仲裁和国际仲裁，专门制定了《国际仲裁法》(2012)，与国内仲裁适用的《仲裁法》(2002）分轨而治。根据《国际仲裁法》第五条第二款规定，如果当事人一方营业地位于新加坡以外、协议最密切联系地位于当事人营业地以外或仲裁协议的标的与一个以上的国家有关，即可认定为国际仲裁。国际仲裁适用《国际仲裁法》，其制度设计以《示范法》为基础，充分尊重当事人意思自治，司法只监督仲裁的程序性事项，严格限制实体干预，但这种区分并不排斥当事人可以在仲裁协议或条款中约定选择仲裁适用其《仲裁法》或《国际仲裁法》规定。⑲

故从以上分析来看，当前世界上主要国家的立法与实践，大多采取单轨制，即对国内仲裁与涉外仲裁的司法监督采取同等的标准。而且，从发展趋势来看，有很多国家和地区曾经采取过双轨制监督，但逐渐都废止了这样的做法。因此，对于我国双轨制这种司法监督模式，虽在《仲裁法》立法之初有其特殊的考虑与成因，但时至今日，特别是到了《仲裁法》修订之时，是否有必要继续保持这一模式，值得深思。此次《征求意见稿》终于正视双轨制的问题，并采取并轨处理，故分轨而治的状况有望改变，从而使国内仲裁与涉外仲裁之间的差距缩小并最终融合。

⑯ 详见美国《联邦仲裁法》第十条及《统一仲裁法》相关规定。

⑰ See W. Laurence Craig et al., International Chamber of Commerce Arbitration, 2nd en., Annex, French Law, Oceana Publications, 1990, p.511.

⑱ 参见德国《民事诉讼法》第一千零二十五条“适用范围”规定。

⑲ 详见新加坡《仲裁法》(2002）及《国际仲裁法》第五、二十四、三十一条及相关规定。

三、实体事项能否纳入法定审查范围

《征求意见稿》虽然赋予涉外仲裁与国内仲裁相同的司法审查标准，但其第七十七条规定对于司法监督范围，虽删除国内监督范围中的“隐瞒证据”一项，但增加了“裁决是恶意串通等欺诈行为取得的”撤销情形，故对涉外仲裁来说，从原来的全程序性审查变为程序加部分实体审查，意味着我国对涉外仲裁司法监督改变了以往程序性审查的原则，将一定范围内的实体审查纳入其中。这一修订结果再次将仲裁监督机制中有关实体事项能否纳入法定监督范围这一争议问题推上风口。

（一）涉外程序性审查制度的建立

在国际仲裁领域，司法监督的范围一般为程序性事项，即法院对仲裁的司法审查限制在程序性事项内，这种监督模式赢得了广泛的认同与采纳。1958年《纽约公约》和1965年《华盛顿投资争端解决公约》等国际公约的有关规定都排除对仲裁庭就仲裁裁决的实质内容作出裁决的审查权。《示范法》还规定，除非该法明确授权，否则法院不得干预由该法管辖的事项。虽然《示范法》赋予一国法院撤销仲裁裁决的权力，但这种撤销权主要是基于仲裁在程序方面存在的不当事由，不涉及仲裁在当事人实体权利义务的上裁决内容。且通过考察国际上较为发达的仲裁监督制度的发展可以看出，最大程度地尊重当事人意思自治、尽量减少法院对仲裁所实施的干预、进一步强化对仲裁的支持和保障已形成广泛的国际共识。

在中国仲裁司法监督制度的历史发展中，涉外仲裁因其本身的特殊性及其与国际交往、国家对外关系政策的紧密关联度，在司法监督制度的构建上呈现了其不同于国内仲裁的独特之处。虽然涉外仲裁监督制度属于广义上的国内仲裁监督制度，但与纯国内仲裁制度相比，涉外仲裁有其自身的特点，且在当事人自治程度、独立性等方面都更加接近于国际仲裁。

在《仲裁法》颁布实施以前，我国对涉外仲裁裁决的司法监督仅限于申请不予执行制度。按照当时的规定，对中国涉外仲裁机构作出的仲裁裁决，一方当事人向法院申请执行仲裁裁决时，另一方当事人有权对执行行为提出异议，人民法院应依据《民事诉讼法》的规定进行审查，作出驳回异议申请或不予执行的裁定。1991 年《民事诉讼法》第二百六十条规定："对中华人民共和国涉外仲裁机构作出的裁决，被申请人提出证据证明仲裁裁决有下列情形之一的，经人民法院组成合议庭审查核实，裁定不予执行：（一）当事人在合同中没有订有仲裁条款或者事后没有达成书面仲裁协议的；（二）被申请人没有得到指定仲裁员或者进行仲裁程序的通知，或者由于其他不属于被申请人负责的原因未能陈述意见的；（三）仲裁庭的组成或者仲裁的程序与仲裁规则不符的；（四）裁决的事项不属于仲裁协议的范围或者仲裁机构无权仲裁的。人民法院认定执行该裁决违背社会公共利益的，裁定不予执行。"据此，我国涉外仲裁的司法监督从一开始就与当时的国际做法衔接，以申请不予执行为救济途径，并确立了程序性审查、司法不干预仲裁的实体处理的原则，与国内仲裁采取不同的监督原则与模式。此后，1994 年《仲裁法》在第七十条增设了对涉外仲裁裁决申请撤销的制度，且申请撤销的事项范围与《民事诉讼法》第二百六十条一致，仍然坚持程序性审查规定。

（二）程序性审查制度的价值

仲裁制度从本质上说，是当事人之间通过契约的方式约定纠纷如何解决，故在仲裁制度中，当事人的意思自治起到主导作用。虽然仲裁制度目的的实现需要获得司法的支持和监督，但仲裁所具有的契约性属性又说明其本质的权利来源并非司法权，而是当事人的授权。因此，在司法的监督之下，仲裁制度本身更需要相对独立的发展空间。如何平衡好司法和仲裁之间的关系，把握好司法监督的适度性，是仲裁机制充分发挥作用的关键。

笔者认为，我国《仲裁法》应顺应国际商事仲裁发展的普遍趋势，对涉外仲裁裁决和国内仲裁裁决采用同一的监督范围和标准，并将对裁决的司法监督严格限定在程序性事项上，最小化地进行实体性干预，以维护仲裁裁决的稳定性和终局性。

其一，程序性审查原则由仲裁的独立性所决定。仲裁是一项独立的争议解决制度，不依附于行政和司法而存在。虽然仲裁的民间性使其必须在司法的一定监督下进行，但是这也不代表司法在仲裁制度的运行中起到主导作用，司法仅仅是监督和保障的作用，这也就代表着法院在仲裁程序中只能起到审查和避免重大错误的作用。因此，对于仲裁的实体处理，法院不能进行审查和干预，否则仲裁最核心的功能就无法发挥，其在纠纷解决机制中的独立地位也不复存在，仲裁即具备了被诉讼代替的可能。仲裁“一裁终局”的基本制度也决定了司法只能监督仲裁中的程序性问题。若允许法院审查实体问题，就代表着司法可能否决仲裁的决定，还有可能重新分配当事人的实体权利和义务，即仲裁难以实现“一裁终局”，这也从根本上违背了仲裁的基本功能宗旨。

其二，程序性审查原则由程序公正的特殊价值所决定。对仲裁进行司法监督的出发点是基于维护法律的公平、公正原则，同时也是为了维护当事人的合法权益。司法监督的主要目的就是为了预防和纠正仲裁庭越过当事人授予的权力范围而进行的不正当行为。但公平、公正以及意思自治，这些概念本身具有一定的抽象性和相对性，无法进行量化，实难把握到极为精确的尺度。然程序的标准却可进行量化并可进行具体的明确，只有通过正当程序价值的发挥才能将抽象的实体价值体现出来，且在程序问题上实现正义需要投入的成本比实现实体正义的投入成本更低。因此，对程序问题的审查把握在一定程度上也确保了实体处理的公允，这正是程序公正的特殊价值所在。

其三，程序性审查原则契合国际发展的趋势。在国际仲裁领域，司法监督的范围一般为程序性事项，即法院对仲裁的司法审查限制在程序性事项内。除 1958 年《纽约公约》、1965 年《华盛顿投资争端解决公约》和联合国《示范法》外，从一些国家内国法观之，法国、德国、瑞典等国家将司法审查限制在程序性问题的范围内，美国仅审查仲裁协议、程序性事项以及是否存在欺诈、仲裁员的不当行为等事项，即便是对仲裁司法监督最为严格的英国，多部仲裁法修订的过程也映射出英国正逐渐缩小对实体问题的司法监督，将监督的重点落实在程序性问题上。近年来，全球经济快速发展，特别是在经济一体化的趋势下，仲裁制度也不断进行着创新和完善，司法对仲裁的监督日益呈现弱化的趋势，尤其是在对仲裁实体问题上越来越少干预和监督。

其四，程序性审查原则是优化营商环境、提升国际竞争力的需要。良好的营商环境是一个国家或地区思想解放程度、市场发育程度、对外开放水平、发展潜力和综合实力的总体反映。仲裁解决纠纷有利于当事人实现预期，有利于契约争议的迅速解决和顺利执行，对于促进要素自由流动、维护法律关系的稳定性、营造公平稳定透明可预期的营商环境具有重要促进作用。伦敦国际仲裁院、斯德哥尔摩商会仲裁院、国际商会仲裁院、新加坡国际仲裁中心、香港国际仲裁中心等机构都为其所在国和地区的营商环境优化发挥了重要作用，赢得了国际声誉。其中，一套尊重当事人意思自治、国家最小化干预、充分尊重仲裁规律的司法监督机制功不可没。在我国《仲裁法》修订之时，我国仲裁的司法监督制度要顺应中国的现实需要和发展利益作出变革和完善，进一步保持司法对仲裁的适度监督机制，进一步凸显对仲裁支持和友好的立场，扩大我国仲裁业务市场份额，提升和保障中国仲裁制度的国际竞争力。

（三）实体审查事项如何安放

《征求意见稿》中虽然删除了隐瞒证据的监督事项，但保留了伪造证据，同时增加了恶意串通，并将伪造证据和恶意串通纳入欺诈类监督事项，对此学界和实务界争议较大。笔者认为，就我国而言，涉外仲裁与国内仲裁并轨后，我国仲裁立法宜顺应时代发展趋势，取消法院对商事仲裁的实体审查权，全面转向程序性监督，实现国内商事仲裁司法监督与涉外商事仲裁司法监督之间的真正并轨，对内外商事仲裁裁决实行一体化的监督与保护，实现我国仲裁制度的现代化发展。

具体而言，在我国《仲裁法》的修改中，宜取消有关人民法院对商事仲裁裁决以“隐瞒证据”“裁决所依据的证据是伪造的”等为由行使撤销权。一则让司法监督真正回归到程序性审查的原则上来，顺应普遍接受的司法对仲裁的适度监督理论；二则“伪造证据”“隐瞒证据”命题本身就包含证据的虚假性和当事人存在伪造、隐瞒行为等主客观方面内容，审查认定的标准并不清晰，各地法院对“伪造证据”“隐瞒证据”的把握标准问题长期莫衷一是，故该类监督事项在实践中并未实质性发挥作用，反而造成司法适用中的模糊和混乱情形，大量当事人以此为由提出对仲裁处理结果的不满也徒增了司法资源的浪费。因此，对于并轨后国内和涉外仲裁均应参照现行仲裁法对涉外仲裁的司法监督范围。

此外，对于因恶意串通等欺诈行为可另行寻求救济形式，比如可以考虑增加执行过程中的救济措施、参考国际做法将虚假仲裁纳入“社会公共利益”评价范围、引入仲裁第三人制度等方式进一步保护案外人及当事人合法权益、遏制恶意仲裁，构建违反诚信仲裁而予以救济的法律制度等。

四、审查事项可否由当事人协议约定

诚然，从应然的角度而言，仲裁司法监督应当秉持程序性审查原则，避免司法过多地介入仲裁机制，异化成为仲裁的“上诉机制”，破坏仲裁一裁终局的原则。但是，良好健全的仲裁制度仍需与司法的有限介入相配套。在我国现行仲裁公信力尚未全面建立的语境下，基于体制机制等多方面的因素，仲裁裁决的质量与当事人的实际期望，以及仲裁作为多元化解纠纷机制的体制宗旨，仍有一定的差距，如不少仲裁裁决特别是国内仲裁裁决在事实认定和法律适用方面还存在瑕疵，被法院裁定撤销或不予执行。

因此，在《仲裁法》面临修订，将涉外仲裁和国内仲裁并轨且使用相同的司法审查规则后，如何通过仲裁司法监督提高仲裁质量，保障当事人对实体公正的需求，特别是当仲裁裁决结果的公正性出现偏离，但法律列明的可以申请撤销仲裁裁决的理由非常有限而无能为力时，如何确保当事人合法权益不被侵害，同样也是仲裁司法监督机制应该考虑并应当予以一并解决的问题。

（一）当事人对实体公正的强烈意愿

笔者收集并统计了上海市两家审理普通商事仲裁司法审查案件的中级人民法院近五年的裁判文书，整理申请人提出的所有申请否定仲裁裁决事由，发现申请人提出的撤销事由除了法律规定的事由外，以“证据和事实认定错误”为由申请撤裁的占比达47.12%，[20] 而该类实体性事由本身并不属于法定的司法审查范围。从笔者从事十余年仲裁司法审查经验来看，实践中有大量当事人对涉外仲裁监督范围及我国仲裁监督的双轨制并不熟悉或理解，不能准确区分涉外撤裁与国内撤裁的审查范围不同之处。还有相当比例的案件中，当事人以程序之名提实体异议，实际上是对仲裁的实体结果不服而提出撤裁申请，大量的实体异议也体现了当事人对仲裁实体公正的强烈追求。诸如以“伪造证据”为由对仲裁庭对证据的审查和实体认定提出异议、以“对方隐瞒

[20] 该统计数据来源为上海法院案件流程管理系统和法律文书库。

了足以影响公正裁决的证据”为由将不利的仲裁结果归因于对方当事人举证不当、以“仲裁员枉法裁判”为由表达对仲裁庭实体处理结果的不服，甚至将一方当事人承担实体赔偿责任上升至“违反社会公共利益”。而对于涉外仲裁来讲，人民法院在审查撤裁案件时，对于当事人提出的关于实体异议的观点，一般会告知不属于审查范围而不予审理，甚至都不记载于结案裁定书上。因此，从当前的司法实际情况来看，相当比例的当事人启动司法监督程序的动因在于对仲裁公正性的不满，真正符合程序性监督范围而否认仲裁效力的案件少之又少，故大量案件中以程序为名提实体异议，使得相当比例的司法监督程序“空转”，法院作简单的形式审查即可裁定驳回，而对真正当事人关心和渴求的实体公正爱莫能助。程序性审查为主的司法监督模式仍然无法消灭当事人对实体公正的终极追求及为实体公正而诉诸司法监督的强烈意愿。因此，当务之急是在程序性审查为主的涉外仲裁司法监督制度中，考虑当事人对实体公正的渴求。如何在两者之间寻求一个最佳结合点，意义重大。

（二）当事人协议约定审查范围的可行性

仲裁制度的基石为当事人意思自治。一个良好的纠纷解决机制应当兼顾公正与效率。在仲裁中，当事人对仲裁所期待的价值目标应包括终局性与公正性，而当这两者发生冲突的时候，需要司法监督机制去很好地平衡这两种关系。如前所述，程序监督原则着眼于仲裁的终局性，认为高效、便捷、一裁终局是仲裁制度首先应当提供给当事人的价值归属，而对实体的监督则更多地讲究“程序正义”与“实体正义”，结果公正是纠纷解决的最终目标。那么，裁决的终局性和实体公正之间是否一定非此即彼、不可调和？既然意思自治是仲裁制度的根本和灵魂，是否可以将审查实体的决定权交由当事人自主决定，来满足当事人不同需要？

有学者提出，仲裁法不必在“程序监督论”与“实体监督论”之间作非此即彼的两难选择，只要承认当事人意思自治的权利，法院原则上不监督仲裁实体但在当事人协议同意时可以监督的模式当然是最佳方案。[21]基于我国

㉑ 参见万鄂湘、于喜富：《再论司法与仲裁的关系——关于法院应否监督仲裁实体内容的立法与实践模式及理论思考》，载《法学评论》2004年第3期。

的仲裁发展现实，有必要采取限制型司法审查监督取向，以当事人合意为基础扩张法定撤销事由，有限度地将法律适用错误和事实认定错误作为仲裁裁决的撤销事由，以发挥仲裁公信力不足背景下司法的积极监督作用，同时以主观合意解决撤销事由的扩张正当性问题。[22]

近年来，也有很多国家的实践创新中已经允许在当事人意思自治的基础上适度扩大司法审查范围。如英国《1996 年仲裁法》[23] 虽赋予法院监督仲裁部分实体问题的权力，但规定当事人可以通过合意来排除法院的这种权力，即通过一种反向的制度安排，来支持当事人通过协议变更法定的司法审查范围。此外，在大陆法系的比利时、瑞典、瑞士等国家，[24] 也已经出现允许当事人在一定情况下通过协议扩大监督范围或排除撤销仲裁裁决权力的立法与实践。尤其在美国，讨论是否允许当事人协议扩大司法审查范围的案例最早可以追溯到 1984 年，尽管观点一直存有争议，但此后，陆续有很多司法判例支持当事人协议扩大司法监督范围：1984 年，在 In re Fils et Cables DAcier de Lens（FICAL）诉 Midland Metals Corp. 一案中，[25] 在两份镀锌电线的销售合同中，约定当事人同意“法院有权审查：（1）仲裁员所认定事实是否有实质证据支持；（2）根据上述法律，裁决是否应予以确认或撤销”，对此，法院认为，仲裁是合同的产物，且应完全取决于当事人协议，在没有强制性公共政策的障碍下，没有理由不允许此类协议发生效力。1995 年，在 Gateway Technology 诉 MCI Telecommunications Corp. 一案中，[26] 对于双方当事人在仲裁协议中约定“裁决中的法律错误可以上诉”问题，法院认为，法律只是确保当事人协议的可执行性，在当事人明确约定审查法律错误时，法院如果不审查将挫败当事人的共同意图，故最终认定这种扩大协议有效。1997 年，在

[22] 参见张卫平：《仲裁裁决撤销事由的解析及调整》，载《经贸法律评论》2018 年第 1 期。

[23] 参见英国《1996 年仲裁法》第六十九条。

[24] 参见 1998 年《比利时司法法典》第一千七百一十七条、1989 年《瑞士关于国际私法的联邦法》第一百九十二条和 1999 年《瑞典仲裁法》第五十一条。

[25] See Brandon W. Letulier, Bowen v. Amoco: Contracting for Expanded Judicial Review under the Federal Arbitration Act, 63 La. L. Rev. 463（2003）.

[26] See Katherine A. Helm, The Expanding Scope of Judicial Review of Arbitration Awards: Where Does the Buck Stop. 61-Jan Disp. Resol. J.16.

Lapine Technology Core. 诉 Kyocera 一案中，[27] 双方当事人约定法院有权审查仲裁员的事实调查结果是否有实质性证据支持以及仲裁员的法律结论错误，对此，法院认为，必须尊重当事人的协议，仲裁法的目的就在于确保顺利执行当事人的仲裁合意。2011 年，在 Nafta Traders. 诉 Quinn 一案中，[28] 当事人在仲裁协议中约定了一项扩大审查条款，即“当仲裁员犯有适用州或联邦法律错误时，可以向法院提起上诉”。对此，法院认为，当双方同意仲裁员无权作出具有法律错误的裁决时，仲裁员不应享有比法官更大的权力，这种严重偏离双方约定的仲裁裁决，剥夺了双方合理的预期利益。当事人拥有合同自由的权利，并且这种合同自由的权利必须得到州政府的尊重。正如有学者总结指出：仲裁本质上是一种争议解决的合同安排，应当确保该种协议得到履行。允许当事人协议扩大司法监督范围将使得当事人从仲裁中获得许多好处，同时确保结果更接近其预期，扩大审查的实际好处都指向允许当事人以合同方式扩大司法审查的方向。[29]

笔者认为，赋予当事人在一定条件下协议约定司法监督事项的权利，在实践中具有重要意义。一方面，兼顾了两种监督模式的优势，既严格遵循意思自治原则，解决了实体监督造成的低效问题，同时也规避了程序性监督可能导致的实体不公；另一方面则是在尊重当事人意愿的情况下，最大程度地确保当事人不同价值追求的实现，使得仲裁价值目标的兼得。此外，通过赋予当事人在司法监督范围上的自治性，也会为仲裁制度带来更大的吸附效应，吸引更多的当事人选择仲裁，从而提升一国商事仲裁的市场竞争力，体现支持、鼓励仲裁的制度优势。因此，允许当事人协议约定司法监督范围，无疑给仲裁制度在保持一裁终局与实体公正的平衡上提供了一个最佳结合点，既克服了封闭性、穷尽式清单所产生的局限，也在争论已久的全面监督论和程序性监督论中寻找到了一条从僵硬走向灵活的通道。

当然，在制度设置中，同样需要考虑很多问题，比如：首先，赋予当事

---

[27] See Lee Goldman, Contractually Expanded Review of Arbitration Award. 8 Harvard Negotiation Law Review 171（Spring 2003）.

[28] See Nafta Traders. v. Quinn, 339 S.W.3d84（Tex.2011）.

[29] See Brandon W. Letulier, Bowen v. Amoco: Contracting for Expanded Judicial Review under the Federal Arbitration Act, 63 La. L. Rev. 463（2003）.

人协议扩大司法监督范围的权利并不是无限制的，否则司法机关也无法应付各式各样的合同约定，也将会导致更大的问题，故对该种权利的行使应当设置必要的范围限制。其次，对于确保一项仲裁裁决的公正性而言，既依赖于仲裁员对事实的正确认定，也取决于其对法律的准确适用，故有关仲裁裁决的事实认定和法律适用问题可纳入当事人可以约定扩大审查的范围，且为了防止审查恣意性，可以限定在“明显违反事实和法律”限度内。除与裁决本身相关的“事实与法律”之外的事项，一般不能作为可以约定审查的范围。再者，就一些特别事项进行细化规定，比如若当事人在仲裁程序中已明确表示对主要事实或法律认定没有异议的情况下，尽管有约定，法院亦不再审查该部分事实和法律观点；法院审查当事人约定的实体事项后仅限于作出撤销或不予撤销仲裁裁决的决定，当事人不能约定法院通过裁定变更仲裁裁决的实体处理；等等。类似的制度设计既可以发挥当事人约定扩大监督范围的制度优势，也在最大程度上避免某些弊端产生。

五、结语

法治是最好的营商环境。我国当前正处在优化经济结构、转换增长动力的关键时期，建设法治化营商环境至关重要。涉外仲裁与国内仲裁的监督范围和模式问题是我国仲裁司法监督机制的基本架构和重要内容，而仲裁司法监督制度的作用，就是要通过审查机制，加强和改善仲裁工作，改善社会贸易投资软环境，形成公平公正的贸易与投资法律保障体系，推动形成对外开放新体制，完善法治化、国际化、便利化的营商环境，进而促进市场经济健康发展。因此，建立一套能够体现我国现代法治化水平、能够与国际接轨的良好的仲裁监督制度不可或缺。

（责任编辑：张　俊）

集团资金池的公司法规制
——以世界银行营商环境评估对于关联交易的规范为中心

朱　川　李非易　张献之*

集团资金池是商业实践中广泛运用的司库管理工具。2022 年年初，国资委发布《关于推动中央企业加快司库体系建设进一步加强资金管理的意见》，大力推动央企开展资金的集中运营管理，提升财务管理的精益化、集约化和智能化。但集团资金池在统合资金、提升效率的同时，也因为资金的集中而放大了资金舞弊风险、合规性风险和流动性风险，甚至造成“火烧连营”的极端情况。站在公司法的角度，集团资金池本质上是以公司内部的关联交易为基础，通过委托合同关系建构的复杂资金管理系统。借鉴世界银行营商环境评估中对于关联交易的规范思路，本文基于我国公司法的相关规定，提出针对集团资金池的优化路径。

一、问题的提出

2019 年，上市公司康得新复合材料集团股份有限公司（以下简称康得新公司）在公司账户尚有 122 亿元存款的情况下，却无法兑付 10 亿元的到期债券，震惊整个 A 股市场。根据后续上市公司公告和证监会行政处罚决定书披露的信息，康得新公司的大股东康得投资集团有限公司（以下简称康得集团）通过现金管理协议，得以实时划拨所有集团成员公司的账户资金。康得新公

* 朱川，法学博士，上海市第二中级人民法院商事审判庭庭长。李非易，法律硕士，上海市第二中级人民法院商事审判庭审判员。张献之，法学硕士，上海市第二中级人民法院商事审判庭法官助理。

司债券到期时，因集团账户未能如期下拨资金予以兑付，债券违约随之发生。

2018年，宁夏民营企业的龙头宝塔石化集团爆发债务危机，宝塔石化集团及其实控人孙珩超因涉嫌票据诈骗等罪被提起公诉。根据检方指控，在2013年出现大规模亏损后，宝塔石化集团为解决资金短缺，通过筹建财务公司内部融资、以关联企业为出票人签发无真实贸易背景的电子银行承兑汇票票据近5万张，未兑付金额超过170亿元，财务公司从宝塔石化集团的蜜糖变为砒霜。

在上述两个案例中，无论是现金管理协议还是财务公司，其功能都在于建立集团资金池，实现集团内部资源的整合与利用。但是，作为一种制度性的关联交易，集团资金池的建立同样为大股东的“隧道挖掘”带来了便利，大股东的控股权溢价得以充分释放，小股东却不能在公司框架内分享相应收益，进而引发大股东与小股东之间的利益冲突和代理问题。此外，由于集团资金池的构建缺乏约束，其负外部性不仅容易蔓延至集团成员公司，还会在金融杠杆的放大效应下对外部市场造成巨大冲击。事实上，对于集团资金池的风险，监管部门并非没有意识。对于财务公司，原银监会制定发布《企业集团财务公司管理办法》《企业集团财务公司风险评价和分类监管指引》等一系列规范性文件，中国注册会计师协会也在康得新公司事件后修改了针对货币资金审计的问题解答，重点针对资金池业务列举了需要特别考虑的审计事项。① 但遗憾的是，法律实务人士似乎尚未关注这一问题。在笔者的检索中，只有个别法学学者提及这一现象，② 且并未针对这一问题展开探讨。下面笔者将立足解释论的角度，从公司法的规定中寻找对集团资金池的规训之道，以填补集团资金池的规则空白。

二、建构：集团资金池的框架与隐患

集团资金池，是指企业集团基于资金集中管理的目的，对集团成员公司的账户资金进行统一调拨和管理，在企业集团内部形成的财务资金池。在财务管理学中，集团资金池属于公司营运资本管理范畴，是集团企业司库管理

① 参见中国注册会计师协会2019年12月31日修订发布的《中国注册会计师审计准则问题解答第12号——货币资金审计》。

② 施天涛、杜晶：《我国公司法上关联交易的皈依及其法律规制——一个利益冲突交易法则的中国版本》，载《中国法学》2007年第6期。

的一种形式。实务中，集团资金池具有将日常借款需求最小化、降低对银行的风险敞口、让贷方余额的利息最大化、透支账户的利息最小化等优点。③目前，定时现金池、实时现金池、虚拟现金池等模式在国内已经得到普遍的应用。④需要说明的是，集团资金池与资管、债券业务中的资金池完全不同，后者以滚动发行、集合运作、期限错配、分离定价为特征，采取多对多的运作方式，⑤是金融监管机构重点清理、整治的对象。

（一）集团资金池的建立

集团资金池主要通过两种方式建立：一是持有金融机构牌照的财务公司，二是商业银行提供的现金管理服务。根据中国财务公司协会数据，截至 2018 年年末，全行业法人机构数量 253 家，表内外资产总额 9.50 万亿元，实现营业净收入 1413 亿元。⑥但作为中国人民银行批准设立的非银金融机构，财务公司在注册资本等方面都有着极高的要求，一般企业难以达到。针对无法设立财务公司的中大型企业集团的客观需要，商业银行纷纷推出新型资金池产品，以满足客户集团内部各级账户之间资金调拨的需求。由于财务公司作为一类非银金融机构有其单独的监管体系，故本文所论述的集团资金池主要指第二种，即商业银行提供的现金管理服务。

一般而言，现金管理服务协议的合同主体双方为商业银行和集团母公司。集团母公司可以选择定期或实时将成员公司的账户资金进行归集，或将成员公司超过一定数额的资金自动归集至集团公司账户中，进行统一管理、使用。具体操作中，当成员公司的账户发生收款时，该账户资金会实时（或定期）向上归集至集团母公司账户，并记录累计的上存资金余额；当集团成员公司账户发生付款时，集团母公司向下划转资金以完成支付，同时扣减该集团成

③ ［英］罗伯特·库珀：《企业司库与现金管理：工具、案例与方法》，北京大学出版社 2016 年版，第 179 页。

④ 范臻：《企业司库现金池构建模式探究——构建“超级现金池”》，载《财资中国》2017 年 5 月刊。

⑤ 钟维：《资金池理财产品的法律规制》，载《银行家》2018 年第 4 期。

⑥ 中国财务公司协会：《中国企业集团财务公司行业发展报告（2019）》，载 http://cnafc.org/cnafc/front/detail.action?id=234B1082FE4C4D87B21D7B0DECE381D1，2023 年 5 月 2 日访问。

员公司账户的上存资金余额。集团母公司根据记录的上存资金余额，按照约定的利率，向集团成员公司支付借贷的利息。纳入现金管理服务协议的集团成员单位，需向银行提交服务协议参加函，以授权集团公司或其他上级公司对其参加主协议（集团公司与银行签订的现金管理服务协议）的各类账户进行操作。简化的集团资金池架构，如图 1 所示：

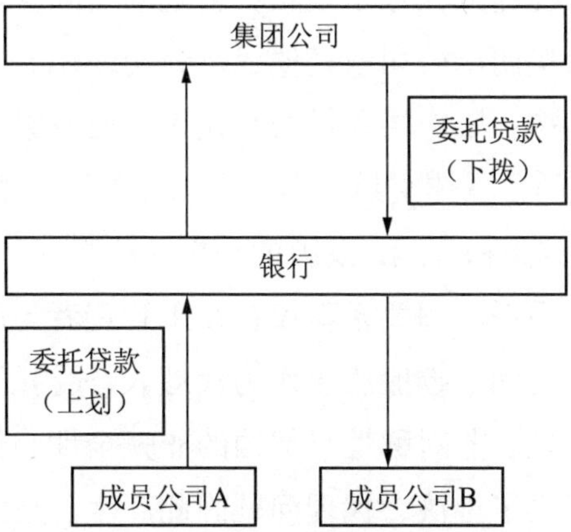

图 1　现金管理服务协议

（二）集团资金池的双层委托结构

《商业银行委托贷款管理办法》对集团资金池中的委托贷款进行了定义。[⑦]在此架构中，以银行作为中间方，集团成员公司之间通过委托贷款的方式实现公司间的借贷。[⑧]但是，委托贷款不足以概括集团资金池的全部，其整体的交易架构也不能套用民间借贷加以解释。[⑨]监管部门已经清楚地指出，委托贷款与集团资金池的归集管理并不相同，因此没有将银行的现金管理服务纳入

⑦《商业银行委托贷款管理办法》第一条第三款：现金管理项下委托贷款是指商业银行在现金管理服务中，受企业集团客户委托，以委托贷款的形式，为客户提供的企业集团内部独立法人之间的资金归集和划拨业务。

⑧ 尽管海外市场多采用企业间的直接借贷作为资金池的法律基础，但中国人民银行《贷款通则》第六十一条明确禁止企业间的借贷，因此从合规性出发，委托贷款框架设计是境内资金池产品的主流。参见熊毅：《上市公司参与集团资金集中管理的合规要点》，载《中国外汇》2019 年第 12 期。

⑨ 理论上委托贷款是属于民间借贷还是属于金融借款合同仍有一定争议，但这一争议与本文主题关联不大，本文暂采司法裁判中的主流观点，认为委托贷款应属民间借贷。

委托贷款范畴加以规范。[⑩] 事实上，集团资金池真正的关键并不在于资金上划或者下拨的过程，而是在于资金归集后的分配和使用。因此，委托贷款只描述了资金池进口和出口处的流动，忽略了更为重要的集团母公司的运作和决策。站在集团的宏观视角下，除了银行作为受托人，以委托贷款的形式完成资金的划转外，集团资金池中还隐藏着第二层次的委托关系：集团母公司作为全体成员公司的受托人，也是集团资金池的实际管理人，负责将部分成员公司的资金调配给集团母公司或其他成员公司使用。因此，集团资金池其实存在着双重委托结构：第一层委托的受托人为商业银行，是形式上、外在的企业间借贷，反映的是具体交易内容；第二层委托的受托人为集团母公司，负责整个集团资金的归集和分配，反映的是交易结构背后的经济实质。

代理理论指出，委托代理关系不仅存在于管理者与所有者之间，也存在于控股股东与小股东之间。控股股东作为代理人，受托于小股东直接负责公司的经营管理，但信息的非对称性与契约的非完全性为代理人的道德风险问题和机会主义倾向提供了土壤，代理问题因此产生。集团资金池的建立，完美契合代理理论对于公司控制的描述：集团母公司以其优势地位，推动集团成员公司加入资金池，取得对集团成员公司资金的支配，集团成员公司的小股东只能作为委托人，期待控股股东勤勉尽责、谨慎经营。可以说，集团资金池中的第二层委托关系，正是代理理论下控股股东与小股东关系的体现。当然，绝对的权力必然辜负善意的期待，没有约束的控股股东同样也不会放弃对利益的极致追求。

（三）集团资金池对成员公司少数股东的利益侵蚀

世界银行在解释“保护少数投资者为什么重要”时指出，公司治理中最重要的问题之一是自我交易，关联交易是“世界上违反良好公司治理的最严重行为之一”。[⑪] 应当强调的是，公司法并未排斥或禁止关联交易，关联交易的存

⑩ 《商业银行委托贷款管理办法》第三条第一款：本办法所称委托贷款，是指委托人提供资金，由商业银行（受托人）根据委托人确定的借款人、用途、金额、币种、期限、利率等代为发放、协助监督使用、协助收回的贷款，不包括现金管理项下委托贷款和住房公积金项下委托贷款。

⑪ 汪青松：《关联交易规制的世行范式评析与中国范式重构》，载《法学研究》2021年第1期。

在也有其必然性，需要规制的是侵害公司股东权益的关联交易。因此真正的问题在于，集团资金池作为一种关联交易，是否侵害了小股东的利益？集团母公司通过委托贷款归集资金时向集团成员公司支付的利息，真的是借用资金的合理对价吗？对关联交易的审查，主要存在两种方法：一是交易的价格客观上是否公允，二是控股股东的目的和手段是否合理。[12] 鉴于第二种方法一般用于个案考察，下面主要从交易对价的角度分析集团资金池中的关联交易。

1．集团资金池的成本分析

从集团成员公司的角度出发，作为资金借出方，至少存在以下几项成本：

一是公司的发展战略成本。对于资金借出方而言，将账户现金实时或定期划转至集团母公司，意味着除非获得集团母公司的支持，否则基本只能维持现有业务，放弃了增加资本投入、扩张业务或开拓新领域的可能。即使在公司的正常经营中，由于需要顾及集团公司账户的资金调度，集团成员公司也可能因收付款受到制约，而错失市场中的交易机会。简言之，除非有集团母公司特别支持，集团成员公司只能在集团内扮演资金供应方的角色，沦为集团母公司的“提款机”，可以说被剥夺了公司的“发展权”。集团成员公司的战略成本、发展空间，是其隐性但却最重要的一项成本。

二是借贷市场上的机会成本。即使集团成员公司放弃了其他发展机会，决定将自有现金出借以获取利息，集团母公司所提供的利率在民间借贷的市场中通常也不具备优势。资金借出方完全可以借给市场中的第三方或小股东，以获得更高的利率。当然，该项成本是否存在取决于集团内部的约定，如果银行的现金管理协议中已按照民间借贷利率的上限约定资金占用补偿，那么该项成本可能并不存在。

三是债权实现成本。如上所述，集团资金池的法律基础是委托贷款，一般都没有保证、抵押等增信措施，属于真正意义上的信用借款。尽管这种信用是基于关联公司之间的了解，但在集团资金池陷入流动性危机时，资金借出方将不得不承受更高的风险，付出更高的债权实现成本。作为市场主体，集团母公司增信措施的缺乏本应导致资金成本的上升，但通过集团资金池，

⑫ 参见周淳、肖宇：《封闭公司控股股东对小股东信义义务的重新审视——以控股股东义务指向与边界为视角》，载《社会科学研究》2016 年第 1 期。

集团母公司却以更低的成本吸收了更多的资金。最重要的是，这种成本的降低不是通过效率的提升，而是通过风险的转嫁。

可以看到，集团母公司支付的利息充其量只能补偿资金的占用，集团成员公司的发展战略成本、债权实现成本则只能自行消化。

2．集团资金池的风险分析

从集团母公司（即成员公司的控股股东）的角度出发，作为集团资金池的运营方，至少存在以下几点风险：

一是多重身份的冲突。集团母公司不仅是资金管理方，负责向提出支付申请的成员公司下拨资金，同时也可能是借款人，在自身的经营中占用成员公司的资金。在资金总量一定的情况下，必然会出现集团母公司和子公司对于资金的争夺，而集团母公司显然处于有利的地位。因此，集团母公司同时扮演着受托人与交易对手的角色，这一身份冲突明显有违基本的市场原理，给集团成员公司造成额外的风险。

二是外部风险的聚合。集团资金池固然实现了将外部融资成本内化的功能，但也同时将融资风险内化为集团的整体风险。作为集团母公司，其管理的风险由单一变为庞杂：不仅包括财务风险，还有经营风险、法律风险，甚至是道德风险。集团母公司疏于其中任一风险的防范，都会对整个集团的经营管理造成不同程度的影响。本质上，集团资金池与浙江温州、山东邹平曾经爆雷的关联公司担保链并无不同，一旦集团资金池内发生资金链的断裂，其风险将迅速蔓延至集团所有成员公司。

三是清偿责任的集中。委托贷款最核心的特征是，委托人不是真正的借贷关系当事人，不对贷款承担任何责任与风险。⑬但在集团资金池业务中，风险存在中心化的特征——集团母公司需面向所有集团成员公司，承担无法清偿借款的责任。举例而言，任一成员公司发生贷款违约时，只能由集团母公司对其追偿，而实际提供资金的成员公司也只能向集团母公司主张债权。

3．小结

成本与风险在市场中是一体两面的关系，最终都会通过价格予以体现。

⑬ 贺绍奇：《委托贷款的治本之道——〈商业银行委托贷款管理办法〉评述》，载《银行家》2018年第4期。

如果价格未能将实际的成本与风险包含在内，且缺乏市场机制使价格回归价值，那么毫无疑问，这样的价格难言公允。上述成本与风险的分析揭示了这一关联交易安排对集团成员公司小股东的利益侵蚀，即控股股东低价占用集团成员公司的资金，小股东没能在其中分享任何的利益，还被迫承担没有补偿的成本和风险。实务中，部分使用集团资金池的企业直言不讳地总结道，资金池管理依赖于一些高要求："……二是将融资风险转移到集团内部，一旦某个子公司不能履行还款义务，将有可能波及整个集团的资金链条；三是集团对成员企业的控制力度，直接影响着'资金池'管理效益的发挥。"⑭ 所谓的"高要求""控制力度"，恐怕都只是集团母公司视角下的措辞，对于集团成员公司的小股东而言，这些"高要求"都是不经济的负担。可以与之相印证的是，有实证分析指出，基金持股比例高、董事和独立董事持股比例高及市场化程度高的非国有上市公司更不倾向于签订《金融服务协议》(即加入集团资金池)，签订《金融服务协议》的上市公司价值显著更低，并且这种价值减损在国有上市公司中更加严重。⑮ 显然，如果不能有效规范集团资金池中的风险，那么这种关联交易的隐患将远大于益处。

三、规训：以世界银行营商环境评估的方法论为中心

证券监管部门对于上市公司向关联方拆借资金一直持否定态度，⑯ 但基于市场的强烈需要，即使上市公司也并未被禁止参与集团资金池。⑰ 相反，通过制度的细化，监管部门引导上市公司在公司治理的层面对集团资金池进行

⑭ 王雪梅：《"资金池"模式与银企直联在重庆高速集团资金集中管理中的结合应用》，载《现代经济信息》2016年第18期。

⑮ 窦欢：《企业集团及其内部资金交易的影响因素及经济后果研究》，中国经济出版社2019年版，第274页。

⑯ 《关于规范上市公司与关联方资金往来及上市公司对外担保若干问题的通知》(证监发〔2003〕56号)第一条第二款规定：上市公司不得以下列方式将资金直接或间接地提供给控股股东及其他关联方使用：1. 有偿或无偿地拆借公司的资金给控股股东及其他关联方使用；2. 通过银行或非银行金融机构向关联方提供委托贷款。

⑰ 证监会在对康得新公司进行处罚时，主要针对康得新公司年报披露的银行存款余额存在虚假记载，并未直接认定康得集团与北京银行签订《现金管理业务合作协议》违反证监发〔2003〕56号的相关规定。参见中国证监会行政处罚决定书(康得新公司、钟某等13人)〔2020〕71号。

规范，[18]这一监管导向无疑值得肯定。但是，行政监管不能代替法律，公司法将如何规训集团资金池？这一新颖的关联交易类型又如何置身于公司法之中？本文试图从世界银行营商环境评估的方法论中寻找规制的路径。

世界银行营商环境评估中的“保护少数投资者”指标旨在考察各经济体规制上市公司关联交易的力度，系基于《自我交易的法律经济学》这一经典文献而设计。该文指出，关联交易可以用如下方法加以规制：一种方法是强制私人进行善意行为，包括运用广泛的披露、交易的审批程序，以及质疑自我交易时的私人诉讼等；另一种方法则是依靠公共执法，包括对自我交易行为人进行罚款以及判处刑期，即以公权力对不法行为施加违法成本，从而达到阻遏违法的效果。[19]但两种方法比较而言，公共执法并不利于股票市场的发展，法律制度的私人执行是成功规制自我交易的关键，私人执法最终会促进股票市场的成功和经济的发展。因此，在公司治理层面中，通过为关联交易设置更严格的程序、赋予控股股东更高的义务，可以为小股东争取更大的博弈空间。在目前公司法框架下，笔者认为可以从以下两个条文出发，给集团资金池套上“枷锁”。

（一）基于《公司法》第三十七、四十六条的规制

《公司法》第三十七、四十六条分别规定了公司股东会和董事会的职权，指出公司的经营方针和投资计划应当由股东会决定，公司的经营计划和投资方案由董事会决定。尽管“经营方针”和“经营计划”的区别尚存模糊之处，但若将加入集团资金池理解为一项公司的经营方针（或经营计划），即意味着加入集团资金池应当在股东会决议或董事会决议批准后方可施行。同时，作为股东知情权的一部分，形成的股东会或董事会决议应当允许股东随时查阅。这一解释路径的目的在于，借助公司自治的程序，将披露和批准运用于集团资金池的设立，使小股东可以通过私人执法在事前或事后介入，维护自身的权益。

---

⑱ 如鞍钢股份曾两次在股东大会上提出拟与鞍钢集团财务公司签订《金融服务协议》(内容包括加入集团资金池)，但均被否决，不得不搁置。

⑲ 罗培新:《世行营商环境评估之“保护少数投资者”指标解析》，载《清华法学》2019年第1期。

1．股东会和董事会职权的刚性规定

《公司法》第三十七、四十六条以正面的方式列举了股东会和董事会的职权，并指出股东会或董事会可以行使其他公司章程赋予的职权。从文义解释的角度看，这意味着“经营方针”“经营计划”属于股东会和董事会的法定职权，公司章程只能在法定职权的基础上增加其职权范围，而不能减少或转授他人，这一强制性规范的属性固然削弱了公司自治的范围，但也保证了公司权力格局和运行机制的稳定。因此，公司加入集团资金池，应当在股东会或董事会中进行及时的披露，并在得到职权机构的批准后方可进行。严格地说，对于股东与董事之间利益冲突明显且股东会拥有决策能力的“结构性战略的批准和监控”事项，应属于公司股东会的专属权力，[20]但集团资金池的建立同时具备经营性战略决策的特征，因此交由董事会决议批准似也无不可。到底是股东会还是董事会有权批准集团资金池的建立，本文限于篇幅暂不作更多讨论。

2．披露对集团资金池的约束

强制披露使利害关系方能够及时了解公司的重大决策或变更，并降低小股东或其他利害关系方维护权益的信息成本。尽管在封闭公司中，控股股东与小股东之间并不存在、也不应存在实质性的对等和公平，但强制披露保证了在控制股东与少数股东之间实现关于利益冲突交易的形式上的信息平衡。[21]当集团成员公司加入集团资金池时，银行的现金管理协议中只需要提供成员公司参加集团资金池的书面函件，但这一书面函件大概率是控股股东径自使用公司公章，直接交给银行。不参与公司经营的小股东，很可能只有在发生资金困难时，才会知晓这一情况。因此，及时的事前披露对于集团资金池而言是正当性的基础，小股东可以选择“用脚投票”，也可以选择通过博弈获得控股股东在其他方面的补偿。退一步而言，在小股东不能忍受利益遭到侵蚀，提起进行交易实质审查的诉讼中，披露至少能确保小股东获得初始的证据。

---

⑳ 许可:《股东会与董事会分权制度研究》，载《中国法学》2017年第2期。

㉑ 施天涛、杜晶:《我国公司法上关联交易的皈依及其法律规制——一个利益冲突交易法则的中国版本》，载《中国法学》2007年第6期。

3. 批准对集团资金池的约束

封闭公司中的批准或同意通常不能实质性地阻挡大股东的意志，但批准这一程序仍可以在以下两方面起到约束作用：一是需要职权机构的批准意味着控股股东不能绕过股东会或董事会，直接以公章对外作出意思表示，否则将构成越权而丧失合法性；二是董事的信义义务要求董事在处理与关联企业的关系中，谨慎判断交易的内容，避免偏离忠实义务规则，至少将利益冲突降低到最低或可接受的水平。[22] 尤其是，《最高人民法院关于适用〈中华人民共和国公司法〉若干问题的规定（五）》第一条进一步强化了司法介入时的实质性审查，董事合理履行信义义务的标准被间接提高，批准程序得以发挥更大的威慑和约束作用。在我国上市公司的治理中，已经出现股东大会不予批准加入集团资金池的实例，[23] 证明了批准这一程序控制机制的有效性，类似的执法实践应当在司法中得到延续和支持。

（二）基于《公司法》第二十、二十一条的规制

《公司法》针对控股股东的直接规制目前只有第二十一条，禁止控股股东利用关联关系损害公司利益，否则应当承担赔偿责任。同时，《公司法》第二十条禁止股东滥用权力的规定具有一般性条款的指引价值，通常作为控股股东对中小股东承担信义义务的法律依据。[24] 由于集团资金池中的权益侵害是控股股东通过关联交易实现的，因此《公司法》第二十、二十一条均可以用于对集团资金池的规范。

控股股东的信义义务遵循义务违反—责任承担的逻辑，通过事后的损害赔偿保障合法权益。封闭公司中，几乎所有的权力统合于控股股东，造成公司治理主体与法定主体的脱节。[25] 控股股东可以忽略少数股东的意愿而自行

[22] 叶林：《董事忠实义务及其扩张》，载《政治与法律》2021年第2期。

[23] 证监会在对康得新公司进行处罚时，主要针对康得新公司年报披露的银行存款余额存在虚假记载，并未直接认定康得集团与北京银行签订《现金管理业务合作协议》违反证监发〔2003〕56号的相关规定。参见中国证监会行政处罚决定书（康得新公司、钟某等13人）〔2020〕71号。

[24] 傅穹：《我国控股股东信义义务的司法续造》，载《上海政法学院学报（法治论丛）》2021年第3期。

[25] 赵旭东：《公司治理中的控股股东及其法律规制》，载《法学研究》2020年第4期。

行动，少数股东则只能期待多数股东会为了其利益而善尽责任。根据《公司法》第二十条，推动成员公司加入集团资金池的控股公司负有对中小股东的信义义务，处于实际行使控制权地位的股东在行使权利时，应该顾及其他股东的权利和利益。㉖参考美国公司法中的一项规制关联交易的判断方法：母公司的决策可能会限制子公司的发展，限制的合理与否，判断标准之一是子公司的少数股东能否在这一限制中按比例获得利益。㉗显然，在目前的实务中，大部分成员公司在参与集团资金池时，少数股东都没有能够按比例获得利益。封闭性公司中，因人合关系的特征更为强烈，控制股东需要承担的信义义务应当比开放性公司的控制股东更为严格，封闭性公司的股东之间要互负最大忠实义务和善意义务。㉘因此，控股股东的信义义务对于规制集团母公司的不当利用现金管理协议、损害成员公司利益，具有很大的潜力。

四、再生：给集团资金池套上公司法的“枷锁”

商事交易中，对交易架构的选择体现着商事主体对于交易内容、交易目的的理解，但交易架构本身不是为了给新的交易类型套上成熟、完善的外在形式，而是为了保障各方当事人的权益在交易中不受损害，这也应当是合规工作的终极目标。集团资金池的存在，是基于企业内部的经营管理需要，本身并无可厚非。但以委托贷款的形式实现资金的归集、管理和分配，未能反映集团资金池的关联交易本质，也未能平衡集团成员公司控股股东与小股东之间的利益。实务中，集团资金池完美演示了代理理论中委托人与受托人的利益冲突：集团母公司作为集团成员公司的控股股东，同时扮演着整个集团公司资金的受托人角色，在降低资金成本、盘活资金效率的同时，也让集团成员公司付出了高昂的代价、承担了额外的风险，小股东因此承担了巨大的代理成本。借鉴世界银行营商环境评估对于关联交易的规范进路，在公司治理层通过私人执法的方式对集团资金池进行规制无疑是更好的选择。通过对

㉖ 张学文：《封闭公司中的股东信义义务：原理与规则》，载《中外法学》2010年第2期。
㉗ 朱锦清：《公司法学》，清华大学出版社2019年版，第693页。
㉘ 王建文：《论我国构建控制股东信义义务的依据与路径》，载《比较法研究》2020年第1期。

《公司法》第三十七、四十六条的解释运用，小股东可以在公司治理层面借用强制披露、审批等程序缓冲大股东的多数表决权。同时，通过扩张解释《公司法》第二十一条，初步建立股东在建立集团资金池方面的信义义务，能够给予小股东必要的事后救济。

（责任编辑：彭　浩）

股东资格反向确认的认定标准及衍生问题研究

上海市嘉定区人民法院课题组*

一、引言

股东资格反向确认，亦称股东资格消极确认，是当事人向法院起诉确认特定主体不具有股东资格的诉讼类型，隶属于公司类案由中股东资格确认纠纷项下。伴随着公司法体系对股东责任的日益完善、股权投资占社会财富比例的逐渐攀升、公民对个人信息保护意识逐步加强、法治化营商环境背景下对商事登记名实相符的要求愈发严格等社会发展趋势，股东资格反向确认案件数量及类型不断增长。有别于股东资格的正向确认，反向确认实质是特定主体通过放弃股权的形式从公司治理体系中剥离，并免除基于股东身份可享受的权利及需承担的义务。鉴于股东资格反向确认长期以分散而零星的方式出现在实践中，司法认定的标准不甚统一，亟待整理甄别与合理提炼，以符合最高人民法院统一法律适用工作的相关要求。

二、数据检视：股东资格反向确认案件的实践现状

上海市高级人民法院 CTJ 平台显示，2019—2021 年上海法院共审结股东资格确认案件 441 件，其中反向确认案件 74 件。为全面反映股东资格反向确认案件的运行状态，本文从案件的基础性指标和类型化总结两个方面对检索到的案例进行归类整理，并进一步概括出股东资格反向确认纠纷可能引发的

* 课题主持人：吴晶，法律硕士，上海市嘉定区人民法院副院长。课题组成员：张晓霞，法律硕士，上海市嘉定区人民法院商事审判庭副庭长。俞悦，法律硕士，上海市嘉定区人民法院商事审判庭审判员。

衍生问题。

（一）股东资格反向确认案件基础性指标分析

1. 案件数量逐年递增，在对应案由中占比保持平稳

2019—2021年上海法院审结的股东资格反向确认案件数量分别为22件、23件及29件，呈现逐年递增趋势。相较于股东资格的正向确认，反向确认案件的绝对数量依然较小，在股东资格确认案件中占比维持在20%以下，比重较为稳定。据此可知，一方面随着工商登记制度越加规范，依法公示的股东信息绝大部分与公司实际认缴出资的人员相符，另一方面基于股东资格反向确认更倾向于防御需求，往往目标公司无法清偿到期债务的后果投射到登记股东之时才会产生，股东资格反向确认案件在公司类案件中处于补充却重要的地位。

2. 案件类型多样，主要集中于冒名登记

股东资格反向确认案件可因股权代持、冒名登记、股权转让、让与担保等多种情形而发生。笔者检索到的法律文书中体现案件背景情况的有53件，其中冒名登记36件，占比为67.9%，超过其余类型案件的总和。诉讼中涉及的冒名登记是指盗用真实存在的他人身份进行股东身份工商登记的行为，而不包括虚构不存在的人进行工商登记的状况。登记机关以形式审查为原则、登记事项和文件逐步简化、申请人本人非必须到场等原因导致的冒名登记现象在实践中时有发生。

3. 案件判决率高，原告胜诉率较高

74件股东资格反向确认案件中，以判决方式结案的为53件，占比71.6%。其中，原告（上诉人）胜诉的案件为35件，占比66%。与案件类型进行交叉比对，胜诉率最高的依然是冒名股东的股东资格反向确认。虽然各法院在裁判理由及论证过程中依然存在一定差异，但也可以说明实践中法院对冒名股东问题在事实认定、法律适用、价值平衡等方面已具备相当的共识。

（二）股东资格反向确认案件类型化总结

1. 冒名股东

冒名股东指本身不具有成为目标公司股东的意思表示，因被他人冒用姓

名而登记为公司股东的自然人。按常理推之，冒名股东是在不知情的情况下被登记为目标公司股东，对于被登记为股东的情况为事后知晓且有赖于一定的“契机”。例如，目标公司负债被通知应诉或已被列为限制高消费人员、拟设立公司而查询获知、单位内部审查发现等。被冒名人提起股东资格反向确认依托的理由主要立足于事实层面，被提及较多的主张有：第一，个人身份信息被他人冒用，对于被登记为目标公司股东毫不知情；第二，目标公司设立及日常经营过程中工商登记材料的相关签字非本人签署；第三，被冒名人没有成为目标公司股东的意思表示，实际没有向目标公司出资；第四，被冒名人没有参与目标公司的实际经营管理，没有参与过股东会，也没有行使过股东权利。

2．亲友挂名

有限责任公司的主体为中小型公司，其股东数量与公司规模较为有限。有赖于熟人社会的传统，对亲戚朋友具有天然的信赖感，亲友挂名在公司设立中较为普遍。在该情形下，挂名人对其登记为股东可能保有三种心态：第一，不知情，即亲友利用借用或者保管挂名人身份证件的机会，办理了工商登记；第二，知情但放任，亲友在办理完毕工商登记后以一定方式告知了挂名人，挂名人对此未予以明确拒绝；第三，前期知情认可后期拒绝，挂名人前期对登记股东的身份未予拒绝，但后期基于关系恶化、自身利益考虑等因素又拒绝继续担任股东。

相关案例中展现的实际出资人选择亲友挂名的原因有：第一，为了满足法律要件或者规避法律禁止，如原公司法要求有限责任公司股东人数不得低于两人、禁止公务员经商办企业等；第二，不愿意或不方便公开自己的身份但对公司具有实际控制力，如关联公司的实际控制人、失信被执行人；第三，避免一人有限公司可能产生的法律风险；第四，为了显示公司实力而虚增股东数量等其他原因。

3．股份合作制企业

股份合作制企业是依法设立的、企业职工共同出资、共同劳动、民主管理、按劳分配和按股分红相结合的企业法人。涉及股份合作制企业股东资格的争议往往伴随着企业职工身份的转变。依据法律规定，股份合作制企业的股东必须具有企业职工身份，而职工因退休、调离、辞职或被除名等情形离开企业的，因其已不再具有企业劳动者的身份，法院一般会认定其已丧失职工股东劳合的基础，其股东资格及相应权利自然丧失。① 涉及股份合作制企业的股东资格反向确认，原告往往为目标公司，被告为原自然人股东。因股份合作制企业是在经济体制转轨过程中产生，股东也是在企业转制时认缴股份的员工，企业数量及规模较为有限，加之司法认定的态度已较为统一，股份合作制企业股东资格确认的涉诉情况将逐步减少。

4. 股权退出

股权退出即原股东通过出让股权放弃股东资格，将股东的权利义务概括转让给新股东的行为，其产生的必然结果为股东的更替。与冒名股东类型不同的是，股权退出前原股东具有明确的成为股东的意思表示，对于股东身份是认可的。同时，其获得股东资格以及放弃股东资格均采用合法的方式进行。与股份合作制企业职工离职而丧失股权不同的是，在原股东不具备股东资格后，会有新股东接替其位置，目标公司不会因单一股权转让而产生股东数量减少的情形。

相关案例中股权退出后涉及股东资格反向确认原因有：第一，目标公司及新股东未配合进行变更登记，导致在工商登记中老股东依然是登记股东；第二，原股东在出让股权后受新股东的委托为其代持股权，代持关系结束或者公司对外负债后新股东不愿意进行股权变更；第三，股权转让协议因合同效力问题导致新股东并未有效获得股权，如涉及国有股权未进行评估拍卖程序。②

因股权转让引发的股东资格确认问题，实践中多采取股东资格正向确认的方式进行，法院审理的重点在于股权类合同的效力及履行问题。存在争议的是，在股权代持的情形下，应由新股东提起股东资格正向确认之诉还是老股东提起股东资格反向确认之诉。

（三）股东资格反向确认案件衍生问题

股东资格的认定对内影响公司的日常经营决策和股权利益分配，对外影

① 详见上海市崇明区人民法院（2021）沪0151民初314号民事判决书。
② 详见上海市黄浦区人民法院（2018）沪0101民初14638号民事判决书。

响公司的信用评价和债权人利益保护。按照实践的主流观点，股东资格的认定采取内外有别的判断原则，审查对内关系时实质要件优于形式要件，反之，审查对外关系时则应遵循外观主义原则，尊重工商登记等权利表征。③股东资格反向确认的特殊性在于要完成特定主体针对股东身份在形式上和实质上的双重否定，可能涉及多方面的衍生问题，主要包括涤除登记、股权归属及债权人保护三个方面。

1. 股东涤除登记

《中华人民共和国公司法》第三十二条第三款规定，公司应当将股东的姓名或者名称向公司登记机关登记；登记事项发生变更的，应当办理变更登记。未经登记或者变更登记的，不得对抗第三人。因此，股东资格反向确认成立的，登记机关应配合进行股东涤除登记。涤除登记看似简单，但要顺利完成既要具备一定的请求权基础，又要具备可供操作的现实可能性。其面临的困境有：第一，法定的救济途径虽多，但发挥的效果有限。按照相关的法律规定，股东涤除登记可以选择的路径有申请撤销登记、④向公司登记机关投诉、⑤提起民事诉讼⑥等。实践中，一方面，部分涤除路径的适用范围较窄，如直接申请撤销登记仅适用于纯冒名股东；另一方面，即使存在股东资格反向确认的生效判决，但登记机关的配合程度不一。部分案件中，异议人在通过诉讼否认其股东资格后，仍需再次提起请求公司变更登记之诉以通过执行程序实现涤除登记。第二，部分事项涤除登记会导致登记事项缺失。依据《中华人民共和国市场主体登记管理条例》及《中华人民共和国市场主体登记

③ 采纳该观点的判决有，宁波市中级人民法院（2019）浙02民终26号民事判决书、无锡市中级人民法院（2018）苏02民初310号民事判决书等。同时，上海市第一中级人民法院发布的《股东资格确认纠纷案件的审理思路和裁判要点》中亦采纳此种观点。

④ 《中华人民共和国市场主体登记管理条例》第四十条：提交虚假材料或者采取其他欺诈手段隐瞒重要事实取得市场主体登记的，受虚假市场主体登记影响的自然人、法人和其他组织可以向登记机关提出撤销市场主体的申请。

⑤ 《中华人民共和国公司法》第一百九十八条：违反本法规定，虚报注册资本、提交虚假材料或者采取其他欺诈手段隐瞒重要事实取得公司登记的，由公司登记机关责令改正，对虚报注册资本的公司，处以虚报注册资本金额百分之五以上百分之十五以下的罚款，对提交虚假材料或者采取其他欺诈手段隐瞒重要事实的公司，处以五万元以上五十万元以下的罚款；情节严重的，撤销公司登记或者吊销营业执照。

⑥ 依据民事诉讼的请求权基础，异议人可以提起的民事诉讼类型主要包括姓名权纠纷、请求变更公司登记纠纷、股东资格确认纠纷等。

管理条例实施细则》的规定，有限责任公司的股东属于登记事项，⑦出资比例为备案事项。⑧股东涤除登记后，可能出现必要登记事项缺失或者登记的股东与出资比例不相匹配的情形。

2．股权归属认定

股东资格与股权归属息息相关又有所区分。股东资格反向确认解决了谁不是股东的问题，却无法同步解决相应股权应归属于何人的问题。不同类型的股东资格反向确认应予以分别探讨。第一，在股权退出情形下，股权归属相对明确即依据股权转让行为的效力认定归属于出让方或受让方。第二，在冒名股东情形下，异议人摆脱股东身份的限制后，其“认缴”的出资即处于“漂浮”状态，既难以找到适格主体承接该部分股权，又无法通过减资程序纠正注册资本与认缴出资的差距。第三，在亲友挂名情形下，异议人虽可能不具备股东身份，但并不影响其股权共有人的身份。例如，在夫妻共同出资设立公司时，任何一方夫妻名下的股权都属于夫妻共同财产。因此，股东资格反向确认一定程度上导致公司内部治理的权力真空，给目标公司后续的经营发展埋下隐患。

3．债权人利益保护

异议人提出股东资格反向确认的诱因之一是逃避基于其股东身份而应承担的对外责任。异议人的主张得到支持即意味着债权人丧失或需更换一个主张权利的对象。为尊重债权人对于商事外观的信赖，在债权人已向相关股东主张权利的背景下，法院无论对于股东资格的正向确认还是反向确认均表现得较为谨慎。但是，在冒名股东的情形下，由于该外观是在其不愿意或者不知晓的情况下形成的表象，所形成的形式要件本身就是一个侵权行为，此时应排除“以形式要件为原则”的适用。⑨因此，股东资格反向确认中的债权

⑦《中华人民共和国市场主体登记管理条例实施细则》第六条：市场主体应当按照类型依法登记下列事项：（一）公司：名称、类型、经营范围、住所、注册资本、法定代表人姓名、有限责任公司股东或者股份有限公司发起人姓名或者名称。

⑧《中华人民共和国市场主体登记管理条例实施细则》第七条：市场主体应当按照类型依法备案下列事项：（一）公司：章程、经营期限、有限责任公司股东或者股份有限公司发起人认缴的出资数额、董事、监事、高级管理人员、登记联络员、外商投资公司法律文件送达接受人。

⑨ 朱川：《有限责任公司股东资格确认问题研究》，复旦大学博士学位论文2012年。

人利益保护是从抽象的、不特定的利益衡量逐渐到个案中的具象的、特定的利益衡量。

三、观点争鸣：股东资格反向确认的司法认定

股东资格正向确认的认定标准在学理上主要分为要件说和特征说两类。要件说将股东资格确认的标准划分为实质要件与形式要件，实质要件指的是股东出资，形式要件指的是公司章程记载、工商登记等。特征说将所谓的要件作为股东的法律特征予以对待，如出资、签订、经营等属于行为，称为实质特征，股东名册记载、工商登记等属于书面文件，称为形式特征。[⑩] 与之相比，反向确认虽然是正向确认的逆向论证，但其认定标准显得更为纯粹，即无需考虑股东资格相关要件或特征的叠加是否足以证成其身份，而是要通过碎片化的事实查明排除登记股东具备作为股东的实质性特征。股东资格反向确认的司法认定应包含认定原则选择、关联事实查明及举证责任分配三个层面。

（一）认定原则选择

股东资格反向确认的认定原则可以分为仅采实质标准、仅采形式标准[⑪]以及兼采实质标准＋形式标准。从笔者检索的案例看，法院倾向于兼采实质标准＋形式标准，并已形成在充分查明案件事实的基础上进行综合判断的整体思路，但各法院的论证过程及表述不尽相同。例如，“周某诉上海奕晶金属科技有限公司等股东资格确认纠纷案”[⑫]中，闵行法院认为股东资格的认定应基于当事人的协议、公司章程、法律规定的其他要素等综合认定。“黄某某诉上海跃众文化传媒有限公司案”中，嘉定法院认为股东身份的判定应当结合当事人是否作出过成为公司股东的意思表示，是否实际出资以及是否参与公司经营等因素综合判断。

---

⑩ 李建伟：《公司法学》，中国人民大学出版社2008年版，第283页。

⑪ 此处的形式标准并非指公司章程、股东名册等记载的股东姓名，而是工商登记申请书、股东会决议等书面材料。

⑫ 因本文所涉案件案由均为股东资格确认纠纷，在后续案件引用中表述为“××× 诉 ××× 案”，不再列明案由。

在论证说理过程中，法院认定当事人不具有股东资格一般遵循两个层面的逻辑：一是事实逻辑，法院认定的重点在于成为股东的意思表示、行使股东权利、履行股东义务等与股东身份关联的法律要件。例如，“魏某某诉上海序沪实业有限公司等案”中，奉贤法院认为其有理由相信，魏某某虽被工商登记列为股东、监事，但实质上，魏某某并无出资设立序沪公司、参与经营、分享利润和承担风险的意思表示。二是证明逻辑，法院认定的重点在于原告的举证是否足以推翻股东登记的表征。例如，“许某诉上海昌方园林绿化有限公司等案”中，崇明法院认为原告许某的主要理由为自己被他人冒用身份证信息成为被告公司股东，被告设立时的工商登记材料上许某的签名均非其本人签署且身份证亦早已遗失，且提供了相应的证据予以证实其主张。

（二）关联事实查明

所谓关联事实是指两个或两个以上的、互相存在关联点的事实，通常包括主体上的关联、行为上的关联和标的物上的关联。对应到股东资格反向确认之中，其关联点既可以包括客观上的关联，如身份证件丢失与失主去派出所报警，也可以包括逻辑上的关联，如登记材料中的身份证复印件与丢失的身份证一致。同时，相关事实应围绕是否具有成为股东的意思表示、是否履行股东义务、是否行使了股东权利等争议焦点展开。

1．成为股东的意思表示

该意思表示需依托一定的外在行为且在一段时间内稳定地体现出来。例如，在公司设立过程中签署公司章程、签署工商登记的相关材料，在公司运营过程中参与股东会等。但是，反向确认所依赖的消极事实无法直接查明，而是通过发现与具有成为股东的意思表示的事实不一致的事实予以推定。“沈某某诉上海芩郡货运代理有限公司等案”中，黄浦法院查明的事实包括：（1）企业登记档案中所附原告沈某某居民身份证与其丢失的身份证信息一致；（2）原告沈某某曾向公安机关挂失身份证；（3）企业登记档案中留存的《企业名称核准申请书》、公司章程、填写说明等上“沈某某”的签名非本人所签。因此，黄浦法院支持了原告沈某某要求确认其不是被告芩郡公司股东及监事的诉讼请求。

2．履行股东义务

此处的履行义务是基于其股东身份而特有的义务，而非可以基于员工、普通自然人等其他身份而履行的义务，如管理公司、担任法定代表人等行为并非必须由股东进行，故无法被当然认为是履行股东义务的行为。实践中，普遍获得认可的履行股东义务的行为是履行出资义务，但如何认定基于其本人意愿进行出资是实践中的事实认定难点。“张某诉上海袁平实业有限公司案”中，闵行法院认为验资报告中仅有以“张某”名义向袁平公司缴纳资金的进账单，但并不能显示该笔款项系基于原告本人的真实意思进行的出资。

3．行使股东权利

与履行义务类似，该权利也指向因股东身份而享有的权利，如参加股东会、行使表决权、行使知情权等。工商登记材料中通常会包含公司章程和与登记事项有关的股东会决议。若经司法鉴定或代办人认可上述材料上的签名非本人签署，法院一般不会以异议人在上述材料上签字而认定其曾行使过股东权利。在亲友挂名或者股权代持的情形下，为了满足法律规定的主体资格要件，可能存在登记股东代为行使权利的情况。代为行使权利与股东资格之间的关系判断在实践中尚存争议。例如，“周某诉上海奕晶金属科技有限公司案”中，闵行法院查明本案诉讼之前，其已经立案受理（2018）沪0112民初8913号周某与奕晶公司股东知情权纠纷一案，该案中，周某以登记股东身份提起诉讼，但诉讼过程中明确要求奕晶公司向高某林履行其相应诉求内容。奕晶公司认为周某以登记股东名义起诉，属于对自己股东身份的自认。但闵行法院认为周某对此已经作出合理解释，系为了避免高某林作为隐名股东在行权过程中遇到障碍，故周某直接以登记股东名义提起了诉讼。并且，该案中周某也已经要求奕晶公司向高某林履行相应义务。因此，周某不构成股东身份的自认。而上海市高级人民法院则认为，该代持股关系并不能否认周某的股东资格，代持股关系与股东身份相互独立。

（三）举证责任分配

《最高人民法院关于适用〈中华人民共和国民事诉讼法〉的解释》第九十一条规定，主张法律关系存在的当事人，应当对产生该法律关系的基本事实承担举证证明责任；主张法律关系变更、消灭或者权利受到妨害的当事人，应当对该法律关系变更、消灭或者权利受到妨害的基本事实承担举证证明责任。不同类型的股东资格反向确认所依据的基础事实和法律关系不同，相应的举证责任分配也存在区别。

冒名股东情形下，原告举证的重点在于被冒名的事实，包括身份证件丢失情况、登记材料的签名伪造等。对于在事实真伪不明时，由原告还是被告承担结果意义上的举证责任实践中存在一定争议。例如，“丁某某诉肇星（上海）贸易有限公司案”中，松江法院认为原告作为被告公司的登记股东，其股东身份已对外产生公示效力，现原告要求确认其不是被告公司的股东，不承担相应股东责任，原告应对其系被冒名登记为被告公司股东的事实负有充分举证责任。而“张某诉上海袁平实业有限公司案”中，闵行法院认为原告身份证被盗，并自述从未经营袁平公司，现亦无证据证明原告参与了袁平公司的经营管理、行使过袁平公司的股东和法定代表人权利。因此，原告要求确认其并非袁平公司股东和法定代表人的诉讼请求可以成立。虽然两案均支持了原告的诉请，但前案中法院将结果意义上的举证责任分配给原告，而后案则刚好相反。同时，对于是否采纳当事人的鉴定申请在个案中也存在差别。

“挂名”并非法律概念。亲友挂名类案件按照登记股东在被登记为股东的当时对于被登记事项是否知情可区分为两类，若登记股东不知情则比照冒名股东处理，若登记股东知情则比照股权代持处理。无论是股权代持还是股权退出，都与股权类协议的订立、效力及履行息息相关，司法实践中多按照合同纠纷分配举证责任。

四、优化提升：股东资格反向确认的裁判方法

（一）完善案件程序性事项审查

股东资格反向确认案件属于民事案件的受理范围已成为司法实践的普遍共识。[13]本类案件的程序性审查与其他公司类案件差别不大，需要关注的主

⑬ 部分法院认为冒名股东属于市场监管部门的主管范畴，不属于平等主体之间的民事法律纠纷，不属于人民法院的主管范围，参见上海市第二中级人民法院（2019）沪02民终7434号民事判决书、西安市中级人民法院（2019）陕01民终11285号民事判决书。大部分法院认为股东资格反向确认属于民事案件的受理范围，本文也持该观点。

要问题有：

第一，案件管辖。依据相关法律规定，⑭本类案件由公司住所地人民法院管辖。围绕某一股东转让合同，当事人可以提起股权转让纠纷或者股东资格确认纠纷，若选择前者则按照合同类纠纷确定管辖，选择后者则由公司住所地人民法院管辖。

第二，诉讼当事人的选择。依据《最高人民法院关于适用〈中华人民共和国公司法〉若干问题的规定（三）》第二十一条规定，当事人向人民法院起诉请求确认其股东资格的，应当以公司为被告，与案件争议股权有利害关系的人作为第三人参加诉讼。笔者将该条款理解为：首先，提起诉讼的当事人可以为自然人股东，也可以为法人股东；其次，即使妨碍异议人脱离登记股东身份的主体是其他股东，诉讼中都应列目标公司为被告；最后，与案件争议股权有利害关系的人既包括目标公司的其他股东，也可包括协助办理公司登记的人员、目标公司的债权人等。为了便于查明案件事实、平衡各方利益，法院在审理过程中可在必要范围内适当增加第三人的数量。同时，在对股东资格有异议但该股东未起诉时，目标公司或者其他股东作为原告提起股东资格反向确认之诉，若存在诉的利益，其主体资格的适格性也为司法实践所认可。⑮

第三，诉请的列明。股东资格反向确认案件中诉请的基本架构为“确认 ××× 不是 ××× 公司股东”。在涉及股权代持或者股权退出时，应明确其不再是公司股东的起始时间。股东资格反向确认案件中，部分原告会一并提出变更登记等其他诉请。⑯在其诉请可得到支持时，法院会一并就变更登记诉请进行裁判。虽然股东资格反向确认与请求变更登记隶属不同的法律关系，也具有独立的民事案由，但考虑到两个诉请的牵连性以及反向确认之后基于公司不予配合、工商登记执行政策等原因导致直接顺利进行变更登记的可能

---

⑭ 《中华人民共和国民事诉讼法》第二十七条：因公司设立、确认股东资格、分配利润、解散等纠纷提起的诉讼，由公司住所地人民法院管辖。

⑮ 参见上海市高级人民法院（2018）沪民初 42 号民事判决书、上海市浦东新区人民法院（2019）沪 0115 民初 5859 号民事判决书。

⑯ 笔者检索到的 74 件案件中，原告一并提出股东涤除登记或者变更登记的有 20 件，其中有 1 件还提出了消除影响诉请。

性不高，为减少诉累，在原告主动提及的情况下可予一并裁判。但是，若原告还提及赔礼道歉、赔偿损失等与本案由关联度不甚密切的诉请则不应一并裁判。

（二）明确案件的审判规则

为正确处理股东资格反向确认案件，提高案件审理的统一性与精确性，可在类型化归入的基础上提炼更为细密的审判规则。

1．冒名股东案件的审理思路

冒名股东为自始欠缺成为股东意思表示的股东资格反向确认类型，在审理过程中应紧紧围绕该核心。由于欠缺成为股东的意思表示自登记发生时即不存在，在此过程中也不存在意思表示的转化，因此法官在审理过程中应注意审查的全面性和全程性。

第一，审查主张被冒名者是否存在设立标的公司的需求及动机。例如，年龄、学历与目标公司股东之间的配适程度，目标公司的登记地点与其日常生活工作地点是否具有关联，从事的职业是否有设立目标公司的实际需求，财产状况是否足以支撑缴纳认缴出资等。这方面的审查能使得法官对登记股东与目标公司建立连接的可能性产生初步的判断，有利于后期心证的强化。

第二，审查工商登记备案书面材料是否为主张被冒名人本人签字。由于该事实为审理案件的关键事实，原则上应进行笔迹鉴定。同时，法官应积极找寻办理登记手续的经办人或代办人核实相应的办理情况，查明是否具有委托办理、授权签字等情形的存在。

第三，审查被冒名者身份证件是否为未经授权出现在工商档案。被冒名者的身份证件多遭遇过遗失、盗抢，法官应要求其提供身份证件遗失、报警及补发的证明，核实身份证件丢失的时间与工商登记时间的匹配程度、工商登记备案的身份证件是否为丢失的证件。

第四，审查被冒名者对工商登记等事宜是否知情。综合被冒名者主张的获悉被冒名事实的背景、与其他股东的关系、是否实际参与公司经营、是否代为行使权利等因素进行判断，寻找其中可能存在的不合理因素。

第五，冒名股东应就被冒名的事实承担举证责任，证明标准为达到高度盖然性标准。因冒名股东自始缺乏成为股东的意思表示，即使目标公司存在债权人也不适用商事外观主义原则，而可以依法免除责任。[17] 在此情形下，被冒名者的证明标准应有所提高，可以参照适用排除合理怀疑标准。[18]

2. 亲友挂名案件的审理思路

亲友挂名案件中挂名股东的意思表示值得探究，存在意思表示完整、自始欠缺及意思表示转化的多种情形。基于人际信赖关系及日常沟通方式的非形式化，亲友挂名案件的证据往往较为单薄，法官在审理过程中应增强审查的细致性。

第一，审查挂名股东是否具有成为股东的初始意思表示。通常情况下，挂名类似于借名，实际经营人与挂名股东之间会存在围绕股东身份的意思联络。首先，挂名股东主张其为股权代持的，因其具有作为名义股东的意思表示，其股东资格反向确认的诉请不应得到支持。其次，挂名股东主张其为了帮助实际经营人增加股东数量、规避一人股东法律责任的，虽然其作为股东的动机并非直接参与公司经营，但其对于成为股东的意思表示是明确的，其股东资格反向确认的诉请亦不应得到支持。

第二，审查挂名股东对于被登记为股东的事宜是否知情。被登记为股东具有公示公信力，登记情况可通过公开渠道进行查询。挂名股东通过公开查询或者事后被告知等途径获悉其为登记股东的，若不认可该登记，应在合理期限内提出异议，否则可推定其默示同意。

第三，审查挂名股东与登记人之间是否存在构成容忍型表见代理的外观。挂名人主张其对于被登记为股东的事实不知情的，可比照冒名股东类型处理。但是，日常生活中，夫妻、父母子女之间存在家事代理权，且长期密切的共同生活容易导致第三人对其互相之间代理范围信任的扩大。例如，长期将身份证原件交由父母保管、长期由配偶出面解决家庭事务等。这种在无权代理

⑰ 《最高人民法院关于适用〈中华人民共和国公司法〉若干问题的规定（三）》第二十八条规定：冒用他人名义出资并将该他人作为股东在公司登记机关登记的，冒名登记行为人应当承担相应责任；公司、其他股东或者公司债权人以未履行出资义务为由，请求被冒名登记为股东的承担补足出资责任或者对公司债务不能清偿部分的赔偿责任的，人民法院不予支持。

⑱ 《最高人民法院关于适用〈中华人民共和国民事诉讼法〉的解释》第一百零九条规定：当事人对欺诈、胁迫、恶意串通事实的证明，以及对口头遗嘱或者赠与事实的证明，人民法院确信该待证事实存在的可能性能够排除合理怀疑的，应当认定该事实存在。

的前提下，本人有意识的容忍引起了权利外观，致使交易第三人信赖行为人被授予代理权。[19] 在涉及债权人且明确代为办理者为家庭成员的场景下，不宜认定登记股东不具有股东资格。

3. 股权退出案件的审理思路

股权退出为意思表示转化的股东资格反向确认案件类型，审理重点在于转化事实的证明。法院在审理过程中为查明事实，应将与股权转让相关的当事人追加为第三人以便于查明事实。

第一，审查股权转让法律关系是否成立并生效。通常情况下，股权转让合同的成立生效问题按照一般合同的成立生效规则判断即可。需要注意的是，在出让股权为国有股权、目标公司所属行业属于特殊行业、受让人为外国投资者等特别情形下，应审查股权转让是否符合相应法律法规的强制性规定。股权出让人应举证证明股权转让已经完成，且已经符合股权变更登记的条件。

第二，审查是否具备正向确认的可能性。股权转让后，出让人与受让人完成股权变更登记符合商事交易的一般惯例。同时，股东资格的正向确认的法律规定相较于反向确认较为完备，对于其他股东及债权人利益的保护也更为充分。若存在股东资格正向确认的可能性，则应引导当事人采取股东资格正向确认的诉讼途径。

（责任编辑：徐　川）

⑲ 参见［德］迪特尔·梅迪库斯：《德国民法总论》，邵建东译，法律出版社2000年版，第709—710页。容忍型表见代理并非我国《民法典》上明文规定的法律概念，为德国民法的相关理论，但在部分司法实践中得到参考借鉴，参见最高人民法院（2019）最高法民终424号民事判决书、上海市松江区人民法院（2020）沪0117民初17990号民事判决书。

涉教育类行政案件司法介入边界探析

叶晓晨*

近年来，上海法院受理的涉教育类行政案件数量虽然不多，但部分典型案件具有一定社会敏感性，如不服高校开除学籍案、要求考卷信息公开案、要求办理高考报名确认手续等，与民众的利益息息相关，审判结果具有一定示范效应和连锁反应，个别案件也受到了网络媒体的关注。社会观念的变迁、对学生受教育权保护力度的加大以及行政诉讼受案范围的扩大，标志着司法审查的触角伸展到看似封闭的独立王国——教育领域，为今后进一步扩展涉高校①行政诉讼范围预留了空间。高校自治的核心在于对于自身内部事务进行独立自主的管理，而不受外界的干涉。内部事务主要是学术上的自由和管理上的自主。然而，自治并不意味着不受外界监督，对其监督包括行政监督和司法监督等。②鉴于坚持教育自治原则的同时也有可能会侵犯公民受教育权，因此法院对涉教育类行政案件的审查力度和边际成为热点和难点。本文以近年来上海市教育类行政案件为样本，③探讨法院审判权的合理介入。

一、样本检视：以近年来上海法院涉教育类典型案件为例

近年以来，上海法院受理的涉教育行政类案件的被告多为高校（包括公

* 叶晓晨，法学硕士，上海市徐汇区人民法院审判监督庭（审判管理办公室、研究室）团队负责人、审判员。

① 依《中华人民共和国教育法》规定设立的高等学校，是指依法具有办学主体与办学资质的事业法人单位。

② 肖萍、辛振宇：《论受教育权纠纷及其解决机制的重构——以高等教育为视角》，载《南昌大学学报》2012 年第 4 期。

③ 本文所指受教育权案件，均指学生认为受教育权受到侵害之情况，教职工权益的维护、高校校舍拆迁纠纷等不在本文讨论范围。

办学校、民办学校），部分被告为区教育局、上海市教育委员会、上海市教育考试院等。案由分布包括不服不予颁发学历、学位证书、要求履行法定职责、不服开除学籍决定、不服信息公开决定、不服复议决定等，其中不服不予颁发学历、学位证书和不服开除学籍决定两类案件占比较高。列举以下两例典型案件。

（一）柴某诉上海大学不予授予博士学位决定案

柴某于 2014 年 9 月进入 S 大学经济学院就读。2019 年 12 月 18 日，S 大学某学院召开第 78 次经济学科学位评定分委员会会议，认为柴某于 2017 年 12 月完成毕业论文答辩已达两年，有资格申请博士学位的期限即将届满，本次学位评定分委员会对柴某的材料进行了实质性审查，确认其仍未达到应用经济学博士学位的科研量化指标。因此，经济学科学位评定分委员会不同意授予其博士学位，并告知柴某若对该结果有异议，可在接到该通知后的一周内，向学位评定委员会申请复议。柴某未向校学位评定委员会申请复议，直接诉至人民法院，请求：（1）撤销被诉告知；（2）判令上海大学向其授予博士学位。一般而言，各高校制定的校规规定采取学位评定分委员会、校学位评定委员会二级审核的模式，如果学生没有提起复核申请，则只有校学位评定分委员会作出的不予授予学位决定一个行为。如果学生提起复核申请，则存在两个行为。如何看待校学位评定分委员会作出的不予授予学位决定以及校学位评定委员会作出的复核决定两个行政行为的法律效力？

（二）陈某诉复旦大学开除学籍处分决定案

陈某系 F 大学学生。2020 年 11 月 5 日，公安机关作出行政处罚决定，认定陈某卖淫嫖娼，决定给予其行政拘留三日的行政处罚。陈某未提起复议和诉讼。F 大学依照《F 大学学生纪律处分条例》（以下简称《处分条例》）之规定，决定给予陈某开除学籍处分。陈某认为，《普通高等学校学生管理规定》第五十二条规定，受到治安管理处罚，情节严重、性质恶劣的，学校可以给予开除学籍处分。自己仅受拘留处罚，并未受到刑事处罚，高校的《处分条例》对情节、性质未作区分，一律开除，显属不当。陈某诉至法院，请求撤销开除学籍的纪律处分，并请求对《处分条例》第四十条进行合法性审查。如何看待高校校规的法律属性。一种观点认为，高校校规与法律规范是并列关系，不作为执法依据，无须接受司法审查。另一种观点认为，高校校规属于法律规范中的下位法，应当接受司法审查。

除上述两类案件之外，近年新类型、敏感型涉教育类行政案件亦有出现，如周某要求D大学履行为其变更《普通高等学校毕业证书》《学士学位证书》中性别信息的法定职责（2021年11月1日医院出具《性别鉴定证明》及《医学诊断证明》，确认其社会性别为男）；又如赵某认为J大学在招生过程中存在虚假宣传，造成巨大损失，故起诉要求确认录取行为违法并赔偿经济损失。

二、实践考察：典型案例折射司法介入“递进式三难”困境

（一）主体资格界定存疑

《中华人民共和国行政诉讼法》(以下简称《行政诉讼法》）第二条规定：“公民、法人或者其他组织认为行政机关和行政机关工作人员的行政行为侵犯其合法权益，有权依照本法向人民法院提起诉讼。前款所称行政行为，包括法律、法规、规章授权的组织作出的行政行为。”在行政诉讼中，被告一般为行政机关或者被法律、法规等授权的组织。

在教育类行政案件中，市教委、区教育局为教育行政部门；市教育考试院系行政机关的下属事业单位；而被告为高校的案件数量占比高，同时争议最大。根据《中华人民共和国学位条例》(以下简称《学位条例》）第八条规定：“学士学位，由国务院授权的高等学校授予；硕士学位、博士学位，由国务院授权的高等学校和科学研究机构授予。”《学位条例实施办法》亦有类似规定。故根据法律规定，高校可以在行使特定权力时成为行政主体，并成为行政诉讼的被告。但是高校该“角色”具有“临时性”“转换性”等不确定性的特点，对于诉讼主体资格的确定有时会产生争议。

（二）受案范围时有突破

司法审判权的介入前提是案件属于行政诉讼受案范围。被告为市教委、区教育局的案件当然应纳入行政诉讼范围（对学校教育教学工作、教师培训

工作进行指导等行为例外），如赵某要求办理高考报名确认手续诉某区教育局案，④ 朱某要求某区教育局给予小学就学的学位（学额）案（对户籍所在地未被纳入公示中的小学招生对口地段不服），⑤ 许某不服上海市教育委员会所作不予受理行政复议申请决定案等。⑥

高校可以基于授权而成为行政主体。然而哪些属于“行政性”权力、哪些权力属于自主“管理性”权力，理论上存在争议。以往的司法实践仅对高校不予颁发学历、学位的行为视作可诉行为；同时认为警告、通报等处分行为从性质上属于学校内部自主管理权限范围，由此发生的争议不属行政诉讼受案范围。

但是随着时代的变迁，受案范围逐渐有所突破。从保护当事人诉权的角度，如果从程序上否定司法救济权，除了依据现有法律，还应结合当事人主体性质、管理行为内容等因素认真分析。⑦ 如刘某不服L大学开除学籍处分决定案，⑧ 就经历“法院认为不属于受案范围——认为系受案

④ 原告作为2011年应届高中毕业生，于当年在上海市曾参加统一高考，后被安徽大学录取，因不满意被录取的学校，希望考取上海市高校，故放弃就学而继续复读。2011年12月10日、2011年12月26日原告的法定代理人至被告处要求被告为原告办理报名确认手续，原告认为被告不履行法定职责侵犯了原告受教育权的权利。法院则认为原告已经于2011年在上海市参加了高考，2012年已经不属于应届生，被告以原告2012年已是往届生，不符合上海市教委高考报名文件规定为由，拒绝受理原告高考报名确认申请，并作出书面答复并送达原告，已经履行了法定职责，依法判决驳回原告的诉讼请求。

⑤ 原告认为《2014小学招生地段公示》上原告户籍地址没有对口的小学，要求参与到本区域内离其户籍地由近及远的所有公办小学招生生源的入学资格排名比较中，保证给予原告就学学额。法院则认为被告已安排原告就读小学，其已根据其辖区的实际情况制定招生计划和相关政策，并已履行相应法定职责保障原告接受义务教育权利，依法驳回原告的诉讼请求。

⑥ 原告认为其自2009年10月起至2011年4月期间参加Z大学自学考试，考试成绩相继出现不合格的不正常现象。曾要求学校调查，但仅能核对分数，不能检查考卷批阅上的差错。原告以自学考试办公室为被申请人，向被告申请行政复议，请求被告对原告在上述期间考试成绩不合格的科目重新予以检查。被告经查作出不予受理申请决定。法院则认为原告对成绩不合格不服而申请行政复议，并非对具体行政行为不服申请复议，被告认定该申请事项不属于法定行政复议范围并无不当，依法维持了被告具体行政行为。

⑦ 参见《学生针对学校开除学籍等处分决定提起诉讼应予受理》，载上海市高级人民法院《调研与参考》〔2013〕24号。

⑧ 原告原系L大学研究生，在参加大学英语6级考试（CET-6）中使用手机接收信息作弊，被当场发现并带离考场。其于当日写下《情况说明》，承认在考试中使用手机作弊。后被告给予原告开除学籍处分，原告对此不服，遂提起行政诉讼。

范围但未从实体审理——实体上进行审查”的三个阶段。虽然最终法院并未支持原告的诉讼请求，但结合甘某不服暨南大学学籍决定案，⑨可以认为判断高校行为是否属于行政行为，除了考虑是否发轫法律授权，还要考虑具体行为是否对当事人权利产生实质性影响。根据《行政诉讼法》第十二条规定：“人民法院受理公民、法人或者其他组织提起的下列诉讼：……（十二）认为行政机关侵犯其他人身权、财产权等合法权益的。”该“兜底条款”说明，行政案件的启动应当基于当事人的财产、人身权受到侵害。现代社会的受教育权，是指由当今世界各国法律所普遍规定、确认和维护的受教育权利，教育之重要性在于其对于个人生存、发展与价值实现之意义，实际具有人身权和财产权的双重属性。随着社会对教育的日益重视，无论是不予颁布学历、学位抑或开除学籍处分均系对受教育权的重大处分，亦实质性影响学生受教育权和前途，均应依法予以受理。

（三）法律适用面临困境

1. 参照执行之把握

由于在一般行政法领域中，对行政机关的法律规制较为明确，如《中华人民共和国行政处罚法》（以下简称《行政处罚法》）、《中华人民共和国治安管理处罚法》等。但是高校或者教育事业单位涉诉时，部分行为有专门法律法规进行规范，如《学位条例》等，但对于部分行为并无单独规定。如通常所称的政府信息，是指行政机关在履行职责过程中制作或者获取的，以一定形式记录、保存的信息，亦即公开主体应为行政机关。鉴于教育部门或者高校的特殊性和自主性，其对学生在管理过程中给予答复或者进行管理的行为并非严格意义上的“行政行为”。《中华人民共和国政府信息公开条例》（以下简称《信息公开条例》）第五十五条规定：教育、卫生健康、供水、供电、供气、供热、环境保护、公共交通等与人民群众利益密切相关的公共企事业单位，公开在提供社会公共服务过程中制作、获取的信息，依照相关法律、法

⑨ 参见《最高人民法院公报》2012 年第 7 期。

规和国务院有关主管部门或者机构的规定执行。高校或事业单位应当依法公开相关信息，应把握何种情况下依据执行的问题，即判断何种情况符合条件，且需根据自身实际情况予以适用，故其中涉及法院审查力度和边际的问题。

2. 法律选择之甄别

即使有专门的法律规定，由于涉高校的法条繁多，在法律选择上亦有争议。自20世纪80年代以来，我国先后颁布了一系列有关教育的法律、法规，为解决受教育权纠纷提供了法律依据，并形成了一套纠纷解决机制。但由于我国教育立法起步较晚，突出表现在规范过于原则、可操作性不强，责任主体不明确，立法滞后等方面，故在甄别上面临挑战，而法院审查时应从法律位阶、适用对象等全面予以考量。如在刘某不服L大学开除学籍处分决定案一案中，当事人针对处理CET-6考试作弊行为应适用何种法律产生分歧。原告认为应适用教育部关于修改《国家教育考试违规处理办法》的决定（教育部令第33号令）、被告认为应适用《普通高等学校学生管理规定》（教育部令第21号令）。前者规定："携带具有发送或者接受信息功能设备的，属于考试作弊，可视情节轻重，给予暂停参加各种国家教育考试1至3年处理。"而后者第五十四条第四项规定："学生由他人代替考试、替他人参加考试、组织作弊、使用通讯设备作弊及其他作弊行为严重的，学校可以给予开除学籍处分。"比较两部门规章，两者均为教育部公开颁布、实施的规章，故不存在"位阶之分"。第33号令颁布时间为2012年，第21号令颁布时间为2005年，但由于两规章在调整范围、适用对象和规范侧重点上不同，内容亦不矛盾和冲突，且均为现行有效，并非"后法优于先法"。第33号令第二条规定："本办法所称国家教育考试是指普通和成人高等学校招生考试、全国硕士研究生招生考试、高等教育自学考试等……其结果作为招收学历教育学生或者取得国家承认学历、学位证书依据的测试活动。"尽管第33号令针对考试作弊的处分幅度更小，对原告更有利，但CET-6考试系能力资格考试，并非获取学历、学位的必考测试项目，也并非招生或者结业考试，属于学业过程中的考试，因此并不适用该决定，故33号令的规定并不能穷尽、限制和排斥教育部其他规章（如21号令）对可予开除学籍情形的规定。

三、破局路径：实体程序二维度破解司法介入边界困局

（一）实体层面——尊重高校自主权

1．主体维度：高校具有特殊属性

作为承担重要责任的高校，在提供教育服务时为更好进行统一管理，应有一定自主权。鉴于高校法律地位具有“非单一”属性，故在行政案件中也应符合专门教育类法律规定。如在韩某诉上海市考试教育院案[⑩]中，原告要求被告提供原告课程的答卷及其批阅内容的完整复印件一份。依据《信息公开条例》规定，行政机关一般不得公开涉及国家秘密、商业秘密、个人隐私的政府信息。显然考生要申请公开自己的考卷，并不符合以上几种情况。但是涉及受教育权方面的信息公开有其特殊性：根据《高等学校信息公开办法》第十条规定：“高等学校对下列信息不予公开：（一）涉及国家秘密的；（二）涉及商业秘密的；（三）涉及个人隐私的；（四）法律、法规和规章以及学校规定的不予公开的其他信息。”教育部和国家保密局于2001年7月9日制定的《教育工作中国家秘密及其密级具体范围的规定》第五条规定：“教育工作中下列事项（共有8项）不属于国家秘密，但只限于一定范围的人员掌握，不得擅自扩散和公开：……5．考试后不应公开的试题和考生答卷以及考生的档案材料。”现韩某考试估分后认为被告故意“压分”，希望申请公开考卷内容，而考卷内容的掌握人员依照上述规定应限于一定范围，最终法院审查认定“一定范围”应为批卷人员等，并不应包括考生本人。

2．司法维度：行政诉讼尚未完全突破“合法性”审查

《行政诉讼法》第六条规定：“人民法院审理行政案件，对行政行为是否合法进行审查。”此确立了我国行政诉讼合法性审查的原则，而是否可以进行合理性审查[⑪]并无涉及。与此同时，《行政诉讼法》第七十条规定，下列

---

⑩ 原告参加了上海市高等教育自学考试课程名为《第二外语（日语）》的单科考试。考试完毕，原告估最终得分应落在88—94分的区间内。后原告查得只有76分，认为被“压分”。

⑪ 行政合理性原则指的是行政法律关系当事人的行为，特别是行政机关的行为，不仅要合法而且要合理，也就是行政机关的自由裁量行为要做到合情、合理、恰当和适度。

情形，人民法院可撤销或判决重新作出行政行为，包括“滥用职权”“明显不当”等，其中蕴含合理性审查的因子，系针对行政自由裁量的实质合法性审查标准。故有人认为合理性审查作为合法性审查的延伸和补充，能够有效规范行政裁量行为，保障相对人权益，是现代行政法治的发展趋势。但在我国司法实践中对行政自由裁量的合理性审查存在问题，审查依据尚不充分，审查的具体操作思路不明晰、存在盲区。法律对所有行政行为予以详细规定既不可能，也不现实。因此行政机关被赋予了一定自由裁量权，使其视具体情况做出相应行为。尤其在教育类行政案件中，审查时法院并不能用自己的判断代替高校的判断，首先要承认高校的裁量权，并基于审判权的“谦抑性”，在综合判断行为过程是否正当、考虑因素是否全面、理由是否充分的情况下，⑫认为“显失公正”时才能推翻被告的决定。如2004年朱某诉上海市应用技术学院要求颁发毕业证书案、⑬2005年王某诉上海市S大学不予授予学士学位案中，⑭从法官的阐述就可见其即对合理性概念并不轻易涉及、廓清。

3．价值维度：认识层面的多样化

关于高校开除学籍或者不予颁发学历学位证书的行为是否适当涉及自我感觉和社会评价，具有见仁见智的特点，系属各人感观，无法确定、精细或者量化，即使是同一时代、同一国家和地区，对适度与否的把握并无同一标杆，因此在未违背公序良俗的情形下，法院不应为干预高校管理开方便之门，对于涉及价值判断事项时没有必要承担不能承担之重，越俎代庖，陷入直接执法的僭越境地。⑮对于作弊（如在体育考试中找人代考、使用通信工具等情况）后被开除学籍的情况，有观点认为在对违纪学生作出直接影响受教育权的处分时，应当坚持处分与教育相结合原则，做到育人为本、罚当其责，

⑫ 尹建国：《不确定法律概念具体化的模式构建——从“唯一正确答案”标准到“商谈理性”诠释模式》，载《法学评论》2010年第5期。

⑬ 判决书中载明：“至于被告对原告作出退学处理决定是否正确，并非本案审查范围。原告对被告基于学生学籍管理作出的处理决定不服，可另行向有关部门提出申诉。”

⑭ 判决书中载明：“由于原告在校期间曾考试作弊，被告依据规定决定不授予原告学士学位，并无不当。至于原告所称被告对其作弊行为作出处分有失公允一节，因无证据佐证且……对此本院难以支持。”

⑮ 参见袁白薇：《“安全稳定”类信息公开案件审判权理性介入的标准与方法》，载《上海审判实践》2014年第8期。

仅一次作弊就开除学籍有违常理。但有人亦认为考试作弊成风，对该行径的严惩系整肃不良风气，不能因为学费高昂等情况就区别宽待。在利用通信设备等作弊态势严峻之际，如果放纵作弊行为不仅会置其他考生于不公之地，影响公平竞争权，长远来看更是影响文凭的含金量、公信程度，进而对社会发展带来负面影响。考试作弊行为本身不具有合法性、正当性，无论情节轻重均应受到惩处。用“严刑峻法”遏制该势头，利大于弊。又如前述案件中陈某的嫖娼行为，受到治安管理处罚系事实，《普通高等学校学生管理规定》中所指的情节严重、性质恶劣是对学生违纪行为性质的判断和评价，而《治安管理处罚法》中所涉及的情节严重，系公安机关履行治安管理职责时进行裁量的基准，两者并无关联性且本质不同。但是否情节严重、性质恶劣应给予高校一定解释权和自主权，如果一个地区、一所学校的处分大体宽严一致、以示公允，则亦无可厚非。再如被告以原告曾因打架受到过留校察看处分为由不予颁发学士学位，有人认为原告与人打架与颁发学士学位无关，而有人则认为道德品质和社会导向远比学术成绩重要，在社会浮躁的今天，严格规范学生日常行为有利无害。[16]

（二）程序层面——“宽严相济”原则

1.“宽”：“法”定程序向正当程序演进

大学自治是大学精神的核心，是解决大学目前存在严重弊端的最好选择。[17] 如前所述，如要求高校同行政机关一样，在作出任何处理时都遵循《行政处罚法》听证等程序，显然过于严苛。故在法院裁判时，对于高校作出决定程序上的判定，如以不符合《行政处罚法》等为由予以推翻，也应给予充分的理由和阐释。如果被告在程序上有可以改进之处，虽然法院并不由此判决被告败诉，亦可予以合理建议。如在 2005 年朱某诉上海市 Y 学院要求颁发毕业证书一案，法官虽然驳回了原告的诉讼请求，但判决书中载明：“从这些证据可以看出，被告在对原告作出退学处理决定时双方并未很好地进行沟通，这也是造成原告提起本次诉讼的原因之一。被告作为高等院校，在作出

⑯ 参见 2014 年潘某诉上海市 D 学院要求颁发学士学位证书一案。
⑰ 张巨成：《加入 WTO 与中国高等教育发展模式的转变》，载《思想战线》2002 年第 4 期。

影响公民受教育权利的相关决定前，应听取学生的意见，及时沟通，慎重考虑。而原告作为一名高校学生，也应当珍惜进入高等院校接受教育的良好机会，严格要求自己，做一名高素质的、合格的受教育者。”

2.“严”：高校设置和遵守必要的程序

（1）不能违反上位法规定。在处分学生权利时，学生不仅仅是被管理的身份，更重要的身份是普通公民，其应当必须受宪法和其他法律法规的保护，高校应当遵循和适用法律优先及法律保留的原则。[18] 因此，高校在进行行政活动中必须以宪法、法律法规等优先。即绝不可以违反《学位条例》《国务院学位委员会关于授予成人高等教育本科毕业生学士学位暂行规定》等。由于其系专门调整教育类行政案件的法律法规，必须恪守而不能有任何余地。

（2）严格遵循学校自设的程序。学生在入高校前、后，应仔细研读招生规章，了解其奖学金设置、学籍管理、处分机制等；高校亦会在《学位条例》等法律法规框架下将其细化为具有本校特点的规章制度：如《×××大学学生违纪处分规定（试行）》。如果比照后接受高校的规章制度，学生才会报考申请入学，双方建立起类似于“契约”的关系：高等教育异于义务教育，学生选择高校的机会更多，自由度更大，同时高校可以自主招生等。这种选择具有“双向”特征，可以预防纷争的发生：报考类似于发出要约，高校录取行为即契约成立，入学接受教育即履约过程。因此如果学校在下发手册所载明的规章制度里，未对某种行为后果进行明确规定，却作出学生无法预见的处理决定，即侵害了学生的“信赖利益”，不利于长期管理和内部稳定。在以高校为被告的案件中，学生和高校大多对事实认定表示认同（因为考试使用通信工具、代考等具有现场性特点）。在已生效的案件中，外省市法院在对开除学籍案件进行审查时，即使撤销被告行为也系因处分程序上存在瑕疵，违反了自设程序。如学校规定，为表示慎重应将处分决定亲手交至被处分学生手中，但被告却并未按规定送达。目前，国内尚未有法院因高校处理尺度不当而判其败诉的情况。与此同时，高校在遵守自制规章制度时，还应最大限

[18] 法律优先是指上一层次法律规范效力高于下一层次法律规范。在上一位阶法律规范已有规定的情况下，下一位阶的法律规范不得与上一位阶的法律规范抵触；上一位阶法律规范没有规定，下一位阶法律规范作了规定的，一旦上一位阶法律规范就该事项作出规定，下一位阶法律规范就必须服从上一位阶法律规范。

度完善处分程序。如在刘某不服L大学开除学籍处分决定案中，虽然被告能证明在作出被诉决定前已听取过原告陈述、申辩，并给予申诉的救济途径，但《普通高等学校学生管理规定》的第六十条规定："学校应当成立学生申诉处理委员会，受理学生对取消入学资格、退学处理或者违规、违纪处分的申诉。学生申诉处理委员会应当由学校负责人、职能部门负责人、教师代表、学生代表组成。"原告庭上曾提出申诉处理委员会的组成人员不明。据查，被告出示的材料中仅有签名册和投票统计，虽然程序上并未违法，但是宜在各人签名后注明身份，以利原告更好了解人员构成等情况。总之，高校对学生的处分应遵守《普通高等学校学生管理规定》第五十五条规定，力求证据充足、程序正当、定性准确、处分恰当。为源头上减少矛盾，在学生入学前、后，可以公示相关的处分案例（应隐去学生姓名）。高校遵循"契约精神"，不仅可以使学生更好地参与日常事务，防止因随意管理等行为给学生带来权益损害，而且能更好地解决当前纷繁复杂的受教育权纠纷。[19]

高校自治和司法监督是相辅相成的关系，诉诸法院的涉教育类行政案件大多涉及学生重大权益，从司法实践来看，所涉事实一般并无争议，因此判断高校的处分行为是否合法、合理成为必须。《学位条例》《教育法》等法律法规至今已有较长历史，内容有一定滞后性或空白性，甚至与现代教育管理思想脱节，在司法审查时应在实体层面充分尊重高校自主权，与此同时在程序层面采取"宽严相济"原则，即在法律法规仍有效的情形下予以严格遵守，同时应自觉遵循学校自设的程序即校纪校规，保护学生可预期的"信赖利益"。

（责任编辑：林俊华）

⑲ 参见肖萍、辛振宇：《论受教育权纠纷及其解决机制的重构——以高等教育为视角》，载《南昌大学学报》2012年第4期。

居住权对抵押不动产执行的影响及解决路径

徐景华　葛少锋*

《民法典》实施以来，居住权制度正式上升到立法层面，充分体现了中国特色社会主义法治体系下“让人民群众住有所居”“尊重和保障人权”等重要发展理念。然而，《民法典》对同一不动产上设立的居住权与抵押权存在的权利冲突问题如何处理并未作出规定，本文拟在《民法典》的框架下，结合民事执行相关法律法规，围绕居住权对抵押不动产执行的影响、两者发生冲突时如何具体适用法律以及司法实务中的具体对策等进行探讨，以期解决法律适用的难点和疑点，构建两者权利冲突的解决机制，以便更好地保护各方利益。

一、问题之提出——从一则案例看居住权与抵押权在不动产执行中的冲突

案例：债务人张某因经商需要流动资金，向债权人王某借款 80 万元，作为实现债权的担保，张某将其所有的一套住宅抵押给王某，并办理了抵押登记。事后，张某因外祖父李某家庭变故无居所，将该住宅交李某居住，同时与其签订居住合同，约定李某可居住至百年，并至登记机关办理了居住权登记。后张某因未能清偿到期债务被王某起诉，王某胜诉后又向人民法院申请执行，要求拍卖抵押住宅以实现债权，执行过程中李某提出执行异议，认为人民法院拍卖该住宅会影响其居住，请求人民法院撤销本次拍卖。

案例中，张某考虑到外祖父李某因家庭变故无居所，出于亲情考虑将自

* 徐景华，法律硕士，上海市金山区人民法院执行局局长。葛少锋，法律硕士，上海市金山区人民法院执行局审判员。

己名下住宅交其居住，同时签订了居住合同，约定了居住权期限，并向登记机关作了居住权登记，从法律上看，李某获得了《民法典》规定的对住宅的居住权。居住权是《民法典》新设立的一项物权，它的设立和行使，有可能影响到住宅上担保物权的实现，最为多见的影响表现在强制执行过程中可能出现妨碍抵押权实现的后果。人民法院在处置设定居住权的抵押房产时，是否可以涤除居住权，按照何种条件来涤除，两者顺位如何界定等问题理论上需要探讨，在确定居住权和抵押权实现顺位之标准后，尚需探寻两类权利的实现路径。

二、居住权和抵押权特征的比较分析

（一）权利属性：用益物权和担保物权权能并非互相排斥

1．居住权系用益物权，偏重于物的使用价值

居住权，这项古老的私权利起源于罗马帝国时期的《优士丁尼法典》，与使用权、用益权共同构成罗马法中人役权的主要内容。[①]其产生与当时罗马社会家庭状况及概括继承制有密切联系，该制度的设立初衷是为了解决家庭成员的居住和供养，同时具有保护弱者的功能，后被《法国民法典》《德国民法典》吸收借鉴。物权人的利益，表现为对于标的物用益价值和交换价值的享受。[②]居住权人的利益，表现为对设定居住权的房屋的全部或者部分，享有占有、使用的权利。

《民法典》第三百六十六条规定："居住权人有权按照合同约定，对他人的住宅享有占有、使用的用益物权，以满足生活居住的需要。"居住权设立方式为合同约定或者遗嘱设定，登记是居住权合同生效的必要条件。居住权作为用益物权，偏重于促进住宅使用价值的发挥。居住权独立于所有权存在，一定程度上限制并排斥所有人对标的物的占有和使用。[③]

2．抵押权系担保物权，侧重于物的交换价值

抵押权也脱胎于罗马法，经历了一个漫长的发展过程。随着工业化和市

① 参见孙宪忠、朱广新：《民法典评注》，中国法制出版社2020年版，第236页。
② 参见谢在全：《民法物权论》，中国政法大学出版社2011年版，第86页。
③ 参见肖俊：《"居住"如何成为一种物权》，载《法律科学》2019年第3期。

场经济的发展，物权人已不满足于对物的现实支配，而演进为获取融资的价值利益，物权的价值化趋势也愈发显现，社会对融资担保提出更高的要求为发挥物之交换价值，可以设定担保物权。④ 抵押权素来有“担保之王”的美称，其优点就是将物的使用价值和交换价值相分离，做到物尽其用。

《民法典》第十七章从第三百四十九条至第四百二十四条对抵押权的概念和内涵作了详细的规定，内容涵盖抵押权的性质、抵押物的范围、设立抵押权的条件，抵押权人可以就抵押财产优先受偿等规定。在抵押人不能按期清偿债务，抵押权人对抵押财产变现后所得价款享有优先受偿权。

（二）实现过程：实现时间和实现方式均有重合空间

1. 居住权经登记生效，生效即实际实现权利

居住权行使方式为签订居住合同并到不动产登记部门登记，即发生法律效力。居住权人就可对住宅占有、使用。居住权为既得权，即权利人取得居住权时即可实现其权利。居住权是一种需实体支配标的物的用益权利，居住权实现时间与取得时间相同，居住权以房屋占有、使用为目的，其在权利设定之初即开始享受物之价值。

2. 不动产抵押权登记生效，但实现与取得存在时间差

法律规定不动产抵押权为登记生效，不动产抵押权自在不动产登记中心登记后发生法律效力。抵押权为期待权，其权利的实现体现为享有抵押物处置后所得价款的优先受偿权。抵押权是一种无需实体支配标的物的担保权利，而抵押权实现与取得时间存在时间差，⑤ 抵押权以确保债之清偿为目的，仅在担保之债无法清偿时方具体实现，具有未来性和或然性。⑥

（三）立法目的：维护居住利益与保障债权安全均为社会必需

1. 居住权的设定，维护居住需要，物尽其用提升住宅使用效率

居住权旨在解决特定的家庭成员以及家庭服务人员等的居住困难问题，尤其是为解决老人、离婚时处于弱势的妇女、保姆等特殊人群的住房问题提

④ 参见王泽鉴：《民法物权》，北京大学出版社2009年版，第163页。

⑤ 参见刘保玉：《论物权之间的相斥与相容关系》，载《法学论坛》2001年第6期。

⑥ 参见梁慧星、陈华彬：《物权法》，法律出版社2007年版，第256页。

供制度上的保护。同时居住权的设立也为健全住房保障体系，保障拆迁安置中的居住权益，为老人“以房养老”等充分提升房屋利用效率的现实需要提供制度保障。总地来说，居住权的目的一是为了给社会弱势群体居住需要兜底，体现国家尊重和保障基本人权，二是为了提高房屋的利用效率，推动社会经济发展。

2．抵押权的设立，保障债权安全，资金融通激发社会经济活力

《民法典》第四百零八条规定了抵押财产价值减少时抵押权人的补救措施。在不同情况下，抵押权人有权请求抵押人停止减少抵押物价值的行为，有权请求恢复抵押财产的价值，或者提供与减少的价值相应的担保。抵押人不配合的，抵押权人有权请求债务人提前清偿债务。抵押人不按时履行债务的情况下，抵押权人也可依据《民法典》通过诉讼等法律途径及时寻求救济。抵押权的设立可以使债权人的债权得到比较充分的保障，为优先受偿给抵押人充分发挥担保财产的价值提供法律保障，抵押权制度的建立极大地促进了资金的融通，进而大大激发了社会的经济活力，对市场经济健康发展意义重大。

根据物权理论，物权排他效力是指在同一个物上不能同时存在数个内容互不兼容的物权。⑦抵押权之设定并不移转占有，居住权则以占有为内容，两种物权并不存在非此即彼、完全互斥的关系，并不违反物权的排他效力，在同一住宅上同时设立居住权和抵押权并不存在法理阻碍，但是抵押权实现时，居住权的占有事实将与抵押物买受人的占有需求形成冲突。

三、居住权与抵押权冲突的具体表现及实践难题

（一）设立在前的抵押权与设立在后的居住权的冲突

在前述案例中，张某先将住宅抵押给王某，而后在住宅上给李某设立居住权，抵押权设立在前，居住权设立在后。考虑到不动产是在设定居住权以前设立的抵押负担，当抵押权人欲行使抵押权向人民法院起诉并申请执行，此时如居住权还未到期，抵押权和居住权两者将面临冲突，能否涤除以及如

⑦ 参见申卫星：《物权法原理》，中国人民大学出版社2016年版，第93页。

何涤除居住权将成为难点问题。

（二）设立在前的居住权与设立在后的抵押权的冲突

前述案例中，如张某在抵押前与李某签订居住合同设立了居住权，而后为了生意上资金的需要，又将已设立居住权的住宅抵押给王某，经过登记后获得借款，因经营不善张某无力按期偿还所借款项，王某想要通过起诉实现抵押权的受偿，在后抵押权与在先居住权是否考虑倾斜保护其中一方，如何处理也将面临难题。

（三）“居抵并存”的实践难题

居住权存续期间内，债务人不履行到期债务或者发生当事人约定的实现抵押权的情形时，抵押权人可以通过司法程序就住宅申请法院进行拍卖以优先受偿。首先，由于居住权人实际占有并使用住宅，其提出执行异议将会导致抵押住宅不能及时启动拍卖，抵押权人的权益得不到快速兑现。其次，在某些情况下，即使抵押住宅附带居住权顺利拍卖，由于住宅上存在居住权负担，一定程度上会影响其市场价值，进而影响拍卖时的成交价格，可能损害抵押权人的可得利益。[⑧] 最后，如拍卖后需涤除住宅之上的居住权，但居住权人不配合人民法院腾空，也将使拍卖房的交付周期延长，对无法自行解决居住的居住权人进行强迁，处理不当亦容易引发社会不稳定因素。

四、居住权与抵押权冲突在执行程序中的解决路径

《民法典》第四百零五条规定，抵押权设立前，抵押财产已经出租并转移占有的，原租赁关系不受该抵押权影响。该条款本质上是对已完成交付的在先租赁权的保障，其论证思路为债权的物权化或者当事人地位的法定转移。[⑨] 结合居住权及租赁关系的性质对比，从房屋占有及使用方式分析，居住权与租赁权在发挥房屋基本功能、实现权利途径等方面高度重合，两者均以满足需求人对房屋之占有以及获得房屋使用权为目的而订立合同，其区

⑧ 参见汪洋：《民法典意定居住权与居住权合同解释论》，载《比较法研究》2020年第6期。

⑨ 参见张双根：《谈“买卖不破租赁”规则的客体适用范围问题》，载《中德私法研究》2006年第1期。

别主要表现为使用的有偿性及修缮义务的分配等。[⑩] 因此，面对居住权与抵押权之冲突，可从以上两项权利设立之时间先后着眼，参照适用“抵押不破租赁”和“买卖不破租赁”等规则精神，以两者设立时间为基本界标进行处理。

（一）居住权设立在先，抵押权应受到居住权的限制

1. 在先居住权可对抗在后抵押权

居住权自设立之初就具备保障弱势群体住有所居及老年人“以房养老”的重要作用，《民法典》亦将居住权制度价值定位为“满足生活居住需要”。从程序上，居住权本身需经登记方可生效，故而抵押权人在办理登记前，理应尽必要的审慎核查义务，并就抵押物之上已负担的权利充分了解，同时自行承担相应法律风险。假如抵押权人明知抵押住宅存在居住权仍同意办理抵押登记的，应视为认同在先居住权之优先效力，原居住权关系不受在后成立的抵押权影响。需要指出的是，居住权的设立经登记方生效，但登记作为不动产物权设立变更的法定公示方式，具有推定效力，因此无需参照租赁关系通过占有转移的方式进行公示，只需要权利人在权利登记簿上完成居住权登记即可。

2. 在后抵押权在强制执行程序中的实现路径

在后抵押权之实现须确保在先居住权的正常行使，执行过程中即便要将涉案住宅拍卖、变卖，也不可采取诸如强制搬离、限期腾退、限制居住权人出入等对居住权人产生重大实际影响的措施。因此，人民法院在处置设有在先居住权的抵押房屋时，可借鉴司法实践中“带租拍卖”模式进行“带居拍卖”。抵押物的“带租拍卖”一般应符合租赁合同签订日期在抵押权设立前，租赁合同已在完成登记备案及承租人已实际占有使用房屋等条件，拍卖成交后买受人需继续负担原租赁合同。“带居拍卖”具体为在拍卖设有在先居住权的房屋时，可以“带居拍卖”的形式进行，办理合法有效的在先居住权登记为“带居拍卖”的前提条件，后续司法拍卖成交后不得涤除居住权，以附带居住权的形式实现住宅过户。

---

⑩ 参见王利明：《论民法典物权编中居住权的若干问题》，载《学术月刊》2019 年第 7 期。

（二）抵押权先行登记，可排除在后居住权之妨碍

1. 在后居住权不得妨碍在先抵押权

居住权创设目的在于保障人民群众居住这一基本需求，是否应当优先考虑基本居住需求保障的价值追求，并得出在后的居住权可对抗在先抵押权的实现呢？倾斜保护理念一定程度上是以公序良俗原则发挥弥补法律漏洞的功能而存在的，在抵押权在先公示的情况下，若以弱者保护为由一律不除去居住权而赋予其特殊地位，本质上颠覆了居住权制度赖以生存的正当化基础，突破了私法自治的范畴。从利益平衡角度看，抵押权人作为民事主体，其应当具备对担保行为设立的风险认知，但不应苛责其承担抵押权设立后，妨碍其优先受偿的抵押人人为造成的抵押物价值贬损风险。因此，在后居住权不得妨碍在先抵押权的实现。

2. 在先抵押权在强制执行中的实现路径

关于在后居住权的效力，有学者认为当抵押权实现时，在抵押物上设定的利用关系自当失去效力；[11]也有学者认为，所谓利用关系不得对抗已登记的抵押权，限于因利用权影响到了抵押物交换价值的实现，当利用关系无损于抵押权实现时，不必然导致利用关系消灭。[12]居住权消灭原因主要包括：（1）法定消灭原因即居住权期限届满以及居住权人死亡。（2）其他消灭原因，如住宅灭失、被征收而失去居住权，因居住权人自愿放弃或与所有权混同以及因居住权人滥用权利归于消灭等。[13]居住权消灭的原因中并无因权利冲突而直接导致消灭的规定。在强制执行程序中，如拟处置住宅经调查查明存有居住权，人民法院可依据《最高人民法院关于人民法院民事执行中拍卖、变卖财产的规定》第二十八条，对在后居住权是否构成对在先抵押权实现的妨碍和影响进行审查，重点审查居住权是否构成对住宅变现的妨碍，如存在居住权期限为较长期、并未实际居住明显系恶意设立居住权妨碍执行的，或在多处住宅有居住权等情况，可认定为妨碍住宅之抵押权实现。一旦认定构成

---

⑪ 参见王利明：《物权法研究（下卷）》，中国人民法学出版社 2016 年版，第 1238 页。
⑫ 参见崔建远：《物权法》，中国人民大学出版社 2014 年版，第 468 页。
⑬ 参见最高人民法院民法典贯彻实施工作领导小组：《中华人民共和国民法典物权编理解与适用（下）》，人民法院出版社 2020 年版，第 890 页。

妨碍则应涤除居住权并责令居住权人腾空住宅。如审查认定不构成现实妨碍，如经评估后认定负担居住权拍卖能够满足抵押权人的债权，或者居住权期限较短且居住权人承诺到期搬离，承诺搬离时间不晚于住宅交付买受人日期的，则对居住权暂不予干涉，但在拍卖公告中作为权利瑕疵予以披露，后续如其违背承诺则依法强制迁出。居住权人有异议的，可引导其通过执行异议程序予以解决。

3. 给予在后居住权人迁出宽限期及优先购买权

为了兼顾在后居住权人的利益，在执行过程中可借鉴《最高人民法院关于人民法院执行设定抵押的房屋的规定》第二条，在裁定拍卖、变卖或者抵债后，可以给予居住权人一定的宽限期，在宽限期内居住权人可暂缓搬离，着手寻找新的住处。同时，可参照适用租赁合同中关于承租人优先购买权的有关制度，赋予居住权人同等条件下对房屋的优先购买权，在其竞拍成功后，该房屋上的居住权与抵押权的矛盾也可彻底化解。

此外，对部分特殊困难群体，如“五保户”、孤寡老人等确实无法另行自行解决居住房屋的，需要建立特殊保护机制，以免引发人道主义危机。对经审查核实，如在后居住权人确实无其他可供居住的居所，对其有抚养、扶养、赡养义务的近亲属等也无法提供替代居所，确因客观原因无法自行解决居所的，人民法院可以通过民政部门与福利院、养老院等单位建立特殊的救助保障机制，将其迁出至上述社会福利场所居住，以守住困难公民生存必需之民生底线。

（责任编辑：金殿军）

论债权执行中执行力扩张之正当性基础

陆佳佳*

一、前言

债权作为财产权可成为执行标的已无异议，但相较于物权执行，债权执行可以说是以债权实现债权。由此形成的循环结构，不得不面临执行力扩张的正当性质疑，即在欠缺执行名义的情况下，执行力何以能扩张至次债务人，或者说，是否能扩张至次债务人。为解释债权执行的正当性基础，传统执行理论学界提出了"协助执行说""债权保全说""督促程序说"等，①上述学说的论证路径都是将债权执行类推于其他制度，以寻找到对其施以执行力扩张的理由，但始终未厘清债权执行自身的制度定位和正当性基础。②换言之，并没有正面回应如何化解执行名义欠缺与执行力扩张之间所形成的矛盾关系。因此，债权执行始终在执行法理论上无法证成正当性，执行实务中也较受诟病。

二、债权执行欠缺执行名义

论证债权执行中执行力扩张的正当性基础系为弥补执行名义的欠缺。也有学者认为，债权执行存在执行名义，并试图将冻结裁定和强制执行裁定一并理解为其执行名义。③由此，首先需要审视的问题是：债权执行到底是否存在执行名义。

* 陆佳佳，法学硕士，上海市浦东新区人民法院行政及执行裁判庭审判员。

① 参见庄加园：《初探债权执行程序的理论基础——执行名义欠缺的质疑与收取诉讼的构造尝试》，载《现代法学》2017年第3期。

② 或者从某种意义上，传统学说隐含着债权执行制度本身不是一项独立制度的判断。

③ 肖建国、刘文勇：《论执行力主观范围扩张及其正当性基础》，载《法学论坛》2016年第4期。

执行名义乃表示私法上给付请求权之存在与范围，而得据以申请强制执行之公文书。执行名义系强制执行程序之特殊制度，未具备执行名义之要件，并无法发动强制执行程序。④ 我国民诉法上又称之为执行依据。执行名义适用类型法定原则，即得为执行名义者需符合法律所规定的特殊公文书形式。根据我国法律规定，《民事诉讼法》第二百四十三、二百四十四、二百四十五条以及民诉法解释第四百六十二条规定，执行名义的法律文书类型包括民事判决、裁定、调解书、决定、支付令、仲裁裁决、调解书、赋予强制执行效力的公证债权文书、承认和执行外国法院判决、裁定、国外仲裁机构仲裁裁决的裁定，以及法律规定由人民法院强制执行的其他民事生效法律文书。⑤ 而在整个债权执行程序中，执行法院一般会出具三种法律文书，分别是冻结债权裁定、履行债务通知书以及对次债务人的强制执行裁定。初看之下，似乎冻结裁定和强制执行裁定符合执行名义的裁定类型。然而，上述两裁定是否真的可以单独或者共同构成债权执行的执行名义呢？

根据我国民事诉讼法规定，裁定一般适用于程序性裁决事项。⑥ 司法实务中，又具体可分为执行裁定和民事裁定。《民事诉讼法》第二百四十三条规定可以作为执行名义的仅为民事裁定，主要是指保全和先予执行裁定，但并不包括执行裁定。而债权执行中的冻结裁定和强制执行裁定，都属于执行裁定，而非民事裁定，依法并不属于执行名义的法定类型。前述观点认为冻结到期债权的裁定和对第三人强制执行的裁定可以作为债权执行的执行名义，恰是将执行裁定误当成了民事裁定。⑦ 所以，债权执行欠缺执行名义是不争

④ 姜世明：《强制执行法基础讲座：第一讲　执行名义（一）》，载《月旦法学教室》2014年第140期。

⑤ 详见《民事诉讼法》第二百四十三、二百四十四、二百四十五条以及民诉法解释第四百六十二条规定。最新公布的强制执行法草案第十三条对执行依据也进行了列举式规定。

⑥《民事诉讼法》第一百五十七条第一款规定，裁定适用于下列范围：（一）不予受理；（二）对管辖权有异议的；（三）驳回起诉；（四）保全和先予执行；（五）准许或者不准许撤诉；（六）中止或者终结诉讼；（七）补正判决书中的笔误；（八）中止或者终结执行；（九）撤销或者不予执行仲裁裁决；（十）不予执行公证机关赋予强制执行效力的债权文书；（十一）其他需要裁定解决的事项。

⑦ 肖建国、刘文勇：《论执行力主观范围扩张及其正当性基础》，载《法学论坛》2016年第4期。

的事实。

至于为何执行名义不涵盖执行裁定，乃系因审执分离所致。然因我国民事诉讼法规定实施执行行为需以裁定方式作出，⑧ 故执行裁定虽冠之以裁定名义，然却仅有执行措施之实。在执行权运作过程中，执行名义是发起执行权的依据，而执行裁定则是实施执行权的依据，故两者实则分属不同的程序范畴。

三、执行力的本质以及正当性基础

（一）执行力的本质——权利救济的方式

根据目前学界通说的观点，执行力属于执行名义所具有的通用效力，是通过强制执行来实现生效法律文书所确定内容的效力。⑨ 如此同义反复的概念表达，使得执行力与执行名义先天就无法摆脱因果关系，导致根本无从论证执行力的正当性基础。是故，传统民事诉讼法学界将执行力的正当性基础依附于既判力，并将其归结为正当程序保障下的自我归责原则。⑩ 为此，执行法学者遂将研究重点集中于执行力与既判力二元论命题上，并在成功论证执行力有别于既判力，执行力有其独立存在价值的基础上，归纳出执行力的正当性基础在于程序保障、自我决定、效率优先、权利人对特定债务人享有权利的高度盖然性、执行公平、实体权利关系的存在和移转等多重因素。⑪ 当然，也有民诉法学者仍然坚持既判力与执行力的一元论观点，认为既判力与执行力二元论不仅不存在坚实的规范基础，其也欠缺充分的法教义学

⑧ 《民事诉讼法》第二百四十九条、第二百五十一条均规定人民法院查封、扣押、冻结、拍卖被执行人财产的，应该作出裁定。我国台湾地区实施执行行为则采之以命令形式，就不会产生此种认识误区。

⑨ 肖建国、刘文勇：《论执行力主观范围扩张及其正当性基础》，载《法学论坛》2016年第4期。

⑩ 黄忠顺：《执行力的正当性基础及其制度展开》，载《国家检察官学院学报》2016年第4期。

⑪ 参见肖建国、刘文勇：《论执行力主观范围扩张及其正当性基础》，载《法学论坛》2016年第4期；黄忠顺：《执行力的正当性基础及其制度展开》，载《国家检察官学院学报》2016年第4期；以及常廷彬：《试论执行力主观范围的扩张》，载《法治论坛》第17期。

证成。[12]笔者认为，执行力不同于既判力，两者系分属于执行名义不同之法律效力维度。[13]就两者具体区别之处，学界已得以充分论述，本文即不再重复。[14]然因并非所有执行名义均具备既判力，故即使从既判力与执行力二元论出发，也并不能完全否定无执行名义即无执行力这一命题。事实上，从执行名义的通用效力出发，执行力永远无法脱离执行名义而单独得以论证。可以说，现有执行力正当性基础的研究路径与执行力的概念一样陷入了前提限定的逻辑泥沼。

至此，实有必要检视的是，究竟何为执行力？以债权为例，众所周知，债权是债权人得向债务人请求给付的权利。由于债之关系是建立在人与人之间的信用基础之上，故债权本身并不具有直接支配法律关系标的物之权利，而完全仰赖于债务人的主动给付。然在债务人怠于履行义务时，法律并不主动采取行动，而是让诸债权人自行决定是否实现其权利；债权人一旦决定行使其权利时，法律则提供其权威、力量及制度，使债权人得诉请履行，必要时并得强制执行；于特殊情形，更容许债权人自力实现其债权。债权通常兼具诉请履行力、强制执行力、私力实现力、处分权能及保持力。[15]其中，作为强制实现债权内容的手段，诉求力（诉请履行力）与强制执行力是债权的核心效力。由于该两种效力仅在债务人怠于履行之际才得以发挥作用，故属于权利救济范畴。所以，从本质上说，债权之执行力是债权权利救济的方式之一。

除却债权外，其他权利也存在此种权利救济方式。权利救济是在权利被侵害后对权利的恢复、修复、补偿、赔偿或对侵权的矫正，它是一项实现权利的权利，争取权利的权利。[16]不仅是债权，任何权利只要存在被侵害之可

---

⑫ 参见任重：《民事判决既判力与执行力的关系——反思穿透式审判思维》，载《国家检察官学院学报》2022年第5期。

⑬ 虽然作为执行名义的通用效力，但并不是所有的执行名义都同时具有既判力与执行力。诸如民事调解书、赋予强制执行力的公证文书等均不具有既判力，但仍具有执行力。

⑭ 既判力与执行力的主要区别是既判力规制的是前、后诉之间的关系，而执行力规制的是执行名义与强制执行之间的关系。参见肖建国、刘文勇：《论执行力主观范围扩张及其正当性基础》，载《法学论坛》2016年第4期；黄忠顺：《执行力的正当性基础及其制度展开》，载《国家检察官学院学报》2016年第4期。

⑮ 王泽鉴：《债法原理》，北京大学出版社2013年版，第68页。

⑯ 贺海仁：《自我救济的权利》，载《法学研究》2005年第4期。

能，就具有强制实现其权利内容的救济权利。⑰ 因此，于权利而言，执行力的本质即为权利救济的方式。

（二）执行力的正当性基础——权利本身

相对于实体权利，权利救济是“第二性的权利”。虽依附于原权利而存在，但也具有独立的权利内涵与价值。权利既然属于人或公民，救济权也应当属于相应的人或公民，两者的内在统一性使救济成为权利不可剥夺的属性。⑱ 可以说，脱离了此种权利救济的权利，是无法得以实现的不完整权利。权利救济作为一种权利，是自我救济的权利，即权利人或权利主体对其权利的自我判断和自我实现的资格和能力。⑲ 此种自我救济的资格与能力是根植于人的内在性之中的，是人对其所拥有完整性的维持。因此，权利救济来源于权利主体的完整性，而作为其实现方式的执行力，正当性亦应来自权利主体的完整性，或者更确切地说，应来自权利本身。

为消减私力救济所带来的种种缺陷与不便，现代社会已经不允许权利主体自行实现其救济权利。公力救济否定的是私力救济状态之中的以权利人的个人意志为导向的权利实现方式，并且以委托——代理的形式从抽象的意义上证明了它的合理性。⑳ 所以，现代社会中作为权利救济方式的执行力已经委任于国家公权力机关，并演变为执行权。但就此并不能否认，执行力的正当性基础仍是来自权利本身。在权利并不存在的前提下，国家公权力机关亦不享有擅自发动执行权的权利，更不得强制他人履行不存在的债务。㉑ 事实上，执行力不仅为执行权的行使提供了据以立足的基础或出发点，也划定了行使这种国家强制力的正当范围或者合理的边界。㉒

---

⑰ 此处权利系指具备完整权能的权利，但并不包括自然之债等不完整的权利。

⑱ 贺海仁：《从私力救济到公力救济——权利救济的现代性话语》，载《法商研究》2004 年第 1 期。

⑲ 贺海仁：《自我救济的权利》，载《法学研究》2005 年第 4 期。

⑳ 贺海仁：《从私力救济到公力救济——权利救济的现代性话语》，载《法商研究》2004 年第 1 期。

㉑ 此在执行法律关系中即表现为申请执行人与执行法院之间的申请执行法律关系。

㉒ 王亚新：《通过强制执行的权利实现——执行程序的实际操作及其功能》，载《当代法学》2018 年第 1 期。

四、执行名义的本质与权利判断程序的设置

（一）执行名义的本质——权利判断的证明文书

既然执行力的正当性来源于权利本身，那么任何权利自应都可以通过公力救济得以实现。然现代司法制度却只允许具备法定形式要件的公文，即执行名义才具有向国家机关申请发起执行权的资格。换言之，执行名义成为权利本身具备执行力的前提条件。之所以如此，乃因为强制现实履行，是对债务人自由的暴力侵害，必须存在正确无误的债权时才能发动。因此，债权的实现，首先在实体法上要先行进行债权有无的判断，然后再开始作为实现债权程序的强制执行程序（强制现实履行依据强制执行法的观点称之为强制执行）。这就是所谓的双层构造。㉓ 在此双层构造中，通过审判程序所获得的执行名义，因其具有终局裁决的性质，即既判力之通用效力，使得其上所载明的权利已确定无疑，而得以具备执行力。因此，执行名义之所以具有执行力，乃在其本质为权利判断的证明文书。执行机关无需过问执行名义上所载明之权利的真实有无，只需强制实现该权利即可。正如竹下守夫教授所言，执行名义所具备的执行力是为“就实体权利的存在作出的判断具有通用力时的执行力”。㉔ 受此影响，权利非经事先正当程序之判断即不得救济，已成为法律共识。

（二）权利判断程序的设置

然而，权利判断程序的设置是否一直是一成不变的呢？纵观我国执行名义中的文书类型，终局裁决仅是其中一种形式，诸如调解书、支付令、赋予强制执行力的公证债权文书等均不具有以“正当程序保障下自我归责原则”为基础的权利判断程序，但同样也具有执行力。甚至，执行名义所奉行的类型法定原则，在我国民事执行制度中也出现了较大程度的松动，最

㉓ ［日］内田贵：《民法Ⅲ债权总论·担保物权》，东京大学出版社 2005 年版，第 113 页。
㉔ ［日］竹下守夫：《日本民事执行法理论与实务研究》，张卫平、刘荣军译，重庆大学出版社 1994 年版，第 44 页。

典型之例证即为执行中变更、追加当事人制度的出现。㉕ 与债权执行制度一样，执行中变更、追加当事人制度，也面临执行力扩张欠缺执行名义的理论障碍。㉖

事实上，对权利的判断权并非天然属于国家公权力机关。在权利救济模式的第一次转型过程中，除执行权以外，权利主体对权利本身的判断权一同移转至国家机关，其对权利加害人的要求权也转换为向国家机关的请求权。㉗ 可以说，正是伴随着执行权、判断权与权利本身以及彼此之间的分离，才产生了执行名义。严守执行名义的类型法定原则，在权利形态较为简单、着力于纠纷解决的传统社会是妥当的。然因现代社会诉讼爆炸已成顽疾，权利形态更趋于精细，过分固守执行名义的类型法定原则，将执行名义视为执行力的唯一来源，而忽视其本质不过是权利判断的证明文书，不免陷于形式主义之认识局限，并终使执行制度失于灵活。㉘ 事实上，囿于现代司法资源的有限供给，诉讼经济问题已成为实乃不得不重视之问题。因此，根据权利状态之类别，与之适配相应的权利判断程序，成为现代司法制度的必然选择。现代司法制度也出现了权利判断权有限回归的现象，即逐步、有限地承认将权利的判断权回归至权利主体。各类调解书、合意裁决书即为

㉕ 根据《最高人民法院关于民事执行中变更、追加当事人若干问题的规定》，符合法定追加情形时，无需事先取得执行名义，即可通过略式审查程序直接变更、追加当事人为执行当事人。如此，就等同于在欠缺执行名义的情况下，执行力得以直接扩张至第三人。该项制度虽备受争议，但不可否认的是，其在司法实践中确实产生了难以替代的实益效果，尤其在攻克“执行难”顽疾方面，可谓功不可没。目前，不少诉讼法学者仍致力于论证该制度的正当性。参见陈杭平：《再论执行力主观范围的扩张》，载《现代法学》2022 年第 4 期；参见肖建国、刘文勇：《论执行力主观范围扩张及其正当性基础》，载《法学论坛》2016 年第 4 期；参见黄忠顺：《执行力的正当性基础及其制度展开》，载《国家检察官学院学报》2016 年第 4 期。

㉖ 但两者在程序保障上仍有些许不同之处：相对于债权执行中执行力扩张所采用的事后救济程序，执行中变更、追加制度所采用的则是事先的略式审查程序。

㉗ 至此，权利主体获得救济的权利从判断权转变为认为权，从要求权转变为请求权、从执行权转变为无权，确立了以权利主体和国家作为两造的权利义务关系。参见贺海仁：《自我救济的权利》，载《法学研究》2005 年第 4 期。

㉘ 无独有偶，物权法定原则在现代社会也受到了巨大的冲击，并在担保物权领域中出现了功能化的认定趋势。可以说，担保物权已经突破了类型法定的框架。参见谢在全：《担保物权制度的成长与蜕变》，载《法学家》2019 年第 1 期。

典型之例证。甚至，也允许未经权利判断程序，仅凭债务人单方的执行承诺即可获得执行力，赋予强制执行力的公证债权文书即为典型之例证。㉙此类执行名义的出现，意味着事先的权利判断程序并非为取得执行力的唯一方式，即使欠缺执行名义但附之以后置的权利判断程序亦可先行获得执行力。因此，在权利判断程序可灵活设置的制度背景下，欠缺事先的执行名义并不必然导致执行力扩张的无效，只要与之适配了相应的权利判断程序（事前、事后均可），其即可依据权利本身实现执行力的扩张。正如有学者在论证执行中变更、追加当事人制度之执行力扩张中所提出的，以执行程序中的执行力主观范围扩张的命题，替代诉讼或者仲裁程序，不能彻底剥夺被申请人的程序保障。相反，执行法院应当通过略式程序，为当事人提供妥当的、成比例的程序保障，并只解决适合通过略式程序审查判断的变更、追加争议。㉚

五、现有债权执行制度中执行力扩张的正当性基础

（一）债权执行的执行力客观范围谱系

虽然欠缺执行名义，但只要经过了妥当的、成比例的权利判断程序，即可以使债权执行标的之债权权利具备执行力。以目前我国强制执行制度所认可的具有执行力之债权类型为谱系标准，与之适配的权利判断程序以及效力范围如表1所示：㉛

㉙ 公证债权文书的执行力使得债权人可以跳过权益确定程序而直接进入权益实现程序，在债权人可以直接申请强制执行实现推定债权的情形下，债权人不存在提起民事诉讼的必要性，故债权人在公证债权文书的执行力消减之前不具备提起给付之诉的利益。见黄忠顺：《论执行力对诉的利益的阻却——以公证债权文书为中心的分析》，载《法学论坛》2016年第4期。但法律并不否认公证债权文书在执行力消减以后的诉权。因此，公证债权文书的推定债权也有权利判断程序，只不过是后置而已。

㉚ 陈杭平：《再论执行力主观范围的扩张》，载《现代法学》2022年第4期。

㉛ 因先予执行、保全裁定、承认和执行外国法院判决、裁定、国外仲裁机构仲裁裁决的裁定并不具有独立的权利判断程序，故笔者并未将其列于表中。同时，因为股息、红利系附属于股权所产生的财产性权利，仍有别于债权，故笔者亦未将其列于表中。

表 1

权利类型	民事判决书	支付令、实现担保物权的裁定	各类调解书	仲裁裁决书	赋予强制执行力的公证债权文书	工资债权、各类银行存款债权、法定期限内未提异议的普通债权
权利判断程序	诉讼程序	督促程序、特殊程序	调解程序	仲裁程序	不予执行公证债权文书诉讼	执行异议程序和声明异议程序
既判力	有	无	无	无	无	无
执行力	有	有	有	有	有	有

由表 1 可知，我国具有执行力的债权类型谱系可谓广泛，且具有以下几个主要特征：（1）既判力与执行力相分离。除民事判决书外，其余具有执行力的权利类型均无既判力。可见，既判力不是执行力的正当性基础在执行实务中已无异议。与理论界不同，我国司法实践已然完全跳脱出既判力与执行力关系的二元与一元论之争；（2）前置与后置的权利判断程序并存。相较于其他权利类型，赋予强制执行力的公证债权文书和工资债权、银行存款债权的权利判断程序均属于后置型。此种后置型程序的设置，意味着我国执行制度已经初步形成与权利状态相适配的、多方位的权利判断程序体系；（3）有限承认欠缺执行名义债权权利的执行力扩张。工资债权、银行存款债权、法定期限内未提异议的普通债权（以下简称三类债权）均属于欠缺执行名义的实体权利。有限承认该三类债权直接具有执行力，预示着我国执行实务已有限突破执行名义的类型法定原则。

可以说，上述权利谱系完整反映了权利判断权从国家公权力机关到权利主体的有限回归路径。其中，尤以赋予强制执行力的公证债权文书与三类债权欠缺事先的权利判断程序，而为最极端之形态。向第三人提供后置性程序保障机制的不利结果是，第三人未经正当程序保障即被要求承受强制执行，而后置性程序保障通常不具有导致中止或者暂缓执行的效力，第三人实际上还承受着事后执行回转不能的风险。㉜ 是故，与后置性权利判断程序相适配的权利类型应为重点考察之对象。其中，赋予强制执行力的公证债权文书通

㉜ 黄忠顺：《执行力的正当性基础及其制度展开》，载《国家检察官学院学报》2016 年第 4 期。

过债务人自愿作出的执行承诺授权债权人未经权利判断程序而得以直接申请强制执行，属执行名义的法定类型，自无需多言。然三类债权何以有别于其他权利类型而得以事先直接取得执行力，实为不得不探究之问题。

（二）推定债权执行力扩张的正当性基础

在德日等大陆法系国家，执行形式化原则主要包含两个方面的基本要求：一是强制执行开始要件的形式化，二是责任财产认定的形式化。所谓责任财产认定的形式化，执行机关可以根据执行标的外在特征进行形式上的权属推论，采取与实体法上的物权公示原则、权利外观主义相一致的“外观调查原则”。[33] 物权归属之绝对性，可凭借占有或登记来予以公示，而普通债权却不需公示。而之所以有此差异，原因在于在物权关系中存在合适的公示手段（就动产，对有体物之占有构成自然的公示手段；就不动产，登记为一种人为的公示手段），而在债权关系中并无合适的类似手段。[34] 是故，债权无法遵循执行形式化原则予以权属推定，其主因乃在于欠缺合适的公示手段，即构成债权的要素难以为第三人所知悉。[35] 但若某一债权的债权要素均可通过外观化的方式得以知悉，则可成立推定债权。推定债权符合执行形式化原则，使其可以成为执行标的，但仍因欠缺执行名义而不足以实现执行力扩张。

凭借在近代法中体现出的对物权的优越地位，债权得以迅速普遍化。[36] 尤其是随着人身属性的日益淡化，开始出现有价证券，并最终演变成为资产证券化的资产标的，债权作为古老法锁而难以撼动之态势已得到根本改变。若统一要求所有推定债权均经过事先的权利判断程序方能具备执行力，

---

[33] 肖建国：《强制执行形式化原则的制度效应》，载《华东政法大学学报》2021年第2期。

[34] 因此，绝对性归属关系之是否公示，以及公示要素在其权利变动中的构成，在一定意义上并非权利构成的先天性要素，也非其内在的逻辑必然，而是一种法政策因素（如公示手段的选取成本、权利救济成本、交易成本等）考量后的取舍。参见张双根：《股权善意取得之质疑——基于解释论的分析》，载《法学家》2016年第1期。

[35] 一般而言，债权的基本要素包括主体、客体与内容。以金钱债权为例，具体就是指债权人、债务人、债权数额、给付的期限与条件。

[36] 其中，尤以不动产、生产设备、商品、货币四类主要所有权与契约相结合所产生之债权，即租金、工资、价金债权、利息或股息债权最为普遍。事实上，工资债权和银行存款债权就分属于工资和利息债权类型。参见［日］我妻荣：《债权在近代法中的优越地位》，王书江、张雷译，中国大百科全书出版社1999年版，第8页、第11—15页。

在现代经济社会无疑将使得执行程序形同虚设（比如存款债权），严重减损执行机能之发挥。因此，基于执行实效之必要性需求，直接赋予某些数量众多、财产属性明显，且一般认为不存在实质性争议的推定债权以执行力，并附之以后置型的权利判断程序，用以解决权利抗辩、消灭等执行救济问题，[37]系与执行实效相匹配之程序设置。此亦即为三类债权中工资债权与银行存款债权执行力扩张的正当性基础。其中，又因各自的债权特征而有所区别。

（三）工资债权与银行存款债权执行力扩张的正当性基础

1．工资债权（收入）

为调和契约自由与契约正义，立法者有就特定契约的内容，借强制性规定作较完整的规范。此在学理上称之为“规范化契约”，劳动契约、租赁契约为其著例。[38]基于规范化契约之强制范式要求，工资债权的要素（债权人、债务人、债权金额、给付期限与条件）必须载明于书面的劳动合同。[39]而劳动法律关系中仅用人单位负有单向给付工资之义务，双方之间亦不适用抵销。上述这些债权特征均使得工资债权的债权要素已基本实现外观化，且易于为第三方所知悉，可以构成推定债权，而成为执行标的。因现代经济社会中劳动力已成为重要之经济要素，故工资债权还具备普遍性的特征。同时，劳动事实相较于其他合同义务较为简单，用人单位一般对工资债权亦无异议。由此即决定了工资债权作为执行标的时，有必要直接赋予其执行力，使之适配于执行实效。当然，基于事实劳动关系，即未签订书面劳动合同而所产生的报酬债权、雇佣债权，乃至双倍工资罚金、经济补偿金、赔偿金等，因其系劳动关系所衍生之法定债权，而欠缺债权要素的外观化表征，则不宜视为推定债权，而得以执行。

---

[37] 事实上，除债权以外的其他财产权利也会因执行形式化原则而产生权利冲突问题。为平衡执行效率与上述权利冲突之间的矛盾，现有执行制度设计了后置的执行救济方式予以解决。其中，最为典型的即为案外人执行异议之诉。

[38] 参见王泽鉴：《债法原理》，北京大学出版社2013年版，第68页。

[39] 随着我国劳动合同法的颁布与实施，劳动制度已经基本走上法治化道路。尤其是确立了未签订劳动合同的用人单位双倍工资罚则，劳动力市场中书面劳动合同的签订率已得以大幅提升。

2. 银行存款债权

根据目前学界有力说的观点，存款人将货币存入银行即失去所有权，而仅得对银行享有提取存款和支付利息的债权。[40] 据此，银行存款在法律性质上应视为存款债权。然因现代经济中银行信用高度发达，非现金支付方式使得存款债权等同于现金货币已完全具备货币之机能，故而亦被称为存款货币。但有别于现金货币所具有的动产属性，[41] 银行账户只不过是贷记结算凭证，且通过分户记载账户名称，使得银行存款债权已臻于高度同质化，其债权要素亦以权利凭证方式为第三人所知悉，故当然成立推定债权，可成为执行标的。存款货币作为财产形式之普遍性、重要性自不待言，银行信用背书已使其自由流转无碍，故可直接执行银行存款债权是符合现代经济生活的当然结论。事实上，现有执行制度规定无需冻结即可直接扣划银行存款，在实质上已将其视为现金货币无疑。[42] 当然，由于现代金融交易复杂、多样，银行账户内的存款货币除用于储蓄外，也兼具了其他多种金融功能。其中，尤以担保为最常见之形式。以银行账户内的存款货币为异议对象而提出的各类执行异议案件，已成为近年来多发的异议案件类型之一。

（四）法定期限内未提异议债权执行力扩张的正当性基础

与工资债权与银行存款债权不同，法定期限内未提异议债权因其并非针对某类特定债权，故难以从执行实效之必要性论证其执行力扩张的正当性基础。那么，该类债权得以实现执行力扩张的理由是什么呢？或者更进一步说，是否可以直接赋予该类债权以执行力呢？

在比较法上，债权执行的法律构造主要有两种模式：其一，德日模式。德日两国的执行程序都不允许执行债权人在未获取执行名义之前直接申请法院对第三人强制执行。执行法院向次债务人送达收取命令后，只要其拒绝履

---

[40] 朱晓喆：《存款货币的权利归属与返还请求权——反思民法上货币“占有即所有”法则的司法运用》，载《法学研究》2018 年第 2 期。

[41] 故存款货币并不适用“占有即所有”的动产权利外观标准而推定权属。

[42] 民诉法解释第四百六十八条规定，对于银行存款等各类直接可以扣划的财产，人民法院的扣划裁定同时具有冻结的法律效力。

行，申请执行人就只能诉诸于收取诉讼或者第三人给付之诉。[43] 此种“收取命令＋执行名义”之法律构造使得债权执行效果完全取决于次债务人的任意清偿。其二，我国台湾地区模式。根据我国台湾地区“强制执行法”规定，次债务人在收到执行法院收取命令十日后合法声明异议而不为任意清偿，债权人只能另行对其提起给付诉讼。但若次债务人未在该法定期限内提出异议，也未依执行命令将金钱支付给债权人时，执行法院得因债权人之申请径向该次债务人为强制执行。[44] 此种“收取命令＋强制执行或执行名义”之法律构造将债权执行力的有无取决于次债务人的声明异议行为，极大增强了债权执行的实效。我国强制执行制度就采用第二种模式。不难看出，上述两种债权执行法律构造模式的主要区别在于收取命令的效力不同。前者仅具有债权的催告支付功能，故必须通过另行获取执行名义方式得以取得执行力，而后者则赋予债权人在次债务人违反“声明异议”义务时得以直接强制执行的效力。据此，可以得出初步结论：法定期限内未提异议债权之所以得以实现执行力扩张，乃在于其特殊的执行法律构造所致。具体而言，就是指债权人得因次债务人违反收取命令中的“声明异议”义务而享有对次债务人强制执行的效力。[45] 然而，此种特殊执行构造的运作机理又是什么呢？

收取命令是债权执行的变价程序之一，通常仅具有赋予执行债权人收取被扣押债权收益之效力，故不得作为执行名义而当然产生执行力。但若在收取命令中对次债务人课以“声明异议”之陈述义务，则一旦违反该义务即构成对命令中所主张债权事实的拟制自认。[46] 因“被赋予争执之机会但未做争执”，故拟制自认可产生与自认相同之法律效力，即法院需以该自认事实作为判决的基础，而对方当事人则无需证明自认之事实。据此，拟制自认不仅可

[43] 参见庄加园：《初探债权执行程序的理论基础——执行名义欠缺的质疑与收取诉讼的构造尝试》，载《现代法学》2017年第3期。

[44] 参见赖来焜：《强制执行法各论》，元照出版社2007年版，第537页。

[45] 然我国台湾地区学者并未就该类债权执行力扩张之正当性进行专门探讨，仅从“非特影响执行效果，且足助长该第三人轻视执行命令之心理”处论证其立法理由，实不具有借鉴意义。参见许士宦主编：《强制执行法·债务清偿法》，新学林出版股份有限公司2013年版，第141页。

[46] 当当事人在口头辩论或辩论准备程序中对对方所主张的事实不做明确之争执时，可以视其具有对此无争议之意思，这种自认就是所谓的拟制自认。参见［日］新堂幸司：《新民事诉讼法》，林剑锋译，法律出版社2008年版，第381页。

以免除债权人就自认事实所负有的证明义务，且亦使得该自认事实成为权利判断程序的基础。虽然法院仍需依据自认事实作出最后的权利判断，但在诉讼标的为推定债权的场合下，就债权权利存否之判断结果，可谓已达高度确定之程度。可以说，通过在收取命令中设立声明异议义务，相当于在债权执行程序中构建了一个以执行债权为事实证明对象的简易辩论程序。借助于辩论主义中拟制自认规则的适用，得以确定执行债权事实，并使得推定债权几近于执行名义之债权。是故，虽欠缺执行名义，但因权利判断的事实基础已经简易辩论程序而确定，故赋予此种“推定债权＋拟制自认”的执行债权以执行力，与依据执行名义而取得执行力的债权之间并无实质性差别。至此，可以得出如下最终结论：法定期限内未提异议债权得以扩张执行力之正当性基础，乃在于其权利判断的事实基础已明，故使其无异于执行名义之债权。当然，一旦当事人提出争执就不产生自认的效果，因此，无论在何时当事人都可以通过改变态度并进行争执而推翻此种拟制自认。[47] 只要拟制自认被推翻（更准确地说是不成立），以其为基础的债权事实即不存在，而执行债权又将回复至不确定之原始权利状态，其对次债务人的执行力也应随之消解。在债权执行中，次债务人可以在任何时候（只要执行程序尚未终结）声明异议，而一旦声明异议，执行法院就应立即中止并撤销对次债务人的强制执行。

六、结语

可以说，在强制执行制度中没有任何一项制度像债权执行这样，能如此直击执行力的本质和正当性基础。执行力作为权利救济的方式，其得以存在的正当性基础正是来自权利本身。只因审执分离的双层结构以及权利判断权与权利主体的分离，导致一叶障目，难以探寻其本来面目。事实上，执行名义与执行力实为权利救济的两个面向，即判断权和救济权。权利判断程序的设置应与权利状态相匹配。至于何种权利匹配何种权利判断程序是为妥当，则考验着立法者的智慧，其背后是各方利益衡量的协同作业。就债权执行而言，执行力扩张背后所隐藏的是执行实效与权利保护之间的矛盾，两者均不

[47] ［日］高桥宏志：《民事诉讼法——制度与理论的深层分析》，林剑锋译，法律出版社 2003 年版，第 374 页。

可偏废。推定债权可以限定执行标的，防止执行权的滥用。直接执行工资债权与银行存款债权，可极大限度实现执行实效。通过课以异议声明义务，活用拟制自认规则使得执行债权在实质上无异于执行名义之债权。如此种种，都是我国现有债权执行制度为实现两者价值的平衡所作出的努力。本文中诸多论证观点仍有未完善之处，故难言对现有学说之批判，仅希望以该文触发思考，促进强制执行理论的发展。

（责任编辑：陈　克）

案例检索的技术、应用与完善

凌　捷*

法官要获得一项正当的判决，首先需要“找法”。而广义的“法”不仅包括已形成规范性文件的法律，也包括基于已决判决所形成的权威案例。但是案例数量繁多，如何寻找合适的案例是法官的一项基本功。过去多依靠人工的翻查与记忆，现今可以借助大数据及人工智能等技术手段进行案例检索。因此，案例检索是当前法官的必要基本技能。

一、案例检索的必要性

进入21世纪以来，最高人民法院相继颁布《最高人民法院关于案例指导工作的规定》《最高人民法院关于案例指导工作的规定的实施细则》《最高人民法院关于统一法律适用加强类案检索的指导意见（试行）》（以下简称《类案检索意见》）《最高人民法院关于完善统一法律适用标准工作机制的意见》等司法政策规范性文件，明确下列案件需要进行案例检索的规则：（1）“四类案件”。具体包括以下案件：重大、疑难、复杂、敏感的；涉及群体性纠纷或者引发社会广泛关注，可能影响社会稳定的；与本院或者上级人民法院的类案裁判可能发生冲突的；有关单位或者个人反映法官有违法审判行为的；（2）拟提交专业法官会议或审判委员会讨论的案件；（3）缺乏明确统一裁判规则或者尚未形成统一裁判规则的；（4）院庭长根据审判监督管理权限要求检索的案件。有些地方法院也建立了类案强制检索的报告制度，如江苏省高级人民法院制定了《关于建立类案强制检索报告制度的规定（试行）》。[①] 因此，法

* 凌捷，法学博士，上海市第一中级人民法院研究室副主任。

① 参见齐晓丹等：《类案检索方法指引》，法律出版社2020年版，第200页。

官在审理相关案件时，必然需要进行相应的案例检索，这已经成为案件审理的必然要求。

从法律适用统一角度来看，法律适用统一的宗旨一般认为系“同类案件之间得到相似的法律适用结果，而不同类案件之间互相协调”，由于四级法院层级的存在，且人民法院的司法判决均以法官所在法院的名义作出，因此，每一位法官的案件审理必然要考虑到本院作出的判决不能与同级法院、上级法院的生效判决发生冲突，虽然这种不冲突系建立在本地区的范畴之内，但必然会要求每个法官在作出判决之前要进行相应而必要的案例检索，防止自己作出的判决与先前的生效判决发生冲突。

从传承司法经验角度来看，除前述必须要进行案例检索的案件及部分简单案件外，更多案件中法官会进行案例检索的原因在于获得已决案件的司法经验。在案件审理过程中，有时法官会对事实的认定、法律的适用处于纠结的状态，这时除了需要对案件事实与法律适用进行再思考外，通过案例检索的方法，了解其他类似案件、类似法律适用的司法判决的裁判方法，从而获得类同的智力支持，获得类同的司法智慧，有助于本案的准确高效处理。

二、案例检索的技术方法

由于互联网与数据库的开发应用，可以检索的案例是海量的，这时必然需要依托案例大数据平台来完成相应的检索工作。

当前比较成熟的案例数据库平台有两类：一类系官方数据库平台，也就是最高人民法院于 2013 年 7 月开通的中国裁判文书网（http://wenshu.court.gov.cn），由于这个裁判文书平台是配合最高人民法院司法公开政策导向的，因此其本身覆盖全国四级法院可以依法公开的裁判文书，同时最高人民法院直属单位开发的中国法律应用数字网络服务平台，即法信平台（http://www.faxin.cn），亦是常用的平台。② 在法院系统内网上，上海法院开发的 C2J 系统亦是值得推荐的数据平台。

另一类是商业平台的案例数据库平台，比较常用的是全国首家司法案例检索的数据库“北大法宝”（http://www.pkulaw.com）。这个商业平台的数据库

② 刘树德、孙海波：《类案检索实用指南》，北京大学出版社 2021 年版，第 78 页。

亦提供多元全面的检索工具与检索类别，可以与中国裁判文书网、法信相互补充检索方法，满足不同检索目的、不同检索群体的需要。

（一）共通的检索方式

对于上述两类平台，无论是官方检索平台还是商业检索平台都具有共同的基本检索方式：一种是单一检索方式，另一种是单一检索方式累加的混合检索或综合检索，在检索平台上是表述为高级检索。

案例单一检索的有关键词检索、法条关联检索、案例关联检索等方式。

关键词检索，就是要找到所需要检索案件包含的关键词，关键词的精准选择需要法官对于要搜索的案件判决书的主题因素，特别是事实认定、法律适用方面具有一定的归纳总结能力，亦需要具备敏锐的审判识别能力。

法条关联检索是从法条共同性出发，基于待决案件与已决案件均适用相同的法律规定，并且根据审判经验可以预判能够适用的明确法律规定而采用的检索方法。

案例关联检索。如果所检索的案例已经具有一定的知名度，无论在效力等级还是知名度上均为法官所熟知，这时可以在该案例基础上进行搜索。

上述三种检索方式与《类案检索意见》第五条推荐的检索方式是一致的。关键词检索系基础的检索方式，法条关联检索、案例关联检索系辅助方式，三者均需具备一定的审判经验。而综合检索是将单一检索方式合并，运用逻辑符号进行混合检索的检索方式。

（二）特殊的检索方式

由于案例检索平台有多家商业公司均在研究开发，每家商业公司检索平台均开发了不同于前述传统检索方式的特殊检索方式。比如北大法宝开发的“指导性案例实证应用”“案例裁判规则检索”“权责关键词检索”。“指导性案例实证应用”是指通过检索指导性案例在文书公开网中的应用情况，从而参考指导性案例的类案适用与参考方式。“案例裁判规则检索”是指根据裁判要旨与规则的类似性来检索案例。“权责关键词检索”，是指先分析待决案件中的争议焦点，以争议焦点形成的关键词，在数据库中进行检索。这些检索方式亦是对传统检索方式的有力补充。

三、案例检索的应用方法

（一）类案的识别

通过前述的技术手段检索到相关案例后，需要对检索出的案例作进一步分析，这时需要做的是运用类比思维进一步缩小范围，找出与待决案件属于同一范畴的案件，即找出“类案”。

所谓类案，根据最高人民法院司法政策文件的定义，是指与待决案件在基本事实、争议焦点、法律适用等方面具有相似性，且已经人民法院裁判生效的案件。从中，可以发现“类案”的识别标志主要有三个：事实、焦点、法律。这三个识别标志与前述的检索平台的不同检索方式亦可以形成对应关系。

对于事实的识别而言，基本事实应当是对判决结果产生决定性作用的关键事实，换句话说就是符合法律构成要件的关键事实，这对于法官进行法律适用具有决定性的作用。

对于焦点的识别而言，案件争议焦点是案件纠纷解决的核心判断，亦是沟通案件与案件之间关系的桥梁。具有相同或类似争议的案件应当属于类案范畴，需要指出的是，争议焦点更多是法律适用上的争议焦点，而非单纯的事实判断。虽然在实践中对事实的判断亦会形成争议焦点，但这种争议焦点是建立在证明责任基础之上的事实问题，在实质上仍属于法律适用上的争议焦点。

对于法律的识别而言，更多是从裁判依据入手。随着最高人民法院对各类诉讼案件案由制度的修订与完善，具有相同案由的案件，原则上所适用的法律规范应在相同的范畴之内，这也应是判断类案的标准之一。需要注意的是，在具体法律规范修订后，识别的法条亦应随之变更。

上述三个识别标准，原则上应当综合适用，而非单一适用。

（二）类案的层级效力

对于类案的适用，应当注重其不同效力。类案适用层级效力，也就是对于处于不同层级法院的约束力。具体可以区分为：最高人民法院指导性案例、最高人民法院公报案例、最高人民法院编纂的其他各类案例、本辖区高级人民法院的参考性案例及其他案例、本辖区上级法院的案例、本法院的案例、外省市法院的案例。约束力亦可以分为硬性约束力、事实约束力、柔性约束力。

从硬性约束力看，最高人民法院指导性案例具有最强的约束力。根据《类案检索意见》第九条规定：人民法院应当参照指导性案例作出裁判，其他类案可以作为裁判的参考。第十条规定：在公诉机关、案件当事人及其辩护人、诉讼代理人等提交指导性案例作为控诉辩的理由的，人民法院应当在裁判文书说理中回应是否参照并说明理由；提交其他类案作为控诉辩理由的，人民法院可以通过释明等方式予以回应。从上述规定看，最高人民法院指导性案例的效力最高，约束力高于其他层级的类案，具有明显的硬性约束力。

从事实上的约束力看，本辖区高级人民法院的参考性案例及其他案例、本辖区的上级法院案例、本法院案例对于法官案件的判决无疑具有现实的约束力。法律适用统一或案件之间不冲突，通常是指法院的判决不能与本院其他判决或者上级法院判决发生冲突，这种约束力是因受到审级制度影响而具有的事实上的强制力。

最高人民法院公报案例、最高人民法院编纂的其他各类案例、其他省市的各审级案例更多的是对裁判理由、裁判方法的指导，司法经验、司法智慧的支持，对法官审理案件具有柔性约束力。

（三）类案的具体应用

检索出的类案具体如何应用，取决于客观目的导向的需求。类案的检索结果应用，从实践来看，主要可以分为三个方面：裁判事实的类比应用、裁判思维的类比应用、裁判规则的类比应用。

裁判事实的类比应用，主要是指基于相同的可类比的关键事实，对于待决案件可以得出类似的结论。比如指导性案例第 181 号劳动合同纠纷案就是建立在处理性骚扰案件投诉中的企业义务、管理人员义务的特定场景，这属于《民法典》第一千零一十条相关的关键事实，因此，如果待决案件亦是涉及该人格权保护的特定事实、特定情景的，未决案件就可以考虑应用该类案的结论。

裁判思维的类比应用，主要是指基于相同的可类比的裁判思维、法逻辑的应用，从而对于待决案件的审判思维产生可类比应用的法律思维推理模式。比如指导性案例第 143 号名誉权纠纷，其裁判思维就是不特定关系人组成的微信群具有公共空间属性，这是一种审判思维的拓展与逻辑演化，原本微信群的私人属性，由于系不特定人组成导致拓展为公共空间，从而形成个人空间与公共空间的比对，对于在未决案件中如何理解与认定个人空间与公共空间形成裁判思维的指引。

裁判要旨的类比应用，就是通过类案所揭示的裁判要旨，解释、补充、拓展已有的法律规定，从而在待决案件中同样应用类似的裁判要旨。比如指导性案例第 113 号的“乔丹”商标争议行政纠纷案，其裁判要旨明确了外国自然人就特定名称主张姓名权保护的，该特定名称应当符合何种条件。该裁判要旨所形成的裁判规则是对法律具体适用的明确，对于今后类似案件的处理作出了明确的规则建构，系属于“案例中的法律”，在类案中可得类比应用。

上述三种类型的类案应用方法在实践中一般不会单独区分运用，而是交叉混合综合运用。

四、案例检索实效不佳的原因分析

虽然我国推行案例检索制度已有较长时间，但从实践效果来看，该制度运用尚不充分，很多法官在审理案件中尚未将其作为主要的审判工作手段，案例检索的工具作用没有得到很好的实现。经分析，主要原因在于：

一是成文法国家的法律传统导致对案例的重视度不足。我国系成文法国家，一向比较重视立法即法律规范、司法解释在审判实践中的适用。而案例对于审判的指导意义，从我国司法实践看，近二十年来才开始逐步重视，最高人民法院指导性案例亦是从 2011 年才开始颁布。因此，很多法官在具体案件处理时，并未将案例纳入“找法”的范畴。这与比较重视案例、将判例作为直接裁判依据的判例法国家的司法实践有所不同。这种法律传统、法律理念导致案例检索并未成为我国法官司法裁判的主要方式。

二是案例检索的法律思维训练尚不充分。由于案例检索并未成为法官常用的法律工具，因此，如何进行案例检索是需要在实践中进行训练的。如前所述，案例检索不仅仅是简单地寻找案例，案例的匹配度与识别是需要进行逻辑判断的，这种法律思维的训练并未在司法实践中得到充分运用。此外，检索出的案例作为已决案件如何与未决案件进行类比应用，也需要在实践中作为技能进行训练，这种类比法律思维尚未成为司法审判的主要法律方法。

三是法律检索工具的便利性尚未得到进一步的开发与运用。从现有的检索平台来看，最初的设计并非是作为案例检索工具进行开发的，而是为司法公开的目的展开的。因此，案例检索平台的智能化水平尚处于比较初级的阶段，未能完全满足实践中的需要。比如，无论是案由检索、关键词检索、全文检索等，检索出的案例都会存在匹配度不够的问题。法官在初步检索后，尚需要对检索出的案例进行后期的再识别，相关的工作量较大，这也是导致法官在案件审理中不常运用案例检索的原因之一。

五、案例检索的完善

随着我国社会主义立法体系的完善，特别是刑事法律、民事法律的法典化，法律如何适用或法解释已经成为司法裁判的主要方式，因此案例检索已经成为司法裁判的必要环节。如何进一步发挥案例检索促进司法公正与效率的作用，有必要从以下三方面进行完善：

一是变“案例检索”为“类案检索”。案例在司法审判中发挥作用，原则上并非系一个案件，因为哲学上有“世界上没有两片相同的树叶”的命题，所谓的同案同判并非是指案件事实完全相同的案件。因此，在案例检索中对于司法裁判起作用的并非一个孤立案件，而指的是被检索出来的案件在适用依据、适用方法上具有同一性。那么在检索案件中就有必要将具有同一性的案件放在一起进行检索，并非是简单地通过个案到个案进行检索，相关法律事实的检索、相关法律适用依据、适用方法的检索均具有关联性。将一类案件作为检索的结论亦是为该类型案件所揭示出的裁判规则、裁判方法提供效力上的论证，因为这种规则与方法获得法官的普遍认可，这种类案的检索方法更是为法官裁判提供内心的确信。

二是案例检索的智能化、便捷化应作为办案系统的开发重点。随着科技的发展，大数据的智能化运用是当前热点，而现代信息技术的司法应用及数字改革赋能，是新时代推进人民法院司法改革的重要组成部分。因此，通过大数据赋能的方式提升法官办案的工作效率与工作精度，为法官提供智能化办案系统，需要将案例检索的智能化功能作进一步开发，最为关键的是对被检索案件本身进行智能化整理，提升法官便捷化的用户体验。最高人民法院开发的裁判文书网一方面为提升人民法院司法公开水平奠定了基础，另一方面又为案例检索提供了海量数据库。对于这些案例数据库的运用，考虑到我国每年审结的案件众多，即使扣除调解撤诉方式结案的案件、要素式简案外，还需要通过人工智能化手段来对其他案件进行大数据整理，需要从裁判要旨、裁判规则角度进行同一性的整理。而且可以针对刑事、民事案件进行区分，再从犯罪构成或者请求权基础角度进行划分。同时，在现有的法官智能化办案系统中，对于法官所受理的每一起案件都应当进行类案的智能化自动推送，如从案件立案起，相应的起诉状、上诉状、答辩状形成电子卷宗后，系统即应自动推送相应类案，从而可以辅助法官提升案件的审判效率。

三是进一步细化及明确对大要案等特定案件的类案强制检索义务及法律后果。案例检索确实系提升司法裁判公正与效率的重要工具，但不可否认的是，并非每一个案件的审理都需要进行案例检索。一般情况下，法官在审理中遇到疑难问题才进行案例检索，这是法官的自发行为。为进一步促进法律适用统一，实现公正与效率目标，需要实行特定案件的类案强制检索制度。强制检索案件的具体类型，比如纳入审判管理中的四类案件、大要案、当事人在审理中提出其他裁判作为法律意见的案件等，或者在审理程序上应提交专业法官会议、审判委员会讨论的案件均应经过类案强制检索程序。对特定案件推行强制检索机制，有助于提升案件的审判质量，这已经在相应的司法政策性文件中有了强制性约束。但是，这些强制性规定尚未细化，对于强制检索的标准如案例检索要检索到何种程度、检索的主题与内容、相应的裁判要旨的类比性等；对于强制检索的效力如检索出的案例是否应该应用或者不应用、不应用检索出的案例是否构成程序违法、检索应用结果是否应在裁判文书或者审理报告中体现等，均缺乏统一、明确的规定。这就需要通过司法规范性文件，进一步明确规定必须要检索的案件，以及对于案例检索的运用方法及法律后果，从而才能有力地推进案例检索应用效果的实现。

六、结语

案例检索有利于促进司法公正与效率，对人民法院审判工作具有重要意义。案例检索并非仅仅是当前大数据时代司法技术的单纯应用或开发，更重要的是对于法律思维与司法理念的突破与发展，这对于我国作为成文法国家的审判方式与审判规范具有极其深远的影响，需要在法律方法与法律机制方面作进一步完善，以更好地回应新时代的新需求。

（责任编辑：张　俊）

互联网时代司法公开机制运行的现状审视与完善路径

——基于回应型司法理论的机制优化

韩 坤*

一、引言

随着互联网科技在司法领域的深入应用，我国的司法公开范围不断扩大，平台和规则不断完善，已公开文书超 1.3 亿篇，庭审直播超 1800 万场。[①] 但互联网科技在司法公开领域的应用给司法公开带来巨大便捷的同时，也致使如“安徽省南京市”[②] 等操作失误、质量参差问题的社会影响力被放大，有侵害当事人诉讼权利和司法公信力之风险。此外，互联网技术的应用带来了社会话语权的调整，涉公开诉求不断增多，但涉公开诉求的表达机制不完善，诉求未得到及时处理，亦会产生较大的舆论风险。面对“老问题”和“新情况”，借鉴回应型司法理论中关于社会需求回应的观点，通过健全诉求提出和回应的机制，推动司法公开运行机制优化，在保障公众权利的同时有助于公开信息质量的提升，是进一步优化和完善司法公开之良策。

二、现状透视：互联网技术应用冲击下司法公开

我国司法公开“四大平台”建设是互联网技术深度应用于司法领域的重

* 韩坤，法学硕士，上海市嘉定区人民法院审判监督庭法官助理。

① 数据来源于中国裁判文书网（https://wenshu.court.gov.cn/）、中国庭审公开网（http://tingshen.court.gov.cn/）。

② 2021 年南京市某区法院裁判文书中出现“安徽省南京市”的笔误，引起社会广泛关注。

要体现，通过对文书公开案例、调解信息公开案例、直播庭审的实证调查，同时结合社会热点案例对司法公开风险进行分析，以期映射我国互联网司法快速发展下司法公开之现状。

（一）公开文书合规考察

关于公开合规的考察，最高人民法院针对庭审、文书、审判流程信息、执行信息等主要公开方式，均出台了相关规定以指导。此处主要以文书公开为例对公开合规情况进行考察。

选取的100篇公开文书，③涵盖判决书、裁定书、决定书等文书类型。④经梳理将样本文书存在的差错分为未按规定处理、存在明显笔误、适用法条错误、标题选择错误四类。未按规定处理主要表现为未按照《最高人民法院关于人民法院在互联网公布裁判文书的规定》（以下简称《公布文书规定》）第八条在婚姻家庭、继承纠纷等案件中隐去当事人姓名、第十条上网时应当删除的涉自然人、法人隐私等信息，以上违规操作有侵害当事人隐私权等权利的巨大隐患。存在明显笔误主要体现在地域差错、书写差错等。适用法条错误主要体现在2021年新修订的《中华人民共和国民事诉讼法》（以下简称《民诉法》）中部分法条的顺序有所变动，但文书制作时并未及时作出修改。标题选择差错体现在文书内容与显示的标题不符，如结案通知书书写为立案通知书。《公布文书规定》第四条规定了不在互联网公布文书的五种情形，第六条规定不在网上公开的文书应按规定公开信息。⑤选取200个调解公开信息案件，⑥发现部分调解书未按规定公开信息，而公开调解全文。综上，结合整体性和针对性测评，文书公开存在公开形式不符规定、公开内容存在差

③ 进入中国裁判文书网，直接点击“搜索”，进入文书展示页面，按裁判日期排序，每页显示10篇文书，前10页选取样本100篇。

④ 本文的文书采样方法具有一定的随机性，客观上100篇文书样本中刑事、行政文书较少，以民事类文书和执行类文书为主，有涉刑事案件的执行文书，有法院处罚的决定书，与实践中民事案件、执行案件占比较大的客观事实相符，抽样结果具有一定的代表性。

⑤《公布文书规定》第六条：不在互联网公布的裁判文书，应当公布案号、审理法院、裁判日期及不公开理由，但公布上述信息可能泄露国家秘密的除外。

⑥ 进入中国裁判文书网，文书类型选择“调解书”，出于充分考虑法院层级且确保抽样随机性的考量，按裁判日期倒叙排序、按法院层级倒叙排序各抽取100个，合计样本200个。

错、公开未按规定进行处理等一系列问题，存在侵害公众权利和司法公信力之隐患。

（二）公开庭审质量测评

司法公开的质量决定司法公开的效果，评价公开是否合规可以从是否符合现行法律法规的指引客观判断，评价公开的质量就缺乏统一的标准，笔者结合庭审本身的形式特点，选取中国庭审公开网上的310场“有效样本”，⑦主要从庭审时长、庭审规范性、庭审录制等三个方面评价。部分庭审时长过短，公众不能全面地了解庭审情况，易断章取义，实际公开效果较差。庭审规范性方面，存在部分干警着装不规范、传递证据不规范等问题。庭审录制方面，部分庭审录制时间过短、录制图像不清晰、录制时无声音。

（三）公开诉求表达不畅

对于未按规定处理的公开信息，公开信息出现差错等情形，中国裁判文书网、中国庭审公开网等网站，并没有直接链接，供当事人向承办法院、承办法官表达权利保护诉求，仍需线下联系承办法官。如中国裁判文书网的公告中，“一、本裁判文书库公布的裁判文书有相关法院录入和审核，并依据法律与审判公开原则予以公开。若有关当事人对相关信息内容有异议的，可向公布法院书面申请更正或者下镜”。涉公开诉求表达不畅，致使诉求不能及时传达至，亦不能在网上留痕，一定程度上影响了涉案当事人相关权利的及时保护。同时，对于当事人提出诉求后的处理，裁判文书的相关规定并没有明确。实践中，存在怠于处理当事人涉公开诉求的情形。

三、原因剖析：机制“失灵”背景下诉求应对“失策”

我国司法公开体系的建设源于法院人对“司法为民”理念的深入贯彻和主动履行司法职能的自我施压，加之我国职权主义的诉讼模式，司法公开模

⑦ 庭审样本的筛选：进入“中国庭审公开网”，选择“案件回顾”，继续选择所在地区，有32个省市自治区（兵团）可以选择，考虑地区的均衡性，每个地区抽取前10个庭审，为增加样本的代表性，自动筛除同一承办人、庭审无法打开的庭审，北京地区庭审经多次尝试无法正常观看，共采集样本342个，符合上述要求的“有效样本”310个。

式倾向于“职权型”。[⑧] 在司法公开建设初期，这种模式能够快速构建公开格局，但面对互联网迅速发展背景下的多元诉求的表达、多元价值的冲击，出现机制“失灵”，折射出的理念和实践偏差，正是导致司法公开差错频发、合规性低、风险难控的主要原因。此外，公众涉公开诉求不能向司法机关有效表达，亦得不到及时处理和回应。涉公开诉求应对“失策”也是限制司法公开的进一步优化和完善的重要原因。

（一）理念偏差：涉公开诉求未得到重视和回应

1. 工具性认识多于目的性认识，轻视诉求接收

司法公开被视为司法机关在职能实现过程中“工具”，而非出于公众权利保护的直接“目的”。关注公众权利保护，但更注重追求司法主体自身利益的最大化，忽视了司法公开本身的程序价值和意义。[⑨] 直接体现在重视司法公开的决策和引导，而轻视司法运行的实际效果；重视多种途径实现司法公开，而轻视互联网技术应用时侵害公众权利的潜在风险规避，轻视公众诉求表达的接收与反馈。

2. 管理性思维多于沟通性思维，轻视诉求回应

作为司法公开的“管理者”，习惯于从自身角度出发进行制度设计，用“家长”的视角完善司法公开制度，缺乏对法院和诉讼参加人、社会公众之间的沟通重要性的认识。用“法院认为公众需要的司法公开”代替“公众实际需要的司法公开”，使得司法公开制度与公众需求存在一定的脱节，社会公众的诉求得不到妥善的处理和回应。

（二）实践偏差：涉公开诉求表达与回应缺乏机制保障

1. 沟通机制“失灵”：诉求表达受阻，诉求回应困难

（1）诉求表达路径不健全。司法机关在司法公开过程中习惯于单向的信

⑧ “职权型”司法公开，亦被称为“权力型”司法公开、“内生型”司法公开，指司法公权力遵循司法内在规律，出于司法体制稳定和民众诉求满足的考量，主动探索、改进、完善而形成的司法公开格局。参见高志刚：《回应型司法制度的现实演进与理性构建——一个实践合理性的分析》，载《法律科学（西北政法大学学报）》2013 年第 4 期。

⑨ 侯明明：《中国社会的司法回应论纲——“诉求—回应”互动模式的视角》，载《北京理工大学学报（社会科学版）》2019 年第 2 期。

息输出，涉司法公开诉求反馈路径不够健全。如庭审公开，公众发现存在质量问题或者侵害其合法权益，不能通过平台反馈提示法院系统，进而推动公开信息错误的纠正。中国裁判文书网公告中虽有提示对公开内容有异议的，可以向公布法院书面申请更正或者下镜，但我国目前没有涉公开信息异议处理的统一流程。⑩

（2）诉求反馈内容不回应。《最高人民法院关于进一步深化司法公开的意见》（以下简称《深化公开意见》）中五处指出要回应社会关切。但实践中，司法机关对公开受众的反馈信息不能及时处理，对公众存在的误解不能及时释明。现有规则不能有效督促司法机关对涉公开诉求及时回应与反馈，存在风险失控的隐患。

2．救济机制“失灵”：机制保障缺位，权利保护困难

《深化公开意见》明确司法公开的范围涵盖七大类，44小类，但并未点明法院未按规定公开信息、公开信息差错或程序错误、公开信息侵害公众合法权利等情况，社会公众的救济途经。同时，在庭审、文书、审判流程信息等具体规则构建时也往往是在审管办管理职能中有所涉及，推定社会公众或当事人可以提出投诉或意见，如《审判流程公开规定》第十五条第二款、《公布文书规定》第十三条第三款，但并未明确建议、投诉的具体流程和范围。可见，我国尚未构建起统一的涉公开诉求处理和救济机制，公众的合法权利缺乏有效机制保障。

3．监督机制“失灵”：怠于处理诉求，纠错提质困难

随着公开信息数量的不断增多，司法公开固有的“差错风险”被放大，法院自上而下的监管体系无法对司法公开信息的质量全面监督。而公众作为司法公开信息的受众，涉信息公开的诉求无法得到有效表达，在互联网平台的诉求表达得不到司法机关的接收，发现错误也不能及时提示司法机关修正，社会公众的监督作用没有得到有效发挥。公众通过自媒体等其他途径表达诉求，在未引起社会广泛关注时，司法机关亦怠于回应。司法机关往往在社会

⑩ “一、本裁判文书库公布的裁判文书由相关法院录入和审核，并依据法律与审判公开的原则予以公开。若有关当事人对相关信息内容有异议的，可向公布法院书面申请更正或者下镜。”见中国裁判文书网公告。

广泛关注已经一定程度侵害司法公信后才予以回应，疏于风险防控和管理。

4．考核机制“失灵”：重量不重质，责任追究困难

司法公开的考核过分看重数量，淡化质量考核，缺乏对司法公开效果的评价，不能对司法公开实践操作以正确引导，亦不能有效的激励司法机关处理和解决公众的涉公开诉求，规避风险。责任追究方面，仍存在“大错追究”“小错不管”的现象，只对少数情节严重或者引起社会广泛关注的案件，严格追究承办人责任，对大部分差错的处理只是落实到各级法院，责令更改，并未落实到具体承办人。

四、他山之石：回应型司法理论对机制完善的启示

伯克利学派的法学家诺内特、塞尔兹尼克基于对理想型法律制度的构思，将社会上存在的法律现象分为压制型法、自治型法、回应型法三种类别。[11]这三种类别对应的司法制度的分别为压制型司法、自治型司法、回应型司法。综合我国理论界和实务界对该观点的研究，笔者认为回应型司法尊重和承认社会变革、社会多元需求，基于协商民主完善诉求的反馈机制，积极回应社会不同诉求和价值标准，以求在质询与回应的双向互动中达成社会广泛接受的司法共识。[12]

（一）应用于司法公开领域的可行性分析

伯克利学派提出回应型法的目的之一就是基于对当时美国机械主义和形式主义的法律观的抨击，望通过提升法律的开放性，扩大社会公众的参与等方式，构建符合社会变革需求的法律模型。故回应型法其本质是用以调和静态的法律现象定义与动态的社会本质认识过程之间的一种社会科学策略。

而目前，互联网科技深度应用于社会各领域，社会公众有更广泛的诉求反馈平台，带来社会话语权变革和舆论偏激风险，正是司法公开所面临的主要问题。法院不应过度关注某一天的“天气”，但对于特定时代的“气候”则

⑪ 参见［美］诺内特、塞尔兹尼克：《转变中的法律与社会：迈向回应型法》，张志铭译，中国政法大学出版社2004年版，第35—67页。

⑫ 内涵梳理参考吴建国、汪进元：《回应型司法的理论逻辑与制度平台》，载《东疆学刊》2014年第1期。

应当格外地重视。[13] 面对时代背景和社会需求变化，司法制度的变革和完善是适应社会需求的必经之路。[14] 回应型司法理论中关于社会需求的分析、社会公众的司法参与、社会诉求的反馈等诸多方面的理论给变革冲击下的司法公开机制完善尤其是涉公开诉求的处理提供了思路。

（二）应用于司法公开领域的总体思路

1．他控体系的融入，确立公众主体地位

关于司法体制中的监督和控制体系，压制型司法依赖自控，自治型司法注重他控（规则控制），而回应型司法理念主张自控体系与他控体系的有机融合。[15] 自控体系下，司法机关往往通过上下层级间的监督和指导实现管控和监督，易发生下级机构形式上应付，实质上脱管的现象。单独的自控体系实际上并未承认社会公众的司法运行中的主体地位，充斥着工具理性的思维。回应型司法他控体系更多地是对社会公众司法参与主体的承认，即承认社会公众是司法机关以外的司法运行参与者，非工具性的独立价值，社会公众参与到司法运行的管控中，监督司法机关。在司法公开领域应用时，确立社会公众的主体地位，要将社会公众的评价和对公众涉司法公开诉求回应的情况纳入司法公开的考核和评价体系，通过公众的监督及时发现和纠正信息差错、机制运作偏差、诉求回应偏差，构建全面有效的他控体系。

2．程序参与的完善，实现诉求的有效表达

回应型司法中程序参与包含上文提及的社会公众司法运行主体地位确认的前提。在此基础上，程序参与强调社会公众作为主体参与到司法运作的程序中，对司法程序启动和选择的权利，即程序控制权。[16] 回应型司法中对程序启动和选择范围涉及规则制定、意见反馈、异议提出、效果评估等司法运作和改革的全过程。应用于司法公开领域，要注重诉求表达和反馈机制构建，如诉求提出、诉求审查、诉求救济等，以确保社会公众对司法公开的广泛

---

⑬ 参见［美］杰弗里·图宾：《九人：美国最高法院风云》，何帆译，上海三联书店出版社2010年版，第6页。

⑭ 高一飞、龙飞：《司法公开基本原理》，中国法制出版社2012年版，第220—225页。

⑮ 参见王庆廷：《论司法对民意的分类回应》，苏州大学博士学位论文2018年。

⑯ 参加吴建国：《中国回应型司法的理论逻辑与制度建构》，东南大学博士学位论文2015年。

参与。

3．社会需求的回应，确保诉求的有效处理

传统的司法模式如压制型、自治型司法制度，司法权力的运行往往是单向的，法院往往是价值、信息和理念的“输出方”和“主导者”，面对多元化社会的价值取向和利益诉求表达的多样化缺乏回应能力。回应型司法理论明确基于社会变革而作出回应的理念，而社会变革的主要体现是社会需求的变化，即司法应对社会需求作出回应。[17] 回应社会需求过程中，要注重总体需求和个性需求的价值平衡。引入司法公开领域，不仅仅体现在关注社会总体诉求而不断扩大公开范围以回应，而同时应注重个案中个性诉求的满足与回应，确保公开范围得到有效执行。

（三）应用于司法公开领域的价值分析

回应型司法理论中对社会诉求的关注和回应，应用于司法公开领域表现为构建涉公开诉求回应机制（涵盖涉公开诉求提出、接收、处理、回应等），其价值体现在：

1．“优化”救济机制，保障公众权利

社会公众在公开信息侵害其自身权益时，向司法机关提出救济有制度和机制保障，兼顾司法职能实现和公众权利保护。

2．“优化”沟通机制，促进纠错提质

公众充分的诉求表达，有助于司法机关及时发现工作中的偏差失误，有助于司法公开信息质量的提升，有助于司法公信力的维护。

3．“优化”监督机制，规避化解风险

关于司法公开的异议，有助于监督司法机关依法操作，进而避免因操作失误而造成的风险，实现风险管控。

4．“优化”考核机制，实现供需平衡

将司法公开过程中社会公众的参与、公众诉求的处理纳入考核，通过公众诉求的处理不断调整公开政策，以实现考核机制优化，实现司法公开领域

⑰ 王文玉：《司法回应社会的理据、风险及其应对——基于热点案件的分析》，载《法律方法》2021 年第 2 期。

的供需平衡。

五、路径探究：基于回应型司法理论的机制优化

现有司法公开领域的规范性文件中，已经对公众权利保护、风险防范、回应需求等有所提及，但在实际执行中仍出现走样、偏差、失真，缺乏有效的机制保障是主因。

基于回应型司法理论的机制优化，其本质是构建涵盖涉公开诉求提出、接收、处理、回应等内容的涉公开诉求回应机制。延续现有的规则制定思路，以司法公开的类型化处理、公开前的告知程序为基础，紧紧围绕诉求的提出和回应，通过公众的参与确保司法公开“供需”平衡、质量提升、操作合规，依托行之有效的评价和究责体系确保机制运行，最终达到公众权利保护、公开风险把控和司法职能实现之目的。

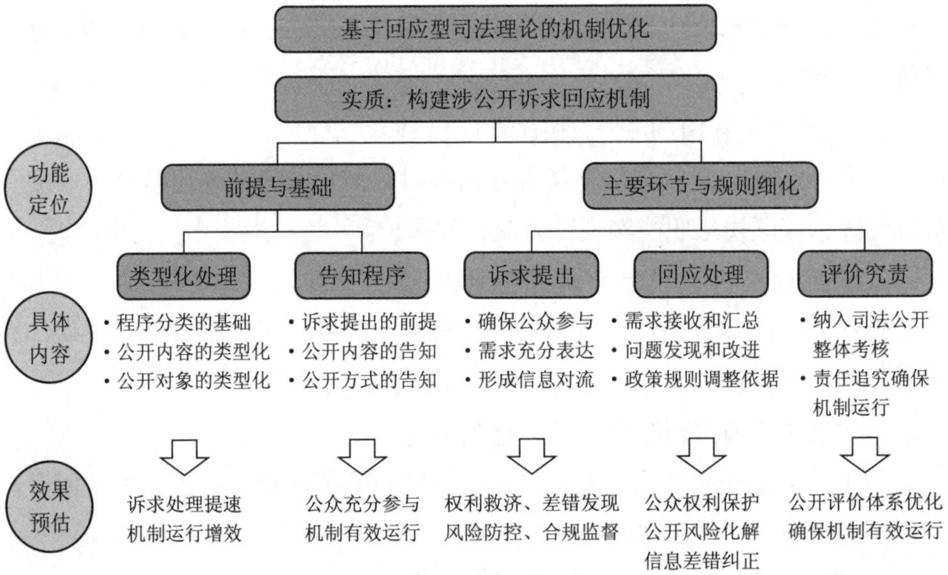

图1　基于回应型司法理论的机制优化的具体思路

（一）司法公开类型化处理

司法公开类型化处理有助于诉求分类管理，回应有的放矢，在构建涉公开诉求回应机制过程中发挥着基础性作用。主要包括司法公开对象类型化和

内容类型化。

1．司法公开对象类型化

根据是否涉案将司法公开的对象划分为案件诉讼参加人和非涉案公众。案件诉讼参加人包含案件当事人、诉讼代理人、证人、鉴定人等。针对不同类型的公开对象，公开的范围有所不同，如《深化公开意见》第三点指出要结合公开信息的性质特点，区分向当事人或者社会公众公开的信息。再如《审判流程公开规定》第一条规定案件流程信息应向诉讼参加人公开，具有重大社会影响案件的流程信息可以向社会公众公开。接受的公开信息不同，在司法公开程序中诉求的提出和处理也有所不同。

2．司法公开内容类型化

关于司法公开的内容的分类，学界存在诸多观点，有诸如静态信息和动态信息、过程性信息和结果性信息等分类。本文所述的司法公开范围的处理，着眼于厘清公开信息的特点，服务于司法公开的程序的优化，故涉案信息主要指与案件直接相关的文书、案件流程、庭审等信息。非涉案信息包含除涉案信息外司法统计、司法大数据等与案件并非直接相关的审判执行信息，法院基本信息、行政事务、司法改革、诉讼服务、国际交流和队伍建设等信息。[18] 非涉案信息一般而言向全体社会公众公开，涉案信息除依法公开与互联网的信息外，一般向该案诉讼参加人公开。除此之外，涉案信息和非涉案信息应公开而未公开的责任主体也有所不同。涉案信息根据案件性质不同，可进一步划分为具有重大社会影响案件信息和一般案件信息。

（二）公开前的告知程序

信息公开前的告知程序是司法公开对象尤其是诉讼参加人对公开信息提出诉求的前提。《公布文书规定》第五条规定人民法院应对告知当事人、公众在互联网公布裁判文书的范围和相关规定。《审判流程公开规定》第四条规定人民法院应当告知当事人如何获取审判流程信息。可见司法公开的告知程序已是司法公开制度设计中的共识。除此之外，诉讼参加人在获悉公开信息后，增加了查看信息、发现信息问题、推动公开信息修正的可能性，也是构建司

⑱ 参考《深化公开意见》二、进一步深化司法公开的内容和范围。

法公开他控体系的重要组成部分。公开前的告知主要包括公开内容告知和公开方式告知。

1．公开内容告知

根据公开对象和内容本身的不同而有所不同。对于涉案信息，需向案件诉讼参加人告知信息是否公开、如何公开、如何获取、诉求提出的时间和方式；向非涉案社会公众告知关于涉案信息诉求提出的方式。对于非涉案信息，应向社会公众告知信息是否公开、如何公开、诉求提出的方式。

2．公开形式告知

除了向当事人送达的受理、应诉通知书等书面材料中告知外，还可采用开庭前作为告知事项的组成部分予以告知，公开时系统自动同步向当事人推送信息等方式，亦可综合适用书面、口头、互联网平台等多种途径告知，以确保告知的有效性。诉讼参加人或者其他公众对于信息公开前的告知，可以提出异议，属于涉公开诉求。

（三）涉公开诉求的提出

1．诉求提出的权利基础

信息公开申请权和公开信息异议权是公众涉公开诉求提出的权力基础，是公众知情权、参与权、表达权和监督权的细化，⑲是公众涉公开诉求表达的主要权源。信息公开申请权指对于应该向其公开而未公开的信息，法定的信息接收对象可以向负有信息公开义务的法院提出申请的权利。公开信息异议权指对于法院公开的信息，存在信息内容错误、程序差错，不符合法律法规等规范性文件规定的，或侵犯其合法权利的，法定的信息接收对象向该法院提出更正、撤回的权利。《审判流程公开规定》第十三条、第十五条一定程度上可以理解为赋予诉讼参加人对审判流程的信息申请和异议的权利。但对于向谁申请、如何申请、主管机关作出决定是否有时间限制、主管机关怠于处理时的权利救济等均未明确。确保社会公众两项权利的有效行使，是司法公开他控体系构建的重要组成部分，也是司法公开工作正常运行的重要保证。

⑲ 《深化公开意见》：在保障社会公众知情权、参与权、表达权和监督权，促进提升司法为民、公正司法能力以及弘扬法治精神、讲好中国法治故事等方面发挥了重要作用。

2．诉求提出的主体

诉求提出以该公开信息的受众为前提，即仅有信息公开对象才能对该信息提出诉求。针对涉案信息，诉讼参加人可以提出信息公开申请和异议。具有重大社会影响力的案件信息依法可能向非涉案公众公开，故非涉案公众对此可以提出信息公开申请和异议，但对于一般的涉案信息，仅在该信息对社会公开后才成为信息公开对象，故仅能对已经公开的一般涉案信息提出异议，不能提出此类信息的公开申请。非涉案信息一般向全社会公开，故社会公众均可提出信息公开申请和异议。

3．诉求提出的理由

提出信息公开申请的理由是负有公开义务的法院未按规定在法定期限向法定信息受众公开相关司法信息。

提出公开信息异议的理由主要包括：其一，公开信息系法定不应该公开信息，如涉及未成年犯罪的裁判文书；其二，信息未按法定程序公开，如调解书未按照规定公开信息而公开全文；其三，公开信息侵犯其法定权利，如庭审直播中不愿公开身份的证人认为个人隐私权受到侵害，再如法院司法统计材料中未隐去强奸案涉案当事人姓名，该当事人认为其名誉权受到侵害；其四，公开信息存在低级差错，如公开文书中的地域差错、适用法条差错、庭审直播无声、无画面、公开文件文不对题等。

4．诉求提出的方式

关于诉求提出的方式，诉讼参加人或其他社会公众既可以通过书面申请，也可以通过已有的信息反馈平台如12368诉讼服务平台、移动微法院等诉讼网络平台向法院提出。部分法院如广州市中级人民法院建立了专门的司法信息公开平台用于接收社会公众涉司法公开的诉求。

司法公开管理平台除了可以便于公众诉求提出，还可以实现重大社会案件信息公开的预警和有效监管。公开平台通过自动识别（系统内预设案件类型采集点，如案由、标的等或从其他审判管理系统如三个规定、信访等系统采集重大、敏感案号信息）和人工识别（相关部门在案件处理的各阶段发现存在公开隐患而进行标识）对可能存在公开风险的案件进行标识，在案件信息中予以特别标记，提示承办审判组织和审批领导注意。平台汇总的涉公开诉求的收集和处理情况数据可以作为司法公开评价与究责的重要依据。

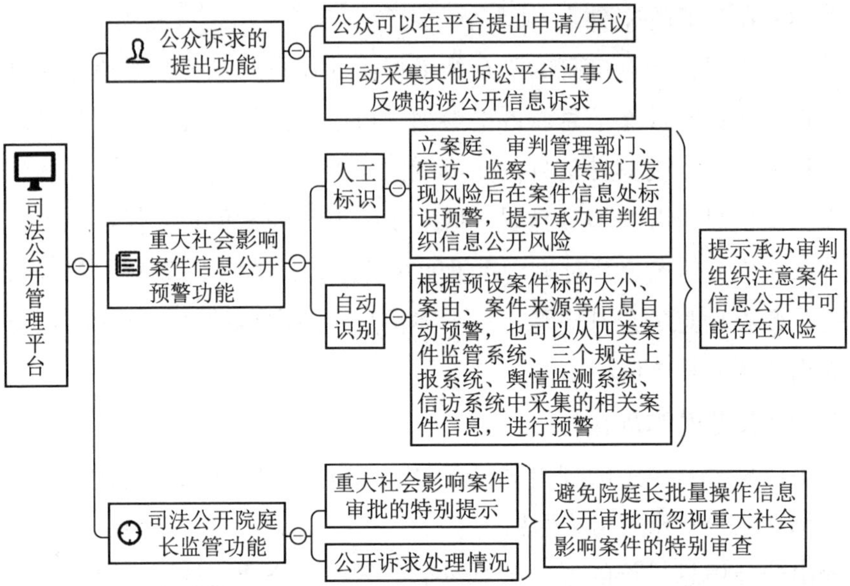

图2　司法公开管理平台的功能设计

（四）诉求的审查和处理

1．诉求的接收

最高人民法院在多份规范性文件中，明确指出各级审判管理办公室（以下简称审管办）是司法信息公开的管理机构，负责处理因信息公开而导致的投诉和建议，实际是发挥着司法公开办公室的职能。

实践中，涉案信息处理往往是承办审判组织操作处理，非涉案信息由法院内相关部门公布，故全交由审管办收集，由审管办告知具体操作的部门，效率不高。广州市中级人民法院制定的《广州市中级人民法院关于办理司法信息公开申请的实施办法》[20]中明确社会公众的信息公开申请，由立案部门收集，分派给各部门处理。不同信息的公开责任主体有所不同，直接向该责任主体申请公开更为便利。此外，机制制定时还要兼顾诉求提出人的权利救济的有效性。故结合上文的类型化处理，除诉讼参加人提出的关于涉案信息的诉求向承办审判组织提出外，其他向该院审管办提出。

⑳ 该规定具有一定的前瞻性，但该规定侧重于信息申请，而未包含信息异议。同时，该规定并未对司法信息进行类型化处理，在实践操作中可行性不强。

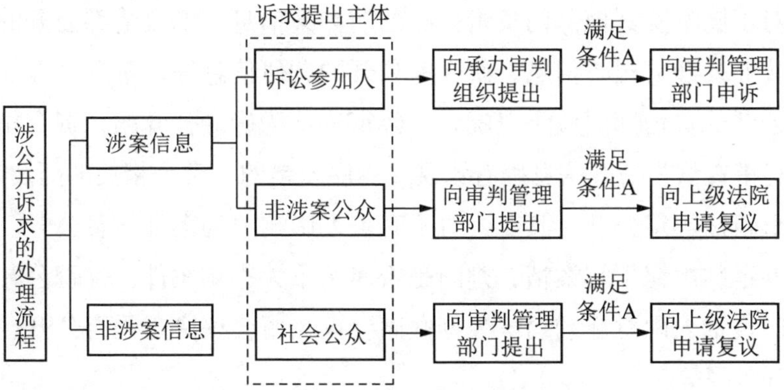

条件A："法定期限未作出处理或者对处理结果不服"

图 3　涉公开诉求的处理流程

2．诉求的受理和审查

承办审判组织或审管办在接到涉公开诉求申请时，应首先审查诉求主体是否适格，即申请主体是否是该信息公开的对象，决定是否受理申请。

诉求受理后，应结合法律法规是否明确应公开、信息是否已经公开、公开信息是否存在差错、信息是否可以采用多种方式公开等因素，且在法定期限内作出处理。承办审判组织的处理见图 4。

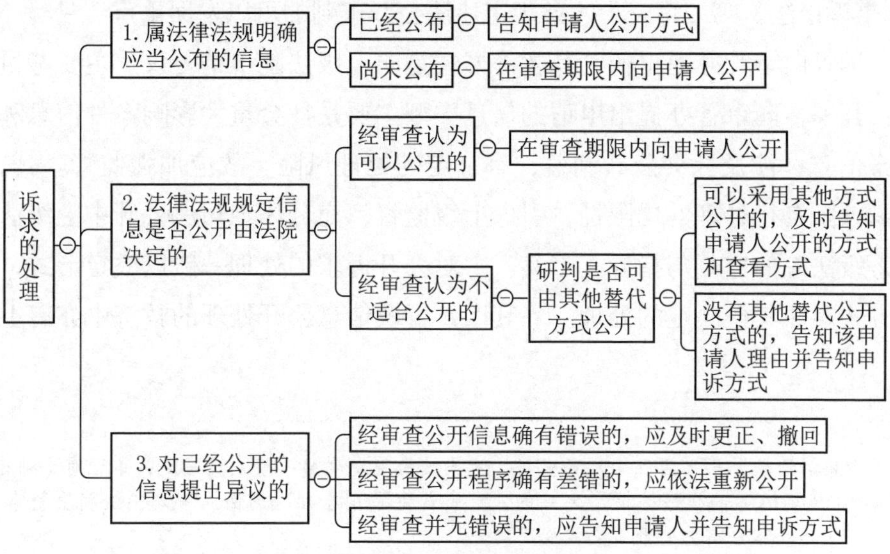

图 4　承办审判组织对诉求的处理

审管办对诉求的处理与承办审判组织类似，差异体现在以下两个方面：

其一，对于属本院其他部门负责公布的非涉案信息，如政治部公开的人事信息、司改办公开的司改信息，研究室公开的调研信息等，审管办在处理诉求时信息公开的责任部门应予以配合。经审查认为确应公开的，责令相关部门公开；经审查认为公开信息确有错误或程序差错的，责令相关部门及时更正、撤回、重新按规定公开。其二，对于有重大影响力的案件信息公开，审管办可向承办审判组织了解案情，判断是否属于重大影响案件，是否公开。必要时经部门负责人同意启动司法公开联席会议，由会议决定是否公开、如何公开、公开时间等。

3. 诉求处理的救济

诉求向承办审判组织提出的，受理主体未在法定期限内作出处理的或者对处理不服的，结合现有的规则制定思路，可以向该院审管办申诉。理由如下：其一，审管办审查申诉符合现有规则关于审管办的职能定位，有助于该院司法公开政策的协调统一。其二，涉案信息包括案件的程序和实体信息，在案件作出裁判处理前，由该院内部把握尺度，符合司法责任制的要求，更有利于案件独立公正处理。其三，如确因案件相关公开问题影响公正审判，经该院内部机构处理后仍未解决的，可以另行诉诸诉讼法规定的救济，如《刑事诉讼法》第二百三十八条规定违法公开审判的可以发回重审。[21]

诉求向审管办提出的，其救济方式是向上级法院申请复议。主要考量如下：其一，向审管办提出申请的信息类型主要是社会重大影响案件信息和非涉案信息，涉及社会公共利益，有一定的处理风险，故应加强监管。其二，考虑该院自行处理的局限性，引入上级监督，充分体现司法公开中上级法院对下级法院的监督与指导。[22]其三，对公开诉求的处理一般以决定形式，救济方式参照其他决定的处理。[23]其四，行政信息公开处理的救济中亦有上级

[21] 《刑事诉讼法》第二百三十八条：第二审人民法院发现第一审人民法院的审理有下列违反法律规定的诉讼程序的情形之一的，应当裁定撤销原判，发回原审人民法院重新审判：（一）违反本法有关公开审判的规定的……

[22] 《深化公开意见》第二十七条“完善司法公开工作督导制度，加大上级法院对下监督指导力度”，及《审判流程公开规定》第十五条第一款、《文书公开规定》第十三条第一款。

[23] 《民事诉讼法》第一百一十九条：拘传、罚款、拘留必须经院长批准……对决定不服的，可以向上一级人民法院申请复议一次。

主管部门复议的救济方式。[24] 可见向上级部门申请救济属我国信息公开领域的救济方式之一。

申诉和复议的处理大致相同（见图5）。复议时，上级法院可以要求下级法院召开司法公开联席会议重新对诉求作出处理。

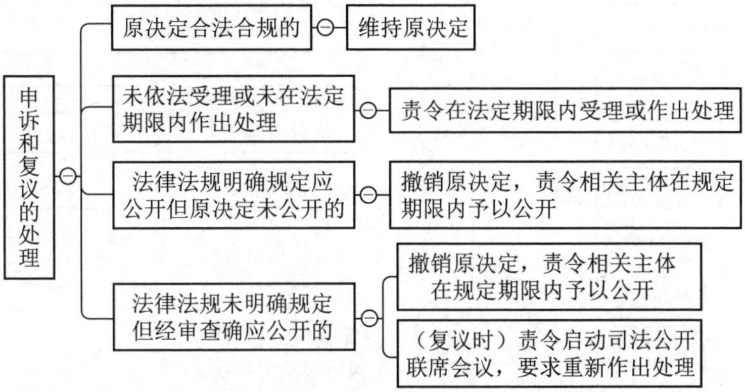

图5　申诉和复议的处理

4．无明确申请的涉公开诉求回应的特别程序

无明确申请的涉公开诉求主要体现在重大影响案件中社会公众对案情的特别关注。虽未依照程序向司法机关提出明确诉求，但社会公众对案件所涉信息的诉求已有明显体现，此时司法机关作为权威机构不及时进行回应和释明，任由少数“意见领袖”的带有倾向性的解读，可能造成公众对案件信息的误读，有较大的风险隐患。

司法公开联席会议是特别程序运作的非常设机构，是《深化公开意见》中“司法公开协调机制”[25] 的重要实践。承办审判组织认为确有必要召开的，提请业务部门领导决定是否启动会议。司法公开预警系统发现线索的，亦可自动提示是否启动会议。除此之外，宣传、监察、信访、审管等部门也可启动会议。联席会议系临时决策机构，其组成人员包括但不限于院长（或分管司法公开

[24] 《信息公开条例》第五十一条：公民、法人或者其他组织认为行政机关在政府信息公开工作中侵犯其合法权益的，可以向上一级行政机关或者政府信息公开工作主管部门投诉、举报，也可以依法申请行政复议或者提起行政诉讼。

[25] 《深化公开意见》第十五点：建立健全司法公开协调机制，公开内容涉及多个人民法院、人民法院多个内设机构或者其他单位的，应当经协调一致后予以公开，确保司法公开信息准确完整。

工作的副院长）、该案所在业务部门负责人、该案承办审判组织、宣传、监察、信访、审管等部门负责人等，组成人员因案件情况不同而有所差异。

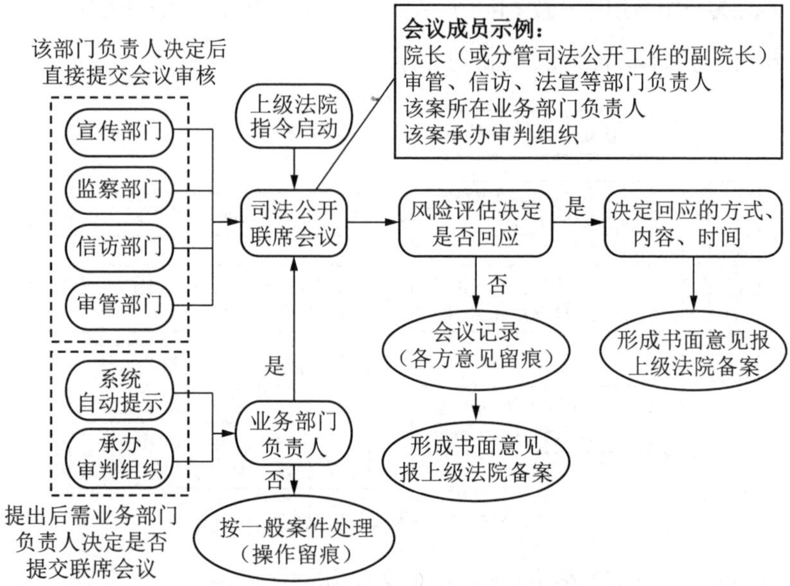

图6　无明确申请的涉公开诉求处理的特别程序

司法公开联席会议决定予以回应的，要结合舆情的发展、案件社会影响力的大小、案件的审理状态、法律法规的规定等确定回应的方式、内容、时间，具体见图7。结合案件社会影响力大小判断是否由本院自行公布，社会影响力大且超过本院辖区的，可以提请上级法院代为公布。案件裁判生效前，不应公布涉案实体性信息，以免影响案件公正处理。

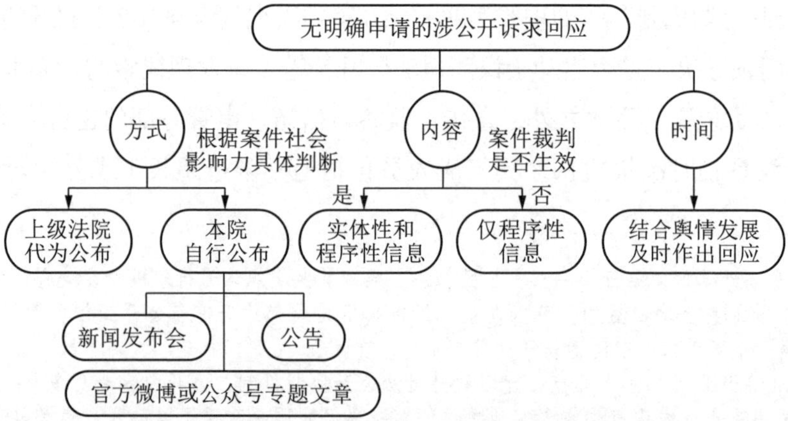

图7　无明确申请的涉公开诉求回应的方式、内容、时间

无明确申请的涉公开诉求回应主要由上级法院进行监管，启动特别处理程序的，无论是否回应均应制作书面材料报上级法院备案。上级法院认为确有必要的，可以指令该法院启动特别程序。

（五）评价与究责

1．司法公开的评价体系

（1）回应机制运行的效果评价

司法公开系统自动对一定期限内的公众诉求提出的数据进行统计，从文书管理、庭审直播等系统中采集公开信息发布后的撤回和修改情况，生成报表，作为效果评价的基础依据。之后，上级法院结合诉求复议情况，对下级法院涉公开诉求处理与回应进行考评；院内审管办结合申诉情况，对审判员处理诉求情况进行考评。公众的使用反馈也是运行效果评价的重要组成部分。

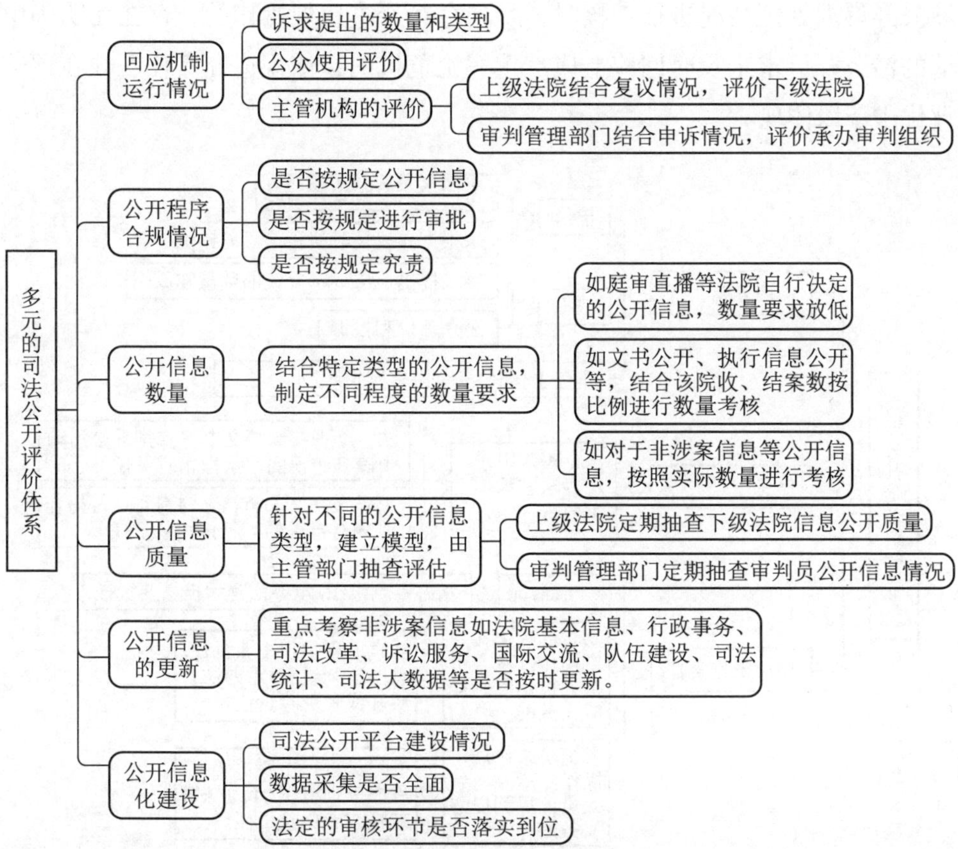

图 8　多元的司法公开考核体系

（2）多元的司法公开评价体系

我国目前“重数量”的司法公开考核机制存在诸多弊端，将回应机制运行效果评价作为重点考察指标之一，结合信息公开的质量、数量、合规情况、更新频率、执行强度等因素构建多元的司法公开评价体系，才能对司法公开情况进行科学的评价，正确引导司法公开的执行。

2. 司法公开的责任追究

（1）回应差错责任

回应差错责任指的是处理公众诉求时存在差错，未向公众及时公开信息或者未采纳公众信息差错的提醒，致使错误信息未及时更正、未及时公开信息、侵害公众合法权利时，应承担的相应责任。

审管办结合公众诉求提出和申诉情况，对于涉公开诉求处理差错严重的，提请审委会结合司法责任制管理的相关规定严肃追责。上级法院对下级法院涉公开诉求处理情况进行考核时，发现存在严重违规操作的，存在无明确申请的涉公开诉求未及时回应造成严重舆论危机的，依规追究责任，并在评奖评优中予以体现。

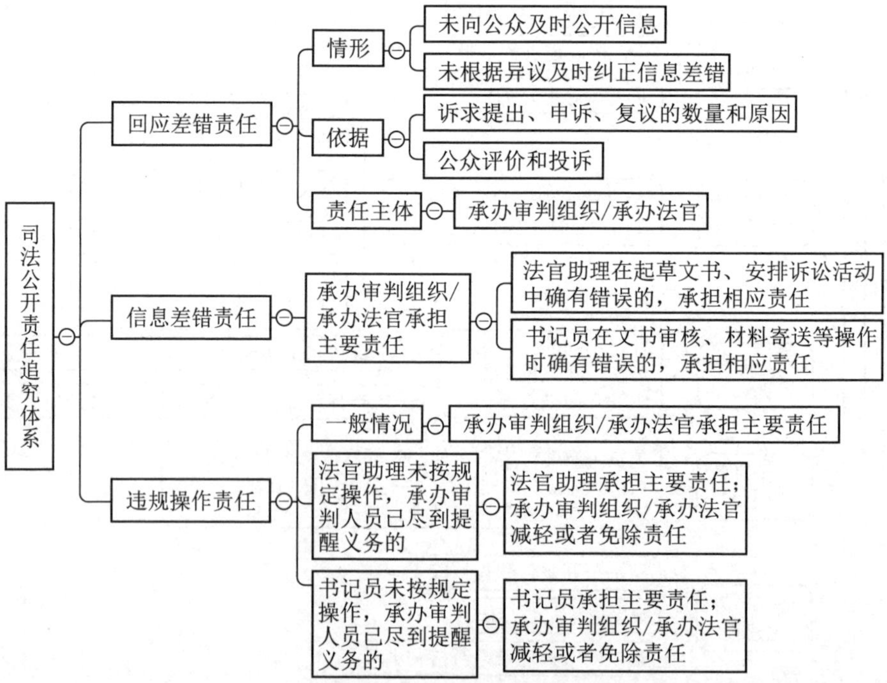

图9　司法公开责任追究体系

（2）“落实到人”的司法公开责任追究体系

司法公开的责任追究包含回应差错责任、信息差错责任、违规操作责任。在责任追究时，要制定和差错程度相适应的惩戒举措，将责任落实到个体，包括承办法官、合议庭其他组成成员、法官助理、书记员，推动司法公开的合规操作。

六、结语

回应型司法理论中关于社会需求的关注和回应等观点，给互联网技术应用冲击下机制运行陷入困境的司法公开提供了机制完善的重要思路。该理论启示下对涉公开诉求回应机制的优化，既保证了社会公众涉公开诉求的充分表达，有助于公众权利保护，又明确了公众在司法公开过程中的主体地位，促进涉公开诉求的有效处理，有助于公开信息差错的发现和纠正，司法公开合规操作和监督体系的完善，亦为司法公开的评价和究责体系提供了重要依据。

（责任编辑：高明生）

试析以财产执行为核心的智慧执行系统构建
——以金融执行案件为例

徐　俊　胡文丰*

一、现状：现行智慧执行系统破解执行难的不足

智慧执行系统为“基本解决执行难”这一阶段性目标的如期实现提供了重要助力，但与党中央提出的“切实解决执行难”目标和人民群众期待相比还有差距。以金融执行案件为例，现行智慧执行系统仍存在以下不足。

（一）规范要求低——系统执行规范嵌入不足，办案节点设置逻辑错位

金融执行案件的执行标的金额大，社会关注度高，对执行规范有着较高的要求，但是现行执行系统对执行规范的要求偏低，主要体现在两个方面：一方面，对现行执行规范要求的内容嵌入不足。执行相关规范纷繁复杂，且修改频繁。除对执行通知的发送、网络查询的发起、执行时限等有明确的要求外，对于其他办案流程节点的规范要求嵌入不足。设置的管理节点分散且不实用，各地法院实际执行中适用率较低，导致执行人员按照自己的意愿办理案件，而忽视执行规范的明确要求，同案不同执等情况频发。同时，现行系统对接的委托执行系统、司法委托系统等主要作用仍是信息录入和交互，未能和智慧执行系统完全融合，不利于提升执行规范性。另一方面，节点设置逻辑错位，目前除执行通知作为强制前置办理节点外，其他节点之间并无

* 徐俊，法学硕士，上海金融法院执行局法官助理。胡文丰，法学硕士，上海金融法院申诉审查及审判监督庭法官助理。

先后逻辑顺序设置，执行人员可任意选择节点，无视该办案节点的前置办理要求。以确定财产处置参考价为例，根据司法解释要求，当事人议价、定向询价、网络询价、委托评估四种方式具有前后顺序，当事人议价结果具有优先性，只要不损害他人合法权益的，应当以当事人议价结果为参考价，但是现行系统中并无该节点设置，实践中执行人员通常直接委托评估，不进行当事人议价程序。

（二）效率提升不足——未实现繁简分流，内部执行监督、管理亟待提升

一部分金融执行案件案情复杂，财产数量多且体量大，要求精细化执行；另一部分涉众案件标的金额小，执行难度较低，执行同质化明显，要求快速执行。不同类型的执行案件对于执行的要求不一，执行领域繁简分流势在必行。现行执行系统中，并未嵌入繁简分流程序，未设置复杂案件与简单案件的确定标准和专属流转程序，每个执行案件必须单独采取各项执行措施，点击所有节点，执行通知发送、总对总查询、案款发放、结案等均未实现批量办理，无法助力精细执行复杂案件、快速执行简单案件，无法有效提升整体办案效率。此外，现行执行系统对法院内部执行监督、管理的助力亟待提升。管理人员对执行案件的监督、管理主要通过总对总审批、事项委托审批、司法委托审批、案款发放审批、制裁措施审批、结案审批等审批事项进行，了解案件只能通过查阅电子卷宗和线下沟通的方式进行，案件办理的各个节点无法直接通过执行指挥中心反馈给管理人员，事前和事中管理设置匮乏，导致内部管理行为滞后于外部执行行为，呈现粗放化管理的特点，监督管理失效导致执行人员的整体办案效率偏低。

（三）专业化程度低——无财产处置方式的嵌入和适配机制

随着我国金融市场快速发展，金融创新不断演进，产品创新层出不穷，金融交易形成的法律关系日趋复杂，新类型金融财产不断出现，如基金份额、保单、信托受益权、债券、资产支持证券以及期货、期权等金融衍生品。同时，金融案件的财产价值高，处置难度大，对执行工作的专业性提出了更高的要求，因此需要依据执行规范，结合财产的特点和现状选择处置

方式和方案，才能最大化实现财产价值。现行执行系统中对于专业化财产处置的节点设置较少，无财产处置方式的嵌入和适配机制，除总对总、点对点银行存款冻结、划拨，机动车的查封和扣押，司法委托系统等之外，尚未对财产处置的流程进行程序化的搭建，多数情形下是一个走流程的平台，而非财产执行程序的专业化推进系统。因此，为提高财产处置的专业化程度，亟须探索不同类型财产适配的处置方式，并将具体的财产处置模式嵌入系统。

（四）公开化程度低——公开渠道不畅通，公开及时性不足

司法权的有效运作是司法场域中所有参与者互动的结果。① 由于法院在执行程序中大包大揽，使得原本应由申请执行人承担的市场风险通过执行程序转嫁给法院，忽视了当事人的程序参与和执行结果的公众认可问题。全国法院普遍存在执行公开不足的问题，具体表现为执行当事人大多只能到法院找执行人员，或通过电话、短信等方式询问获取执行进展信息，沟通较为碎片化，公开的信息亦不够完整，无法做到执行信息的全流程及时公开。与普通执行案件相比，金融案件标的金额大，社会关注度高，当事人对于执行情况更为关切。现行执行系统主要与中国执行信息公开网进行信息交互，向社会公众公开被执行人信息、威慑措施信息、法律文书等，向执行当事人公开的执行信息与社会公众并无不同，并未根据公开对象的不同设置分级的信息公开，而执行当事人的公开需求应当更为迫切。

二、思辨：执行模式和智慧执行系统建设理念的逻辑转变

“建构合理的制度是一个不断试错的过程，是一个寻找理性与现实交集的过程，理性的谨慎选择和现实的小心求证都是不可缺少的环节。” ② 基于现实存在的问题，需要明确智慧执行系统完善的目标，并结合问题出现的本源分析结果，对执行模式和执行系统建设理念进行改革，重新构建以财产执行为核心的结构化执行系统。

---

① 参见苏力：《司法制度的合成理论》，载《清华法学》2007年第1期。
② 苏力：《制度是如何形成的》，中山大学出版社1999年版，第83页。

（一）目标：实现执行规范化、效率化、专业化、公开化

1．实现执行规范化和效率化

执行规范化关乎人民群众在执行案件中能否感受到公平正义。为改变“暗箱操作”“执行不作为”“执行乱作为”等现象，人民法院应重视执行规范化建设，将执行权纳入规范化轨道，关进制度“铁笼”。③执行效率化则关系着快速兑现申请执行人的胜诉权益，深刻影响着人民群众的司法获得感，“拖延执行”“消极执行”“选择性执行”等情况频发，影响人民群众对司法强制执行的获得感。执行规范化和执行效率化之间存在必然的联系，民事执行应当以追求债权实现的高效化为优先价值，以追求债权实现的正当化为根本价值，债权实现的正当化优位于债权实现的高效化。④因此，智慧执行系统中每一项机制设计必须同时追求效率与规范，针对执行案件每一事项的处理，加强执行管理，推动执行指挥中心实体化监督管理，确保在规范执行的基础上，缩短执行案件每个节点的办理时长，提升执行效率。

2．实现执行专业化

执行财产类型繁多，不同财产的处置方式和处置中的侧重点均不同，不同执行人员的专长和经验亦不同。如果针对不同类型财产均采取相同的方式、由不同执行人员进行处置，极可能出现同类型财产最终处置结果不一致的情况，执行中无法完全实现财产的价值，无法达到处置效果和效率的双优，最终难以最大限度实现申请执行人的胜诉权益，因此必须提高财产处置的专业化程度。财产处置是案件执行的核心，通过提升财产处置的专业化程度来提高执行专业化势在必行，执行专业化也成为执行规范化和效率化基础上更进一步的追求。

3．实现执行公开化

民事执行的正当性可以从两个方面获得：一是执行结果的正当性，即通过法律文书所确定权利的实现；二是执行程序的正当性，即通过正当程序的执行和参与。执行结果不是单纯由执行行为所决定的，还需要借助执行程序的价值功能，以程序弥补执行权运作在实体上的不足。执行程序的“内在价值”即应当通过当事人的充分参与体现对人性的尊重和理性公正的

③ 参见刘贵祥：《人民法院执行工作现状与分析》，载《中国应用法学》2018年第1期。

④ 参见金殿军：《民事执行机制研究》，复旦大学博士学位论文2010年。

内核。⑤ 当事人只有及时、全面地知悉相关执行信息，充分了解自己在执行程序中享有的权利，才有可能恰当行使权利、履行义务，参与执行程序并充分发挥作用。最大限度保障当事人实现知情权是提升法院执行工作效果的关键，因此完善智慧执行系统必然以实现执行公开化为基本目标，通过系统设计向当事人及时、充分公开执行信息。

（二）本源："一人包案到底"执行模式下形成的"案件办理的单线建设"

社会转型时期矛盾纠纷多发，执行案件数量逐年递增，2021 年全国法院受理执行案件 949.3 万件，是 2016 年 415.99 万件的两倍多，而同期执行力量几无增加，不断增长的办案任务与有限司法资源之间的矛盾日益突出。"一人包案到底"模式下办案压力过重将导致的突出问题：办案不规范，"乱执行""选择性执行""错误执行"等较为常见，同案不同执的情况广泛存在；执行效率低，未能够实现繁简分流，"消极执行""拖延执行"频发，未严格按照执行规范要求的时限处理执行事务；专业性不足，对基金份额、对资管计划份额等新型财产的研究不足，财产处置方式僵化适用，损害其他投资者合法权益；公开积极性低，人民群众经常反映执行人员"难联系"、沟通"冷、横、硬、推"。

现行执行系统正是基于传统"一人包案到底"的执行模式搭建的，以执行案件的办理过程为逻辑线构建而成，以"案件"作为基本建设单元，将核实当事人信息、执行通知、财产查询、财产处置、案款发放、制裁措施、结案等事项嵌入系统中，并辅之以司法委托系统、委托执行系统、财务管理系统、执行指挥中心系统保证执行程序的推进和执行监督管理的开展，总体的建设理念可以概括为"案件办理的单线建设"。以此理念建设的智慧执行系统难以从本质上革除"一人包案到底"的弊端。

（三）革新：转变执行模式和系统建设理念

1. 执行模式：由"一人包案到底"向"结构化执行"转变

分工与权力制约是执行模式改革逻辑展开的两个基点。亚当·斯密曾言，"劳动生产力最大的改进，以及劳动在任何地方运作或应用中所体现的技能，

⑤ 参见李霄：《浅析民事诉讼改革中执行理念的错位及矫正》，载《法律适用》2003 年第 5 期。

熟练和判断的大部分，似乎都是劳动分工的结果”，⑥民事执行工作亦是如此。执行模式应当由“一人包案到底”向“结构化执行”转变，从纵向管理和横向监督来对执行权进行逻辑展开，分权后的权力制约主要体现在对执行命令权和实施事务权实施主体的管理以及实施主体之间的相互监督。⑦一方面，实现执行实施权的分阶段行权。执行活动的不同阶段具有明显的可分性，如发送执行通知书、财产查询、财产可执行性甄别、财产处置等均可由不同的人员办理。另一方面，实现执行命令权和实施事务权的分权制衡。⑧个案中的执行实施权必须分解、细化为可以相互制衡的权力运行框架。⑨根据不同人员的能力和特点，将执行人员划分为不同的组别，承担不同的工作任务。由执行指挥中心行使执行命令权，将执行案件办理过程中有必要一同办理的多项事务统筹办理，保证执行案件相同事项办理的一致性。⑩表1归纳了“结构化执行”对“一人包案到底”的突破，体现了“结构化执行”的制度先进性：

表1 “结构化执行”对“一人包案到底”的突破

<table>
<tr><th>“一人包案到底”</th><th>对比维度</th><th>“结构化执行”</th></tr>
<tr><td>“乱执行”“选择性执行”“错误执行”，同案不同执</td><td>规范</td><td rowspan="2">案件和事务均繁简分流；结构案件办理流程，人员分组，事项分工，相互协作相互监督，保证类案执行一致性；执行指挥中心全面监督管理，严格时限管理，消除“乱执行”等现象</td></tr>
<tr><td>未能实现繁简分流，消极执行、拖延执行，执行时限遵守不严格</td><td>效率</td></tr>
<tr><td>财产处置方式单一，对新型财产僵化适用传统处置方式</td><td>专业</td><td>财产处置设置专业小组，不动产、动产、金融资产、股权等财产针对性适用不同处置方式</td></tr>
<tr><td>执行人员主动联系少、联系难，沟通“冷、横、硬、推”</td><td>公开</td><td>要求全流程、实时、主动公开执行信息，执行指挥中心予以监督</td></tr>
</table>

⑥ ［英］亚当·斯密：《国富论》，胡长明译，人民日报出版社，2009年版，第17页。

⑦ 从概念的上下位阶来看，执行权包括执行实施权和执行审查权“二元素”构成。执行实施权由执行命令权、实施事务权组成，权利范围涵盖财产调查、控制、处分、交付和分配以及罚款、拘留措施等实施事项。执行命令权涵盖统筹协调、管理督办、集约服务三重属性。实施事务权则是指具体执行事务的实施权。

⑧ 参见陈磊：《执行信息化背景下分段集约执行的实效偏差与模式重构》，载《河北法学》2019年第9期。

⑨ 参见栗峥：《中国民事执行的当下境遇》，载《政法论坛》2012年第2期。

⑩ 参见杜佳鑫、王娜嫒：《智能化有效缓解法院“执行难”》，载《人民邮电》2020年6月19日第3版。

"结构化执行"的执行模式，彻底打破了"一人包案到底"的传统执行模式，解构执行案件办理的全部流程节点，每一个案件的办理由多个流程节点按照既定的结构逻辑有机组合而成，每个事务节点办理人员之间可以相互监督，执行指挥中心也可以通过监督每一个事务节点的办理来实现整个案件的有效管理，最终推动案件执行的规范化、效率化、专业化、公开化。

2．系统建设理念：由"案件办理的单线建设"向"案件办理＋事务处理＋监督管理的立体建设"转变

加强民事执行权的强制性需要通过智慧执行系统来规范和强化执行权的实施，构建与执行模式相适应的嵌入集中管理模式的智慧执行系统。[11] 随着"一人包案到底"模式的彻底打破，"结构化执行"应运而生，执行系统建设的理念也应蜕变成"案件办理＋事务处理＋监督管理的立体建设"，以"案件"和"事务"作为"两元"基本建设单元，结合完备的监督管理机制设计，搭建"结构化"的智慧执行系统。

三、进路：构建以财产执行为核心的结构化执行系统

在"结构化执行"新模式和"案件办理＋事务处理＋监督管理的立体建设"新系统建设理念的指引下，人民法院应构建以财产执行为核心，以规范化和效率化为目标搭建起结构化基本框架，并以公开化、专业化为目标构建以财产执行为核心的运行机制。

（一）以执行规范化和效率化目标搭建基本框架

在"结构化执行"的模式下，应当以"人"与"案"两个维度展开设计，并通过指挥中心实体化运行进行精细化管理，以实现执行规范化和效率化。

1．执行人员的结构化——解构执行办理流程，专业分组分工协作

构建符合执行工作规律和特征的执行管理长效机制是破解执行难的关键。在解构案件办理流程的基础上，设置前置集约组、综合执行组、财产查控组、财产处置组和执行指挥中心，并根据不同执行人员的能力和特点将其分配入对应组别。执行指挥中心以执行专业法官会议为核心驱动，管理全部执行活

⑪ 参见陈恒：《执行管理长效机制的构建》，载《法律适用》2019年第11期。

动。各组的人员构成及分工职责如下（详见表 2）。

表 2　执行人员的分组及主要职责

组别	人员构成	主要职责
前置集约组	书记员	核对立案信息；发送受理通知；发送执行通知等；网络查询；其他
综合执行组	资深法官担任组长，若干法官助理为组员	约谈当事人；财产初判；发起财产查控；协调财产处置权；发起处置任务；采取惩戒措施；结案办理；其他
财产查控组	司法警察	线上、线下财产查控；办理限制出境；现场调查；配合实施搜查、拘传、拘留、强制迁出；其他
财产处置组	资深法官担任组长，若干法官和具备财产处置经验的法官助理作为组员	上市公司股票、不动产、非上市公司股权、金融资产等财产的处置
执行指挥中心（专业法官会议）	所有执行法官	执行指挥中心监督管理全部执行活动。同时通过召开执行专业法官会议的方式讨论和决定财产处置启动、暂缓、终止，执行财产分配方案，罚款、拘留等严厉惩戒措施，执行转破产，重大案件的结案，强制迁出等重大执行事项

相较于前置集约组，综合执行组对规范性、专业性的要求更高，可以说是案件办理的中转站，需要对接包括执行专业法官会议、前置集约组、财产查控组和财产处置组在内的所有人员。系统内各组的运行架构见图 1。

2．执行案件的结构化——案件和事务的繁简分流

切实解决执行难需要在执行领域加强繁简分流机制的改革探索，进一步明确繁简分流的程序设计，推进执行工作体系和能力现代化。实际上，可以通过系统的有序逻辑设计，以执行标的金额、财产数量和价值为区分标准，实现繁简分流。疑难、复杂案件数量少、标的金额大、案情复杂、财产价值高、处置难度高；简单案件数量多、标的金额小、案情类似、财产较少、处置难度小，繁简分流后实现“简案快执、难案精执”。在系统中则体现为案件办理和事务处理时长的层次化设置。以证券虚假陈述类案件的执行为例，申请执行人为中小投资者，人数众多，而被执行人则相同，主要为某一特定的上市公司，该类案件的执行流程基本一致，因此文书发送、执行约谈、案款

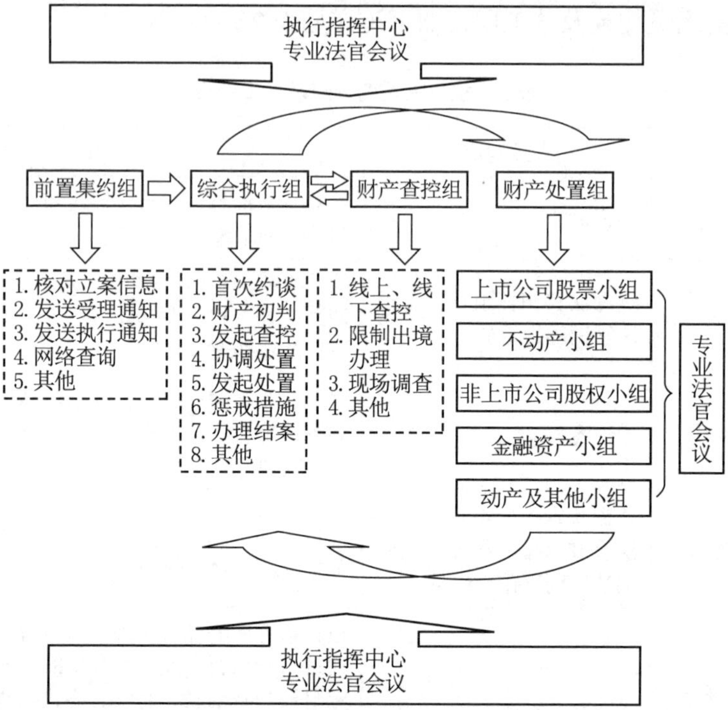

图1　系统内各组的运行架构

发放等事项的处理时长相较于其他案件较短，一般可以在一个月内执行结案。反之，部分金融借款纠纷案件，执行财产众多，需要同时处置不动产、上市公司股票、非上市公司股权等，前期执行约谈、财产调查和查控以及财产处置的周期都较长，需要借助系统进行精细规划和执行。

如果说案件的繁简分流是执行工作横向的繁简分流，那么案件中不同事务的繁简分流则是执行工作纵向的繁简分流，两者并行能够实现执行案件的结构化办理。在执行案件繁简分流的基础上补充对事务处理的繁简分流，与前文论及的人员分工相对应，复杂程度不同的事项分别由前置集约组、综合执行组、财产查控组和财产处置组办理。

3．集体决策加强监督，指挥中心实体化运行进行精细化管理

人民法院应当对分段执行实行节点控制和流程管理。⑫ 执行指挥中心对执行案件的办理实行全案全流程全时段监控、预警，及时发现问题进行督办，

⑫ 参见《最高人民法院关于执行权合理配置和科学运行的若干意见》第五条。

对执行工作情况及时进行梳理、分析，为执行决策提供依据和参考。一是执行指挥中心以执行专业法官会议为核心驱动。系统设置执行专业法官会议提起、召开、签发、结果反馈界面，每一个案件执行的关键事项必须经会议决议通过，否则系统无法运行至下一阶段。集体决策集体加强监督，能够有效防止廉政风险和自由裁量权不正当扩张。二是执行指挥中心实行全案全流程全时段监控、预警。系统不仅能够实时监测案件执限、超标的查控、财产控制期限、财产处置期限等关键节点信息，而且对于执行通知、总对总查询、点对点查询、当事人约谈等常规流程节点也能做到实时监测，真正做到每个案件“全方位、无死角”动态监管。三是执行指挥中心及时收集、分析执行数据，并作可视化处理反馈部门负责人。系统从案件办理和事务处理两个维度收集执行数据，并以高度可视化的方式呈现出来，便于执行指挥中心及时发现问题，实现大数据为执行工作强效赋能。

（二）以全面实时主动公开深化执行公开

“正义不仅要实现，而且要以人们看得见的方式实现。”针对执行当事人公开中存在的问题，系统应建立以下公开机制：

1．执行信息“全流程公开”

结构化执行系统应当将执行案件办理的全流程信息向执行当事人公开，包括立案信息，文书送达信息，当事人约谈信息，财产查询、控制、初判、处置信息，执行款物到位和发放信息，惩戒措施信息，结案信息等。自案件立案后，执行系统便应对接公开网络，体系化、全方位公开前述信息，告知执行当事人可登录自行查看。

2．执行信息“实时公开”

滞后的信息公开会严重影响当事人在执行案件中的司法获得感。智慧执行系统应当将办案系统中的执行进展信息第一时间交互至公开网络，让当事人可以实时查看案件的执行情况，确保执行人员与执行当事人实时共享执行信息。

3．执行信息“主动公开”

目前执行公开显现出被动公开的特点，当事人的知情权无法获得有效保障。《最高人民法院关于进一步深化司法公开的意见》明确了“主动公开”的基本原则，系统应当对接公开网络，将执行案件的全部办理信息强制交互至公开网络向当事人公开，从而缩小执行人员在信息公开中不正当行使权利的空间。

（三）以执行专业化为目标搭建财产执行的核心运行机制

执行专业化集中体现在财产处置过程中，财产处置工作是兑现申请执行人胜诉权益的最关键环节。

1. 财产发现、甄别、控制进行精细化管理，筑牢处置基础

系统针对财产发现、甄别、控制、变价的全流程进行有序引导、智慧辅助、精细管理，实现财产发现的全面化、财产甄别的精细化、财产控制的快速化。

（1）财产发现全面化

发现财产是财产控制和变价的前提，执行系统嵌入的财产发现渠道主要包括总对总系统、点对点系统和当事人信息关联系统。除此之外，执行系统补充自动抓取互联网信息的渠道和贯通当事人提供财产线索的渠道。针对当事人提供财产信息渠道，可以借助执行信息公开网络，在公开网络中开辟当事人录入财产信息窗口，有效扩充系统的财产发现渠道，确保财产发现的全面化。

（2）财产甄别精准化

财产发现需要做到全面，是给财产“做加法”，财产甄别则需要做到精准，给财产“做减法”。对于发现的财产线索，系统应能够初步识别财产的可执行性，并第一时间提醒综合执行组执行人员，由其人工判断财产是否需要采取控制措施。系统初识＋人工判断的运行机制，保证财产甄别的精准化，有效增强财产控制的针对性。

（3）财产控制快速化

快速查封、冻结、扣押涉案财产，是保障申请执行人胜诉权益的关键。系统对于综合执行组生成的控制任务，根据属地原则进行分派给财产查控组，同一地域的控制任务集约办理，设定不同财产的控制时限，提高财产控制的效率。对于出现财产可能被转移等紧急情况，由综合执行组提起加急办理需求，财产查控组应当立即加急办理，避免财产被转移。

2. 设置专项处置小组，执行专业法官集体评议，创新处置方式

（1）专业分工——设置财产专项处置小组

系统在财产处置组下设不同类型财产的专项处置小组，包括不动产处置小组、上市公司股票处置小组、非上市公司股权处置小组、金融资产处置小组、动产及其他财产处置小组，每一处置小组的人员对该种财产需具有丰富的处置经验，专业分工能够显著提高处置效率和专业性。

（2）专业评议——财产处置关键事项集体决策

执行指挥中心实体化运行的核心驱动力便是执行专业法官会议的集体评议，作为执行案件的核心环节，财产处置关键事项必须经会议决议通过。对于所有财产处置的启动、暂缓、终止、案款分配方案、惩戒措施等，因涉及当事人或案外人重大利益，均需会议讨论决定，保证财产处置全流程的规范性、合理性。

（3）专业方式——创新财产处置方式

针对不同类型的财产，系统嵌入相应的处置方式判断逻辑，财产进入处置程序后，自动识别其类型并判断适用于何种处置方式，由系统给出处置方式建议，由执行指挥中心最终决定。系统应嵌入财产处置的最新方式，如大宗股票司法协助执行机制等，对于基金份额、债券、金融衍生品以及其他可能出现的新型财产，也应给予执行法院探索创新处置方式的空间。

（责任编辑：金殿军）

类案同判：公司会计账簿查阅范围界定的路径探索
——以S市1125份判决书为样本

林　凯*

公司作为商事主体在社会经济中发挥重要作用。同类型公司纠纷得到相同或相似的裁判，是法治化营商环境司法保障的内在要求。如何界定公司股东会计账簿查阅范围是多数此类案件的争议焦点。本文运用实证研究方法梳理S市1125份股东知情权纠纷民事判决书，提出以文义解释为主、适当扩张为补充的法律适用方法。弹性确定股东会计账簿查阅范围的边界，有条件适当增加股东查阅会计凭证范围。保障法律安定性，兼顾股东与公司的权益平衡，为此类案件统一裁判尺度提供思路。

股东知情权作为股东固有权利，既有目的性又具有工具性。一方面，股东可以通过行使知情权达到了解公司经营活动目的；另一方面，股东在其权益受到侵害时，可以通过行使知情权查阅公司特定文件收集相关证据。2005年公司法修正案，新增股东可以查阅公司的会计账簿，进一步扩大股东查阅文件的范围和内容。2008年《民事案件案由规定》将股东知情权纠纷作为独立案由纳入规定，股东知情权纠纷逐渐成为公司类案件的重要组成部分。审判实践中，关于会计账簿查阅范围的界定，逐渐成为股东知情权纠纷较为突出的争议问题。其中，“会计账簿”是否包含“会计凭证”，无论在实践中还是在理论界争议都尤为明显。

* 林凯，中共上海市嘉定区区级机关工作委员会综合科副科长，上海市嘉定区人民法院原法官助理。

一、司法裁判梳理

在中国裁判文书网中进行高级检索，以“S 市”“民事案件”“股东知情权纠纷”为检索条件，检索裁判日期自“2016 年”至“2022 年”，各年审判案件各类文书数量分别为 145 件、202 件、278 件、355 件、425 件、342 件、267 件（如图 1）。①

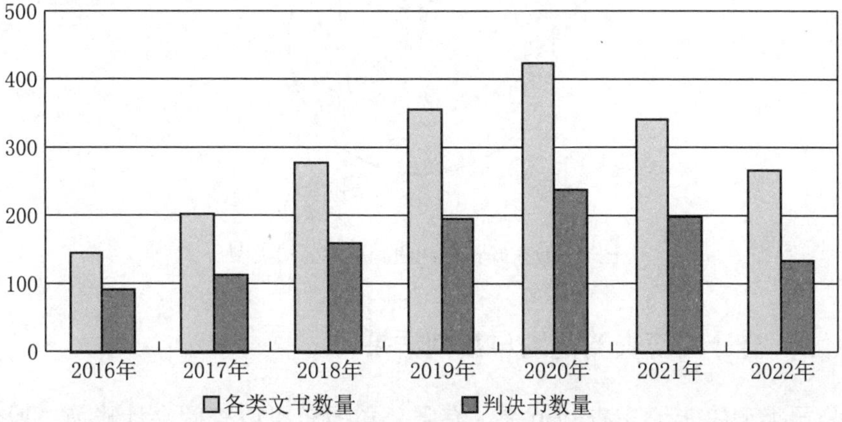

图 1　S 市近年股东知情权纠纷文书数量

股东知情权纠纷作为与公司有关的纠纷的一种，诉讼案件数量呈现平稳上升趋势。排除撤诉裁定书、调解书等非判决文书后，判决书数量为 1125 件，其中一审判决 813 件，二审判决 312 件，二审判决数量占判决总数 27.64%。2016 年至 2022 年，各年判决书数量分别为 92 件、111 件、160 件、195 件、237 件、197 件、133 件。

（一）公司类型与裁判结果

股东知情权纠纷主要集中在有限公司。根据我国公司法规定，公司类型划分为有限公司和股份公司。在统计样本中，有限公司 1081 件、股份公司 44 件，占比分别为 96%、4%（如图 2）。

此类纠纷原告胜诉率高，二审改判率低。从样本裁判结果看，支持原告查阅请求的判决数量为 1043 件，胜诉率（含全部支持、部分支持）为

① 统计数据自中国裁判文书网（https：//wenshu.court.gov.cn）整理得出，2023 年 5 月访问。

92.7%。其中，股份公司类案件胜诉率达97%。在311件二审判决中，撤销全部或部分一审判决的有19件，未改判率为93.8%。由此可见，公司类型因素与裁判结果的支持率和改判率差异不明显。

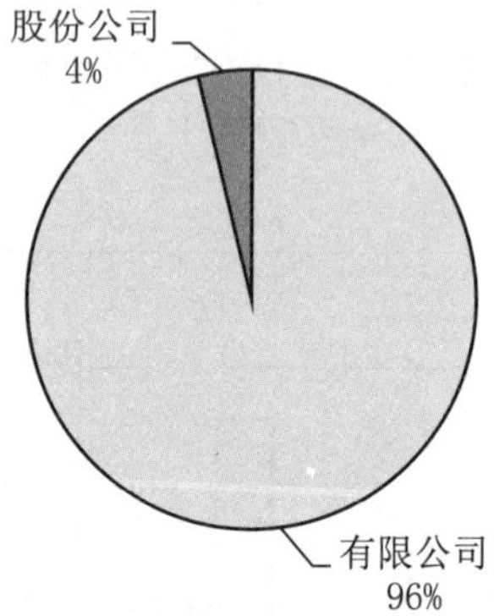

图2 股东知情权纠纷判决的公司类型

（二）会计账簿查阅范围与裁判结果

公司类型决定股东查阅范围。有限公司股东可以查阅会计账簿，股份公司股东不能查阅会计账簿。样本中不乏存在股份公司股东以会计账簿查阅作为诉讼请求，而被依法驳回诉求。从数量上看，涉及“会计账簿”查阅的判决数为1066件，占总数94.8%；涉及“会计凭证”（含原始凭证、记账凭证）判决数864件，占“会计账簿”查阅总数81%（如图3）。值得注意的是，“会计凭证”在法律以及相关司法解释中未明文规定为股东查阅的范围内容。

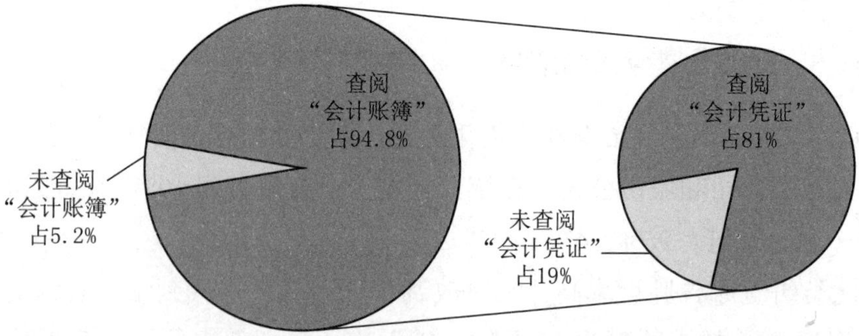

图3 样本中“会计账簿”“会计凭证”数量比例

关于“会计凭证”是否可查阅，未形成相对统一尺度。现行公司法与审判实践存在法律适用上的空白明显，在不同案件中判决不一，成为此类案件审理较为突出的问题。样本中，支持“会计凭证”查阅的判决占大多数，数量为690件，占涉及“会计凭证”案件总数的79.9%；判决驳回“会计凭证”查阅的数量为174件，约占涉及“会计凭证”判决总数的20.1%。不难发现，较多的法官采取扩张解释方法，将“会计账簿”倾向于扩张解释包含“会计凭证”含义。同时，又存在一定数量的判决采取严格的文义解释方法，将“会计凭证”的排除在“会计账簿”含义之外，而驳回对“会计凭证”查阅的诉请。

（三）“会计凭证”取舍的裁判说理

1. 支持“会计凭证”查阅的说理类型

根据“会计凭证”与“会计账簿”的关系、立法目的以及法律规范方式，归类为四种类型（如图4），类型一“依据型”、类型二“包含型”、类型三“目的型”、类型四“法无禁止型”。

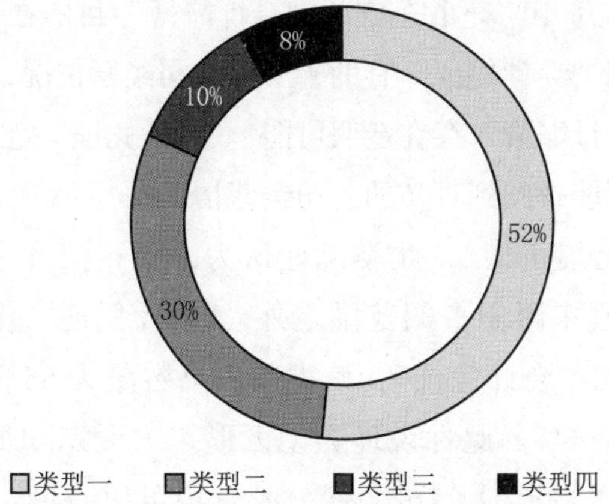

图4　支持“会计凭证”查阅各说理类型比例

类型一“依据型”，此类说理认为，会计凭证作为会计账簿的依据。该类判决书数量为359件，约占支持会计凭证查阅样本总数52%。依据我国《会计法》第十五条的规定“会计账簿登记，必须以经过审核的会计凭证为依据”，会计凭证是验证会计账簿真实性的证据，故关于查阅会计凭证的请求，具有合理性而予以支持。对比公司法的立法对查阅公司文件进行列举分类规定模式，不难发现，如果依照“依据型”的观点逻辑，作为依据就能成为查阅内容，则仅需规定概念范畴较大的“会计报告”即可以涵盖“会计账簿”“会计凭证”，而无须明确规定其他各类公司文件。这与现行公司对“会计报告”“会计账簿”查阅范围作出不同规定相矛盾。

类型二“包含型”，此类说理认为“会计凭证”是“会计账簿”的组成部分。该类判决书数量为205件，约占支持会计凭证查阅样本总数的30%。公司法赋予股东“会计账簿”查阅权，就当然赋予股东查阅“会计凭证”的权利。在判决说理中，大部分未就“会计凭证”查阅予以单独说明，而在判决主文中作为“会计账簿”的组成直接予以列明。我国会计法对“会计账簿”的组成作了明确的规定，会计账簿包括总账、明细账、日记账和其他辅助性账簿。显然，“会计凭证”未被包含其中，此种说理类型有违现行会计制度概念界定。

类型三“目的型”，此类说理认为查阅“会计凭证”是否能与“会计账簿”相印证，符合立法者立法目的。该类判决书数量为70件，约占支持会计凭证查阅样本总数量10%。股东查阅“会计账簿”目的在于知晓公司真实经营情况，股东查阅“会计凭证”有助于了解公司经营情况，符合立法者目的。此类说理推定“会计账簿”存在造假可能，“会计凭证”造假成本较高，故查阅“会计凭证”更能查阅到真实的公司经营情况。

类型四“法无禁止型”，此类说理认为，公司法并未明确将“会计凭证”完全排除于股东限制查阅范围之外，“会计凭证”作为会计账簿的补充，股东可以查阅“会计凭证”。该类判决书数量为56件，约占支持会计凭证查阅样本总数8%。此种说理类型无形扩大股东知情权的范围，即便是公司法规定以外的其他公司文件，股东均可以查阅。此种说理论证可能致使公司处于无限收集、提供大量材料影响正常公司秩序和经营效率状态。

2. 驳回“会计凭证”查阅的说理类型

样本中驳回股东“会计凭证”查阅的裁判说理类型，根据判决驳回原因分为三种类型（如图5），类型一“非法定查阅型”、类型二“不正当目的型”、类型三“条件不合法型”。

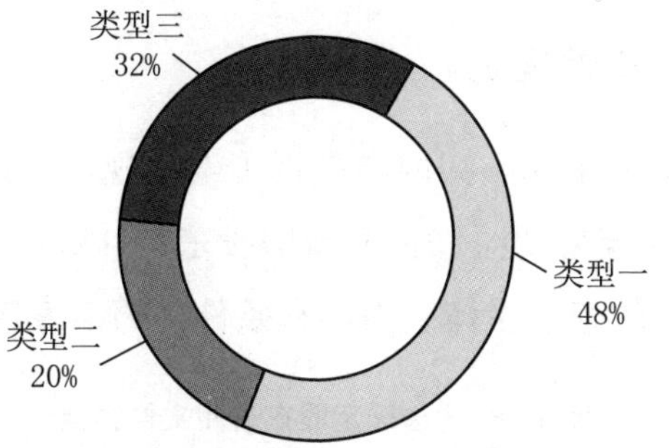

图 5　驳回“会计凭证”查阅的说理类型比例

类型一“非法定查阅型”，该种裁判说理认为“会计凭证”未作为股东知情权查阅内容明文规定在公司法中，对“会计账簿”进行解释，其亦不包含“会计凭证”含义，所以驳回股东请求查阅“会计凭证”的诉请。该类判决书数量为 83 件，占驳回“会计凭证”查阅样本总数 48%。此种说理类型，与“目的型”支持查阅相比，采取了不同的法律解释方法，得出截然相反的结论。

类型二“不正当目的型”，此种类型判决根据公司举证，证明股东与公司存在不正当竞争，股东诉请查阅的“会计凭证”存在不正当目的，故驳回原告诉请。该类判决书数量为 35 件，约占驳回“会计凭证”查阅样本总数的 20%。其审查的内容为股东查阅“会计凭证”目的，为保护公司利益免受侵害而作出的裁判。相较于类型一“非法定查阅型”的形式审查，更倾向于对股东查阅目的的实质审查。

类型三“条件不合法型”。此类判决涉及股份公司股东申请查阅“会计凭证”、股东诉讼前未向公司申请查阅“会计凭证”、非股东资格申请查阅“会计凭证”等情形，主要对法定的查阅条件进行的程序性审查。通常而言，在裁判文书中以裁判说理方式进行法律释明，从而驳回诉讼请求。该类判决书数量为 56 件，约占驳回“会计凭证”查阅样本总数的 32%。

二、会计账簿查阅的规范性文件梳理

关于会计账簿查阅的现行有效规范性文件主要有《公司法》《最高人民法院关于适用〈中华人民共和国公司法〉若干问题的规定（四）》（以下简称公司法解释四）及部分地区高级人民法院的审判指导意见。

（一）公司法架构性规定

公司法根据公司类型和查阅内容进行了架构规定。1993 年公司法未规定会计账簿查阅，2005 年公司法修正案新增股东会计账簿查阅。根据不同公司类型，严格区分股东的查阅主体、内容和条件，归纳表格如下（如表 1）。

表 1　公司法规定股东查阅文件类型

	公司章程	股东会会议记录	董事会会议决议	监事会会议决议	财务会计报告	会计账簿	股东名册	公司债券存根	股东大会会议记录	建议或者质询
有限公司	√	√	√	√	√	√	×	×	×	×
股份公司	√	×	√	√	√	×	√	√	√	√

在公司法规定中股东查阅权的行使有三种形态。第一种，公司按规定向股东主动公开公司文件。有限公司依照公司章程规定期限将财务会计报告送交各股东。第二种，股东直接向公司请求查阅特定文件。股东可以请求查阅、复制公司章程、股东会会议记录、董事会会议决议、监事会会议决议和财务会计报告。第三种，股东先书面向公司申请查阅，公司拒绝提供的，股东通过诉讼方式向公司主张查阅。

按照公司法股东查阅“会计账簿”规定，查阅主体必须为有限公司股东，排除股份公司股东。股东的行使方式必须先由股东先向公司提出书面请求并说明目的，公司拒不提供的，股东才能向法院起诉。公司有合理理由认为股东查阅会计账簿有不正当目的，可能损害公司合法利益的，可以拒绝提供查阅，并应当自股东提出书面请求之日起十五日内书面答复股东并说明理由。

（二）公司法解释四细化规定

公司法解释四规定股东可以查阅“特定文件”。该表述与征求意见期间公布的意见稿中“会计账簿及与会计账簿记载内容有关的记账凭证或者原始凭证”不一致。公司法解释四中回避查阅“会计凭证”问题，用“特定文件”

代替。将征求意见稿中该部分扩大解释未予保留，采用另一种灵活表述，留下一定的自由裁量空间。

公司法解释四细化规定“股东资格”“持股期间其合法权益受到损害”作为诉讼主体的判断标准。规定非股东但持股期间合法权益受到损害的主体，如原股东、协议非登记股东等情形。同时，列举规定查阅主体的不正当目的情形，规定了三种不正当目的的情形和兜底性条款，与日本的立法模式相类似。公司可以对股东查阅目的不正当提出拒绝提供查阅的抗辩。

（三）审判指导意见

北京、江苏、山东高级人民法院的审判指导意见对“会计账簿”范围均作了扩大解释。② 股东查阅均包含会计凭证，具体表述为“有限公司股东有权查阅的公司会计账簿包括记账凭证和原始凭证”，“有限公司股东除有权查阅前款规定所列材料外，还可以查阅董事会决议、公司账簿及相关原始凭证”，“股东有权查阅的会计账簿包括记账凭证和原始凭证”。

可见，在审判实务中部分高院对这一法律空白进行相应的解释补充。上述三地指导意见均为公司法解释四颁布之前出台，反映出在实务中“会计账簿”查阅范围的界定必要性。两者未就“会计凭证”作出一致性的结论。

同时，2020 年最高人民法院作出的民事裁定书载明，③“会计账簿不包括原始凭证和记账凭证，不应当随意超越法律的规定扩张解释股东知情权的范畴，北京市高级人民法院的指导意见不具有司法解释的效力”，该裁定一方面否定“会计账簿”扩张解释包含“会计凭证”，另一方面否定指导意见的解释效力。由此看出，该裁定更倾向于严格规制查阅范围。

三、会计账簿范围界定争鸣

严格界定范围的观点认为，会计账簿范围不包含“会计凭证”。首先，公

② 参见《北京市高级人民法院关于审理公司纠纷案件若干问题的指导意见》京高法发〔2008〕127 号、《江苏省高级人民法院关于审理适用公司法案件若干问题的意见（试行）》苏高法审委〔2003〕2 号、《山东省高级人民法院关于审理公司纠纷案件若干问题的意见（试行）》鲁高法〔2007〕3 号。

③ 参见最高人民法院（2019）最高法民申 6815 号民事裁定书。

司法对股东查阅范围有明确的区别化规定。[④⑤] 从文义解释而言，“会计账簿”文字意思不包含“会计凭证”的含义。会计法分别对会计报告、会计账簿、会计凭证进行定义，故现行立法的会计账簿，不应包含原始的会计凭证。蒋大兴教授认为，任何目的良好、迫不得已的扩充立法的解释，都应当在用尽现行规则的前提下进行，股东可以向法院申请证据保全或证据收集等方式拓展知情权的边界，从而既可以保持法的安定性，又可实现个案正义。[⑥] 也有观点认为根据法律解释会计账簿含义不包含，但应当通过立法程序将会计凭证明确纳入股东查阅的内容。[⑦]

扩大范围观点认为，“会计凭证”作为记录公司业务的原始资料记录公司的经营活动，是会计账簿、会计报告的形成的依据。基于我国公司现状存在账目失真现象，为确保股东查阅信息的准确性，因此，原始凭证应当作为股东的查阅范围。一方面，原始凭证的造假可能性小、造假成本较高；另一方面，可以与查阅的会计账簿、会计报表相互印证，确保股东查阅的立法目的实现。有学者认为，会计账簿应当扩大解释包含会计凭证，否则股东利息得不到实质性的利益，违背保护中小股东合法权益的立法本意。[⑧] 还有学者引入利益衡量的解释方法，立法者在设立该查阅权时，侧重于保护中小股东的利益，将会计凭证纳入会计账簿符合立法者立法的利益权衡倾向。[⑨] 朱大明教授认为，股东账簿查阅权作为共益权，股东会计账簿查阅请求权作为股东对公司经营的监督权的一种制度延伸，从而使会计账簿查阅请求权成为公司经营监督机制中的重要组成部分。[⑩] 如果对比公司监事所享有的职权，监事在行使会计监督的过程中，可以阅览包括会计账簿以及原始凭证在内的所有会计资料，从这个意义上而言，显然没有理由将股东会计账簿查阅请求权的

④ 杨路：《股东知情权案件若干问题研究》，载《法律适用》2007年第4期。
⑤ 陈群峰：《股东查账权若干问题探讨》，载《法学杂志》2007年第6期。
⑥ 蒋大兴：《超越股东知情权诉讼的司法困境》，载《法学》2005年第2期。
⑦ 李建伟：《立法完善：股东知情权诉讼基本程序问题探析》，载《国家检察官学院学报》2010年第1期。
⑧ 刘武朝、庄小华：《股东知情权诉讼的若干实务问题探讨》，载《人民司法》2007年第11期。
⑨ 陈洪磊：《有限公司股东知情权行使中的利益衡量——基于〈公司法解释四〉实施后的291份裁判文书的整理分析》，载《法律适用》2019年第16期。
⑩ 朱大明：《论股东会计账簿查阅权的监督功能——以查阅权的共益性为中心》，载《北方法学》2021年第1期。

范围仅仅限定为被称为“会计账簿”的会计文件，但是应受股东查阅目的的限制。

笔者认为，已有的立法规则应当被严格适用，依法裁判是法治原则的内在要求。严格解释现行规则明确区分会计资料的不同概念，“会计账簿”不包含“会计凭证”，有利于保持法的安定性，是法治原则的体现。在特定个案中，综合考量股东查阅的因素弹性增加查阅公司特定文件，并明确说明增加查阅的原因，有利于平衡中小股东权益，达到法律效果和社会效果的统一。

四、界定会计账簿范围的路径

（一）范围界定的考量因素

1. 现行法的严格适用和恰当变通考量

罗斯科·庞德说过，“法律必须是稳定的，但不可一成不变”。⑪ 从法的稳定性考虑，法律适用时应当严格按照法律既有规定进行裁判，以文义解释为主，综合采用其他法律解释方法。既是法律权威性的保障，也是司法可预测性的要求。根据现行公司法、会计法的规定首先对查阅范围采取列举性的规定，对不同公司类型的股东查阅权予以明确区分。具体到会计账簿查阅权范围的规制，公司法规定股东可以查阅会计账簿，“会计账簿”字面理解并无“会计凭证”含义。并且会计法对会计报告、会计账簿、会计凭证作了区分规定印证，其三者关系虽存在联系但相互独立。

在现行规定尚未变更且法律适用的空白一直存在时，势必将考虑法律恰当的变通适用。在严格适用现有规定的情形下，无法用法律来规制时，进行补充增加确有必要。

判断“会计凭证”是否属于会计账簿查阅范围。首先，根据现行法的规定，若“会计账簿”轻易解释包含“会计凭证”，则从逻辑上，可类比推导出“会计报告”同样包含“会计账簿”，那么明显与立法中的区别化规定相违背。因此，一般情况下，会计账簿查阅的范围法律解释不包含“会计凭证”。其

⑪ ［美］博登海默：《法理学：法律哲学与法律方法》，邓正来译，中国政法大学出版社 2004 年版，第 339 页。

次，当股东确有证据初步证明其权益，必须通过“会计凭证”查阅才得以保障，法官就有必要针对其查阅的目的性和必要性进行严格的审查。最后，就其欲查阅之“会计凭证”的时间跨度进行相应的限制，仅就具有一定关联的“会计凭证”作出支持的判决。

2．股东查阅目的正当性考量

会计账簿查阅权范围是股东与公司利益的平衡，对股东查阅目的正当性考察是判定股东是否滥用查阅权重要依据。正当目的是股东会计账簿查阅必要条件，同时，可以防止股东滥用查阅权而造成公司人力、物力的耗费以及商业秘密泄露等不良后果。因此，公司法规定股东申请查阅会计账簿应当向公司书面说明目的这一前置程序，公司认为股东查阅具有不正当目的可以进行拒绝查阅抗辩。

为平衡股东和公司利益，在会计账簿查阅中对股东前置程序股东查阅目的正当性审查十分必要。一方面，应侧重考察查阅目的与查阅内容是否具有关联，同时，侧重考量查阅范围和查阅材料的时间跨度是否适当。另一方面，应注重对公司提出股东存在“不正当目的”抗辩情形认定，把握明文规定“竞业禁止”和侵害“商业秘密”的可能性。同时，在防止股东查阅权滥用且股东有初步证据证明会计账簿存在造假的条件下，弹性增加查阅材料范围，认定股东可以查阅与可能造假会计账簿相对应的部分会计凭证，符合股东查阅正当性的要求，亦可平衡股东与公司利益。

3．公司的查阅成本考量

公司作为会计账簿查阅的对象负有提供查阅材料义务，查阅范围大小直接影响被查阅公司投入的人力、物力的成本。会计账簿查阅在经营活动较多的公司中涉及文件数量庞杂繁多，而作为会计账簿编制依据的会计凭证更加难以计数。过度扩张查阅范围将间接妨碍公司正常经营。会计账簿查阅范围的合理界定，理应考量公司的被查阅成本。首先，查阅股东申请公司查阅目的中应当对查阅会计账簿的时间跨度、项目内容等进行说明，而非宽泛表述。其次，由于会计凭证的数量及涉密性，会计凭证应当设置严格查阅的条件。同时，出于查阅的可行性考察，公司会计凭证的保存客观上可能存在较长年限，有条件的限制查阅有助于生效判决的执行。

（二）路径：文义解释为主，适当扩张为补充

在现行法律规定下，股东会计账簿查阅范围界定应以文义解释的严格适用为主，有条件的扩张解释为补充。严格按照法律规定的股东查阅的条件、内容适用法律，防止股东滥用会计账簿查阅权损害公司利益。会计凭证是会计账簿的形成依据，会计账簿是会计报告的形成依据。在当前的公司立法上已经设置了差异，表明并无直接相互包含之意，按文义解释对法律条文进行查阅范围的严格界定应当作为裁判前提。“会计凭证”作为法律未明文规定的查阅内容，并且，逻辑上，无法推导出会计账簿包含“会计凭证”。普遍扩张解释包含“会计凭证”查阅，有违公司法规范体系的协调。

公司法修订草案二次审议稿，新增“会计凭证”查阅，进一步明确了股东查阅范围，在一定程度上侧重于保护中小股东利益，弥补法律适用空白，有利于统一裁判尺度。但此种单一性明确新增，容易造成股东滥用股东知情权。会计凭证在公司经营中涉及的数量较为庞大，如果在案件中均扩大查阅会计凭证，可能导致公司被查阅成本的提高和公司信息泄露的可能。因此，公司法修订中，就“会计凭证”的立法方式采取设置查阅条件的明确开放规定，更有利于此类案件的合理裁判。

（责任编辑：彭　浩）

“直播带货”类案问题与规制路径探究

——以上海法院226件案件为分析样本

祁昌玲　王荟杰*

计算机和网络通讯技术的快速发展，为商品营销提供了全新的信息传播渠道和市场环境，“直播带货”应运而生，并以蓬勃的生命力向各自媒体平台迅速蔓延，特别在后疫情时代呈爆发式增长，成为当下消费价值和消费理念的发展轴心。据统计，中国网络主播及MCN机构的数量、直播用户的渗透率等已使中国在电商直播行业处于全球领先的地位，其在刺激消费、发展国货品牌、丰富农产品等商品流通渠道、提升用户体验等方面起到了无法替代的积极作用，还催生了“互联网营销师”这一专门职业。[①]然而，伴随“粉丝经济”效应带来的用户强黏性，“直播带货”行业乱象丛生，诸如流量造假、虚假宣传、假冒伪劣商品、主播偷税漏税等问题层出不穷，严重损害国家利益和消费者的合法权益，扰乱社会经济秩序，阻碍良好的营商环境构建。鉴于此，本文以2020年1月1日起至2022年7月31日上海法院审结的涉“直播带货”裁判文书（共计226份）为样本，系统梳理相关纠纷的审判现状，深入剖析行业发展中存在的问题与堵点，从多维度多角度探索法律规制进路，以期使流量变现的新业态在法治轨道之内良性发展，助力营商环境的持续改善。

* 祁昌玲，法学硕士，上海市静安区人民法院商事审判庭审判员。王荟杰，上海市静安区人民法院商事审判庭法官助理。

① 互联网营销师，是指在数字化信息平台上，运用网络的交互性与传播公信力，对企业产品进行多平台营销推广的人员。互联网营销师并不完全等同于大众所熟知的“带货主播”，这一职业已发展分化出包括选品员、直播销售员、视频创推员与平台管理员在内的四大职业工种。虽然各工种间的职业方向与职位功能存在很大差异，但他们彼此之间相辅相成，共同构成了互联网直播营销链条。

一、现状描述："直播带货"的发展状态

"直播带货"又被称为"网络直播营销"，系直播领域与电子商务领域的交叉业态，具体是指"通过互联网站、应用程序、小程序等，以视频直播、音频直播、图文直播或多种直播相结合等形式开展营销的商业活动"，② 具有明显的广告属性。

（一）基础模型："直播带货"的运营模式

"直播带货"有其独特的营运模式，一般分为自产自销式和委托主播式；涉及主体众多，包括商家、主播、MCN 机构、③ 直播平台、电商平台、代理运营机构（电商整合营销机构）以及消费者等（见图 1）。

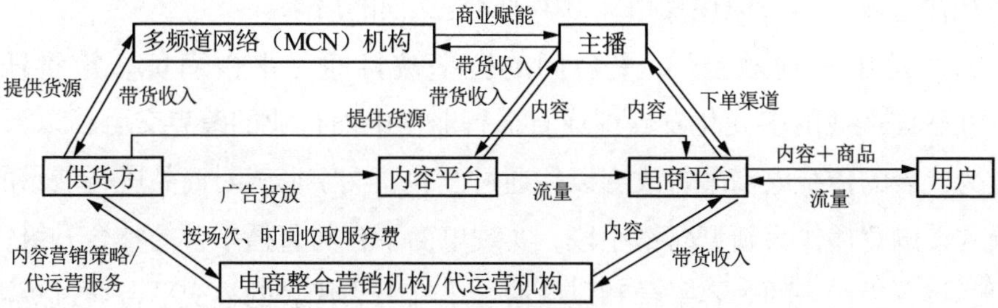

图 1　直播带货运营模式

1. 自产自销式

商家委托其内部员工或聘用临时销售人员在淘宝、抖音、快手、小红书等平台对自有产品或服务作推广介绍。在该模式下，参与主体主要包括商家、直播平台、电商平台和消费者。

2. 委托主播式

商家通过与主播或 MCN 机构签订服务协议，委托主播在特定平台进行直播，商家支付服务费。在该模式下，参与主体包括商家、主播及其实际控

② 该定义出处为国家互联网信息办公室会同七部门联合发布的《网络直播营销管理办法（试行）》第 2 条。

③ MCN（全称 Multi-Channel Network），直译为多频道网络，即机构利用其拥有的资本、渠道、技术、人员等优势整合平台资源，同时将内容创作者 / 主播聚合起来，为他们提供广告代理、粉丝运营、资源对接等服务，使营销管理模式呈现出专业化特征。

制公司、MCN机构、直播平台、电商平台、代理运营机构（电商整合营销机构）和消费者。

（二）特征衍变："直播带货"的新生变化

1."从质量到流量"：网络用户注意力转移，销售乱象频发

传统的工业化时代，商品口碑的建立源于商品和服务的质量及性能是否可以满足客户需求。故商家往往着眼于设计、研发、制造等过程的优化升级来获得市场竞争力。"流量经济"背景下，网络用户注意力从商品或服务本身转向了主播的人气和流量价值。顺应这一转变，商家也将营销重点转移到提高商品的流量包装上，导致"种草"于各大平台的商品质量参差不齐、直播间频频"翻车"、主播粉丝量及直播间观看数量注水刷单等行业乱象的出现，最终往往造成"劣币驱逐良币"、用户权益受损的后果。

2."从单一到融合"：平台间的壁垒被打通，平台肩负多重责任

互联网产业的多元化发展促成直播行业与电商行业的跨界交融：以天猫、淘宝为代表的传统电商平台改变以往通过图片、文字形式对商品进行展示的单一模式，以直播作为新型营销手段，实现电商平台与直播平台的整合升级；以快手、抖音为代表的内容平台和以微博、小红书为代表的社交平台通过短视频拍摄及"达人探店""网红种草""亲身测评"等多种直播形式大量吸粉的同时，拓展各自的电商业务。赋予"直播"和"带货"双重角色特性的平台，发挥重要作用：首先，为主播和用户提供沟通渠道。主播在平台上登记备案，租赁或申请使用平台空间，平台为主播和用户磋商交易提供空间。其次，平台深度参与到店铺及商品的推荐中。利用其自身影响力为直播活动提供流量支持，甚至以"销量排行榜""置顶"等形式对特定直播间进行导流、对用户进行大数据推荐。最后，平台还作为交易款项的代管者、交易数据的汇总方、交易纠纷的裁判者、直播视频的存储方，架构起产业链上各主体的直播图像，在解决各方争议、还原举证事实方面发挥重要作用。与此对应，健康、良性的网络直播生态体系的建立需要平台将准入审核、信息披露、数据及视频信息保管、信用评价、支付安全、消费争议解决等责任落实到位，担负起平台责任。

3."从个体到组织"：营销管理模式转变，MCN机构大量涉诉

经过多年探索，"流量经济"已由最初的野蛮生长向专业化发展，逐步形成“商家—平台—MCN 机构—主播—网络用户”链状结构的清晰产业链。区别于内容创作者 / 主播个体直接对接商家和平台的零散化营销模式，MCN 机构起到了衔接产业链上下游的中介作用。这一专业化营销模式一方面提高了网络直播的商业运作效率，另一方面使得 MCN 机构在法律层面从幕后走到台前，作为合同签约主体与供应链上下游的各主体发生合约关系，并作为涉诉主体参加诉讼。

二、数据透视：“直播带货”案件的实证考察

自 2016 年兴起至今，“直播带货”经历了初探期、加速期、井喷期和深耕期，“直播带货”案件的数量亦逐年攀升，并呈现出一定的规律和特征。

（一）案由种类多样，服务合同占比较大

“直播带货”业态涉及主体众多、权利义务内容庞杂，涉诉案件的案由亦种类繁多，涵盖合同纠纷、劳动争议、虚假宣传、不正当竞争等。其中，服务合同的案件数量占比 61.43%，其他合同纠纷占比 11.43%，虚假宣传纠纷、不正当竞争纠纷等占比合计 7.14%，买卖合同纠纷、委托合同纠纷和劳动合同纠纷，占比分别为 5.71%、2.86%、2.86%。此外，“直播带货”案件还涉及借款合同纠纷、名誉权纠纷、法律服务纠纷等不具有该行业明显特征的案由，合计占比为 8.57%（见图 2）。

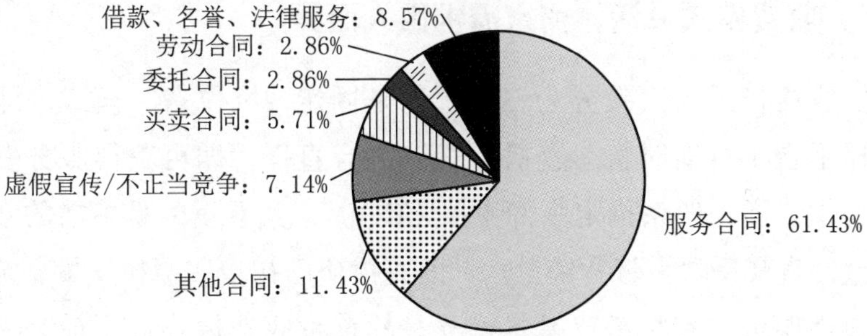

图 2　案由分布情况

（二）平台类型广泛，组合形式更受青睐

在“人人皆自媒体”的时代背景下，短视频平台、社交娱乐平台逐步调

整产业结构，纷纷瓜分直播红利，“直播带货”所依托的平台不再仅限于淘宝、京东等电商平台，更是向抖音、快手、小红书、蘑菇街等聚集娱乐、购物为一体的综合平台大量蔓延。其中，抖音、快手、淘宝系“直播带货”案件，占全部案件数量的比重分别为31.42%、24.29%、22.86%；未约定平台种类的案件占比为14.28%；小红书、京东、拼多多、蘑菇街分得少量直播市场份额，分别占比2.56%、2.11%、1.43%、1.05%。同时，相较于仅指定一个平台作为直播平台，以2—3个平台作为组合或择一的模式更具有普适性，占全部案件数量的比重为63.44%（见图3）。

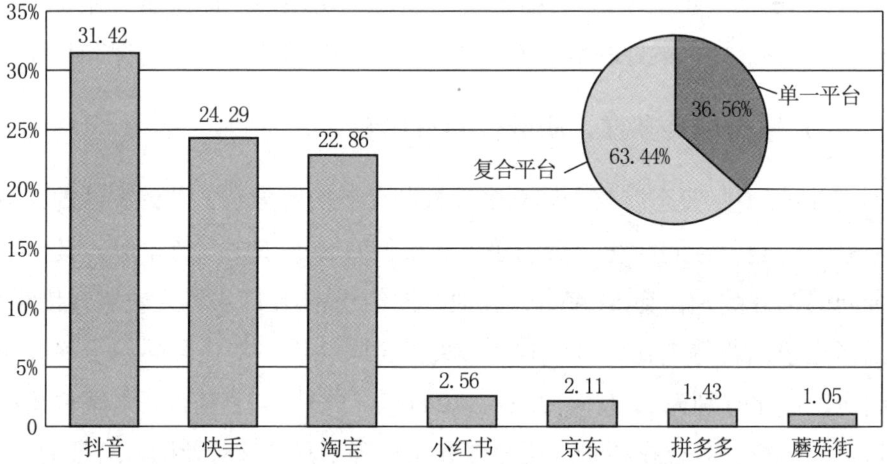

图3 平台分布情况

（三）收费模式灵活，商家需求因人而异

主播收费模式，大致分为三类：一是固定“坑位费”模式，即按约定的“直播平台＋直播时长＋直播形式”进行直播，即可获得服务费。此种模式下，供货商一般系指定头部主播（KOL），其看重的是主播的知名度和人气流量，直观反映为带货销量。④因直播业已初步按照粉丝量划定主播咖位，行业性服务收费标准已基本确立，故该种收费模式适用最为广泛，占比62.71%。二是“保底销量＋佣金”模式，即需在合同期内达到预定的销售量，否则按比例退还服务费，超出预定销售量的部分，按比例支付佣金。

④ 参见俞金香、吕东岳：《网络直播营销广告代言人侵权责任的再配置》，载《中国政法大学学报》2021年第5期。

因该种收费模式可提高主播带货积极性，预估投资回报，故占比较大，为32.20%。三是约定由代理运营机构向商家提供与产品销售相关的数据，包括消费人群的性别、年龄、金额等。此时商家委托主播进行直播的目的已经不再局限于带货，而是基于分析用户类型、获得用户交易习惯、调整品牌定位等长远的商业目的，以获得用户相关信息为支付服务费的前提，此类服务模式占比最低，仅有5.09%，但呈现逐年递增趋势。

表1 “直播带货”案件中主播收费模式

收费模式	占比	利弊分析	常用企业
“固定坑位费”模式	62.71%	优势：主播人气、流量对应服务费金额，符合直播市场行情。 弊端：一旦出现主播销量“翻车”，服务费将存在无法退回风险。	具有一定知名度的传统行业。如日用品、生活必需品企业。
“保底销量+佣金”模式	32.20%	优势：主播带货积极性高，预估投资回报，服务不达标的服务费损失风险小、协商空间大。 弊端：商家需要调取平台数据完成相关举证。	小众品牌、想要借助直播带货带来曝光度和知名度的品牌企业。
“消费数据调取费”模式	5.09%	优势：数据分析基础上的产品定位和资源整合。 弊端：存在构成不正当竞争的可能。	化妆品、医疗保健产品。

（四）标的额差异明显，投资回报率区间集中

选取的“直播带货”案件中，案件标的额少则3000元，多则500万余元，区间跨度大。具体而言，案件数量按照标的额10万—50万元、3000—10万元、50万—100万元、100万—200万元、200万元以上的顺序递减，分别占“直播带货”案件总量的46.15%、33.85%、10.77%、4.62%、4.61%（见图4）。可见，“直播带货”已经渗透到各个层级的商家，逐渐成为一种普遍的营销方式。此外，如前所述，商家通过约定投资回报率（ROI），预估直播服务带来的投资回报，ROI的数值反映了商家对主播服务的要求。将ROI比例与标的区间结合起来看，呈现出以下特征：第一，高投资回报率的约定集中在高服务费区间段，但并非表现为直接的比例关系，基本呈现出高投入、高要求的特点。第二，中、低服务费收费区间段的ROI数值差异明显，分布区间广泛。上述特征与主播行业排名及价格规则相关联，头部主播数量少，

对接商家资源的能力强，但同时竞争激烈，获得高额服务费用以高销售额为前提。与此相对应，腰部主播与商家议价能力差，服务费的收取受商品性质、销售渠道、机构抽成等多重因素营销，因此承受的销售要求高低不一。

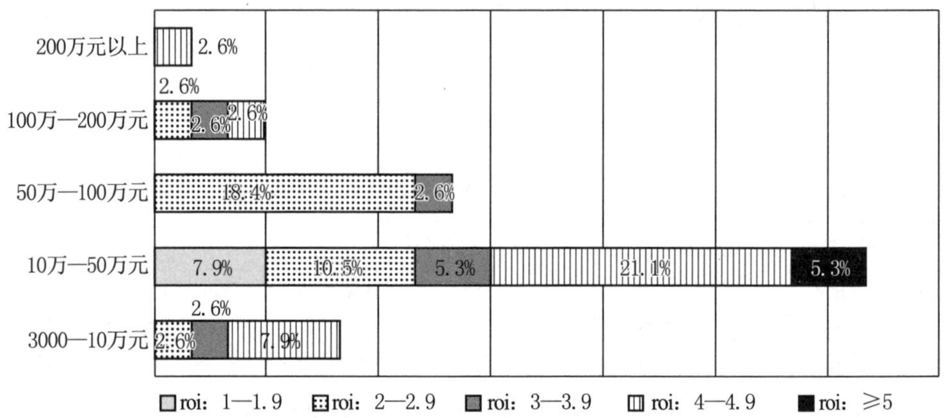

图4　ROI 和标的额区间的对照分布情况

（五）违约金条款缺失，既约定标准过高

通过对样本的进一步分析发现，仅有 28.12% 的“直播带货”合同中约定了违约金条款，大部分合同中就违约责任的承担仅笼统约定为“违约方须承担违约责任”或“违约方须赔偿因违约而给对方造成的全部损失”等。就已约定违约金条款的案件中，约 50% 的原告系按照低于合同总金额的 20% 主张违约金，27.78% 的原告系按合同总金额的 20%—30% 主张，22.22% 的原告系按高于合同总金额的 30% 主张。就违约金调减比例来看，65% 的案件在综合了原告方实际损失、违约方过错程度、合同履行进度等因素后，调低了合同中约定的违约金计算标准。

三、困境剖析：“直播带货”案件的审理困境

（一）场景化视角下多主体之间的法律关系复杂

“直播带货”商业模式涉及商家、平台、MCN 机构、主播、网络用户等多方主体，形成错综复杂的法律关系网络。具体而言，商家与 MCN 机构、平台与主播或 MCN 机构、主播与 MCN 机构之间形成以平台为链接的内部关系网络，主播通过平台向网络用户推荐商品时与网络用户、商家与用户之

间形成外部关系网络。[5] 同时，各主体在进行电子商务活动和广告宣传活动过程中，演变出不同的经营场景，由此导致合同约定、各方法律地位、法律关系、权责承担等差异巨大，涉及《民法典》《电子商务法》《广告法》《网络安全法》《侵权责任法》《反不正当竞争法》等多部门法律的规制。

（二）服务合同纠纷中的审理难点

1. 合约严守意识缺位，“验收报告”条款形同虚设

“验收报告”条款常作为固定条款被写入直播服务协议中，如约定以载明直播投放数据的监播报告、验收报告来确定直播义务履行一方的工作量，甚至约定以上述报告作为双方最终结算依据。但实践中直播义务履行方往往不严格按照合同约定提供验收报告性文件，而是通过提供大量间接证据对直播工作完成情况予以证明，如微信聊天记录、电子邮件、对方付款凭证、发票、后台数据、录像视频等。以上述间接证据来认定直播工作量，需对逐条直播任务进行证据审核，且各直播任务均形成完整的闭环证据链，才足以对抗验收报告缺失的不利情形。上述审核过程，又涉及电子证据的演示与认定、微信记录人员身份的确定、已付款的关联性审查、后台数据获取及合法性审查等难题，增加了审核认定工作难度。

2. 权益类型多样，完成标准界限模糊

为充分利用主播的流量优势，增加直播的互动性和趣味性，直播服务协议中常约定多种类型的直播权益，如约定直播权益为混剪综艺真人秀及抖音短视频矩阵中展示商品；明星导师配合主播参与直播间互动、boss 团与明星互动、网红短视频推送；明星 + 主播的节目海报及短视频线上展示等。上述直播任务形式本身难以用客观、量化的标准来衡量其完成与否，需结合现场视频播放、主播与用户现场互动、商品展示形式及展示时间等因素综合判定。

3. 对平台依赖度高，证据调取及对账困难

一方面，在保量直播服务协议中，未达到保量协议销售额的，直播方需按约定比例退还服务费，故需查明销售金额及退货金额。由于商家多渠道投

---

[5] 参见吕来明：《“直播带货”当事人的法律地位与监管机制完善建议》，载《中国市场监管研究》2020 年第 5 期。

放商品，自身无法区分特定直播方的销售数据，而直播方又无法获取销售后台数据，且往往对商家统计数据不予认可，故多数案件中需借助平台的后台统计数据确定相关金额。另一方面，在非保量直播服务协议中，商家对于直播方提供的录制视频往往做出如下抗辩：未按指定时间或平台或约定场次数量推荐指定商品；视频中的主播并非合同约定的主播；视频为直播方自行录制，实际并未上架播出。直播方则往往抗辩系商家自身原因，如所售服务性质不符合平台要求不得上架销售，或商家要求主播宣传的广告词涉及敏感词汇、违反《广告法》相关规定被平台制裁，导致直播无法上架。因此，需平台方协助调取并说明特定主播在平台的直播记录、身份信息备案资料、直播视频上架记录及下架原因等事实，以作出判断。然而实践中，诸多平台未建立完善的数据及视频信息保管机制、严格的主播登记备案机制及通畅的信息披露机制，给案件的事实查明造成了一定障碍。

4. 直播方瑕疵履行情形下服务费金额酌定困难

在诸多场景下，基于直播权益任务分配的复杂性、主播身份特定性、双方过错交互性等原因，导致瑕疵履行部分往往难以与整体履行效果相剥离，进而难以直接确定瑕疵履行的比例。如在部分直播权益未达成、部分主播未参与直播、未按约定指定主播、所安排的主播粉丝数量不符合合同约定等情形下瑕疵履行程度及服务费退还比例的认定困难。

（三）不正当竞争纠纷的审理难点

1. 自由和秩序的平衡难：主播跳槽的“挖角行为”的“不正当性”认定争议大

实践中，原平台多以不正当纠纷案由，以《反不正当竞争法》第二条为依据，起诉“挖角平台”，要求平台赔偿损失并停止不正当竞争行为。然而司法实践基于对自由和秩序的不同考虑，对该条的适用尺度把握不一，对于“不正当性”存在不同认定，甚至出现类案不同判的情况。

2. 数据保护和流通的平衡难：平台“直播数据权益”权利边界模糊

直播平台在直播过程中收集的直播数据，如直播间商品销售数据、用户商品购买数据，以及对上述基础数据进行加工后形成的与用户身份深度绑定的用户所属年龄群体、购买习惯、地域位置及联系方式等“用户画像”，都属于平台的核心资源。部分商家、平台利用“爬虫技术”爬取其他平台的数据资源，引发以平台数据被不正当获取和使用的不正当竞争纠纷。虽然有互联网行业普遍遵守的业内准则 Robots 协议，对信息获取行为及可以获取的信息种类进行限定，违反该协议抓取网站内容将可能被认为违背公认的商业道德，从而构成不正当竞争。然而，Robots 协议不能解决抓取后的“使用行为”是否正当的问题，导致权利边界模糊。

3．判断标准的确立难：“比较广告”合法性标准不明

主播在直播间对不同品牌的商品性能、外观、价格进行展示对比，有利于解决用户“选择困难”，具有很好的营销效果。但因涉及对竞争对手商品的比较，处理不当易引发不正当纠纷案件。对于比较广告的合法性判断，需要结合虚假宣传和商业诋毁行为的禁止性规定，并在充分了解行业规律、产业结构、行业影响力前提下综合认定，为审理工作设置了难题。

四、路径构建：“直播带货”行业的治理进路

“直播带货”在发展过程中暴露出的诸多亟待解决的风险与挑战，对现有秩序和规则造成了冲击。因此，多维度全方位构建“直播带货”行业治理进路，整治行业乱象，对于维护经济秩序和消费者权益、营造公平透明可预期的营商环境意义重大。

（一）明确核心要素与统一法律适用

1．核心要素：明晰各方之间的法律责任

构建“直播带货”行业治理进路肇始，应先厘清各方之间的法律地位，进而解构各方之间的法律关系、落实各方的法律责任，形成“主体定性→法律关系定性→法律责任定性”的法律规制路径。

（1）各方法律地位厘定

“直播带货”的运营模式从宏观角度可分为自产自销式和委托主播式，但又可细分为不同的表现场景，商家、主播、MCN 机构、直播平台、电商平台、代理运营机构以及用户等参与主体在不同的运营模式下具有完全迥异的法律地位。

A. 平台的法律地位。场景一：平台方仅发布销售信息、提供技术支持、

用户点击商品链接后跳转至其他平台结算款项，对直播信息不进行主动的组织和筛选。在此场景下平台不具有撮合交易发生及订单管理功能，故平台方构成网络服务提供者。场景二：在平台与入驻商家存在收益合作、款项代管等约定或平台被赋予订单管理功能，此时平台的角色则可能转化为《电子商务法》规定的电子商务平台经营者。场景三：平台通过置顶、排行榜等为商家或店铺直播间进行推荐，对网络直播带货活动进行宣传、推广，其地位超越了直播技术服务提供者，可能构成广告发布者；若平台主动招揽广告主，或为主播设计带货台词等，还构成广告经营者（见图5）。

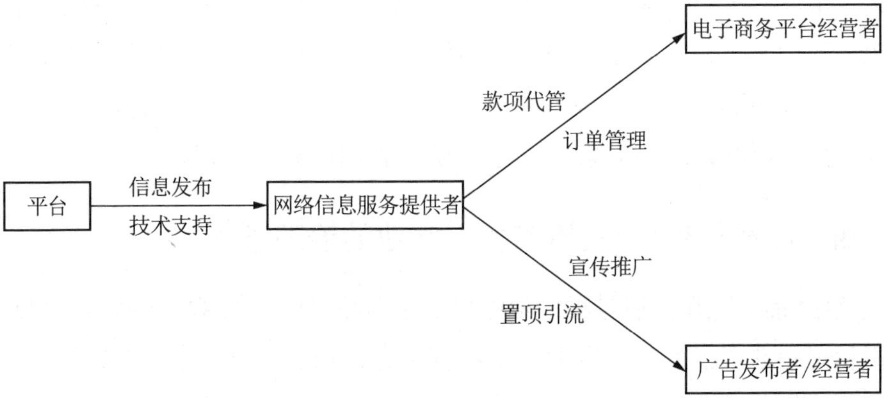

图5　平台法律地位

B. 主播的法律地位。场景一："自产自销式"模式下，主播对自家品牌商品进行直播推荐，若内容构成商业广告的，则主播构成《广告法》中的广告发布者、广告主或广告代言人和《电子商务法》规定的电子商务经营者，构成多重身份竞合。场景二："委托直播式"模式下，主播在直播中基于满足消费者知情权、选择权目的，仅对商品的性能、功能、质量、曾获荣誉等信息进行客观描述，未以自己的名义推荐商品，此种商品展示不构成广告，主播亦非广告代言人。场景三："委托直播式"模式下，主播以自己的名义、以自身对商品使用的主观评价，同时主播对于商品的选择具有自主性，并自行注册和管理直播间、自行对接广告资源，应属于广告经营者、广告发布者和广告代言人的多重角色。场景四：同场景三的商品展示特性，但不同于场景三的主播享有完整自主权，该场景下主播系按照MCN机构的要求对商品进行展示，对商品选择、推广文案内容等无自主决定权。此时主播应被界定为广告代言人⑥（见图6）。

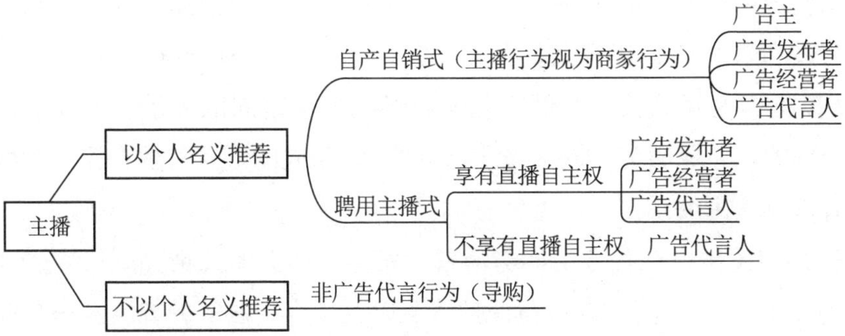

图6　主播法律地位

C. MCN 机构的法律地位。场景一：MCN 机构对接平台和商家，决定或组织主播代言、发布商品的整体方案和运营，可能构成广告经营者。场景二：主播自主决定合作商家、平台，以个人名义与平台、商家进行合作，MCN 机构则作为主播代理人或居间人的身份参加到法律关系中，适用《民法典》代理或居间合同的相关规定。

（2）各方法律关系解构

“直播带货”参与主体广泛，涉及多重法律关系，大致可区分为内部关系与外部关系。

A. 内部关系。其一，商家与主播或 MCN 机构的关系。在“自产自销式”模式下，主播往往与商家之间存在劳动关系或劳务关系，主播的行为系履行职务的行为。而在“委托主播式”模式下，主播或 MCN 机构系受商家委托在相关直播平台推荐商品，两者之间除了委托合同关系外，还存在广告合同关系：当主播对于广告内容等不具有完整的自主权时，两者为广告代言人与广告主之间的关系；当主播对于选品、广告词、推广方式等具有完整自主决策权时，两者系广告经营者 / 发布者与广告主的关系。其二，商家与平台的关系。商家系电商平台内经营者，而平台为商家提供网络经营场所、交易撮合、信息发布、支付结算等服务，因此，平台与商家之间形成的是网络服务合同关系，同时还可能构成广告发布者、经营者与广告主之间的广告合同关

⑥　参见刁倩：《直播带货主播法律地位与责任辨析》，载《上海法学研究》集刊2021年第22卷。

系。其三，平台与主播或 MCN 的关系。主播在平台上推荐自家产品时，两者之间构成网络服务合同关系；主播受商家委托推荐商品或服务，则可能形成广告发布者与广告代言人的关系。其四，主播与 MCN 机构的关系。主播与 MCN 机构之间的关系类似于艺人与经纪公司之间的关系，大多数情况下形成合作关系（或服务合同关系），即两者以分成的形式实现合作，少数情况下两者形成雇用关系。

B. 外部关系。在各方主体与消费者发生法律关系的情况下，应受《民法典》《电子商务法》《消费者权益保护法》以及《广告法》的规制。一是商家与消费者的关系，此时为典型的网络买卖合同关系。二是主播与消费者的关系，常见情形是主播以自己的名义、形象、知名度、自身感受等推销产品，主播的角色为广告代言人，与消费者之间形成广告法律关系，若消费者因购买其所推荐的商品而权益受损，主播亦需向其承担相应的责任。三是平台与消费者之间的关系，即属于网络服务提供者与用户之间的法律关系，适用避风港原则等，同时还可能构成广告发布者与广告受众之间的关系。

（3）落实各方法律责任

对于各方的法律责任承担，应根据前述法律地位、法律关系的不同而承担《民法典》中的生产者、销售者、网络服务提供者、雇主，《广告法》中的广告主、广告经营者、广告发布者、广告代言人，《电子商务法》中的电子商务平台经营者、平台内经营者，《劳动法》中的用人单位、劳动者等的相关责任。

需要特别指出的是，直播平台系各方发生关系的枢纽，易产生各种法律责任，最高人民法院在《关于审理网络消费纠纷案件适用法律若干问题的规定（一）》中就直播平台对消费者的责任进行了明确规定，包括直播营销平台自营责任、无法提供直播间运营者真实信息时的先付责任、未尽食品经营资质审核义务、明知或应知不法行为情况下的连带责任。由此可见，避风港规则的适用对直播平台而言至关重要。

2．统一适法：完善直播带货的裁判规则

（1）对“数据权利”的法律属性认定

“直播带货”行业无疑是依赖数据权利而诞生并发展，但我国立法中目前尚无“数据权利”的概念，对于直播账号、粉丝流量等可变现资源的法律属性亦无明确规定，但可探索现有法律规定对其加以保护。其一，因直播平台的数据往往包含用户个人信息，因此可通过个人信息保护实现对直播平台等主体的规制，即获取个人信息应当征得同意，且须在数据安全、个人隐私等制约条件下行使权利。其二，当数据满足“内容的选择或编排体现独立性”的要求后，可将数据权利认定为汇编作品而通过著作权法加以保护。其三，当数据满足非公开、具有商业价值、采取保密措施等要件后，可通过商业秘密路径实现对数据权利的保护。其四，直播平台经营者依法收集的直播数据整体上享有反不正当竞争法上的合法权益，当其他经营者破坏上述数据时，可以通过反不正当竞争加以规制。

（2）直播方瑕疵履行情形下服务费金额的酌定

瑕疵履行情形下服务费金额的认定需要在审理中结合具体案情、妥善运用自由裁量权对瑕疵履行的服务费金额进行确定，以四种情形为例：第一，总直播权益分为多个模块，协议未针对单一模块的服务内容约定服务费金额，经查明部分模块的直播任务没有完成的。需要结合直播服务协议签订目的、协议约定的服务项目及总价款、各模块直播任务形式以及各模块在总体直播任务中所起作用类型进行判断。第二，指定多位主播参加直播，部分主播未参加直播。需要结合未参加主播所占比例、合同对各主播有无主从角色约定、未参加主播的粉丝数量及粉丝群体类型综合判断部分主播未参加主播对直播活动的影响。第三，未按照协议指定的主播安排直播活动。需要对比更换主播与约定主播的直播风格类型、受众群体、粉丝数量，并结合协议对主播更换条款的约定及事前沟通情况进行认定。第四，协议约定的主播粉丝数量与实际粉丝数量不符。需要对比粉丝数量悬殊程度、直播方过错程度、有无刷单情况、直播服务费用及商品销售情况等因素综合予以认定。

（3）针对主播“挖角行为”的“不正当性”认定

对于“挖角行为”，可以原则性条款作为处理个案差异性和复杂性的依据：其一，平台为了更高的商业价值，拓展主播阵容，高薪吸纳优质主播，符合一般的商业逻辑，故主播为追求个人利益最大化而违约，并不等同于其行为在《反不正当竞争法》上具有“不正当性”。其二，对于原平台实际损害的估算，需结合具体竞争行为中跳槽主播的数量、粉丝量、业内影响力排名综合认定出走主播的商业价值；同时出于一般条款谦抑性的考虑，综合判断被诉竞争行为是否构成“不正当”的竞争。其三，对于是否违反商业道德的判断，应按照特定商业领域中市场交易参与者的伦理标进行衡量。

（4）直播数据“使用行为”的正当性判断

判定直播数据“使用行为”的正当性需要结合经营者利益、消费者利益及社会公共利益的影响做整体利益衡量：其一，从经营者利益角度。需要考察数据使用行为有无破坏数据经营者为维护用户隐私和用户黏性所采取的数据展示规则，进而影响用户对平台的数据安全保护信赖。其二，从消费者利益角度，需要考虑是否构成个人信息侵害。其三，从社会公共利益角度，信息获取一方的数据使用行为有无明显创新性，从而提升信息流通质量、丰富用户体验。

（5）“比较广告”合法性标准的判定

“比较广告”合法性判断从以下几个角度加以综合认定：其一，对象角度，即对于对不特定竞品品牌商品的对比广告是否构成对该类品牌商家的商业诋毁，需要在充分了解商品所处市场的前提下，结合所对比商品的产业结构、市场的普遍品牌认可度等因素，确定其是否“明确特定”或“可依客观条件准确推定”。对于未明确指向可辨别对象的间接比较广告，不构成对特定对象的商业诋毁和虚假宣传。其二，行为模式角度，对自身广告内容部分作出虚假或引人误解的描述的构成虚假宣传，对竞争者广告内容部分作出虚假或引人误解的描述，进而损害竞争者商业信誉、商品声誉的构成商业诋毁。对于纯实物没有文字介绍的对比广告，即使实物本身是真实的，但若导致消费者对相关商品产生错误认识的，也可构成商业诋毁。其三，结果角度，对竞争对手商业信誉的损害以对方在一定区域或网络环境内建立了商业信誉、对比行为发生后公众对该品牌商品发生误解导致对品牌信誉评价降低为前提，上述前提情况的判断标准具有主观倾向性，需要综合考虑行为方式、经营模式、社会评价、消费引导等因素后进行认定。

（二）加强行业自律与创新政府监管

1. 加强行业自律

网络直播行业涉及内容庞杂，应充分发挥行业自律的优势，鼓励和引导各主体通过直播行业协会规范行业行为，加强行业管理。如建立统一的主播从业资格认证标准、信用评价机制、[7] 失信惩戒机制、交易规则和直播服务协议模版等；完善网络直播营销商品负面清单体系建设、引入谨慎营销理念；明确直播账号分类注册、分级管理的制度规章，设置直播平台的信用等级系统，确立进入和退出直播平台的最低条件、平台内冲突的解决机制，形成事前预防、事中监督、事后惩罚的完备机制，营造公平有序的竞争环境。

2. 创新政府监管

首先，创新政府监管方式与技术，即改变传统的以行政处罚等手段敦促企业进行整改的政府监管模式，而是增强监管执法中的教育、劝导等非强制性手段，以低成本有效实现直播行业相关企业的内部治理。其次，引入行政和解制度，激活企业合规自主管理的活力，消除政府监管与企业自主管理之间的张力。再次，将上述行业协会制定的从业资格认证标准、信用评价机制等纳入监管职责范围，统一操作。最后，加强对直播平台的监督，通过直播平台的枢纽作用，以点带面，间接达到对直播或MCN机构、商家等其他主体的有效监管。此外，应当就特殊领域如食品药品企业建立信息化追溯体系，[8] 加强对严重危害健康的食品药品进行直播推荐行为的打击力度，提升违法成本与监管震慑力。

（三）建立合规制度与提升法律意识

1. 充分发挥互联网直播平台第三方的监管作用

直播平台系“直播带货”活动中的关键主体，应负有一定的监管职责。第一，根据平台自身特点在行业协会制定的规则基础上对于主播准入机制、信用评价机制加以进一步完善，就出现严重问题和三次以上违规的主播，直接剥夺直播权限、予以清退，并在网络平台之间应共享主播“黑名单”。第二，除了记录商家的身份、地址、联系方式、经营资格等基本信息外，还应当对产品质量合格证书、商家资信情况、涉诉或执行情况、违法经营行为等予以综合审核，并采取收取一定金额的保证金作为其今后可能发生赔付行为时的基本保障。第三，对于消费者评价信息、交易信息、直播数据及视频等

⑦ 参见周烁：《网络直播带货中直播平台的法律责任》，载《法律适用》2022年第7期。

⑧ 参见周鑫淼：《后疫情时代直播带货经济的法律问题研究》，载《消费市场》2022年第14期。

与消费者交易、直播行为密切相关的信息，进行完整保存，且时间不少于三年，并辅之以“直播带货”报备制度，即在直播前，由商家或主播向平台报备直播的时间、时长、产品名称、产地等，以便在相关主体涉诉后可经查询取得相应证据。对出现严重问题和屡次出现问题的主播，采取剥夺直播权限和清退等措施。第四，建立通畅的信息披露机制，在符合一定的审核条件下应向取证方提供相应的数据及视频信息等。

2．全面强化主播公司或MCN机构的义务履行

在“流量经济”下，提升主播公司或MCN机构的合规水平对于商家、消费者、直播平台而言具有重要意义。首先，主播公司或MCN机构对反映其带货能力的数据不得造假，且对其承诺例如直播的时间、时长、违约责任等负责。其次，主播公司或MCN机构应履行先合同告知义务，一方面，应当如实披露自身相关信息，特别是涉及征信、资信、涉诉情况等重要信息；另一方面，在收集或使用消费者个人信息时，必须以加粗形式、明确口头告知等方式告知消费者，并获得消费者的书面同意。再次，在对商品进行描述、推荐过程中，必须如实陈述，不得作夸大、虚伪的介绍，更不得为未使用过的商品或服务作推荐和证明。最后，事后若发现商品存在危及人身、财产安全的情况，应及时通知直播平台和商家，并告知消费者通过退换货途径予以解决。

3．大力提升各方主体的法律意识

“直播带货”作为新兴事物，对现有法律制度形成巨大的挑战。除了完善立法外，还须通过加强对各方主体的道德教育，树立正确的价值导向，引领正确的消费理念，以重塑直播带货软环境。其一，提升“合同严守”及证据保留意识，规范各方履约行为，同时注意留存验收报告等关键证据。其二，积极宣传具有正能量的主播，引导主播做好选品、营销推广，注重消费者权益。其三，引导直播平台对主播资质和直播行为、产品质量等严格把关，将一味依赖炒作、利用低俗言论吸引消费者的主播应尽量降低流量分配，迫使其退出直播网络平台。其四，敦促电商平台提升售后服务水平，降低消费者的维权成本，从源头上减少诉讼数量。

（责任编辑：张　俊）

合同争议条款的解释规则与司法认定

——顾某萍诉王某宝等人民间借贷纠纷案

程阳强*

【裁判要旨】

双方当事人对合同条款内容产生截然不同的理解且无法协商一致，两种理解方式也指向完全相反的裁判结论。法官应立足于合同文本本身积极探寻合同目的效果，综合运用文义解释、体系解释、目的解释等方法对合同争议条款进行符合缔约真意和双方利益的解释，使解释结论具有合理性及合目的性。对于当事人约定违约金过高情形，当事人主动放弃过高部分的，应采用明示的方式放弃权利。

【案情】

原告（上诉人、再审申请人）：顾某萍

被告（被上诉人、被申请人）：王某宝

被告（被上诉人、被申请人）：徐某

被告（被上诉人、被申请人）：朱某龙

被告（被上诉人、被申请人）：朱某利

被告（被上诉人、被申请人）：朱某

顾某萍、王某宝之间有借贷关系，2007 年 8 月，顾某萍将收款人为上海东方安装运输综合服务公司、付款人为宏源证券的支票交予王某宝，经王某宝办妥兑付手续后，将 50 万元转还顾某萍。后王某宝向顾某萍出具两张落款

* 程阳强，法学硕士，上海市第二中级人民法院申诉审查及审判监督庭法官助理。

日期均为2007年8月20日的借条，其中一份《借条》言明："今借到顾某萍支票壹张，号码09786193，金额壹佰伍拾万元正。其中伍拾万元本周划给顾某萍，余壹佰万元正用至月底。"另一份《借条》言明："今借到顾某萍人民币贰拾万元正，本周归还。"其中"本周归还"被划去。

2008年6月6日，王某宝和朱某兵共同出具《承诺书》一份，言明："今由王某宝欠顾某萍现金人民币壹佰贰拾万元正，在下星期四不到位，支票可以进账，造成一切后果由王某宝、朱某兵贰人负责。"王某宝将一张上海江信计算机信息服务有限公司出票，经王某宝背书，金额为120万元，支票号为06957492的中国银行上海市分行支票交付顾某萍。

顾某萍未能兑付上述支票。王某宝、朱某兵在顾某萍2007年12月19日卖出股票成交明细下方承诺："以上股票交割明细经核对无误，因我们未能兑现2008年6月6日承诺，造成顾某萍股票平仓价差损失……如股票价格上涨，赔偿价差损失……"

2008年8月29日，王某宝、朱某兵共同出具《还款承诺书》一份，言明："因欠顾某萍人民币壹佰柒拾壹万元正（1700000元），现承诺2008年9月3日归还贰拾万元正，余款2008年9月10日前如数归还。如违约，每月付伍万元人民币罚金。"

2010年8月29日，王某宝在2008年8月29日《还款承诺书》下方空白处载明："2010年9月底先还人民币捌拾万元正"。

2012年1月22日，王某宝交付顾某萍现金50000元。2012年6月29日，王某宝向陆某冲账户转账50000元，陆某冲于2012年7月8日将该款转入顾某萍账户。2012年11月19日，王某宝向陆某冲账户转账50000元，陆某冲于2012年11月20日将该款转入顾某萍账户。2013年2月至2019年4月间，王某宝向顾某萍微信转账390000元。上述款项，合计540000元。

此外，2008年10月16日，王某宝向丁某昌账户转账60000元。2010年8月6日，王某宝向王某辉账户转账200000元。2013年11月，陆某冲向王某宝出具《收条》一份，言明："今收到王某宝现金人民币贰拾壹万元正"。

朱某兵于2019年3月27日死亡。朱某利系朱某兵配偶，徐某、朱某龙系朱某兵父母，朱某系其独生女。一审庭审中，朱某利、徐某、朱某龙、朱某向法院提交财产申报表，言明未从朱某兵处继承得任何流动资产或固定资产。

因王某宝未按约还款，顾某萍起诉至一审法院，要求王某宝返还借款本金 100 万元。考虑王某宝、朱某兵先前承诺的利息补偿以及罚金均已高于法定的利息计算标准，现要求按照年利率 24% 计算利息及逾期利息。扣除王某宝已经支付的利息外，还要求支付原告利息 42 万元，并自 2011 年 9 月 1 日起，按年利率 24% 支付 1000000 元借款本金的逾期利息至清偿之日止。朱某兵的法定继承人应在其继承遗产的范围内共同承担上述还本付息义务。

王某宝辩称，其已累计给付顾某萍 123 万元，已了清债务，不同意顾某萍的诉讼请求。王某宝否认双方之间有关于利息的约定，否认载明借款金额为 20 万元借条是双方对利息的约定，承诺书中关于“罚金”的约定与利息无关，罚金亦不能当然转化为利息，故不同意支付顾某萍利息或逾期利息。

徐某、朱某龙、朱某利、朱某共同辩称，不同意顾某萍诉讼请求。朱某兵已于 2019 年 3 月 22 日死亡，生前无人催讨该笔债务，徐某、朱某龙、朱某利、朱某与顾某萍不相识，与顾某萍无经济往来。

【审判】

一审法院认为，顾某萍主张，王某宝、朱某兵在 2008 年 8 月 29 日所作《还款承诺书》言明“如违约，每月付伍万元人民币罚金”，该“罚金”即是对利息的承诺。然严格意义上的“罚金”系刑法概念，并非民事主体之间可约定事项，与本案案情相差甚远；即便顾某萍对“罚金”意义不甚了解，其作为有过从商、投资经历的健全民事主体，亦应知“罚金”与“违约责任”，与“利息”为不同法律概念。无法就该“罚金”约定即作出各方间存在利息约定的概然性推定。一审法院判决：一、王某宝返还顾某萍借款本金 46 万元；二、王某宝自 2020 年 4 月 10 日起支付 46 万元本金的逾期利息，按全国银行间同业拆借中心公布的贷款市场报价利率计算至清偿之日止；三、朱某利、徐某、朱某龙、朱某在继承朱某兵遗产范围内，对上述一、二项承担共同还款义务；四、顾某萍其他诉讼请求，不予支持。

顾某萍不服一审判决，并提出上诉。

二审法院认为，罚金与利息不仅属于不同的法律范畴，也有着截然不同的法律含义。顾某萍作为有过从商、投资经历的完全民事行为能力人，对于经济用词具有比普通人更高的认识。且违约金与其他费用都属于民事范畴，而罚金却隶属刑法概念，不能由民事主体作出约定，顾某萍主张将罚金类推为违约金与其他费用，缺乏事实与法律依据。综上，顾某萍未举证证明双方对利息有过约定，二审法院对其主张的借款利息，不予支持。二审判决驳回上诉，维持原一审判决。

顾某萍不服二审判决，向上海市高级人民法院申请再审。

上海市高级人民法院指令上海市第二中级人民法院再审本案。

再审法院认为，就每月付5万元罚金的性质，应考量当事人真实意思，王某宝、朱某兵在2008年8月29日的《还款承诺书》中明确承诺2008年9月3日归还20万元，余款2008年9月10日前如数归还，并写明如违约，每月付5万元罚金。结合《还款承诺书》的上下文来看，每月付5万元的含义显然是对不能按期还款而承担的责任，而当事人出于对法律专业词汇的不了解，使用了不规范的表述，但探寻其真实意思应当是关于违约责任的意思表示，故应当认定为双方对违约责任所作的约定。然而，当事人承诺的每月付5万元，按年利率换算，显然过高，现顾某萍主动以年利率24%来主张，符合相关法律的规定，法院予以照准。再审判决：一、撤销原二审判决和原一审判决第二、三、四项；二、维持原一审判决第一项；三、王某宝以本金100万元，按照年利率6%，支付顾某萍自2007年9月1日起至2008年9月10日止的资金占用期间利息；四、王某宝支付顾某萍违约金（按还款期内剩余的本金数，以年利率24%计算至借款全部清偿之日止）；五、朱某利、徐某、朱某龙、朱某在继承朱某兵遗产范围内，对上述二、三、四项承担共同还款义务；六、驳回顾某萍的原审其余诉讼请求。

【评析】

本案是当事人对于合同部分条款约定的内容产生两种以上不同理解并发生诉讼，人民法院如何认定争议条款的法律效力，探求当事人真实缔约意思的典型案例。案件的争议焦点是，双方在《还款承诺书》中约定“……如违约，每月付伍万元人民币罚金”中“罚金”应作如何解释。顾某萍认为涉案《还款承诺书》载明的“罚金”与违约金属于同一性质，系当事人关于违约责任的约定。一、二审法院审理认为案涉《还款承诺书》中“罚金”系刑法概念，并非民事主体之间可以约定事项，即便顾某萍对“罚金”的意义不甚了解，其作为有过从商、投资经历的民事主体，亦应知“罚金”与“违约责任”及“利息”系不同的法律概念，故不能就“罚金”作出各方存在利息或违约责任的约定，故一、二审对顾某萍的该项主张未予支持。

一般而言，从文义解释角度看，罚金是刑法中一种附加刑，指法院判处被告人向国家缴纳一定数额金钱的刑罚方法。罚金作为刑事领域中专门法律概念，民事主体固然无权利在合同中约定适用。在借贷纠纷中，当事人在合同中约定“罚金”与刑法中的罚金是否为同一概念。换言之，法官能否仅从合同条款的字面含义认定该“罚金”指向的是民事主体无权约定刑法领域中的罚金。笔者认为，对争议条款的解释不能仅从字面含义进行文义解释，而需根据案件事实严谨辨析争议条款的实质含义。具体而言，当事人对合同条款理解存在争议的，法官在进行司法认定时，应在合同所使用词句所表达的文义解释的基础上，重点审查合同文本的相关条款与合同的关系，通过体系解释探寻当事人的真实意思，并借助合同目的解释进行判断结论印证，使得解释结论符合当事人缔约目的，确保解释结论的合理性。

一、合同争议条款解释的现实需求

合同计划依其字面意思似乎完全是当事人的主观决定，其实不然，它还受制于某些客观因素，如法律设计的典型合同规格，尤其在做合同是否存在漏洞的判断时更是如此。[①] 合同争议条款作为合同漏洞的一种表现形式，对其进行合理解释以探求当事人交易真意具有现实需求。《民法典》第一百四十二条第一款规定，“有相对人的意思表示的解释，应当按照所使用的词句、结合相关条款、行为的性质和目的、习惯以及诚信原则，确定意思表示的含义”。该条系针对合同条款缺漏或者约定不明时进行解释确定的司法规则。合同作为对当事人有约束力的规范，在生效后，当事人未能对涉及各方权利义务的重要条款作出约定或者约定不明确，可以通过协商达成补充协议，以保障合同的有效实施。但如果不能达成补充协议进而引发诉讼，法官亦不能拒绝裁判，故对于当事人的缔约真意应进行司法探究，这既要考虑表

① 崔建远：《论合同漏洞及其补充》，载《中外法学》2018 年第 6 期。

意人的内心真实意思，即主观想法；同时也要考虑相对人的信赖利益，即客观情况，将两者结合起来。因此，合同争议条款的解释既有当事人现实利益的诉求，也存在司法对争议事实的司法裁判权行使的客观需要。本案中，当事人对于《还款承诺书》中“如违约，每月付伍万元人民币罚金”的理解存在重大分歧，司法认定过程中也存在不同意见，故有必要对其进行解释。根据《民法典》第四百六十六条规定，“当事人对合同条款的理解有争议的，应当依据本法第一百四十二条第一款的规定，确定争议条款的含义”。因此，法官在审理中对该争议条款应依法进行解释，并作出相应裁判。

二、一般解释方法的综合运用

合同作为当事人之间自由意志的集合，堪称当事人之间的法律。因此，解释合同，一定程度上意味着解释法律，同样应适用解释法律的一般方法。[②]笔者认为，对争议条款的理解与认定，法官在运用诸多方法解释的过程中，并非按图索骥，遵循现成的法律解释方法适用顺序，而应有所侧重地选择某种或几种解释方法，这种选择是基于具体的案情与法律规范相互作用的结果。司法实践中，案件事实与法律规范之间往往存在错综复杂的关系，法官应立足于案件事实综合运用文义解释、体系解释及目的解释等解释方法对争议条款进行严谨客观的阐释，以期获得最佳的解释结论，实现案件处理的客观公正。具体解释方法运用如下：

首先，以文义解释为基础。从法律解释方法一般顺位来看，文义解释基于其对合同规范本身的着力点，其具有适用的优先性。文义解释要求尽量从合同规范表现出的一般含义出发来解释合同内容，解释的结论不应超出合同文本词句语意的“射程范围”。[③]而且，文义解释对应当事人使用日常语言中的一般含义，更容易被社会公众所了解和认知，一般情况下，通过文义解释便能准确理解合同条款大部分内容，但仍有不少条款难以直接运用文义解释探寻当事人的缔约真意，在此情形下，经常需要借助其他解释方法。换言之，当对合同部分规范的理解存有分歧，又难以通过重新达成协议确定当事人真

② 范京川：《探求缔约真意的解释方法》，载《人民司法》2021年第8期。

③ 孙光宁：《法律解释方法在指导性案例中的运用及其完善》，载《中国法学》2018年第1期。

实意图时，法官应综合争议条款本身及关联条款文义内容，进一步运用体系解释方法予以阐释。

其次，以体系解释为支撑。体系解释是指将争议条款放置于整个合同框架之下，审查合同文本上下文之间的关系，进而确定争议条款的含义的解释方法。基于合同目的一致性与条款连贯性，争议条款作为合同文本的组成部分，与其他条款必然存有密切的联系。因此，法官不仅要从合同的词句含义对争议条款进行解释，还要将争议条款放在整个合同体系中进行整体评价，而不是孤立的看待争议条款文字含义所表达的意思，这样能有效弥补文义解释的局限性。体系解释把合同的全部条款看作一个统一的整体，从条款之间寻找逻辑关系，综合争议条款所处的位置及所要实现的合同目的，是文义解释的有效支撑。

最后，以目的解释为印证。目的解释，指解释合同时，如果合同所使用的文字或某个条款可能作两种以上不同理解时，应当采用最适合实现合同目的的解释。民事主体进行经济来往，签订合同均为实现一定的目的效果，合同条款的文字化呈现是当事人为了达到合同目的的一种方式。按照合同目的解释要求，当表达意思的文义不清或条款之间存在矛盾，应在合同文本的语义射程范围之内的前提下，结合争议条款在合同中所处的位置，作出与合同目的相一致的解释。目的解释是从合同规范的文义出发，以实现合同目的效果为印证，进而阐释模糊或者冲突规范含义的一种逆向思维。司法实践中，目的解释作为对文义解释与体系解释得出结论的一种印证方式，其重要性已经受到普遍肯定。特别是在带有疑难色彩的案件中，合同规范所使用的语言文字，在结合其目的时能够得到更好的解释说明。

三、本案争议条款解释的逻辑路径与过高违约金的处理

一般情况下，合同解释的方法之间并无固定的先后顺序之分，各种解释方法的立足点和功能也各不相同。司法实践中，如果刻意按照一定次序进行顺位解释，不但显得过于僵化，也不利于探求当事人的真意。因此，在具体案件处理中，法官需要综合多种解释方法，并遵循一定的解释逻辑，将目光在争议条款与法律方法之间来回穿梭，以求得公平合理的解释结果。本案争议条款的解释逻辑路径分析如下：

首先，根据文义解释，本案中，一、二审从合同词句的字面含义出发，认为“罚金”与利息、违约责任不仅属于不同的法律范畴，也有截然不同的法律含义。违约金与其他费用都属于民事范畴，而罚金却隶属刑法概念，不能由民事主体作出约定。司法实践中，法官较常适用的方法也是文义解释，若按照文义解释方法能够明确争议条款的内容，仍需要运用其他解释方法进行验证。若解释之后，争议内容仍无法明确或者存在漏洞；或解释结果明显不合常理或者造成利益失衡，则需要通过当事人在交易过程中的行为目的进行再评价，即运用目的解释。本案中，再审认为，对于“罚金”的理解，需要结合《还款承诺书》的上下文进行综合判定，这是基于从文义解释判定当事人未约定违约责任，未能考虑当事人对于专业法律词汇的了解等现实因素，换言之，因对法律专业术语的理解能力客观条件，当事人缔约时所要表达的内心意思与词句本身外化的含义存在一定出入。但文义解释不应拘泥于所使用词句所代表的专业含义，“罚金”固然可以理解为刑法领域的专业术语，但从一般人理解出发，将其解释为就“惩罚性赔偿金额”之违约责任并未超出“罚金”一词所承载的语义射程。

其次，争议条款的解释应综合合同整体的规范内容和当事人的缔约目的。本案中，一、二审没有将争议条款放在《还款承诺书》的框架中进行体系解释，而是割裂了争议内容进行单独判断，这导致解释结论的偏差。再审认为，关于每月付 5 万元罚金的性质，应考量当事人的真实意思，并应结合《还款承诺书》的上下文来看，这体现了一种解释逻辑的体系性与连贯性，避免了合同条款之间的冲突。《还款承诺书》的前半段约定了欠款的金额及还款对象与还款的截止时间，表述借款人对于还款的承诺。后半段则约定了“如违约，每月付五万元人民币罚金”，事实上，这里有对借款人不能履行还款责任的一种惩罚性追责之意，这也符合一般借贷行为中关于违约责任的约定。当事人为突显出对不履行还款责任而进行惩罚，故使用“罚金”一词亦符合《还款承诺书》保障借款人及时还款的合同目的，故将“罚金”解释为违约责任具有一定的合理性。

最后，权利人放弃权利应采取明示的方式。行为人可以明示或者默示作出意思表示。根据《民法典》相关规定，沉默只有在法律规定、当事人约定或者符合当事人之间的交易习惯时，才可以视为意思表示。因民事权利的放弃对权利人产生重大影响，应采取明示的方式作出意思表示才能产生法律效力，不能在无明确法律规定或者无特别约定的情况下，推定当事人对权利进行放弃。本案中，再审认为，借款人承诺的每月付5万元，按照年利率换算，显然过高。现顾某萍主动以年利率24%来主张，符合法律规定，应予以准许。这体现了法官对于过高违约责任进行调整的司法能动性，强调了当事人在放弃权利时候应以明示方式进行，是对当事人意思自治的尊重，亦符合公平原则。

四、结语

对合同条款产生歧义，当事人均有不可推卸的责任。一方面，因表意方在协议协商、制定条款的过程中，未把自己的效果意思通过协议内容明确表示出来；另一方面，相对方在审查相关条款时，未将可能产生争议的条款指出，并对条款的理解进行沟通，故双方均应对争议条款产生的歧义承担相应的风险。司法实践中，法官对于有争议的合同条款的解释与适用，是一个从客观到主观不断探寻的过程，其体现的不仅是事实审查的能力，更是一种司法逻辑的逐步演绎，法官所使用的解释方法并非单一，而应以文义解释为基础、体系解释为支撑、目的解释为印证，运用多种解释方法论证解释结论的合理性。

（责任编辑：王　茜）

建设工程施工过程中签订“以房抵债合同”的司法认定

——泰尉建设工程公司与复华实业公司其他合同纠纷案

暨秉恒*

【裁判要旨】

在建设工程施工过程中、竣工结算前，建设方与施工单位通过预结算，预先明确未到支付节点的工程款、质保金的金额，并据此签署以房抵债合同，施工单位援引该合同起诉要求建设方配合办理过户手续，人民法院不予支持。由于相关债务并非是经过终局结算形成的工程款债务，应当参照原因债务履行期限尚未届满的以房抵债合同的相关规则理解和处理。

【案情】

原告：泰尉建设工程公司

被告：复华实业公司

2018 年至 2019 年期间，原告和被告曾就复华科技广场 S2、S3 地块的配电工程签订过多份施工合同。

2020 年 1 月 16 日，原告（乙方）、被告（甲方）共同签订《抵房协议》一份，载明：“……综上所述，应付未付工程款总额约为 471.2 万元整，未到支付节点工程款总额为 245.15 万元整，未到支付节点质保金总额 68.3367 万元整……现甲方以其为唯一所有权人的商品房（包含涉案的上海市松江

* 暨秉恒，法学硕士，上海市松江区人民法院民事审判庭审判员。

区××路××弄×号×室房屋在内的五套房屋）冲抵上述工程款中的635.0088万元整……1.1以房冲抵的工程款6350088元，不包含该房屋办理产权相关税费、维修基金及物业管理费。本协议签订后，则视同甲方已支付应付及未到支付节点的乙方工程款共计陆佰叁拾伍万零捌拾捌元整。乙方须按照甲方的要求向甲方出具符合原合同约定的与前述金额相应的全额工程款发票……1.4本协议签署后，乙方应继续按原工程合同继续履行约定的义务，包括但不限于完成剩余未完结的工程、配合甲方进行竣工备案手续和履行后续质保期的质保义务。若乙方未按照原工程合同履行后续约定的义务的，视为乙方违约，甲方有权收回抵款的房屋并要求乙方按照原工程合同支付违约金等……”

此后，被告依约向原告就前述《抵房协议》中除涉案房屋以外的四套房屋办理了过户手续。后因被告拒绝就涉案房屋配合办理过户手续，双方引发纠纷。

原告泰尉建设工程公司诉称，为建设松江大学城商务广场，被告将其中配电工程施工业务发包给原告。为此，原被告签订《高低压配电工程施工合同》《配电箱供货合同书》《53电表箱（柜）、电线（电缆）施工合同》。原告按照约定履行了合同义务。2020年1月16日，经过协商，原、被告达成一致并签订《抵房协议》。该协议约定，被告以其所有的包括涉案房屋在内的五套房屋冲抵原告工程款中的6350088元。该《抵房协议》签订之后，被告履行了部分义务，但未将涉案房屋过户至原告指定人名下。故原告提出诉讼请求：被告履行《抵房协议》，将涉案房屋过户至原告名下。

被告复华实业公司辩称，《抵房协议》并非房屋买卖合同，需要另行签订房屋买卖合同才能作为过户依据。《抵房协议》的签订主要是为了明确工程价款支付的形式，并没有形成直接的债权请求权，而是涉及担保的性质。涉案协议变更了支付性质，实际并没有变更工程款支付的时间节点，目前涉案工程未实际完工、未移交，而根据现有工程进度，被告已经超额支付了工程款。原告存在严重的违约行为，给被告造成了损失，对此被告保留诉权。

【审判】

一审法院认为，从《抵房协议》的具体约定来看，《抵房协议》属双方当事人在债务履行期限届满前达成的以房抵债协议。在签署该份协议时，应付未付工程款总额仅为 471.2 万元，另有未到支付节点工程款 245.15 万元、未到支付节点质保金总额 68.3367 万元整，用于抵债的五套房屋的折抵总价已经超过当时已届清偿期的工程款数额，但又低于未来可能实际发生的工程款总额。对于此类以房抵债协议，为了避免架空我国法律关于流押禁止的规定，当事人不得直接请求履行，除非双方已经就相关的债权债务进行了明确的结算，且相关债务已届履行期。《抵房协议》中虽有“本协议签订后，则视同甲方已支付应付及未到支付节点的乙方工程款共计陆佰叁拾伍万零捌拾捌元整，乙方须按照甲方的要求向甲方出具符合原合同约定的与前述金额相应的全额工程款发票”的约定，但考虑到签约当时工程尚未竣工、也未经过结算，且合同中另有“若乙方未按照原工程合同履行后续约定的义务的，视为乙方违约，甲方有权收回抵款的房屋并要求乙方按照原工程合同支付违约金等”的约定，因此不能据此认定被告已抛弃期限利益与原告达成债务的最终结算，也不能认为《抵房协议》已经因前述约定转化为履行期限届满后签订的以物抵债协议。在涉案房屋尚未办理过户登记的情况下，至多可以认为《抵房协议》是一种起到担保功能的合同，原告只能在根据原债权债务关系提起诉讼并确定债权后请求对涉案房屋进行变价，但不能请求实际签订和履行关于涉案房屋的买卖合同。综上，原告请求被告配合办理过户登记手续的诉讼请求，于法无据，法院不予支持。

判决作出后，原告提起上诉，二审法院经过审理，判决驳回上诉，维持原判。

【评析】

在建设工程领域，一些房地产开发企业在资金链吃紧的情况下，时常会在工程结算前与施工单位签订“以房抵债”的合同，以起到替代履行或变相融资等目的。在司法实务中，如何正确认定此类合同的性质和效力，妥善处理相关的法律后果，意义重大，值得探讨。

一、以房抵债合同的性质和效力

以房抵债合同属于以物抵债合同的一种，其背后存在一笔终局性的原因债务，当事人选择以房抵债，实为在原先债务的基础上凭空创设了一项他种给付。因此，探究“以房抵债”和原因债务之间的关系，进而分析以房抵债合同的性质和效力，是处理此类合同纠纷需解决的首要问题。对此，本文区分原因债务是否已届清偿期的两种情形进行探讨。

（一）原因债务已届清偿期

在原因债务已届清偿期的情况下，如果不存在当事人恶意串通等特殊法定事由，以房抵债合同原则上有效。但我国司法实务界对于合同性质应如何认定，争议颇多。总体上来看，对合同性质的认识经历了从“债务更改说”到“代物清偿说”，再到“新债清偿说”的转变。

其中，“债务更改说”认为签订以房抵债合同会导致旧债消灭和新债产生，该观点仅出现于2000年前后的一些判例里，①但由于在当事人未作明确意思表示的情况下直接否定了当事人主张原权利的机会，学理基础薄弱，很快被“代物清偿说”所取代。“代物清偿说”认为，以房抵债合同为实践合同，在新债务未得到实际履行前，合同并未成立生效，只有当新债务履行时，原债务才归于消灭。这一学说可以在一定程度上解决新旧债务的共存问题，因此在很长时间里一度成为司法界的主流观点。②但实践合同的定性使得以房抵债合同在很多情况下成为一纸空文，以至于许多当事人选择变相以签订房屋买卖合同的形式规避司法认定，而对于此种抵债性质的房屋买卖合同的效力，最终也在很多案例中得到了法院的认可。③但为了拨乱反正，直接将此种合同与一般的房屋买卖合同等量齐观，存在误判当事人真实意思表示的可能，会在其他方面埋下巨大隐患，显然也并非长久之计。

为了克服“代物清偿说”的弊病，最高人民法院在2016年以后通过探索确立了“新债清偿说”。2016年11月30日《第八次全国法院民事商事审判工作会议纪要》中指出“当事人达成以房抵债协议，并要求制作调解书的，

① 参见最高人民法院（2001）民二终字第179号民事判决书。

② 参见夏正芳、潘军锋、仲伟珩：《债务清偿期届满后当事人间达成以物抵债协议但未履行物权转移手续，该协议效力如何确定》，载最高人民法院民事审判第一庭编：《民事审判指导与参考（2014年第2辑，总第58辑）》，人民法院出版社2014年版，第121页。

③ 参见最高人民法院72号指导案例“汤某、刘某某、马某某、王某某诉新疆鄂尔多斯彦海房地产开发有限公司商品房买卖合同纠纷案”。

人民法院应当严格审查协议是否在平等自愿基础上达成”，隐含了承认当事人基于真实的意思表示达成的以物抵债协议效力的意思。而在2017年第9期公报案例“内蒙古兴华房地产有限责任公司与通州建总集团有限公司建设工程施工合同纠纷案”中，最高人民法院确认以房抵债合同为诺成合同，只要符合真实意思表示、内容不违反法律法规的强制性规定即为有效，新旧债务在新债务履行前处于衔接并存的状态。④

应当说，经过几年的发展和反复论证，“新债清偿说”已经成为目前司法实践中的通说。不过，在新旧债务并存的情况下，债权债务双方是否可以自由选择履行旧债或新债，值得作进一步探讨。鉴于债权人和债务人已经通过订立有效合同对新债清偿作出安排，且双方均可能会基于新债履行的预期作必要准备，基于意思自治和诚实信用原则，不应再赋予债权人或债务人以任意选择权，旧债从某种意义上来说，只是顺位劣后的一种担保。对于债权人而言，其理应优先行使新债的请求权，当且仅当债务人未按照约定履行新债的情况下，方可选择主张旧债。对于债务人而言，同样不得任意反悔，主动选择履行旧债，除非新债履行确实存在客观上的障碍。实务界也有观点认为，新债清偿合同的订立目的即为了实现旧债，履行新债清偿合同对债务人而言显然更为有利，债务人选择履行旧债一般对债权人更为有利，或者至少是符合原有预期，故而应当赋予债务人任意选择履行新债或旧债的自由。⑤ 但事

④ 该案例裁判要旨如下：一、对以物抵债协议的效力，履行等问题的认定，应以尊重当事人的意思自治为基本原则。一般而言，除当事人有明确约定外，当事人于债务清偿期届满后签订的以物抵债协议，并不以债权人现实地受领抵债物，或取得抵债物所有权、使用权等财产权利，为成立或生效要件。只要双方当事人的意思表示真实，合同内容不违反法律、行政法规的强制性规定，合同即为有效。二、当事人于债务清偿期届满后达成的以物抵债协议，可能构成债的更改，即成立新债务，同时消灭旧债务；亦可能属于新债清偿，即成立新债务，与旧债务并存。基于保护债权的理念，债的更改一般需有当事人明确消灭旧债的合意，否则，当事人于债务清偿期届满后达成的以物抵债协议，性质一般应为新债清偿。三、在新债清偿情形下，旧债务于新债务履行之前不消天，旧债务和新债务处于衔接并存的状态；在新债务合法有效并得以履行完毕后、因完成了债务清偿义务，旧债务才归于消灭。四、在债权人与债务人达成以物抵债协议、新债务与旧债务并存时，确定债权是否得以实现，应以债务人是否按照约定全面履行自己义务为依据，若新债务届期不履行，致使以物抵债协议目的不能实现的、债权人有权请求债务人履行旧债务，且该请求权的行使，并不以以物抵债协议无效、被撤销或者被解除为前提。

⑤ 司伟：《债务清偿期届满后的以物抵债纠纷裁判若干疑难问题思考》，载《法律适用》2017年第17期。

实上，实践中不乏债务人因为资金窘迫以物折价抵债的情况，前述观点一概地认为履行旧债不减损债权人利益，过于武断。因此，在债务人拒不履行新债的情况下，债权人有权根据新债主张继续履行或违约责任，也可以选择恢复旧债的履行。

（二）原因债务未届清偿期

在原因债务未届清偿期的情况下，以房抵债合同是否仍然有效，争议较大。相应地，对合同性质认识的侧重点也不再是新债与旧债之间的关系，而是如何通过对合同性质的恰当解读，尽可能还原当事人缔约的真意、平衡缔约双方之利益。对此，我国司法界对于“以房抵债”合同性质的认识，经历了从“流质流押合同”到非典型担保合同的转变。

在早期的判决中，法院一般是基于我国原《物权法》第一百八十六条、第二百一十一条之规定，认为债权人直接履行预先签订的以房抵债合同并取得物权，会架空《物权法》关于禁止流质流押的规定，因此相关合同应属无效。⑥

但纵使在司法判例层面的否定评价，也并未扼杀实践中当事人的天然需求，在债务纠纷中通过签订房屋买卖合同实现担保功能的情况大量存在。此种一刀切的认定，在很多时候与当事人的真实意思背道而驰，非但未起到警示功能，反而扼杀了非典型合同的生存空间，大幅削减了合同在经济流通过程中的效用。

2014年以后，司法判例在处理此类纠纷的态度上有了明显的缓和现象。首先，最高人民法院在2014年第12期公报案例“朱某某与山西嘉和泰房地产开发有限公司商品房买卖合同纠纷案”中，创造性地将以房抵债合同与基础的借贷关系分离，认为两者独立而又有联系，买卖合同为借款合同提供担保，借款合同的履行为买卖合同设定解除条件。故而以房抵债合同的性质为附解除条件的买卖合同，并不违反流质流押之规定，合法有效。该观点在今天看来或许有些激进，但不应一概否定此类以房抵债合同的效力，已逐渐成为司法界的共识。在2015年出台的《最高人民法院关于审理民间借贷案件适用法律若干问题的规定》中，最高人民法院通过第二十四条进一步确立了目

⑥ 参见最高人民法院（2013）民提字第135号民事判决书。

前主流通说的轮廓，即将房屋买卖合同视为一种非典型担保合同，其中的流质流押条款无效，但其余条款并不一概无效，“在借款人不履行生效判决确定的金钱债务，出借人可以申请拍卖买卖合同标的物，以偿还债务”，并就拍卖所得价款按实清偿。此后，《最高人民法院民事审判第二庭法官会议纪要》《第九次全国法院民商事审判工作会议纪要》⑦等文件中也均继续沿袭和发展了此观点。

《民法典》出台后，司法实践对于流押、流质的态度有了进一步的缓和。其中，《民法典》第四百零一条规定：抵押权人在债务履行期限届满前，与抵押人约定债务人不履行到期债务时抵押财产归债权人所有的，只能依法就抵押财产优先受偿。《民法典》第四百二十八条规定：质权人在债务履行期限届满前，与出质人约定债务人不履行到期债务时质押财产归债权人所有的，只能依法就质押财产优先受偿。甚至有观点认为，《民法典》第四百零一条、第四百二十八条的规定已经在实质上推翻了流押、流质合同无效的传统观念。无论对于《民法典》的这两个条文作何解读，都可以看到立法试图将担保的合理因素从流押、流质的桎梏中解脱出来的努力。

总结目前最高人民法院对原因债务履行期限届满前签订的以房抵债合同的倾向性意见，具体有以下几方面的内容：（1）如果当事人有明确抛弃期限利益的意思表示且已经过结算，参照适用原因债务履行期限届满后签订协议的相关规则。（2）根据《第九次全国法院民商事审判工作会议纪要》和《民法典》的精神，此类合同可以作为非典型担保合同实现担保功能。（3）在不动产权登记已经转移的情况下，此类合同构成清算型让与担保合同，债权人不得直接要求确认物权，但可以请求参照法律关于担保物权的规定对财产拍卖、变卖、折价并优先偿还其债权。（4）在不动产权登记尚未转移的情况下，此类合同构成未被立法承认的后让与担保合同，债权人不得请求过户，只能依照原债权债务关系处理，可以申请对财产拍卖、变卖、折价，但也不具备优先效力。

二、建设工程领域的“以房抵债合同”

在建设工程领域，开发商与施工单位签署的“以房抵债合同”，最常见的

⑦ 参见《第九次全国法院民商事审判工作会议纪要》第四十五条、第七十一条之规定。

有以下几种形式。

（一）在签订建设工程合同时约定的“工抵房”条款

出于盘活资金的需要，部分开发商在建设工程合同签订之初便会选择与施工单位约定以房屋折抵工程进度款的“工抵房”条款，例如合同载明“承包人同意发包人按合同额10%，即进度款以抵房形式进行支付，抵房部分产值需开具等额增值税专用发票”等。此类条款是在原因合同订立之初签署，且往往并未明确相关房屋的室号和对价，因此从性质上来说，仅仅是一种预约合同，尚需转化为实际的以房抵债合同才具备讨论价值。若双方在后续并未出现明显恶意拒绝磋商的行为，此类条款一般也并无实际的拘束力。

（二）在工程款结算后签订的以房抵债合同

在建设工程竣工、开发商在与施工单位结算确定债权债务后，基于销售不畅、资金紧张等原因，通过签订以房抵债合同的形式抵充部分的债务。此类合同一般系在原因债务履行期限届满后签订，在无特殊事由的情况下一般合法有效，一般属于典型的新债清偿合同。⑧施工单位有权请求开发商履行以房抵债合同，也有权在开发商拒不履行以房抵债合同的情况下，主张违约责任或选择恢复旧债的履行。

（三）施工过程中、工程结算前签订的以房抵债合同

实践中，因为资金紧张等原因，开发商时常还会在施工过程中、工程结算前，与施工单位签订以房抵债合同，用于抵充部分工程进度款的支付。在此类纠纷中，若开发商与施工单位是在合同约定的进度款清偿期届满前签署合同，按照原因债务未届清偿期的以房抵债合同的相关规则处理，并无太大争议。倘若部分工程进度款的支付时间已到期，开发商与施工单位就该部分已到期工程款签订以房抵债合同，原则上也可按照原因债务已届清偿期的以房抵债合同的相关规则处理。

但本案的情况较为特殊，开发商在施工完成前预先与施工单位完成总结

⑧　当事人在合同中明确约定创设新债的同时消灭旧债的情况除外。

算，分别明确了应付未付工程款、未到支付节点工程款、未到支付节点质保金的数额，约定以五套房屋抵充债务，同时另在合同中约定“若乙方未按照原工程合同履行后续约定的义务的，视为乙方违约，甲方有权收回抵款的房屋并要求乙方按照原工程合同支付违约金”。那么如何理解此类合同的性质，是否应当赋予施工单位起诉要求过户的权利？

对此，第一种观点认为，此类情形应当比照原因债务已届清偿期的情形处理，应当视为开发商已通过预先结算放弃了期限利益，并为债务的清偿创设了他种给付，在开发商拒不配合办理房屋的过户手续时，施工方有权起诉要求过户履行并据此取得房屋的所有权。在事后施工方未按约履行时，开发商可另行按照合同约定向施工方主张违约责任。

也有第二种观点认为，本案中通过预结算确定的工程进度款带有预付款的性质，并非是在工程竣工后经过终局结算形成的债务，从合同的约定来看，开发商也并未明示放弃期限利益。涉案房屋的价值对应未到支付节点的相关债务，应当比照原因债务未届清偿期的情形处理：在当事人已经办理房屋过户手续的情况下，施工方对房屋并不享有实际的所有权，不能任意处分，但可以参照清算型让与担保合同的规则，享有在事后将房屋拍卖、变卖、折价并优先受偿的权利；在当事人尚未办理房屋过户手续的情况下，属于不受法律保护的后让与担保，施工方也无权直接起诉要求开发商办理房屋的过户手续，只能依据建设工程合同的约定起诉主张工程进度款，可以申请对财产拍卖、变卖、折价，但不具备优先效力。

不难发现，前述第一种观点是以房屋所有权的转移、赋予施工方直接变价的权利为基础的。考虑到工程尚未竣工，工程款的最终结算数额仍未确定，还可能出现最终结算数额低于预付款的情况，若允许施工方直接基于以房抵债合同取得房屋所有权，在事后无需拍卖、变卖房屋的情况下直接按照双方约定的价格折价清算，未免与《民法典》规定的流质、流押制度的精神相悖。相比之下，第二种观点更为合理。将本案的以房抵债合同界定为非典型担保合同，能够较好地解决以房折抵进度款和工程款最终结算之间的矛盾，与流质、流押制度也可以和谐共存。

（责任编辑：王　茜）

国际航空货物运输中承运人赔偿责任的认定

——影鹿公司诉优比速公司国际航空货物运输合同纠纷案

沈伟杰*

【裁判要旨】

只要航空运输活动符合1999年《统一国际航空运输某些规则的公约》（以下简称《蒙特利尔公约》）所定义的国际运输，公约就应强制并优先于其他规则予以适用，包括其他国际航空运输公约。虽然公约所确定的承运人责任限额原则上不可突破，但公约同时也创设了动态的赔偿限额复审机制，法院应当在国际民航组织最近复审修订的赔偿限额内，合理确定航空承运人的赔偿责任。

【案情】

原告：影鹿公司

被告：优比速公司

2020年10月19日，影鹿公司签订了《客户登记表》《UPS服务的条款和条件》《货物安全保障协议》，登记成为优比速公司（UPS）的客户，接受优比速公司提供的国际快递服务。该《UPS服务的条款和条件》载明：本协议中任何货品的国际运输适用华沙公约及其修正案。在适用《华沙公约》《蒙特利尔公约》、CMR公约或其他强制性国家法律的情况下，UPS的责任受这些法律规则的管辖并享有根据这些规则所具有的责任限制；在公约规则或其

* 沈伟杰，法学硕士，上海市浦东新区人民法院自贸区法庭法官助理。

他国内强制性法律不适用的情况下，除非托运人已经申报了一个较高的货物价值，UPS 的责任将根据业已证明的货品价值，享有每票货品或每个托盘 100 美元（人身伤亡除外）赔偿责任限额的权利。

2021 年 3 月 2 日，案外人 YIMING（托运人）向影鹿公司（收货人）寄送 5 个包裹，该包裹中的货品为数量 30 件、单价 299 美元的 VR 虚拟眼镜。寄件后，因寄件人 YIMING 未能提供收件人的必要信息，优比速公司对案涉包裹进行了退运处理，但寄件人 YIMING 并未收到退运货物。后经影鹿公司与优比速公司协商并经调查，共有 3 个包裹寄送到原告处，另有 2 个包裹存放在美国的无主仓，但无法找回。

后影鹿公司与优比速公司就未能退回的 2 个包裹所造成的损失协商未果，影鹿公司向法院提起诉讼，要求优比速公司按涉案包裹的市值承担赔偿责任。

优比速公司辩称，优比速公司在本案中不存在故意或过失，是发货人及影鹿公司因自身原因造成的损失，且本案事实上也并无损失发生。涉案两箱货物实际并未丢失，存放在美国的无主仓中。

【审判】

上海市浦东新区人民法院经审理认为，本案的快递包裹系通过国际航空运输运送，出发地为美国，目的地为中国，两国均系 1929 年《统一国际航空运输某些规则的公约》(以下简称《华沙公约》) 和《蒙特利尔公约》的缔约国，故本案的国际运输是在两个《蒙特利尔公约》缔约国之间履行，应该优先适用《蒙特利尔公约》。同时，《蒙特利尔公约》第四十九条规定，运输合同的任何条款和在损失发生以前达成的所有特别协议，其当事人借以违反本公约规则的，无论是选择所适用的法律还是变更有关管辖权的规则，均属无效。故庭审过程中，双方当事人虽然合意选择本案适用《华沙公约》，但本案仍应强制适用《蒙特利尔公约》。本案的争议焦点在于承运人的赔偿责任应如何确定。

关于优比速公司的赔偿责任，考虑到案涉包裹从寄送起已逾一年且被告优比速公司亦表明无法找回案涉快递包裹，故可以认定货物损失已经实际产生，且该损失的产生系由承运人造成。《蒙特利尔公约》对于承运人的赔偿责任规定以每公斤 17 特别提款权为限。鉴于 2019 年 5 月 27 日，国际民用航空组织理事会第 217 届会议对责任限额进行复审，并修订为每公斤 22 特别提款权。根据判决当日的换算比例，1特别提款权兑换人民币8.94元，本案的赔偿责任限额应为人民币4720.32元。综上，法院作出一审判决，判决优比速公司赔偿原告货物损失人民币4073.72元，驳回影鹿公司的其余诉讼请求。一审宣判后，影鹿公司不服，向上海市第一中级人民法院提出上诉，后于二审期间内撤回上诉。

【评析】

一、承运人赔偿责任的法律适用

（一）“巴别塔”①：碎片化的国际航空货运公约体系

在《华沙公约》诞生后的几十年中，国际社会为更新这一公约的努力导致国际航空法的碎片化而不是统一，不同的国家遵守不同版本的华沙公约以及围绕它所修订的补充文本。②各国围绕《华沙公约》先后制定了8项法律文件，分别是：1955年《海牙议定书》、1961年《瓜达拉哈拉公约》、1966年《蒙特利尔协议》、1971年《危地马拉议定书》以及1975年蒙特利尔1至4号议定书，这些法律文件各自乃至于与《华沙公约》之间相互独立，不同公约的国际航空货物运输规则在承运人责任基础、责任限额、责任限制的例外、责任主体、单证制度以及索赔期限等法律问题上存在诸多差异，造成实体法适用上的混乱。③举例而言，如果A国批准了1929年《华沙公约》，而B国只批准了1955年《海牙议定书》而未直接加入过1929年《华沙公约》，由于《华沙公约》和《海牙议定书》采取不同的承运人责任制度，而《海牙议定书》有意表明不受《华沙公约》的约束，其直接结果就是两国并非同一公约的缔约国，《华沙公约》和《海牙议定书》均无法适用。④因而，也有学者指出，如果考虑到公约的生效情况，在混合适用华沙体制的公约和《蒙特利尔公约》的情况

① 巴别塔是基督教神话中的一座高塔，相传原是一座可以通天的高塔，后因语言无法相通而无法建成。加拿大麦吉尔大学的Paul Dempsey教授以此隐喻人类的乌托邦工程。See Paul Dempsey，International Air Cargo & Baggage Liability and the Tower of Babel，George Washington International Law Review，Vol.36，No.2，2004.

② See Paul Dempsey，International Air Cargo & Baggage Liability and the Tower of Babel，George Washington International Law Review，Vol.36，No.2，2004.

③ 师怡：《国际航空货物运输承运人责任研究制度》，吉林大学博士学位论文2014年。

④ 214 F.3d 301，304（2d Cir. 2000），cert. denied，533 U.S. 928（2001）.

下，国际航空私法领域将会存在 109 种不同的承运人责任制度。⑤

（二）冲突的协调：《蒙特利尔公约》的优先适用

1999 年，为实现华沙体制的现代化，重新确立国际航空运输的统一规则，国际民航组织（ICAO）召开国际航空法会议，讨论并通过了《蒙特利尔公约》。《蒙特利尔公约》在整合华沙体制的基础上，进一步统合了国际航空运输承运人的责任制度，缓解了华沙体制下各条约的适用冲突。

《蒙特利尔公约》生效后，华沙体制的各条约仍然有效，因此理论上，《蒙特利尔公约》会加剧国际航空私法条约的适用冲突，具体冲突的类型包括：（1）既加入《华沙公约》，又加入《蒙特利尔公约》；（2）未加入《华沙公约》，但加入《蒙特利尔公约》；（3）加入《华沙公约》，但未加入《蒙特利尔公约》。然而，随着越来越多的国家加入《蒙特利尔公约》，如今已经有 139 个国家签署或批准加入《蒙特利尔公约》，覆盖的国际航线高达 98% 以上，⑥ 前述的第二和第三种情形已不多见。同时，在与华沙体制的各条约的适用冲突问题上，《蒙特利尔公约》第五十五条明确其适用的优先性，即公约应当优先于国际航空运输所适用的任何规则。退一步而言，由于《华沙公约》与《蒙特利尔公约》在调整事项上具有一致性，故即使是依照《维也纳条约法公约》所确立的国际条约冲突解决规范，也即基于后约优先于新约的法律原则，《蒙特利尔公约》在适用上也应当优先于华沙体制的各条约。大量的司法实践案例也表明，在《蒙特利尔公约》的优先适用上问题上并不存在争议。相信，随着越来越多的国家加入《蒙特利尔公约》，华沙体制的各条约终将退出历史的舞台。

（三）《蒙特利尔公约》的强制适用

强制性适用是《华沙公约》的基本原则，《蒙特利尔公约》完整地继承了这一原则。《蒙特利尔公约》规定，公约适用于所有以航空器运送旅客、行李或货物而收取报酬的国际运输。国际运输包括单程运输和往返运输两种。在

---

⑤ See Bin Cheng，The Labyrinth of the Law International Carriage by Air：Has the Montreal Convention 1999 Slain the Minotaur？Zeitschriftfur Luft- und Weltraumrecht，50，2001，p.172.

⑥ 国际民用航空组织：《关于推动〈统一国际航空运输某些规则的公约〉的进展》，载 https：// www.icao.int/Meetings/a40/Documents/WP/wp_293_zh.pdf，2023 年 3 月 1 日访问。

单程运输中，只要目的地和出发地分别位于两个缔约国，就符合公约所定义的国际运输。而往返运输则较为特殊，在往返运输中如果出发地和目的地均位于同一缔约国，但在缔约国外有一个经停地点，则无论该经停地所在的当事国是不是缔约国，都构成国际运输。例如在A国公民购买了到B国的往返机票，由于出发地和目的地均位于A国，构成往返运输，而B国是合同约定的经停地点，此时无论B国是不是缔约国，都不影响公约的适用。需要明确的是，公约的适用与否，只取决于涉案的航空运输是否构成公约所定义的“国际运输”，公约将其适用性完全建立在运输的性质和特征上，而承运人、托运人或旅客的任何一方的国籍在公约的适用上均不在考虑之列。[7]因而，在本案中，虽然原、被告均是境内成立的法人，但由于案涉航空运输的出发地位于美国，目的地位于中国，两国均是《蒙特利尔公约》的缔约国，故本案具有涉外因素，属于公约所定义的“国际运输”，应当适用《蒙特利尔公约》。

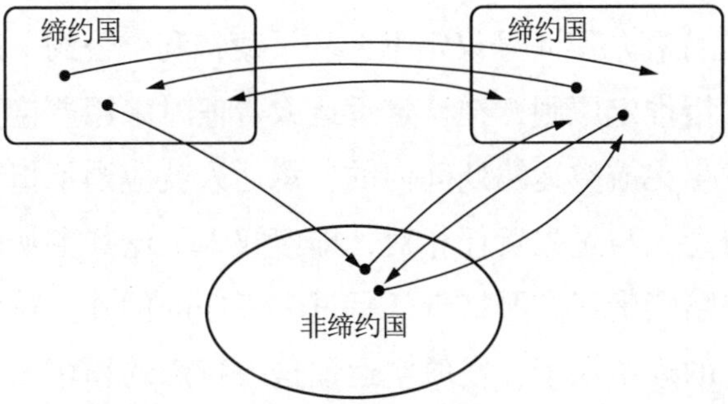

国际航空运输

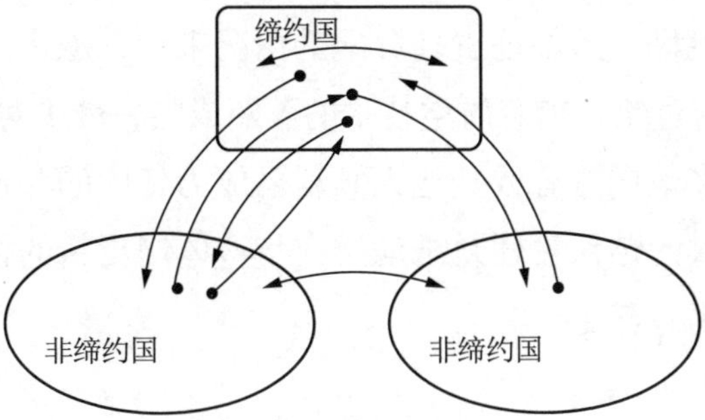

非国际航空运输

⑦ 董念清:《论国际航空私法条约适用的强制性》，载《中国法学》2020年第1期。

《蒙特利尔公约》适用的强制性还体现在它排除了当事人协议选择法律的权利。该公约第二十九条和第四十九条明确，“在旅客、行李和货物运输中，有关损害赔偿的诉讼……只能依照本公约规定的条件和责任限额提起”，“运输合同的任何条款和在损失发生以前达成的所有特别协议，其当事人借以违反本公约规则的，无论是选择所适用的法律还是变更有关管辖权的规则，均属无效”。与其他国际私法有所区别，《华沙公约》和《蒙特利尔公约》的缔约者为了实现统一国际航空运输规则的目的，公约限制了当事人的意思自治。因此，即使当事人合意选择法律的适用，也不影响《蒙特利尔公约》的强制性适用与排他性适用。

二、承运人赔偿责任的确定

（一）归责原则：《蒙特利尔公约》的二元归责原则

1975 年《蒙特利尔第 4 号议定书》和《蒙特利尔公约》改变了《华沙公约》所确立的过错推定原则，在认定承运人责任时采用严格责任原则，即只要货物损失是发生在航空运输期间内的，承运人就应当承担责任。严格责任源于普通法的概念，与过失责任相对，即侵权人不论其主观过错对其行为所造成的损害承担赔偿责任。严格责任是过失责任的例外，对航空承运人科以较重的法律责任的理由在于：在航空运输这一特殊的领域内，承运人对于货物的控制是绝对的。而随着 20 世纪 60 年代开始，“事情本身说明问题”原则⑧在航空侵权领域内普遍适用，承运人的过错推定与严格责任的法律边界本身就已经逐渐模糊。从举证责任分配的情况来看，承运人也很难证明对货物损失的发生没有过错。随着航空技术的不断成熟，减少对于承运人的保护，将利益的天平更多地向旅客或托运人倾斜已成为各国的共识。提高责任赔偿限额，加重承运人的赔偿责任是推动历次华沙体制更新的核心议题，也可以表明国际社会对此的态度。

⑧ 该原则一般指当某物件处于当事人或其雇员驾驭控制之下，如果当事人能谨慎控制物件，则该物件在正常情况下不致发生事故的，那么，如果物件因事故遭受损失，且被告无法对事故原因作出说明时，法律即认定该事故是由于当事人的过失引起。参见赵维田：《国际航空法》，社会科学出版社 2000 年版，第 254 页。

但同时，对于因延误所造成的损失，《蒙特利尔公约》仍保留《华沙公约》的抗辩事由，采用过错推定原则。这是因为导致延误的诸多事项是承运人所不可控制的，因此《蒙特利尔公约》允许承运人证明就避免损失的发生，已经采取一切可合理要求的措施或者此种措施是不可能采取时，承运人对延误所导致的损失免责。

（二）责任期间：航空运输期间的认定

承运人承担损害赔偿责任的前提，导致损失发生的事件发生在航空运输期间。对于航空运输期间，《蒙特利尔公约》将其定义为“货物处于承运人掌管下的期间”。根据公约第十八条的规定，航空期间的认定取决于承运人是否实际掌管货物。对于“掌管”本身，公约本身并未进一步明确其内涵。有观点认为，结合当事人约定、承运人对货物的控制情形两方面因素，“掌管”应指货物基于当事人约定，处于承运人实际或推定控制之下的状态。⑨ 也有观点进一步明确，“掌管”应当自承运人接收货物时到其将货物交付给收货人为止。⑩ 在国际货物运输领域，这种以“接管—交付”来界定承运人责任期间的做法并不鲜见，例如调整海事运输的《鹿特丹规则》就规定，承运人的责任期间，自承运人为运输而接收货物时开始，至货物交付时终止。此外，在调整国际公路运输的《CMR 公约》中也有类似的规定。

1. 接管

接收货物通常意味着承运人以运输为目的占有或控制货物。承运人的责任期间始于接收货物，即使航空运输活动在此时尚未开始。《蒙特利尔公约》规定，机场以外的运输通常不构成航空运输期间，但如果这种辅助运输是在履行航空运输合同时为了装载、交付或者转运而办理的，则应当扩大到航空运输期间。

2. 交付

交付意味着航空运输期间的终止，承运人向收货人移交保管的货物，收货人明示或默示地占有货物。货物运抵目的地并不意味货物当然完成了交付，

⑨ 庄建伟、沈志韬：《国际航空货物运输期间制度研究》，载《甘肃政法学院学报》2012 年第 3 期。

⑩ 肖永平、孙玉超：《论国际航空货物运输承运人责任期间》，载《现代法学》2008 年第 4 期。

如果收货人只是收到了承运人提货的通知，而未从承运人处实际接收货物，货物应仍视为处于承运人的“掌管”之下。

回到本案，优比速公司在向影鹿公司收取涉案包裹后，涉案货物处于优比速公司的“掌管”下，航空运输期间就开始了。尽管航空运输活动并未实际开始，货物就被径行退回到了承运人的无主仓，但这并不影响航空期间的认定，因为承运人对涉案的货物具有控制权，而在确定承运人的责任时，唯一具有决定性的因素在于承运人是否“掌管”货物，而非地点。

（三）责任构成：货物遗失的认定

在国际运输中，货物损失可分为“毁灭”“遗失”“损坏”“延误”四种类型。由于本案中，并不涉及货物毁灭、损害和延误等三种情况，故本文仅就货物的遗失问题进行讨论。

一般认为，货物遗失是指货物无法找到，或者不论何种原因在可预见的将来，无法由承运人交给有权收货的人。⑪ 根据《蒙特利尔公约》第十三条的规定，承运人承认货物已经遗失，或者货物在应当到达之日起七日后仍未到达的，货物就可以认定处于“遗失”状态。此外，如果货物被错误地交付给了无权收货的人，也应当被推定为“遗失”。在考察货物是否交付时，当事人的交货方式也是一个重要的考量标准。在宁波保税区双联国际贸易有限公司诉吉布达伟士国际贸易有限公司国际航空运输合同纠纷案中，承运人本应当凭借收货人提供的开证行背书的航空货运单才能交货，但承运人在实际交货时并没有查验开证行的背书。法院因此认定，承运人未能完成交货义务，应当承担损害赔偿责任。

三、承运人赔偿责任的限额

在整个华沙体制中，赔偿限额是一个贯穿始终的核心问题，也常常是各国产生矛盾和分歧的焦点。⑫ 从国际航空货物运输行业的发展来看，《华沙公

⑪ Elmar Giemulla，Ronald Schmid，Wolf Muller-Rostin，Regula Dettling-Ott，and Rod Margo（eds.），Montreal Convention，Kluwer Law International，2006，Article 18，p.7.

⑫ 叶乃锋：《论损害赔偿限额的非正当性——以国际航空运输承运人责任为例的研究》，载《暨南学报（哲学社会科学版）》2007 年第 3 期。

约》的承运人赔偿限额制度无疑是成功的，理由在于：第一，它保护了尚在发展中的航空业的发展。第二，平衡了当事人的利益。一方面采用过错推定原则，加重了承运人的举证责任；另一方面，采用赔偿限额减轻了承运人的赔偿责任。第三，通过赔偿责任限额的方法引导当事人通过投保的方式分散运输风险。[13] 随着国际航空事业的不断壮大与发展，《华沙公约》奠定的赔偿限额制度也嬗变为如今《蒙特利尔公约》所确立的赔偿限额制度。

（一）赔偿责任限额的演变

《华沙公约》第二十二条规定，承运人对旅客的人身损害赔偿以12.5万法郎为限，对行李或货物损失的赔偿以每公斤250法郎为限。同时注明，上述法郎是指含有千分之九百成色的65.5毫克黄金的法国法郎。[14] 第二次世界大战后，华沙公约规定的责任限额已明显落后于当时的经济发展水平，于是1955年《海牙议定书》、1966年《蒙特利尔议定书》、1971年《危地马拉议定书》中对责任赔偿限额大幅上调，此时的责任赔偿限额仍为普安卡雷法郎。金汇兑制终结后，1975年《蒙特利尔议定书》首次将特别提款权作为承运人赔偿责任限额的计算单位，赔偿限额修改为每公斤货物17特别提款权。《蒙特利尔公约》则延续了上述规定，同时考虑到通货膨胀的因素，授权国际民航组织每隔五年对责任限额进行复审。直至2019年12月28日，国际民航组织根据《蒙特利尔公约》第二十四条的规定，将国际航空货物运输承运人的责任赔偿限额修改为每公斤货物22特别提款权（见表1）。

（二）赔偿责任限额的计算与换算

1. 赔偿责任限额的计算基数

《蒙特利尔公约》第二十二条第四款规定，用以确定承运人赔偿责任限额的重量，为该包件或者该数包件的总重量。如果仅有部分货物毁损、灭失的，则应以该货物的总重量确定承运人的赔偿责任。但如果该部分货物或者物件

⑬ 沈志韬：《国际航空货物运输承运人责任制度研究》，法律出版社2022年版，第10页。

⑭ 又称普安卡雷法郎。在起草华沙公约时，世界将本国货币与黄金价格挂钩。美国民用航空委员会将每公斤250普安卡雷法郎的赔偿标准解释为当时的黄金官方价格即每公斤20美元。

表 1

	类别	1999 年《蒙特利尔公约》	2019 年至今的赔偿责任限额
国际旅客运输	人身伤害（第二十一条）	在不超过 100000 特别提款权的损害赔偿范围内承担严格责任	在不超过 128821 特别提款权的损害赔偿范围内承担严格责任
		在超过 100000 特别提款权的损害赔偿范围内承担过错推定责任	在超过 128821 特别提款权的损害赔偿范围内承担过错推定责任
	延误（第二十二条第一款）	以 4150 特别提款权为限	以 5346 特别提款权为限
国际行李运输	毁灭、遗失、损坏或者延误（第二十二条第二款）	以 1000 特别提款权为限	以 1288 特别提款权为限
国际货物运输	毁灭、遗失、损坏或者延误	以每公斤 19 特别提款权为限	以每公斤 22 特别提款权为限

的损失影响了同一份航空货运单下其他货物的价值，则该航空货运单下所有货物的重量都应计算在内。

2．赔偿责任限额的基准日

对于货币单位的换算，《蒙特利尔公约》第二十三条第一款规定，应当以按照判决当日用特别提款权表示的国家货币的价值计算。我国作为国际货币基金组织的成员国，国际货币基金组织会按日公布人民币与特别提款权的汇率，故在进行换算时只需要将特别提款权乘以当日的汇率即可完成换算。

（三）承运人赔偿责任限额的例外规则

在早期的《华沙公约》中，未声明货物价值的托运人或收货人想要排除承运人的赔偿责任限额的适用，主要通过以下四个证明途径：（1）运输活动并非国际运输；（2）运输活动并非航空运输；（3）航空货运单不完整；（4）承运人存在“有意的不良行为”。[15] 前者直接排除了《华沙公约》的适用，而后者是在《华沙公约》下承运人赔偿责任限额的例外规则。随着华沙体制的不断发展，航空运输单必须载明 10 项内容的规定在 1955 年《海牙议定书》中被减少为 1 项，并最终在 1975 年《蒙特利尔第 4 号议定书》中被废除。而承

⑮ Paul Stephen Dempsey，Aviation Liability Law（2nd ed.），LexisNexis，2013，pp.657—658.

运人存在“有意的不良行为”可以突破赔偿责任限额的规定，也于 1975 年《蒙特利尔第 4 号议定书》中被废除。托运人或收货人货物运输责任限额不可突破的一般原则由此确立，并最终被《蒙特利尔公约》所继承。[16] 如今，托运人或收货人想要突破承运人的赔偿责任限额，只能通过声明价值并支付附加费的途径实现。

《蒙特利尔公约》第二十二条规定，承运人以其责任限额为限赔偿损失，但托运人声明价值并支付附加费的除外。实践中，托运人主要是通过书面方式向承运人声明价值，在航空货运单上一般会有运输声明价值和海关声明价值两栏，托运人可以选择是在此处声明货物的价值并向承运人支付附加费。此外，以口头的方式声明价值并支付附加费在实践中也为法院所认可。[17] 实践中，声明价值一般高于承运人的赔偿责任限额，但也不排除发生低于赔偿责任限额的情况。

（1）声明价值低于赔偿责任限额。根据《蒙特利尔公约》的规定，任何旨在免除或降低承运人责任限额的条款，均属无效。故通常理解，如果声明价值低于承运人的赔偿限额，就违反了公约的上述规定，应当认定声明无效，承运人仍按照公约所确定的标准承担赔偿责任。

（2）声明价值高于实际价值。根据《蒙特利尔公约》的规定，承运人应当在声明价值范围内承担责任，但如果承运人能够证明声明价值高于货物的实际价值，则承运人可以不按照货物的声明价值承担赔偿责任。此时，承运人仍应当按照货物的实际价值承担赔偿责任，理由在于：虽然《蒙特利尔公约》本身禁止任何形式的惩罚性赔偿，但公约也允许当事人设定更高的赔偿限额。声明价值可以视为当事人就责任赔偿限额达成的特别约定，将赔偿的限额提高到一个更高的标准，而承运人在这个限额内就权利人的实际损失承担相应的赔偿责任，既符合当事人的约定，也无悖于公约的立法精神。

（责任编辑：张　俊）

[16] 《蒙特利尔公约》第二十九条规定，有关损害赔偿的诉讼，不论其根据如何，是根据本公约、根据合同、根据侵权，还是根据其他任何理由，只能依照本公约规定的条件和责任限额提起。

[17] Samuel Montagu Ltd. v. Swiss Air Transport Co Ltd，［1996］2QB 306.

骑手至站点集合途中交通事故致人损害的责任认定
——施某诉董某某等生命权、身体权、健康权纠纷案

王　茜　钟嫣然*

【裁判要旨】

外卖骑手去站点集合途中致人损害，受害人诉请要求骑手与其用人单位及外卖平台承担侵权责任，若骑手已在App中上线，该集合行为系服从用人单位的指令，事发地点也在去站点的合理路线上的，骑手抗辩称其属于因执行工作任务致人损害，应由用人单位承担责任的，人民法院应予支持。用人单位仅以骑手未接单为由主张其不属于履行工作任务的，人民法院不予支持。

【案情】

原告（被上诉人）：施某

被告（上诉人）：董某某

被告（被上诉人）：上海拉扎斯信息科技有限公司

被告（被上诉人）：上海依家物流有限公司

上海拉扎斯信息科技有限公司（以下简称拉扎斯公司）系饿了么平台的经营方，其关联公司上海止观信息科技有限公司授权上海依家物流有限公司（以下简称依家公司）使用“蜂鸟配送”系列产品在上海市内经营“蜂鸟配送”业务。董某某系依家公司从事蜂鸟配送业务的送餐员，双方存在劳务关系。2018年10月25日9时33分许，在上海市长宁区定西路出延安西路北

* 王茜，法律硕士，上海市第一中级人民法院立案庭副庭长。钟嫣然，法律硕士，上海市第一中级人民法院民事审判庭法官助理。

约 50 米处，董某某骑行电动自行车与骑行电动自行车的施某相撞，导致施某受伤。经公安交警部门认定，董某某因超车导致事故发生，负本起事故的全部责任，施某无责任。事发时，董某某已在“蜂鸟团队版”App 刷脸上线，其身穿“饿了么”配送员工服，驾驶的电动车上放置了显示“饿了么”标识的餐箱。施某受伤后，诊断为左股骨颈骨折等，经鉴定构成十级伤残。

施某受伤后，前往中国人民解放军第八五医院门急诊治疗，后至上海市第六人民医院门急诊及住院治疗，诊断为左股骨颈骨折等。之后又至上海市普陀区中医医院门急诊及住院治疗，诊断为便秘、股骨颈骨折（左侧）术后等。经鉴定:（1）被鉴定人施某左股骨颈骨折，经手术治疗后，遗留左髋关节功能丧失 28%，构成十级伤残；（2）施某伤后可酌情予休息 150 日，营养 90 日，护理 60 日；后期遵医嘱行左股骨颈骨折内固定取出时，可酌情予休息 45 日，营养 30 日，护理 15 日……

2018 年 10 月 22 日，董某某自当日 10 时 16 分许起至 21 时 02 分许为依家公司共计配送约 18 笔订单，在当日 21 时 44 分许至 22 时 15 分许，董某某为蜂鸟众包共计配送 3 笔订单。2018 年 10 月 23 日，董某某自当日 10 时 36 分许起至 21 时 35 分许为依家公司共计配送约 14 笔订单，当日 23 时 17 分许至次 00 时 39 分许，董某某为蜂鸟众包共计配送 3 笔订单。2018 年 10 月 24 日，董某某自当日 10 时 12 分许起至 21 时 40 分许为依家公司共计配送约 17 笔订单，当日 22 时 41 分许至次 23 时 58 分许，董某某为蜂鸟众包共计配送 3 笔订单。2018 年 10 月 25 日至 2018 年 10 月 31 日，董某某无为依家公司的配送记录。2018 年 10 月 27 日，自 21 时 48 分许至 23 时 41 分董某某为蜂鸟众包共计配送 5 笔订单。2018 年 10 月 29 日，自 19 时 22 分许至 21 时 30 分董某某为蜂鸟众包共计配送 6 笔订单。

施某诉称，董某某系本起交通事故的实际侵权人，应当承担侵权赔偿责任；董某某系依家公司的全职骑手，双方存在雇佣关系，事发时董某某系为依家公司履行职务，依家公司应承担雇主责任；拉扎斯公司对董某某有相应的监督和管理的权限，事发时实际侵权人董某某身着饿了么的工作服，电动车餐箱上印有饿了么的标识，拉扎斯公司因此获利，根据权利义务对等的原则，拉扎斯公司也应承担赔偿责任，故请求判令三被告连带赔偿医疗费等损失共计 27 万余元。

董某某、拉扎斯公司、依家公司辩称，对事故发生的时间、地点、经过和责任认定均无异议，但不同意承担赔偿责任。

【审判】

一审法院经审理认为，本案交通事故发生之时，董某某正在前往站点集合的途中，尚未开始接单送单，本案系董某某上班途中发生交通事故致人损害。虽然从生活经验角度看，员工上下班与其提供劳务之间存在一定程度的时间顺序联系，但这种联系并不能替代法律规定的责任归属要件。事发时既非工作时间，也非工作地点，董某某上班路线的选择、时间控制亦不受依家公司的管理和支配，并不符合法律规定的“提供劳务过程中致人损害”以及“执行工作任务”的责任归属要件。据此判决董某某应赔偿施某共计274297.97 元，驳回施某其余诉讼请求。

一审判决后，董某某不服提出上诉，请求二审法院撤销一审判决，依法改判由依家公司和拉扎斯公司承担本案全部责任或将本案发回重审。

二审法院经审理认为，本案的主要争议焦点为本案事故发生时董某某是否在执行工作任务。首先，外卖骑手的主要工作系通过互联网平台开展，其不同于传统的线下工作模式具备固定的工作地点。本案中，董某某在 App 上刷脸上线后即处于待接单状态，系统随时可以给其派单，故其客观上并不需要去往某一地点即可随时开展工作。从在案证据来看，亦难以体现去站点集合系判断董某某是否出勤的必要条件。因此，不能以传统标准去判断其在去站点集合途中即为上班途中。其次，并非劳动者或提供劳务者上班后所为行为即属于执行工作任务，对于董某某是不是在执行工作任务不能简单仅以其是否已经上班进行认定，而需要结合其行为的内容本身、时间、地点、是否受用人单位的指令等因素综合予以判断。董某某称事发时其在去站点集合的路上，依家公司在日常管理中要求董某某等尚未接到单的骑手在早晨前往集合地点完成喊口号、拍照等行为，故董某某明显属于执行工作任务。根据依家公司的陈述结合事发时间及事发地点，董某某关于事发时其系应依家公司要求去站点集合的主张具备高度盖然性，可予采信。再次，依家公司主张董某某并非其处全职骑手而是兼职骑手，其还另在蜂鸟众包系统接单，故其还与拉扎斯公司之间存在劳务关系。对此，从董某某事发前的接单记录来看，其为蜂鸟众包配送订单的时间通常于 21 时 30 分之后，此前一般均为依家公司配送订单，对于存在的其于白天为蜂鸟众包配送订单的个别情况，董某某也能作出合理解释。从 App 截图来看，亦显示董某某为全职骑手。二审中董某某、依家公司、拉扎斯公司均确认依家公司的接单与蜂鸟众包接单系通过两个分别独立的系统，依家公司虽称两系统可以同时上线，但其未能举证证明董某某事发时正在登录蜂鸟众包系统并正在履行众包任务，故依家公司应承担不利后果。综上，本案事故发生时董某某系在履行依家公司的工作任务。根据法律规定，用人单位的工作人员因执行工作任务造成他人损害的，由用人单位承担侵权责任。据此，依家公司作为用人单位应对施某所受损失承担全部赔偿责任。另，鉴于董某某未能举证证明拉扎斯公司作为网络平台经营方存在相应过错，其诉请要求拉扎斯公司和依家公司共同承担本案全部责任，缺乏依据。故二审改判依家公司赔偿施某共计 274297.97 元，驳回施某其余诉讼请求。

【评析】

近年来，我国互联网送餐行业迅猛发展，外卖骑手成为一群庞大的就业群体。除骑手劳动权益保障问题，其骑行过程中致人损害风险亦不容忽视，相应责任主体须进一步厘清。从原《侵权责任法》第三十四条第一款到《民法典》第一千一百九十一条第一款，“执行工作任务”始终是用人单位对其工作人员承担责任的核心要件，骑手执行工作任务的行为是否仅限于取餐送餐，去站点集合行为应否囊括其中，需进一步明确。

一、厘清前提：上班途中不属执行工作任务之范畴

审判实践中，对于工作人员上下班途中发生交通事故致害行为所致纠纷，因就上下班行为性质的解释不同导致责任主体认定不一。对于上下班途中是否属于执行工作任务，少数部分意见认为上下班途中与本职工作的开展存在客观上的关联性，是执行工作的必要准备活动。且根据《工伤保险条例》第十四条，职工在上下班途中受到非本人主要责任的交通事故的，应当认定为工伤。鉴于对内的工伤责任与对外的侵权责任均属广义的用人者责任范畴，而工伤认定的核心也在于职工遭受事故伤害是否系因执行工作任务而导致，

故对于“执行工作任务”的认定标准两者应保持一致，据此，可参照适用《工伤保险条例》第十四条将上下班途中纳入执行工作任务的范畴。

笔者对此则不予认同，对于工作人员上下班行为不宜认定为执行工作任务，理由如下：其一，不应参照适用《工伤保险条例》，因工伤保险制度有别于用人者责任制度，仅适用于与用人单位建立劳动关系的劳动者，不适用于劳务关系等其他民事关系。《工伤保险条例》属于社会保障法，其立法目的在于“保障因工作遭受事故伤害或者患职业病的职工获得医疗救治和经济补偿，促进工伤预防和职业康复，分散用人单位的工伤风险”。在社会保险制度的基础上，其就工伤认定范围适度扩大到上下班交通事故中，有利于充分发挥工伤保险基金的救助功能，从公法角度对劳动者利益进行完整保护，亦分担用人单位风险。而不论是此前的侵权责任法还是现民法典的侵权制度，均系在私法领域对受害人损害进行救济，平衡使用人、被使用人与受害人三方的利益，故不宜就执行工作任务的范围进行扩大。其二，虽然按照生活经验而言上下班行为与执行工作存在一定程度的时间顺序联系，但该程度的关联性客观上并不必然产生职务行为的行为外观，其工作时间、工作地点之外的上下班行为并非在用人者的管理控制范围之内。

二、集合途中：“上班途中”与“执行工作任务”之辨

外卖送餐行业交通事故频发。在多数外卖骑手因发生交通事故导致自身损害或致第三人损害的工伤责任纠纷或侵权责任纠纷中，前者多就是否构成劳动关系存有争议，后者争议则多集中于侵权责任主体的认定。一般认为，骑手在提供劳务过程中或履行劳动合同过程中的取餐送餐行为确实构成执行工作任务，故应当由其工作单位承担相应的用人者责任。但实践中情形往往更为复杂，除了配送外卖行为，外卖骑手还有部分时间处于等待接单的过程中，多数外卖服务企业基于用工管理的考虑会安排骑手于清晨未接到订单时至站点集合，开晨会、拍照、喊口号。对于骑手至站点集合途中发生交通事故的责任进行认定，除了厘清骑手背后的用工管理基础法律关系，则还需就其集合本身的行为性质进行准确界定。

承前所述，上班途中并非属执行工作任务，故两者将导致全然不同的法律后果。基于该前提，就外卖骑手至站点集合途中的性质，存在两种全然不

同的观点，即“上班途中”说和“执行工作任务”说。“上班途中”说认为，外卖骑手的工作主要是通过接单送单的方式提供送餐服务，其只有在接到单后的取餐送餐行为才属于执行工作任务，而去站点集合途中尚未开始接单送单，并未从事工作内容，亦不在工作时间、工作地点，故其去集合中应属于上班途中，不属于执行工作任务的范畴。“执行工作任务”说则认为骑手去站点集合属于执行工作任务，其去集合的途中构成执行工作任务的一部分，并非上班途中。

三、抽丝剥茧：骑手上线后去站点集合途中属执行工作任务

就行为人行为时是否属于执行工作任务，除一般原则外，还必须考虑其他特殊因素，如行为的内容、时间、地点、场合、行为之名义、行为的受益人，以及是否与用人单位意志有关联等。[①] 考虑到骑手工作的特殊性，其于送餐 App 上线后至站点集合是出于单位的指令，应属于执行工作任务的范畴。具体理由如下。

（一）基于外卖骑手工作的特殊形式

1. 上班节点：非传统工作时间及工作地点

有别于传统工作模式，外卖骑手作为互联网平台用工的新业态从业者，其工作形式有着自身特殊性。一台手机、一辆电瓶车，骑手的工作就可随时随地开展。骑手登录送餐 App，用户线上下单，平台或送餐服务企业收到订单后通过智能派单或指定派单等方式分派给骑手，接单骑手为下单用户提供送餐服务，并根据接单数量获得报酬。

一般而言，骑手工作时间具备灵活性，大部分并无固定的上下班时间要求，即便有要求，用人单位也仅就骑手的 App 上下线时间及在线时长进行约束，骑手只要登录送餐 App 即可随时接受系统派单进行送餐。此外是工作地点的灵活性，骑手一般无需到固定的办公场所上班，多数时间处于取餐送餐的路途之中。基于上述特征，对于骑手“上班”的认定，不应以传统的标准

① 最高人民法院民法典贯彻实施工作领导小组主编：《中华人民共和国民法典侵权责任编理解与适用》，人民法院出版社 2020 年版，第 239 页。

去判断，其无需到达某一特定地点即可开展工作，应当认为其在 App 上线即已处于上班状态。故骑手上线后去站点集合途中，不宜认定为上班途中。

2．站点集合：基于用人单位的工作指令

外卖骑手的本职工作主要在于外卖派送，外卖派送工作不需要从固定的工作地点接单再外出派送，其可以在路途中随时接单随时派送，故在用人单位未要求将骑手至站点集合作为唯一签到考勤方式的前提下，去站点集合本身并非骑手工作开展的必要环节，而是用人单位基于用工管理的需要而对骑手附加的额外的工作指令。而在实际履行该项工作指令时，骑手一般亦身着工作服并使用外卖派送所用电瓶车，可以说其主观上符合用人单位的指示，行为过程中已经具备足以认定为之执行工作任务的外观，再结合其已上线处于随时可接受调度安排进行外卖派送的状态，可以认定其至站点集合属执行工作任务，而此时去往站点的途中与至站点集合应均属不可分割的整体行为，系执行工作任务的过程，而不宜割裂来看而单独将在途行为视为上班途中。

3．交通安全：可以预见的风险管理

根据成本分摊理论，由于用人者在雇用被用人者时可以合理预见到一些侵权行为，对于这些行为，用人者可以将由此产生的损害赔偿费用纳入企业运行的成本中，并通过保险机制以及价格转移等方式，让从企业运行中获益的人来分担这一支出。② 王泽鉴先生亦提出，执行工作范围的认定应考虑内在关联，须与用人者所委办职务具有通常合理关联性，用人者对此可为预见，事先预防，并计算其可能的损害，内化于经营成本，予以分散。③ 用人者责任所基于的控制理论的现实意义即包括用人单位在对被使用人侵权行为的相应风险能够预见与控制的范围内承担替代责任。

从该角度而言，有别于其他岗位工作人员的本职工作内容与通勤交通行为相互独立区分，骑手的外卖派送工作也是通过电瓶车开展，该交通行为与骑手工作内容的开展密不可分，应当说就骑手因途中交通事故所致侵权行为的风险控制本应在其用人单位的可预见的管理范围之内。

② 李响：《美国侵权法原理及案例研究》，中国政法大学出版社 2004 年版，第 486 页。
③ 王泽鉴：《侵权行为（第三版）》，北京大学出版社 2016 年版，第 512 页。

（二）基于送餐行业用工乱象的价值考量

一方面，考虑到用人单位一面通过多种形式"去劳动关系化"，规避与骑手建立劳动关系以节约用工成本，使得骑手无法获得充分的劳动保障，一面又通过严格的平台规则以及晨会制度等类劳动关系管理手段对骑手施加远超劳务关系程度的管理和约束。尤其对于未与用人单位建立劳动关系的骑手，若让骑手承担用人单位所附加的管理行为所产生的相应风险，难谓公平。

另一方面，外卖骑手相较于用人单位风险承担能力与偿付能力较弱，交通事故一旦发生，动辄导致数十万元的甚至百万元的赔偿责任，相较于骑手，作为指令发出方的用人单位具备更强的偿付能力，更能够保障受害人损害的有效救济，这也是作为用人者责任基本理论依据之一的深口袋理论④的应有之意。而就用人单位而言，当前用人单位可以通过商业保险的方式分散相应的责任风险，商业保险可以覆盖骑手意外身故、伤残、意外医疗、第三者人身伤亡或财产赔偿等外卖派送服务可能遇到的主要风险。若通过司法裁判明确将骑手站点集合途中纳入执行工作任务范畴，有利于倒逼用人单位引入商业保险的方式分散风险。据了解，现有部分用人单位会为骑手投保雇主责任险，但现保险公司仅针对骑手取餐送餐过程中的事故伤害进行理赔，在此范围外的包括集合途中的交通事故，均拒绝理赔。通过审判实践就该部分责任认定进行明确，将骑手上线后集合途中认定为执行工作任务的行为，将为相关保险合同的履行提供明确的法律指引，而对于目前一部分已经为骑手投保了雇主责任险但遭保险公司以非派单过程中所致事故而拒赔的，亦可通过合法途径追偿。如此，用人单位可通过保险机制将风险予以分散。有利于受害人损害的有效救济，有利于实现骑手、用人单位、受害者三方利益的平衡。

四、延伸思考：分包模式下送餐平台的责任认定

（一）从外观行为到内在关联

行为外观理论作为判断执行工作任务的客观标准，主张应以工作人员的

---

④ 即基于保护受害人的角度，让具有更强支付能力的用人者承担责任。参见李响：《美国侵权法原理及案例研究》，中国政法大学出版社 2004 年版，第 486 页。

行为外观为判断标准，只要行为外观客观上足以让外界认为与执行职务有关，则不论用人者或行为人主观意思为何，均应认定为职务行为。行为外观可进一步区分为受雇人行为外观与非受雇人行为外观，前者建立于雇佣关系的基础上，后者则不需要以此为基础，只要行为人事实上以该法人主体的外观进行活动。⑤

目前骑手的用工形式主要分为三种：一是平台自营签约骑手，二是平台分包给代理商签约骑手，三是平台众包骑手。对于骑手交通事故致害案件，人民法院首先应当区分骑手在侵权行为发生时处于何种用工模式。而后，对于可能涉及的骑手、平台、受害人三方，或骑手、用人单位、平台、受害人四方，对各方当事人应施以不同的举证责任要求。

对于主张侵权责任的受害人一方，因其作为外部人员，只能从餐盒标识、工作服等外观上判断骑手在侵权行为发生时是否服务于某送餐平台，但无从知晓骑手背后实质上的劳动用工法律关系，基于前述理论，其主张平台承担用人者责任的，仅需提供证据证明侵权行为发生时存在相应的行为外观，应当说即完成初步的举证责任。而后平台抗辩称其无需承担用人者责任的，则需就其与骑手侵权行为不存在内部关联予以举证，如证明其并非实际用人单位等。而骑手抗辩称其为职务行为的，亦应就其行为与履行工作任务的内在关联承担相应举证责任。应当说此时就内在实际关联性的举证责任则穿梭于作为行为人的骑手与平台或用人单位之间。

（二）分包模式下平台应否担责的认定标准

对于代理商模式的骑手，骑手与代理商之间签订劳动合同、劳务合同等，一般而言，代理商系骑手的用人单位，承担骑手执行工作任务致人损害的用人者责任。但这并不意味着平台经营者在此一概无需承担责任，平台经营者应否承担责任，应作如下审查：

1. 是否存在“假外包、真派遣”的情况

此时应审查骑手与用人单位是否实际按照双方所签订的劳动合同或劳务

⑤ 参见王天玉：《平台骑手致第三人损害的外观主义归责》，载《中国应用法学》2021年第4期。

合同履行，骑手是否确实是受代理商的用工管理。若骑手虽与代理商签订书面合同，但实际是受平台用工管理的，代理商并不进行实际管理的，则三方可能构成劳务派遣关系，这种情况则应按照《民法典》第一千一百九十一条第二款（原《侵权责任法》第三十四条第二款）劳务派遣侵权规则处理，由平台作为用工单位承担侵权责任。

2．平台经营者是否存在过错、是否导致损害后果

平台经营者即便与骑手不存在直接的法律关系，实际上却仍基于平台规则、合作模式等与骑手存在紧密联系，如骑手餐盒、安全帽等可能系由平台提供。在此前提下，应注意审查基于平台规则的管理行为是否存在可归责性，若平台就骑手的交通事故确实存在过错并与交通事故的发生存在因果关系的，如提供不符合安全标准的电瓶车可能提高交通事故发生几率的，则可适用《民法典》第一千一百七十二条之规定认定平台就自身过错比例承担按份赔偿责任，骑手责任部分则由用人单位承担替代责任。

3．用人单位是否存在偿付不能的风险，平台对此是否存在选任过错

实践中平台或可通过设立注册资本较低的空壳公司、将空壳公司作为代理商、由该公司与骑手签订劳务合同等方式规避自身侵权责任风险，此种情形下，即便责任主体非常明晰，受害人往往难以将赔偿款执行到位，权益难以救济。对此，笔者认为，可审查平台经营者在签订相应合作协议时是否尽到对代理商资质、偿付能力的审慎审查义务，对于期间存在选任过错的平台经营者，可认定其就受害人损害承担补充责任，以保障受害人权利的充分有效救济。

（责任编辑：张　俊）

因不可抗力延迟支付但在重新拍卖前支付尾款的拍卖效力应予确认

——异议人陈某不服拍卖执行行为异议案

孙　咏　施文汇*

【案例要点】

网络司法拍卖买受人受贷款政策改变影响，无法及时获得贷款并在指定期限内支付拍卖款的，在其主观上未有悔拍故意、客观上积极履行义务的情况下，构成不可抗力，买受人在重新拍卖公告发布前履行了付款义务并请求撤销重新拍卖行为的，可予支持。

【案情】

异议人：陈某

申请执行人：某信托公司

被执行人：李某

申请执行人某信托公司与被执行人李某公证债权文书一案，执行法院于2019年6月12日作出执行裁定书，裁定拍卖被执行人李某名下上海市杨浦区某房屋产权（以下简称系争房屋）。2019年10月22日，执行法院作出关于系争房屋第一次拍卖公告。公告内容为执行法院将在“淘宝网”司法拍卖平台上进行公开网络司法拍卖。拍卖标的建筑面积40.95平方米……协议

* 孙咏，上海市杨浦区人民法院党组成员、副院长。施文汇，上海市杨浦区人民法院执行裁判庭审判员。

价222万元；起拍价156万元；保证金16万元；增价幅度1万元及其倍数。拍卖时间为2019年12月3日10时起至2019年12月6日10时止（延时除外）。公告第八项明确：竞买人应在拍卖竞价程序结束前交纳保证金，经法院或网络服务提供者确认后取得竞买资格。拍卖结束或流拍后，未竞得标的的竞买人所交付的保证金将不计息解冻、退回；本标的买受人支付的保证金作为成交款的一部分，自动转入法院指定账户。买受人悔拍的，交付的保证金不予退还。拍卖成交余款（拍卖成交款扣减保证金）应于2019年12月20日16时前以买受人（或到本院办理过授权的代理人）账户缴入法院指定账户，并向法院递交缴款凭证。

2019年12月6日，异议人陈某在交纳保证金16万元后取得竞买资格，并通过竞买号Z2731在“淘宝网”网络司法拍卖平台开展的系争房屋项目公开竞价中，以最高竞买价233万元竞买成功。同年12月9日，异议人陈某向执行法院交纳竞买款66万元。

2019年12月18日，上海市住房置业担保有限公司（以下简称置业担保公司）向中国建设银行股份有限公司某支行（以下简称建行某支行）发出编号为NO0649807的《担保函》，内容包括：借款人陈某在建行某支行申请总金额为151万元（其中公积金贷款金额为0万元，期限为0年，商业性贷款金额为151万元，期限为25年）的按揭贷款用于购买系争房屋。为提高代办效率，请建行某支行在借款人陈某等各方签署借款合同且经置业担保公司出具此担保函后，即发放贷款资金至借款人认可的账户。2020年1月2日，异议人陈某通过建行某支行向法院交纳竞买款151万元。同日，建行某支行以“中长期个人商品再交易住房贷款”类型开始向异议人陈某计息，贷款金额为151万元，贷款期限自2020年1月2日至2045年1月2日。

后因异议人未在拍卖公告规定的期限内交纳尾款，执行法院于2020年3月5日再次在“淘宝网”网络司法拍卖平台公告，将于2020年4月14日10时起至2020年4月17日10时止（延时除外）对系争房屋进行公开网络司法拍卖。次日，执行法院通过上海法院12368诉讼服务智能平台向异议人陈某发出要求其提交退款银行账户的通知短信。

异议人陈某于2020年3月9日提出执行异议，认为其以贷款方式支付拍卖尾款，在2019年12月18日之前已与贷款银行签订贷款合同，但因信贷政策导致贷款银行延期发放贷款，现贷款银行已在短时间内足额发放了贷款且已经交纳至执行法院账户，并不影响此次拍卖目的实现，其也愿意就延期支付拍卖款的行为承担违约责任。在此情况下，执行法院再行拍卖系争房屋的行为损害了其合法权益，请求撤销执行法院于2020年3月5日关于系争房屋的拍卖公告。

【审查】

执行法院经审查认为：本案争议焦点在于异议人陈某即系争房屋竞买人逾期支付拍卖尾款是否需要重新拍卖。根据《最高人民法院关于人民法院民事执行中拍卖、变卖财产的规定》(以下简称《拍卖规定》) 第二十二条第一款之规定，买受人逾期未支付价款而使拍卖目的难以实现的，法院可以裁定重新拍卖。本案中，对于异议人陈某未能在拍卖公告及竞买须知指定的2019年12月20日16时之前交清竞买款而迟至2020年1月2日才将全部竞买款交清的事实已予确认，但是综合考量异议人陈某在竞买成功后除保证金之外再行交纳了66万元竞买款，剩余151万元系通过银行贷款方式支付，案外人置业担保公司曾于2019年12月18日向贷款银行出具担保函要求银行尽快发放贷款的情况，应认定异议人陈某在竞买过程中有筹措资金交纳竞买款的积极意愿和主动行为，其主观上不存在悔拍故意，且其于2020年1月2日交清了竞买款，亦不影响本次拍卖目的的实现。综上，异议人陈某于2019年12月6日通过网络司法拍卖竞买系争房屋成功的结果不应因其迟延交纳竞买款而构成悔拍，执行法院于2020年3月5日发布公告重新拍卖系争房屋的行为应予撤销。执行异议裁定书送达后，异议人、申请执行人和被执行人均未提出复议申请，该裁定已经生效。

【评析】

不可抗力是各国通例上最为典型的免责事由。《民法典》第五百九十条规定，当事人一方因不可抗力不能履行合同的，根据不可抗力的影响，部分或者全部免除责任。本案中因贷款政策直接导致买受人逾期支付司法拍卖尾款的，属于不可抗力，买受人可以援引《民法典》第五百九十条规定，主张免除全部或部分违约责任并可请求撤销重新拍卖的执行行为。

一、贷款政策改变直接导致买受人逾期支付司法拍卖尾款的，属于不可抗力

本案中，房屋买受人与银行签订了个人住房贷款合同后，贷款政策发生了变化，导致银行无法全面履行借款合同义务，买受人因此迟延履行房屋买卖合同约定的付款义务。不可抗力是不能预见、不能避免且不能克服的客观情况。一般而言，因为合同一方不能按期履约，导致另一方在履行另一个合同时违约是市场主体能够预见的情况，不属于不可抗力。但银行以信用为基础，重诺守信是银行安身立命的根本。在由银行参与的借款合同中，要求合同相对方预见银行在借款合同中可能存在违约行为，将动摇以信用为基石的金融体系。因此，将贷款政策变化导致的银行无法全面履行合同义务作为不能预见、不能避免且不能克服的客观情况，是维护整个金融体系稳定的需要。

具体到本案，异议人陈某于 2019 年 12 月 6 日交纳 16 万元保证金，12 月 9 日交纳 66 万元竞买款，12 月 18 日之前与贷款银行签订借款合同，12 月 18 日促成案外人置业担保公司向贷款银行发出《担保函》。所有这些交易行为都反映异议人陈某正努力促成交易，以便在执行法院指定的 2019 年 12 月 20 日 16 时之前结清拍卖尾款。只是因为受贷款政策变化影响，贷款银行未能按期放贷，导致异议人陈某逾期支付司法拍卖尾款。从上述交易看，贷款政策变化成为买受人逾期支付司法拍卖尾款最近、唯一和关键的原因。它独立于异议人陈某的行为之外，不受其意志所支配，属于不可抗力所强调的不可预见、不可避免又不可抗拒的客观情况，买受人不应承担由此产生的民事责任。

二、买受人主观上未故意悔拍、客观上积极履行合同的，不宜重新拍卖

从《拍卖规定》第二十二条第一款的规定来看，其立法目的在于促使买受人尽快支付价款、确保拍卖目的尽快实现。因此，考虑是否需要重新拍卖的出发点在于是否有利于实现买受人尽快支付价款、债权人尽快实现债权的拍卖目的。如果买受人因受贷款政策影响逾期支付司法拍价款后，主观上故意悔拍、客观上不积极履行合同，导致价款难以尽快支付、债权难以尽快实

现的，重新拍卖势在必行。如果买受人主观上未故意悔拍、客观上积极履行合同，只是因为贷款政策影响，逾期支付司法拍卖价款的，则没有必要重新拍卖。本案中，异议人陈某作为买受人虽然在办理银行贷款时存在预估时间不充分等瑕疵并逾期支付拍卖尾款，但其并无悔拍的主观故意，客观上还积极督促贷款银行尽快发放拍卖款，并于2020年1月2日也就是在执行法院再次发布拍卖公告前交纳了151万元拍卖尾款。陈某的行为既未造成申请执行人和被执行人的利益损失，也未导致拍卖目的无法实现，申请执行人、被执行人对此也无异议，确认其2019年12月6日的竞买行为有效有利于促成执行标的物顺利完成拍卖程序，有利于申请执行人尽早实现债权，避免重新拍卖而增加的执行成本，体现了善意文明执行的司法理念。

三、买受人请求撤销重新拍卖执行行为有理由的，可以支持

《拍卖规定》第二十二条规定的重新拍卖、买受人承担重新拍卖造成的损失、重新拍卖时原买受人不得参加竞买等责任均与逾期支付司法拍卖尾款的买受人利益有关，故买受人作为利害关系人有权请求撤销重新拍卖的执行行为。

就本案而言，之所以确认拍卖效力，撤销重新拍卖的执行行为，主要考虑到以下三个方面的原因：一是导致买受人不能按期支付司法拍卖尾款的事由出现在拍卖成交后执行法院指定交付尾款时间届满前，买受人并无主观悔拍、破坏司法拍卖秩序的故意。二是买受人已经与贷款银行签订了个人住房贷款合同，只是因贷款政策变化导致银行无法全面履行借款合同义务，且在贷款合同中，未约定可能因为贷款政策变化延迟提供借款的内容，买受人在主观上没有过错。三是买受人在执行法院重新拍卖公告发布前履行了付款义务，实现了债权人尽快实现债权的拍卖目的，且愿意依照（2006）执监字第94—1号《最高人民法院关于竞买人逾期支付价款是否应当重新拍卖的复函》支付迟延交纳拍卖尾款期间的债务利息，体现了其对迟延支付拍卖尾款义务的责任承担。

（责任编辑：金殿军）

浅议刑法解释的几项规则

许　浩*

刑法解释是刑法适用中的必经路径，对刑法的解释存在文义解释、体系解释、历史解释、目的解释、类比解释等多种方法，在争议问题中不同的解释方法往往会导向不同的解释结论，而解释方法的选择具有随意性。如何选择正确的解释结论，如何促进法律适用的统一，这需要为多彩的刑法解释构建规则。刑法解释的规则应当如何构建？笔者认为，不应一般性地对刑法解释方法的运用进行排序或者划分效力等级，而是应当遵循罪刑法定原则、合逻辑性要求、合常情常理要求的指引。据此，笔者归纳总结了限度解释规则、当然解释规则、反对解释规则、同类解释规则、正确解释规则、生活逻辑规则等六项刑法解释的规则。

一、限度解释规则

刑法解释必须遵循限度解释规则。所谓限度解释规则，就是指刑法解释不得超出合法的限度，学界通常认为这个合法的限度就是可能文义的范围。这一规则是由罪刑法定原则决定的。笔者之所以将该规则放在第一位加以论述，是因为在刑法解释中该规则相对于其他规则具有最高的效力，其他解释规则一旦与该规则发生抵触的，必须放弃其他规则而遵循该规则。

限度解释规则在刑法的实质解释中很容易被忽视。比如交通肇事罪中关于“逃逸”的解释，有观点认为“逃逸”应当实质性地解释为“不履行对被害人的救助义务”，所以即使行为人交通肇事后留在现场没有逃跑，但如果其

*　许浩，法学博士，上海市高级人民法院刑事审判庭审判员。

没有实施对被害人的救助行为，其也属于交通肇事后逃逸的情形。[①] 但这样的实质解释是否已经超越“逃逸”的可能文义范围，从而超越刑法解释所允许的限度，这一点颇值得怀疑。

当前司法实践经常遭到学界关于没有严格遵守罪刑法定原则的批判，很重要的一个原因就是实质解释立场下对限度解释规则的忽视。比如伪造村、居委会印章是否构成伪造国家机关印章罪或者伪造公司、企业、事业单位、人民团体印章罪的问题，上海疫情期间曾发生多起此类案件，对于是否构成伪造印章类犯罪也有观点争议。有观点认为，对此可以伪造人民团体印章罪认定，并认为该款规定具有兜底性质，刑法不可能罗列完全，从规范目的上解释可以将伪造村、居委会印章的行为纳入该条款的规制范围；但更多观点认为，村、居委会属于基层群众性自治组织，既不属于国家机关，也不属于公司、企业、事业单位或者人民团体，因此，伪造村、居委会印章不能认定为伪造国家机关印章罪或者伪造公司、企业、事业单位、人民团体印章罪，否则有类推解释之嫌，有违罪刑法定原则。伪造公司、企业、事业单位、人民团体印章罪是明确的穷尽式列举规定，不具有兜底条款性质，不能随意扩张解释。在笔者看来，肯定的观点就是从处罚必要性出发而作的实质解释，但这种解释显然并未考虑到刑法解释的限度问题。

司法实践中，类似的实质解释并不鲜见。就伪造村、居委会印章的构罪问题，甚至有通过实质解释认定为伪造国家机关印章罪的例子。该案中，被告人伪造乡政府、村委会、建筑工程公司印章，在承揽危房新建和改建工程中，使用这些伪造的印章用于建筑工程施工协议的签订及申请拨款。案件审理中，被告人及其辩护人对于伪造乡政府印章及建筑工程公司印章的行为构成“伪造国家机关印章罪”和“伪造公司、企业印章罪”均没有异议，但辩称伪造村委会印章的行为不应认定为伪造国家机关印章罪。但法院判决认为，易地扶贫搬迁是一项由政府组织实施的专项扶贫工程，由政府编制实施方案后，逐级落实到以村为单位统规自建。村委会印章用于国家易地扶贫搬迁工程施工协议签订和拨款申请时，村委会是代表国家机关履行易地扶贫搬迁项

① 参见张明楷：《将人送到医院后逃跑，属于交通肇事后逃逸吗？》，载《人民法院报》2022年5月19日第6版。

目职能，行使行政管理事务，因此，对辩护意见没有采纳。也就是说，法院认为村委会在代表国家机关行使职能时，其印章也就变成了国家机关印章。[②] 尽管2000年全国人大常委会《关于〈中华人民共和国刑法〉第九十三条第二款的解释》明确规定“村民委员会等村基层组织人员协助人民政府从事下列行政管理工作时，属于刑法第九十三条第二款规定的‘其他依照法律从事公务的人员’……”，据此，对于此类人员以国家工作人员论。但村委会中从事公务的人员以国家工作人员论，并不等于说村委会就以国家机关论，更不能说村委会的印章就能认定为国家机关印章。

关于限度解释规则的限度问题，笔者认为应以法律共同体对于可能文义范围的共识为限，即法律共同体的共识认为解释结论在可能文义范围之内的，就没有超越刑法解释的限度；而共识认为解释结论超越了可能文义范围，那就应当认为超越了刑法解释的限度。笔者认为，限度解释规则在司法实务中应当引起高度重视，不论采用何种解释方法得出的解释结论，都应当接受限度解释规则的检验，对于超越刑法解释限度的解释结论应当坚决予以抵制，要让罪刑法定原则对刑法解释的限度要求落到实处，而不是成为一句口号。

二、当然解释规则

学界一般将当然解释作为一种刑法解释方法，也有学者将其称为一种刑法解释理由。在笔者看来，当然解释既是刑法解释方法，也是刑法解释理由，而且还是刑法解释规则。说其是刑法解释方法，是因为其“举轻以明重”“举重以明轻”的思路确实是达致解释结论的一种路径；说其是刑法解释理由，是因为“举轻以明重”“举重以明轻”符合常情常理，本身就是一种解释理由；而说其是刑法解释规则，是因为“举轻以明重”“举重以明轻”符合认识规律，是应当遵守的解释规则，而不是纯粹供选用的一种解释方法。

当然解释规则就是指根据“举轻以明重”“举重以明轻”的原理作出解释的一种规则，其不仅适用于出罪和入罪解释的场合，也适用于犯罪情节轻重等各方面的解释。但正如学者指出的，当然解释虽然是理所当然，但由于刑法存在漏洞，理所当然并不意味着“法”所当然。也就是说，当然解释必须

② 参见四川省盐源县人民法院（2019）川3423刑初76号刑事判决书。

受到刑法解释限度的制约。

刑法解释中当然解释的例子也较为常见。比如行贿罪中有“因被勒索给予国家工作人员以财物，没有获得不正当利益的，不是行贿”的规定，对非国家工作人员行贿罪中却没有类似规定，但根据“举重以明轻”的原理，对于“因被勒索而给予非国家工作人员以财物，没有获得不正当利益的”情况，也不认定对非国家工作人员行贿罪，这就是当然解释。又如抢劫罪中的持枪抢劫加重情节，如果行为人持的是天津赵春华案中的枪实施抢劫，是否属于持枪抢劫呢？对此，可能存在不同观点，其中就有观点认为持枪抢劫加重处罚的依据不光是枪对被害人的威慑作用，更在于枪可能随时造成人身伤亡的严重后果，因此，持枪抢劫中的枪必须是具有相当杀伤力的真枪，如果是枪口比动能刚超过 1.8 焦耳 / 平方厘米，事实上即使击发也基本不可能对人体造成任何伤害，就不宜认定为持枪抢劫。假如这种观点能够成立，那么，对于持不具有击发功能的玩具模型枪抢劫的行为，“举重以明轻”，就更不能以持枪抢劫认定。这也是当然解释。还有，抢劫罪中“仅以所输赌资或者所赢赌债为抢劫对象的，一般不以抢劫罪定罪处罚”，那对于享有合法债权，讨债不成，以债权数额为对象的抢劫行为，“举重以明轻”，一般更不应以抢劫罪定罪处罚。

以上都是“举重以明轻”的当然解释例子，“举轻以明重”的当然解释同样也很常见。比如刑法规定了抢夺、窃取国有档案罪，但对于抢劫国有档案的行为却没有明文规定，但抢劫国有档案的行为显然比抢夺国有档案的行为更严重，而且抢劫行为也可解释为包含抢夺行为的全部要素，故“举轻以明重”，可以抢夺国有档案罪定罪处罚。③“举轻以明重”的当然解释特别需要注意的就是要防止超越刑法解释的限度。比如，醉酒驾驶机动车构成危险驾驶罪，有人就提出吸毒后驾驶机动车，是否也可以构成危险驾驶罪呢，因为吸毒后也会造成辨认、控制能力下降，甚至会产生幻觉，此时

③ 张明楷教授认为这属于对事实的缩小评价或部分归纳，而不是对刑法用语的扩张或类推解释。这不是对抢夺一词作扩张或类推解释，使其包含抢劫，而是抢劫行为并不缺少抢夺的要素。这与“禁止牛马通过”时是否禁止大象通过的问题并不相同。因为“牛马”的概念不包含大象，大象也不可能被评价为“牛马”。但是，抢劫行为则能够被评价为“抢夺”。对此，笔者深表赞同。

驾驶机动车危险性甚至比醉酒驾驶更大，这是当然解释的逻辑，但问题在于，毒驾并不包含醉驾的全部要素，醉驾的含义也无法覆盖毒驾，这明显已经超出了刑法解释允许的限度，因此是不能被接受的。又如拐卖妇女、儿童罪加重情节的解释问题，根据《刑法》第二百四十条第二款规定，拐卖妇女、儿童罪的加重情节包括八项，④这八项中并无明文规定“以出卖为目的，抢劫或者抢夺婴幼儿”的情况，而只是规定了“以出卖为目的，偷盗婴幼儿的”。但“以出卖为目的，抢劫或者抢夺婴幼儿”明显比“以出卖为目的，偷盗婴幼儿的”更为严重，事理上当然更应加重处罚。但问题是，偷盗一词的含义显然无法覆盖抢劫或者抢夺，至于抢劫或者抢夺行为中是否包含偷盗的全部要素，严格来说，应该也是否定的，毕竟偷盗是秘密窃取的行为，而抢劫或者抢夺则是公然夺取的行为，两者之间性质不同，不像抢劫行为可以向下兼容抢夺行为，抢劫或者抢夺行为无法在事实上兼容偷盗行为。因此，对于“以出卖为目的，抢劫或者抢夺婴幼儿”的行为不能以“以出卖为目的，偷盗婴幼儿”的加重情节认定，否则有违罪刑法定原则。但不能以“以出卖为目的，偷盗婴幼儿”的加重情节认定，不等于不能对其加重处罚，为了实现罪责刑相适应，完全可以将此类行为解释为具有第五项的加重情节，即“以出卖为目的，使用暴力、胁迫或者麻醉方法绑架妇女、儿童”的情形，因为拐卖妇女、儿童罪中的儿童是泛指，当然可以包括婴幼儿，因而抢劫和抢夺婴幼儿的行为完全可以解释为使用暴力方法绑架儿童的行为。

类似的问题还存在于拐骗儿童罪之中，那就是抢劫或者抢夺儿童，但又不以出卖为目的，比如为了自己收养而抢夺婴幼儿的行为，是否可以解释为拐骗儿童罪？有观点认为，将不以出卖为目的的抢劫或者抢夺儿童行为，解释为拐骗儿童罪，已经超出“拐骗”一词的可能文义范围，因此违反罪刑法

④ 拐卖妇女、儿童罪的八项加重情节分别为：（一）拐卖妇女、儿童集团的首要分子；（二）拐卖妇女、儿童三人以上的；（三）奸淫被拐卖的妇女的；（四）诱骗、强迫被拐卖的妇女卖淫或者将被拐卖的妇女卖给他人迫使其卖淫的；（五）以出卖为目的，使用暴力、胁迫或者麻醉方法绑架妇女、儿童的；（六）以出卖为目的，偷盗婴幼儿的；（七）造成被拐卖的妇女、儿童或者其亲属重伤、死亡或者其他严重后果的；（八）将妇女、儿童卖往境外的。

定原则。不过，在笔者看来，拐骗儿童罪中的“拐骗”一词的解释不能光看词典，就认为一定要有骗的因素，或许可以采用另外一种解释思路，那就是，拐骗儿童罪与拐卖儿童罪之间的区别仅在于是否以出卖为目的，在客观行为方式上应该没有区别。因此，拐卖儿童罪中的客观行为方式都可以作为拐骗儿童罪中的行为方式，抢劫或者抢夺儿童的行为属于拐卖儿童罪中的行为方式，因而也属于拐骗儿童罪中的行为方式。至于这种解释是否已经超越刑法解释的限度，关键在于法律共同体对此的共识。如果法律共同体的共识认可这种解释是合理的，并未超越刑法解释的限度，那就并未违反解释的限度规则。

对于当然解释规则，还需要强调的一点就是，“举轻以明重”“举重以明轻”的轻重比较应当讲究可比性。比如通奸行为与换偶行为之间，张明楷教授认为“违反配偶意志的非公开的通奸行为不成立犯罪。根据举重以明轻的原理，征得配偶同意的非公开的换偶行为，更不应当成立犯罪。所以，将非公开的换偶（情人）行为认定为聚众淫乱罪，并不妥当”。⑤但这一观点值得商榷，通奸行为与换偶行为两者之间并不具有可比性，非公开的换偶行为之所以不应认定为聚众淫乱罪，并不在于是否违反配偶意志，也不在于其比通奸行为更轻。公开的通奸行为也不成立犯罪，但公开的换偶行为如果聚集3人以上无疑就构成聚众淫乱罪。非公开的换偶行为之所以不构成聚众淫乱罪，是因为这属于个体的性自主权范畴，并未侵害任何法益。

三、反对解释规则

反对解释规则是符合形式逻辑一种解释规则，其是指即根据刑法条文的正面表述，推导其反面含义的一种解释规则。比如《刑法》第五十条规定：“判处死刑缓期执行的，在死刑缓期执行期间，如果没有故意犯罪，二年期满以后，减为无期徒刑……”据此，死缓二年期没满的，不得减为无期徒刑，这就是反对解释。

有学者认为，反对解释可以适用的情况有且仅有两种：一是法条所确定的条件为法律效果的全部条件；二是法律规定所确定的条件为法律效果

⑤ 张明楷：《刑法学中的当然解释》，载《现代法学》2012年第4期。

的必要条件。[6]前者的适例有《刑法》第六条第三款的规定，即“犯罪的行为或者结果有一项发生在中华人民共和国领域内的，就认为是在中华人民共和国领域内犯罪”，根据该规定的正面表述，可以推导其反面含义就是当犯罪的行为和结果都没有发生在中华人民共和国领域内的，就不认为是在中华人民共和国领域内犯罪。之所以可以这样推导，是因为“犯罪的行为或者结果有一项发生在中华人民共和国领域内”是认定为“在中华人民共和国领域内犯罪”的全部条件。后者的适例就是上述《刑法》第五十条关于死缓减为无期徒刑的规定。因为死缓二年期满是减为无期徒刑的必要条件。

不过，在笔者看来，两种情况完全可以精简为一种，那就是“法律规定所确定的条件为法律效果的必要条件”。因为“法条所确定的条件为法律效果的全部条件”的情况必然同时也是“法律规定所确定的条件为法律效果的必要条件”的情况，就如“犯罪的行为或者结果有一项发生在中华人民共和国领域内”是“认为是在中华人民共和国领域内犯罪”的全部条件，但其同时也是该法律效果的必要条件。也就是说，反对解释的正确适用必然符合第二种情况，但却不一定符合第一种情况。上述《刑法》第五十条关于死缓减为无期徒刑的规定就是适例，死缓二年期满是减为无期徒刑的必要条件，但肯定不是全部条件，因为想要减为无期徒刑，还需要死缓执行期间没有故意犯罪的条件。

对于不符合“法律规定所确定的条件为法律效果的必要条件”的情况，不能作反对解释，否则就会导致错误的解释结论。比如《刑法》第六条第一款规定“凡在中华人民共和国领域内犯罪的，除法律有特别规定的以外，都适用本法”，就不能据此解释为“不是在中华人民共和国领域内犯罪的，不适用本法”，因为“在中华人民共和国领域内犯罪”并不是适用我国刑法的必要条件，我国刑法除了规定属地管辖外，还规定了属人管辖、保护管辖、普遍管辖等。

还需要注意的是，作反对解释，绝不能偷换概念。例如，《刑法》第十五条第二款的规定“过失犯罪，法律有规定的才负刑事责任”。根据该规定的正

⑥ 参见张明楷：《刑法分则的解释原理》，中国人民法学出版社 2004 年版，第 27 页。

面表述，可以推导其反面含义就是“过失犯罪，法律没有规定的不负刑事责任”。但绝不能据此推导出“故意犯罪，没有法律规定的也负刑事责任”，⑦这完全就是偷换概念，根本不属于反对解释。

反对解释规则是刑法解释中必须遵循的规则，这是由形式逻辑推理的必然结果，对于符合“法律规定所确定的条件为法律效果的必要条件”的情况，如果不具备法律规定所确定的条件，根据反对解释规则，必然不能赋予相应的法律效果，否则，必定会造成解释结论的错误。

四、同类解释规则

传统意义上的同类解释规则是指“在列举数项特定的人或物之后，紧接着采用了一个总括性表述的单词或短语时，该总括性语词只能解释为包括与其列举者同类的人或物”⑧的一种解释规则。因此，在很多刑法学者眼中，同类解释规则只是用来解释刑法兜底条款或者刑法例示规定的解释规则。不过，在笔者看来，这种界定是狭义的。笔者所称的同类解释规则是广义的，是指根据刑法规定的犯罪类型、行为方式类型、情节类型等各种类型的本质特征来阐明某种行为方式、情节等是否具有合类型性，进而将具有合类型性的行为方式、情节等纳入刑法规定的各种类型之中的一种解释规则。它不仅包含刑法兜底条款和刑法例示规定的解释，还包括犯罪类型、情节类型等刑法规定的各种类型的解释。

犯罪的认定并不是纯粹的概念思维，还有很大程度上的类型思维。在三阶层犯罪论体系中，构成要件就是犯罪类型，构成要件解释就是合类型性的判断过程。当我们对某个行为是否构成某犯罪感到疑惑之时，去查找类似案例，通过与类似案例的比较，以得出结论。这一类比推理的过程实际上就是类型思维的体现。需要注意的是，类型思维比较容易导致刑法解释结论超越解释限度。以串通投标罪为例，曾有公安机关对在国有资产拍卖中串通参加竞拍的行为以串通投标罪立案侦查，理由是串通竞买行为与串通投标行为具有同样的社会危害性，可以扩大解释为串通投标行为。公安机关的这种解释

⑦ 参见张明楷：《刑法分则的解释原理》，中国人民法学出版社2004年版，第28页。
⑧ 薛波主编，潘汉典总审订：《元照英美法词典》，法律出版社2003年版，第462页。

就是典型的类型思维，但公安机关显然没有把握好刑法解释的限度，检察机关因此提起立案监督。检察机关认为，拍卖不是招投标，因此，不能将拍卖过程中的串通竞买行为解释为串通投标行为。最终该案在检察机关的监督下，公安机关撤销了案件。[⑨] 该案例中的解释虽然以类型思维为根基，但显然并不符合同类解释规则，因为其超越了（串通投标罪的）构成要件，因此，也就超越了（串通投标罪的）犯罪类型。也就是说，该案行为与典型的串通投标行为并不属于同类。

又对于如交通肇事后报警并在现场等待，到案后又如实供述自己罪行的，是否属于自首，就有不同的解释。浙江省高级人民法院就曾经认为，这种行为不属于自首，因为交通肇事后报警并在现场等待是《道路交通安全法》规定的肇事者的法定义务，故不能认定为自动投案。但这种解释的问题在于，几乎其他所有的犯罪发生后，犯罪嫌疑人报警并在现场等待，且到案后又如实供述自己罪行的，都认定属于自首，为什么交通肇事罪例外呢？仅仅因为《道路交通安全法》上的义务就能否认其到案的主动性吗？在笔者看来，浙江省高级人民法院的这种解释显然违背了同类解释规则。为此，2010年《最高人民法院关于处理自首和立功若干具体问题的意见》明确规定“交通肇事后保护现场、抢救伤者，并向公安机关报告的，应认定为自动投案，构成自首的，因上述行为同时系犯罪嫌疑人的法定义务，对其是否从宽、从宽幅度要适当从严掌握”。但即使是该意见出台后，还是有观点认为，交通肇事后报警并在现场等待，但没有履行对伤者的救助义务，到案后又如实供述自己罪行的，仍然不能认定自首。理由是意见明确规定，交通肇事后要抢救伤者才能认定自动投案，进而构成自首。在笔者看来，这样的解释同样也是违背了同类解释规则。是否自动投案应当看的是犯罪嫌疑人到案的主动性，而不是看是否救助了被害人，未履行救助义务可以作为对其从重处罚的情节，但不应成为否定其到案主动性的事实。自首情节的认定在交通肇事罪与其他罪名中应当是统一的标准。

在刑法兜底条款以及例示规定中，同类解释规则更是一项不可忽视的重

⑨ 参见最高人民检察院第二十四批指导性案例（检例第90号，许某某、包某某串通投标立案监督案）。

要规则。不过，虽说是重要规则，但也不是每一个兜底条款或例示规定中都要用到同类解释规则。刑法中有的规定虽然采用兜底条款的形式，但实际上已经很明确，比如《刑法》第一百八十二条操纵证券、期货市场罪明确列举了六项操纵的行为方式⑩，第七项“以其他方法操纵证券、期货市场的”就是一个兜底条款，但这个兜底条款的含义其实很明确，那就是不论是什么方法，只要是能操纵证券、期货市场的，就是符合该规定的，因此，根本没有作同类解释的必要。

除此之外，还有一些不属于同类解释规则规制的“类例示规定”，很容易被错误地当成例示规定，需要引起特别注意。笔者之所以称之为“类例示规定”，是因为笔者认为这种规定虽然有“其他”等字眼，但实际上并不能归属于例示规定之列，比如单位犯罪中“直接负责的主管人员和其他直接责任人员”的规定，还有一些财产犯罪和经济犯罪中经常出现的“数额巨大或者有其他严重情节”“数额特别巨大或者有其他特别严重情节”的规定，这些规定中的“直接负责的主管人员”“数额巨大”“数额特别巨大”根本不是例示性质的规定。

在真正的例示规定中，需要明确兜底性规定含义的情况下，笔者认为，同类解释规则是必须遵守的规则。具体的方法就是在法条目的的指引下概括已列举事项的共同特征，再判断待决事例是否符合该共同特征，符合该共同特征的，就属于同类，可以为兜底性规定所涵盖；不符合该共同特征的，就不属于同类，不能为兜底性规定所涵盖。以全国首例恶意刷单入刑案⑪为例，

⑩ 六项行为方式分别为：（一）单独或者合谋，集中资金优势、持股或者持仓优势或者利用信息优势联合或者连续买卖的；（二）与他人串通，以事先约定的时间、价格和方式相互进行证券、期货交易的；（三）在自己实际控制的账户之间进行证券交易，或者以自己为交易对象，自买自卖期货合约的；（四）不以成交为目的，频繁或者大量申报买入、卖出证券、期货合约并撤销申报的；（五）利用虚假或者不确定的重大信息，诱导投资者进行证券、期货交易的；（六）对证券、证券发行人、期货交易标的公开作出评价、预测或者投资建议，同时进行反向证券交易或者相关期货交易的。

⑪ 该案中，北京智齿数汇科技有限公司在淘宝网上运营论文相似度检测业务。2014年4月，被告人董某为谋取市场竞争优势，雇佣他人，多次以同一账号恶意大量购买智齿公司南京分公司淘宝店铺商品，致使该公司店铺被淘宝公司认定为虚假交易刷销量，并对其搜索降权，造成消费者无法通过淘宝网搜索栏搜索到该被害单位淘宝网店铺的商品，严重影响该公司正常经营，造成经济损失约5万余元。法院以破坏生产经营罪对董某定罪处罚。

对于该案中被告人的行为是否构成破坏生产经营罪实际上争议很大。法院判决的理由是被告人恶意刷单造成被害单位淘宝店铺搜索降权的行为，导致被害单位业务量骤减，实质上严重影响了被害单位的正常生产经营，与破坏生产经营罪列举的以毁坏机器设备、残害耕畜的方法破坏生产经营具有等价性，因此，可以被解释为“以其他方法破坏生产经营”，从而构成破坏生产经营罪。但有学者不同意这种观点，认为该解释违反了同类解释规则。该学者认为，“《刑法》第二百七十六条中的‘以其他方法破坏生产经营’，也必须按照同类解释规则，将之理解为与毁坏机器设备、残害耕畜等相当的方法。这种‘相当’既是一种强度的同类，也是行为构成模式的同类。因此，该罪中的‘其他方法’必须是毁坏、残害等物理性的破坏行为。这是基于‘刑法条文语言原意解释’同类解释后的结论，它有利于限定破坏生产经营罪的成立范围”。⑫ 笔者认为，该学者的观点不无道理。或许可以思考一下，以封禁、屏蔽竞争对手的推销广告的方式影响竞争对手的业务，是否可以构成破坏生产经营罪？如果网上业务可以这种方式构成破坏生产经营罪，那么这种破坏生产经营的方式是否可以延伸到线下？对于以上两个问题，笔者的观点都是否定的。这实际上涉及列举事项共同特征的概括问题，在共同特征的概括中不能无限地向上抽象，否则同类解释规则将失去意义。因为随着抽象层次的上升，任何事物之间都可以概括出共同特征，所有对生产经营有影响的行为都有可能被解释为与毁坏机器设备、残害耕畜具有共同特征的其他方法。这显然是无视了同类解释规则。

所以，笔者认为，同类解释中涉及列举事项共同特征的概括，应当是联系法条规范目的而在合适层次上的概括，这种概括一般应当尽量精细，比如毁坏机器设备、残害耕畜的共同特征应当是对生产工具的破坏，但也不尽然，有时候根据法条的规范目的，共同特征的概括在层次上可以适当提高，比如强奸罪中的“暴力、胁迫或者其他手段”，暴力、胁迫的共同特征是都有威胁性，但在解释“其他手段”时，结合强奸罪的规范目的，不应以手段具有威

⑫ 刘艳红：《网络时代刑法客观解释新塑造：“主观的客观解释论”》，载《法律科学》2017年第3期。

胁性为限，故可以抽象到违背妇女意志的层次，即暴力、胁迫具有违背妇女意志的共同特征，其他手段只要具有违背妇女意志特征即可。

五、正确解释规则

所谓正确解释规则，并不是如其字面含义所表示的那样，而是有特殊含义的，那就是刑法条文存在多种解释，因而其含义存疑时，不应适用存疑有利于被告人规则选择解释结论，而应选择最合理的解释结论，而不论该解释结论是否有利于被告人。

刑法解释中经常会遇到法律条文在适用于具体案件的时候，其含义存在不同解释的可能性。比如，在真正的军警人员实施抢劫的案件中，有观点就认为可以“冒充军警人员抢劫”的加重情节予以处罚，也有观点认为不能认定符合该加重处罚情节，只能以抢劫罪的基本犯定罪处罚。这时候到底应采哪种观点呢？有人认为，可根据存疑有利于被告人的规则选择解释结论。⑬不过，在笔者看来，虽然在上述案件中最终采取的解释结论应是有利于被告人的，但却并不是因为存疑有利于被告人而作出的选择，而是因为主流观点确信“真正的军警人员”不能被解释为“冒充军警人员”，否则有违罪刑法定原则。

支持刑法解释应采存疑有利于被告人的观点认为，“法律存疑时，在法条文义限度内无法作出一致性的有说服力的解释，应当作出有利于被告的结论”。⑭“法律适用远比事实认定更复杂……人类在案件事实认知方面的有限理性，也同样会出现在对法律规范的认知领域……刑事法官面对疑难案件，也必须严格按照法定时限作出决断，法律适用方面存在疑问是一个不容回避、理应正视的现实。”⑮因此不能对解释过于自信，否则“这种对解释能力的自信，一旦与权力相结合，极有可能会导致解释的异化。在何种解释更正确的

⑬ 参见冀洋：《存疑有利于被告人的刑法解释规则之提倡》，载《法制与社会发展》2018年第4期。

⑭ 参见邱兴隆：《有利被告论探究》，载《中国法学》2004年第6期；邢馨宇：《有利被告的定位》，载《法学》2012年第2期。

⑮ 周宜俊：《刑法裁判规范建构论——以刑法规范适用方法为视角》，华东政法大学2013年度博士学位论文。

问题，极有可能出现由解释主体决定解释正确与否的噩梦”。[16]反对刑法解释应采存疑有利于被告人的观点认为，存疑有利于被告人只应适用于案件事实的认定上，不能随意扩张到法律适用领域，对于法律适用问题应努力探究法律的正确含义。[17]“当各种解释方法得出不同的解释结论时，最终起决定性作用的是目的论解释，而不是有利于被告人……所以，当出于法益保护的目的，需要对刑法条文作出必要的扩大解释时，即使不利于被告人，也适用这种解释结论。”[18]

笔者赞同反对论者的观点，即刑法解释不应适用存疑有利于被告人规则，在存在多种解释的情况下，应在综合考量的基础上选择最为合理的解释，这种选择必然是目的论导向的，但也必然受到罪刑法定原则的制约。刑法解释中采存疑有利于被告人规则的观点，在自身逻辑和实践效果上都是存在很大疑问的。首先，什么是“存疑”，是否在法律适用上存在多种解释就是“存疑”，需不需要在实质上分析各种解释的合法性以及合理性问题？如果存在多种解释就是“存疑”，那存疑有利于被告人原则一旦确立，根本就没有争议的必要性，哪种解释最有利于被告人哪种解释就永远正确。如此，合议庭多数决以及审委会多数决的机制根本就没有必要，只要不是一致意见，那必然就是存在多种解释，解释结论就是存疑的，存疑的情况下那只要看哪种意见最有利于被告人即可，多数意见如果不利于被告人，那反而倒是违反了存疑有利于被告人规则。即使实质上分析了各种解释的合法性以及合理性问题，最终筛选出来几种被认为均是合法合理的解释结论，如果要按照有利于被告人规则作选择，同样的问题依然存在。合议庭或者审委会多数意见选择最合乎情理的解释结论，但如果该结论并不有利于被告人，那也是违背了存疑有利

[16] 周宜俊：《刑法裁判规范建构论——以刑法规范适用方法为视角》，华东政法大学2013年度博士学位论文。

[17] 参见张明楷：《“存疑时有利于被告”原则的适用界限》，载《吉林大学社会科学学报》2002年第1期；苏彩霞：《刑法解释方法的位阶与运用》，载《中国法学》2008年第5期；付立庆：《刑罚积极主义立场下的刑法适用解释》，《中国法学》2013年第4期；吴冀原：《“存疑有利于被告人原则”的正确理解适用》，载《西南政法大学学报》2014年第6期；孙谦：《援引法定刑的刑法解释》，载《法学研究》2016年第1期。

[18] 张明楷：《“存疑时有利于被告”原则的适用界限》，载《吉林大学社会科学学报》2002年第1期。

于被告人规则。在刑法解释上如果以存疑有利于被告人为规则，导向的结果将是十分荒谬的，为了意见被接受，大家探讨的不再是哪种解释结论更合乎情理，能更好地导向公平公正，而是哪种解释结论更有利于被告人，因为有利于被告人与合乎情理、公平公正之间不可能永远是一致的。

或许持支持观点者会辩解说，法律适用中的存疑有利于被告人只适用于法官个人的内心确信形成过程中，并不适用于对案件结果的表决。但在笔者看来，表决只是法官内心确信后的表明观点方式，其建立在内心确信的基础之上，影响了法官的内心确信，也就影响了表决结果。如果在法官的内心中建立起了法律适用存疑作有利于被告人的判断之规则，结果就很可能会导致法官不去探究最合乎情理、最能实现公平正义的解释，而只关心哪种解释最有利于被告人，因为探究了也没用，根据规则只能选择最有利于被告人的解释。支持论者的谬误之处或许正在于过于乐观地认为法律适用存疑取有利于被告人的解释结论与公平正义是天然契合的。存疑的情况下，最先要做的就是充分探究、释疑，有利于被告人只能在进行充分的探究、释疑之后，方可作为一项辅助判断的因素，其适用范围仅在于法官在进行充分探究后仍无法确信哪种解释结论导向正义的情况下，在法官进行探究的过程中，通过学习研讨请教专家等方式，但凡形成了哪种解释结论更能导向正义的内心确信，就不需要再借助有利于被告人的因素作出判断。虽然在极少数情况下，有利于被告人确实会成为法律适用疑问中的判断因素，但笔者不赞成将其作为刑法解释的一项规则。因为笔者认为，这种规则一旦确立，其导向很可能会异化，不同于事实存疑有利于被告人，会促使公安机关在取证方面更加严谨、完善，在当前法院审判工作中，案多人少矛盾突出、案件审理期限较短的现实情况下，法律适用存疑有利于被告人的规则一旦确立，其很可能会被滥用，只要有不同的解释、存在争议的情况下就径行按照有利于被告人规则处理的情况将会十分常见，这显然不是我们希望看到的结果。

至于有论者担心的法律适用不采纳存疑有利于被告人规则可能导致解释的权力异化问题，在笔者看来，解释的权力异化根本症结绝不在于是否采纳存疑有利于被告人的解释规则。法官的内心确信基本上是不受权力影响的，可能受到权力影响的是外在的表决意见，在权力的影响下法官有可能在表决中会心口不一。法官内心确信形成意义上，不管法律适用是否采纳存疑有利于被告人规则，都不涉及权力异化问题。而权力在表决中可能产生的异化影响，要通过在法律适用中确立存疑有利于被告人规则来制约，显然也是不合适的，在“仁者见仁、智者见智”的法律适用解释中，确立如此规则，虽然确实限制了权力的异化，[19]但却往往是以牺牲公平公正为代价的，实际上得不偿失。因为在笔者看来，由于担忧解释的权力异化而建议在法律适用解释中采纳存疑有利于被告人规则是建立在一个前提之上的，那就是法律适用存疑的情况下作有利于被告人的解释必然是符合公平正义的，但这个前提十分值得怀疑。论者担心的权力异化实际上并不在于怎么解释的问题上，本质上在于权力本身，在于传统文化主导下的人们对于权力的附和倾向。为了化解法律适用中的解释权力异化问题，设计了案件讨论及表决规则，即一般由职位最低者先发表意见，然后基本上按照职位从低到高（基本等同于权力从小到大）的顺序依次发表意见，以避免案件讨论中权力的异化影响。但这种讨论和表决机制究竟在多大程度上能化解权力的影响，实际上也很难说。[20]但无论如何，在法律适用存疑的情况下，设置作有利于被告人的解释这样一个偏颇的规则是不妥的。与其规则化地作有利于被告人的解释，还不如选择相信解释权力运用者们维护公平正义的立场和信念。

六、生活逻辑规则

生活逻辑规则是指对刑法的解释要与法律以及生活中的常情常理相结合，而不能死抠字眼，或者死抠字典、词典解释。因为刑法的立法并不是完美的，也不可能完美，因此，对于刑法的解释需要用生活逻辑去补充乃至修正。

首先，刑法中的开放的构成要件要素的解释需要生活逻辑的补充。比如非法经营罪兜底条款的解释，“王某某无证收购玉米案”一、二审法院的有罪判决就是违反生活逻辑的典型例子。王某某无证收购玉米的行为确实违反了

[19] 因为如果在法律适用解释中确立存疑有利于被告人规则的情况下，权力如果要主导作出不利于被告人的解释结果，就不再是简单地得到多数支持即可，而是要消除不同见解，达成一致意见方可，不然就是违背了存疑有利于被告人的规则。

[20] 因为在案件讨论中，参与者都会阐述观点和理由，有时会经过多轮讨论，当权者的观点和理由在讨论中也会被大家所了解，最终表决时支持当权者的投票究竟是被论证说服还是附和权力实在是难以判断。

当时《粮食流通管理条例》关于粮食收购资格的许可管理制度，但行政违法性与刑事违法性的判断不可混为一谈，特别是在某些行政管理规定已经明显不适应时代发展的情况下，对违法行政管理规定的行为认定具有刑事违法性更是要特别谨慎，需要实质性地判断行为的可罚性。王某某收购玉米卖到粮站，不仅没有造成社会危害，反而在农民和粮库之间起到了桥梁作用，促进了粮食流通。从常情常理来看，这种无害有益的行为无论如何都不具有刑事可罚性，不应当被认定为犯罪。如果有这样的生活逻辑指引，该案的出罪路径其实是十分通畅的，无论是认为该案中王某某的行为不具有与非法经营罪明示条款的相当性，因而不能被纳入非法经营罪的兜底条款，还是认为该案情节显著轻微危害不大，都是可供选择的出罪路径。

其次，案件的正确定性需要生活逻辑的辅助。关于这一点，有学者举了一个很贴切的例子，就是飞机上邻座的乘客在上卫生间时，告知其“我的包在座位下，请帮忙看一下”，此时，这个受托代为照看的包及包内的财物是否属于其代为保管的物品，如果此时其将包内的钱包偷偷拿出并据为己有，究竟是属于侵占还是盗窃？对此，该学者的结论是当然属于盗窃。因为“在这样的封闭空间，无论她去了哪里，包里的东西都是她占有，并不是她说了一句‘帮我看一下’，我就成为代为保管者”。㉑ 或许有人会质疑，认为这个例子中还涉及封缄物理论，不过，笔者认为，这种情况下，即使是偷偷将整个包据为己有，也应该是盗窃，因为其并不是侵占罪意义上的财物保管者。实际上，封缄物理论也是从生活逻辑中发展出来的，对受委托保管的封缄物整体，因为委托人知道该物就在受委托者手中，因此，不存在秘密据为己有的问题；而对封缄物中的财物，就存在秘密据为己有的问题，这就是封缄物理论产生的原因。其实，还有为了实现罪责刑相适应而转换定罪也是刑法解释中生活逻辑规则的体现，法官根据常情常理和生活经验预判了某一犯罪行为的严重程度，正是基于这一生活逻辑的预判，转换定罪才应运而生。

再次，刑法中立法文字的一些差误需要生活逻辑的修正。以《刑法》第二百六十九条转化型抢劫罪的规定为例，该条规定犯盗窃、诈骗、抢夺罪，为窝藏赃物、抗拒抓捕或者毁灭罪证而当场使用暴力或者以暴力相威胁的，

㉑ 张明楷：《刑法解释理念》，载《国家检察官学院学报》2008年第6期。

依照抢劫罪定罪处罚。根据此规定，转化型抢劫罪似乎应以基础行为构成盗窃、诈骗、抢夺罪为前提，但这样解释与该条规定的规范目的并不契合。一方面，对于盗窃、诈骗、抢夺后抗拒抓捕情节恶劣的行为，比如使用凶器抗拒抓捕的，仅因为数额未达到盗窃、诈骗、抢夺罪的入罪数额标准，而不能认定犯罪，不合情理；另一方面，行为人犯盗伐林木、信用卡诈骗等犯罪后，为窝藏赃物、抗拒抓捕或者毁灭罪证而当场使用暴力或者以暴力相威胁的，也不能转化为抢劫罪。但实际上，盗窃罪与盗伐林木罪、诈骗罪与信用卡诈骗罪之间系一般法与特别法的关系，一般法规定的行为可以转化，而特别法规定的行为不能转化，似乎也不合情理。因此，该条规定中的“犯盗窃、诈骗、抢夺罪”，实践中都将其解释为“实施盗窃、诈骗、抢夺行为”，而且这一解释基本上得到法律共同体的普遍认可，因此，尽管其不利于被告人，但并未超越刑法解释允许的限度。更为典型的例子还有对《刑法》第六十三条减轻处罚规定中“在法定刑以下判处刑罚”的解释问题，《刑法》第九十九条规定：“本法所称以上、以下、以内，包括本数。”这是否意味着减轻处罚中的“在法定刑以下判处刑罚”也包括本数，比如法定刑的第二档是三年以上十年以下有期徒刑，减轻处罚是否可以判处三年有期徒刑？对于该问题的回答当然是否定的，否则减轻处罚与从轻处罚之间就没有界限了。这样的解释也是符合常情常理。

最后，刑法中语词含义的把握，需要生活逻辑来明确。比如盗窃比特币等虚拟货币的案件是否构成盗窃罪，就涉及比特币等虚拟货币是否属于盗窃罪中的财物的问题。对于该问题，司法实践中争议至今都还很大，此类案件的裁判中定性也不尽统一，有的以盗窃罪定罪，有的以非法获取计算机信息系统数据罪定罪。案件的不同定性根源就在于对比特币等虚拟货币是否属于刑法上的财物的争议。认可比特币等虚拟货币财物属性的，就认定盗窃罪；不认可其财物属性的，就认定非法获取计算机信息系统数据罪。造成这种分歧的原因大致在于我国对比特币等虚拟货币的不认可。但在笔者看来，因为我国的这种不认可而否定比特币等虚拟货币的财物性质是不合适的，因为即使是法律不认可的违禁品也是财物，也能成为盗窃罪的对象。比特币等虚拟货币的无体性、数据性也不能成为否定其财物属性的理由，随着时代的发展，数字人民币都已经发行并进入流通，还有什么理由将比特币等虚拟货币拒在财物的大门之外？实际上，人们早就普遍接受了比特币等虚拟货币的财物属性，而且随着时代的发展进步，这种接受度只会越来越强化。当人们将比特币等虚拟货币认为财物已经是社会的一种常态的时候，刑法就更没有理由否定其财物性质，否则就明显违背了生活逻辑规则。

（责任编辑：徐晨平）

上海市高级人民法院参考性案例第二十二批（第150—156号）

经上海市高级人民法院审判委员会2023年第4次会议讨论决定，现将“BY.O诉豫商集团有限公司服务合同纠纷案”等7件案例，作为上海市高级人民法院2023年第一批（总第二十二批）参考性案例予以发布，主要为涉外商事海事相关案例，供全市法院在审判类似案件时参考。

参考性案例150号

BY.O诉豫商集团有限公司服务合同纠纷案

（上海市高级人民法院审判委员会2023年5月26日讨论通过）

关键词 涉外商事/“先裁后审”协议/仲裁/诉讼/一裁终局

裁判要点

当事人虽就同一争议约定仲裁和诉讼两种争议解决方式，但协议明确约定，或者协议内容表明应首先适用仲裁方式、然后适用诉讼方式的，属于“先裁后审”协议。先仲裁条款依据其应当适用的法律认定为合法有效的，鉴于后诉讼条款因违反法院地即我国的仲裁一裁终局法律制度而无效，后诉讼条款无效不影响先仲裁条款效力，故应认定涉外“先裁后审”协议中仲裁条款有效、诉讼条款无效。

相关法条

《中华人民共和国涉外民事关系法律适用法》第十八条

《中华人民共和国仲裁法》第九条、第十六条

《中华人民共和国合同法》第五十六条（现《中华人民共和国民法典》第一百五十六条）

基本案情

2015年5月，BY.O与豫商集团有限公司（以下简称豫商公司）签订《并购财务顾问服务协议》，约定豫商公司及其关联方聘请BY.O提供并购财务顾问服务等内容。协议第6条法律适用与管辖约定："6.1　本协议根据中国法律订立、执行和解释；本协议争议的解决适用中国法律。6.2　因本协议所引起的或与本协议有关的任何纠纷或争议（包括关于本协议约定条款之存在、效力或终止，或无效之后果等争议），首先通过新加坡国际仲裁中心进行仲裁解决。若双方对新加坡国际仲裁中心的仲裁结果无法达成一致，任何一方均有权将争议提交于豫商公司住所所在地有管辖权的商业法庭以诉讼方式解决。"

2020年5月，BY.O以其已按约提供服务为由向上海市浦东新区人民法院提起诉讼，请求判令豫商公司支付服务费860270欧元及利息损失。

豫商公司在提交答辩状期间提出异议，认为本案应通过新加坡国际仲裁中心仲裁解决，双方之间的诉讼方式解决约定无效，要求法院裁定驳回BY.O的起诉。

裁判结果

上海市浦东新区人民法院于2020年7月10日作出（2020）沪0115民初34710号民事裁定：驳回BY.O的起诉。BY.O不服一审裁定，提起上诉。

上海市第一中级人民法院经审理并报上海市高级人民法院审核后，于2020年10月29日作出（2020）沪01民辖终780号民事裁定：驳回上诉，维持原裁定。

裁判理由

法院生效裁判认为：本案中BY.O为外国法人，原、被告又签订《并购财务顾问服务协议》，可以认定双方成立涉外民商事关系。根据协议第6.1条约定，本协议争议的解决适用中国法律，双方亦认可仲裁协议适用中华人民共和国法律，故合同中的涉外仲裁条款效力认定应适用中华人民共和国法律。

关于本案是否应提交新加坡国际仲裁中心仲裁解决，首先，根据协议第6.2条约定，因本协议所引起的或与本协议有关的任何纠纷或争议，首先通过新加坡国际仲裁中心进行仲裁解决。该约定就争议解决选定了明确、唯一的仲裁机构，故上述涉外仲裁条款约定符合法律规定，合法有效。其次，《中华人民共和国仲裁法》第九条规定："仲裁实行一裁终局的制度。裁决作出后，当事人就同一纠纷再申请仲裁或者向人民法院起诉的，仲裁委员会或者人民法院不予受理。"上述法律自施行之日起对本案当事人就具有法律效力，因此，双方在协议第6.2条中的诉讼方式解决约定违反法律规定，虽然豫商公司住所所在地在上海市浦东新区，属于该院辖区，在新加坡国际仲裁中心针对本案纠纷作出裁决后，当事人就同一纠纷再向人民法院起诉的，无论当事人对仲裁实行一裁终局法律制度是否存在认识错误，人民法院依照上述法律规定应裁定不予受理，故该部分约定不具有法律效力。再次，仲裁解决方式约定和诉讼解决方式约定效力应相互独立，一部分约定无效，不影响另一部分效力，故虽然诉讼解决方式约定部分无效，仲裁解决方式约定部分仍然有效。最后，协议第6.2条约定合同争议首先通过仲裁解决，若双方对仲裁结果无法达成一致以诉讼方式解决，但两者之间并非并列关系，其强调的是首先通过仲裁解决，并非"或裁或审"协议，不属于当事人约定争议可以向仲裁机构申请仲裁也可以向人民法院起诉的情形。综上，豫商公司提出的异议成立，本案应提交新加坡国际仲裁中心进行仲裁解决，应驳回BY.O的起诉。

（生效裁判审判人员：盛　萍）

参考性案例151号

泛亚班拿国际运输代理（中国）有限公司诉俄罗斯空桥货运航空公司国际航空货物运输合同纠纷案

（上海市高级人民法院审判委员会2023年5月26日讨论通过）

关键词　涉外商事/蒙特利尔公约/国际航空货运纠纷/诉讼时效

裁判要点

1999年《统一国际航空运输某些规则的公约》第三十五条对当事人的损害赔偿权作出了两年的时间限制，但并未明确该等"期间"的性质，而是将这一问题作为自治事项交由当事国法院自行认定。实践中，应当遵循国际法条约的解释规则，以《维也纳条约法公约》第三十一条作为指引，根据我国民法的相关规定，将《蒙特利尔公约》第三十五条中"期间"认定为诉讼时效。

相关法条

《中华人民共和国民用航空法》第一百八十四条

《蒙特利尔公约》第一条、第十八条、第三十五条

基本案情

2016 年 10 月 14 日，泛亚班拿国际运输代理（中国）有限公司（以下简称泛亚班拿公司）接受案外人博世汽车部件（苏州）有限公司（以下简称博世公司）委托，为其进口的两批共 12 台设备（其中 10 台旧设备运至苏州申报进口、2 台新设备运至上海申报进口），提供从法国巴黎戴高乐机场运往中国的运输代理服务。同日，泛亚班拿公司（托运人）就博世公司的上述货物与俄罗斯空桥货运航空公司（AIRBRIDGECCARGO AIRLINES LLC）（以下简称俄罗斯空桥公司）（承运人）签订《空运单》一份，约定涉案货物的始发站机场为法国巴黎戴高乐机场，目的地机场为上海浦东国际机场，涉案货物数量为 12 件。2016 年 10 月 20 日，涉案货物由法国巴黎戴高乐机场抵达上海浦东国际机场并发往博世公司处。其后，苏州工业园区海关在进关查验时，发现申报进口的 10 台设备中的打螺丝机、激光刻码机并不存在，进口的实际货物中除 8 台旧设备外，还有新设备止回阀安装机、贴膜机各一台。因申报进口的货物品名与实际货物品名不符，影响海关监管秩序，苏州海关对博世公司作出 1 万元罚款的行政处罚。后博世公司对涉案货物进行了退运处理，并产生了退运损失人民币（以下币种同）138506.41 元。

2016 年 11 月 1 日，泛亚班拿公司要求俄罗斯空桥公司对上述事件进行调查。2016 年 11 月 14 日，俄罗斯空桥公司回复称，涉案 12 台设备运到航空公司的法国仓库后，由于粘贴了错误的航空标签，使本应发往上海的止回阀安装机、贴膜机发至苏州，而将本应发至苏州的打螺丝机、激光刻码机发至上海。

2018 年 9 月 19 日，泛亚班拿公司以电子邮件的方式就涉案事件向俄罗斯空桥公司提出索赔主张。

2018 年 11 月 20 日，博世公司与泛亚班拿公司签订《和解与责任解除书》，在泛亚班拿公司向博世公司赔偿损失后，将因涉案事件的索赔权让渡给泛亚班拿公司。2019 年 1 月 24 日，泛亚班拿公司通过银行转账的方式向博世公司支付了 78056.46 元。

后因泛亚班拿公司与俄罗斯空桥公司未就错误贴标的赔偿事宜达成一致，泛亚班拿公司于2019年10月8日向法院提出诉讼，请求法院判令俄罗斯空桥公司赔偿泛亚班拿公司损失78056.46元以及相应的资金占用利息损失。

俄罗斯空桥公司答辩称，根据1999年《统一国际航空运输某些规则的公约》（以下简称《蒙特利尔公约》）的规定，泛亚班拿公司向俄罗斯空桥公司主张权利的期限为两年。该规定系除斥期间，不得中止或中断计算。现该期间已然经过，泛亚班拿公司丧失了主张损害赔偿的权利。

裁判结果

上海市浦东新区人民法院于2020年9月14日作出（2019）沪0115民初81742号民事判决：俄罗斯空桥公司应赔偿泛亚班拿公司78056.46元及利息。

一审判决后，俄罗斯空桥公司不服，提起上诉。上海市第一中级人民法院于2021年6月22日作出（2021）沪01民终1618号民事判决：驳回上诉，维持原判。

裁判理由

法院生效裁判认为：涉案航空运输的出发地位于法国，目的地位于中国，两国均为《蒙特利尔公约》的缔约国，涉案航空运输属于公约定义的国际运输，故本案应当自动适用《蒙特利尔公约》。本案的争议焦点为泛亚班拿公司的起诉是否超过《蒙特利尔公约》所规定的两年期间。

《蒙特利尔公约》第三十五条第一款规定“自航空器到达目的地点之日、应当达到目的地点之日或者运输终止之日起两年期间内未提起诉讼的，丧失对损害赔偿的权利”。根据我国于1997年加入的《维也纳条约法公约》规定，对于国际公约的解释，应当依其用语按其上下文进行善意解释。从文意解释来看，《蒙特利尔公约》第三十五条第一款本身并未直接明确两年期间的性质。结合该条第二款规定，“上述期间的计算方法，依照案件受理法院的法律确定”，故本案关于期间的计算方法，应适用中华人民共和国相关法律规定。

根据我国民事诉讼法的规定，“期间包括法定期间和人民法院指定的期间”。其中法定期间是指由法律直接作出规定的诉讼期间。本案中，原告的诉讼主张从性质上属于损害赔偿请求权。根据我国民法的相关规定，损害赔偿请求权系债权请求权，应当适用诉讼时效的相关规定。反观被告的抗辩主张，并无相关法律依据予以支持，故不应予以采信。本案中，泛亚班拿公司提出的诉讼主张，应当适用我国民法关于诉讼时效的相关规定。本案中，涉案货物于2016年10月20日运抵上海，泛亚班拿公司于2018年9月19日向俄罗斯空桥公司主张权利，符合诉讼时效的中断情形。现泛亚班拿公司于2019年10月8日通过起诉的方式主张权利，其并未超出《蒙特利尔公约》所规定的两年期间，其诉权依法受到法律保护。

因涉案错误的贴标行为系发生在《蒙特利尔公约》所规定的航空运输期间内，故承运人俄罗斯空桥公司应对事件的发生及导致的损失承担相应的赔偿责任。现泛亚班拿公司提交了相关证据，证明其因俄罗斯空桥公司错误贴标行为所导致的经济损失为78056.46元，故泛亚班拿公司主张俄罗斯空桥公司赔偿该项损失，符合法律规定，应予支持。

（生效裁判审判人员：陆文芳、王　敬、敖颖婕）

参考性案例152号

程某某（Carson Junping Cheng）诉上海纽鑫达进出口有限公司、第三人张某、程某股东资格确认纠纷案

（上海市高级人民法院审判委员会2023年5月26日讨论通过）

关键词　涉外商事/外商投资/负面清单/股东确认/审查标准

裁判要点

《中华人民共和国外商投资法》实施后，《最高人民法院关于审理外商投资企业纠纷案件若干问题的规定（一）》第十四条确立的“外籍隐名股东的股东资格确认及变更登记”的三项司法审查标准应作如下调整：（1）外籍隐名股东已实际投资；（2）名义股东以外的其他股东半数以上认可隐名股东股权并同意变更登记；（3）对于外商投资准入负面清单内的限制类领域，人民法院及当事人在诉讼期间应征得外商投资企业主管机关的同意；对于负面清单外的准入类领域，无需征得外商投资企业主管机关的同意。

相关法条

《中华人民共和国涉外民事关系法律适用法》第十四条

《中华人民共和国外商投资法》第二条、第四条

《中华人民共和国外商投资法实施条例》第三条

《最高人民法院关于适用〈中华人民共和国公司法〉若干问题的规定（三）》第二十二条、第二十四条

《最高人民法院关于适用〈中华人民共和国外商投资法〉若干问题的解释》第二条

基本案情

2009 年，原告程某某（Carson Junping Cheng，美国籍）与第三人张某、程某（均为中国籍）决定在国内新设一家贸易公司从事对美贸易。鉴于当时的政策，程某某无法与国内自然人成立合资公司，三方遂决定以第三人张某、程某两人名义成立被告上海纽鑫达进出口有限公司（以下简称上海纽鑫达公司）。2009 年 11 月，程某某与第三人张某、程某签订一份《股份协议书》，约定以第三人张某、程某名义成立被告，实际投资比例为：程某某占 51%，第三人张某占 25%，第三人程某占 24%。

同月，程某某通过第三人程某向第三人张某打款人民币（以下币种同）458762 元。审理中，程某某和第三人程某均表示，该款项中的 26 万元系程某某以第三人张某名义缴纳的出资，但上海纽鑫达公司和第三人张某均予否认。

2009 年 11 月 11 日，上海纽鑫达公司成立，类型为有限责任公司，注册资本 100 万元，第三人张某占股 51%、第三人程某占股 49%，经营范围为：从事货物与技术的进出口业务，机械设备、五金交电、电子产品、建材、化工产品（除危险化学品、监控化学品、烟花爆竹、民用爆炸物品、易制毒化学品）、纺织品、橡胶塑料制品、光学仪器、体育运动器材、机电产品、一类医疗器械、工艺品的销售。

2012 年 10 月，程某某与第三人张某、程某又签订一份《股份协议书》，约定上海纽鑫达公司收购案外 A 公司，根据三人对上海纽鑫达公司的持股比例，三人对 A 公司的占股比例为：程某某占 51%，张某占 25%，程某占 24%。

2018 年 8 月，上海纽鑫达公司向程某某出具一份《出资证明书》，载明程某某于 2009 年向上海纽鑫达公司缴纳出资 51 万元。审理中，上海纽鑫达公司和第三人张某认为该《出资证明书》系第三人程某事后擅自在空白盖章页上伪造。

另查明，2009年至2018年期间，第三人张某与程某某、程某之间有众多电子邮件往来，汇报上海纽鑫达公司的运营情况。其中，2013年9月，第三人张某向程某某发送的上海纽鑫达公司分红方案中，拟分配程某某510万元、第三人张某250万元、第三人程某240万元。

后因程某某向上海纽鑫达公司请求恢复登记为显名股东未果，故向法院提起诉讼，诉请：（1）确认第三人张某名下26%的上海纽鑫达公司股权系程某某所有；（2）上海纽鑫达公司配合程某某将第三人张某持有的上海纽鑫达公司26%的股权变更登记到程某某名下。

上海纽鑫达公司辩称：（1）程某某未向上海纽鑫达公司出资或认缴出资；（2）程某某与第三人签订的《股份协议书》未实际履行；（3）即使程某某出资行为成立，亦违反《中华人民共和国中外合资经营企业法》（以下简称《中外合资经营企业法》）第一条的规定，应属无效。

第三人张某的陈述意见与被告上海纽鑫达公司一致。

第三人程某的陈述意见与原告程某某一致。

裁判结果

上海市浦东新区人民法院于2020年1月2日作出（2019）沪0115民初6248号民事判决：一、确认登记在第三人张某名下的被告上海纽鑫达公司26%的股权系原告程某某所有；二、被告上海纽鑫达公司将第三人张某名下的被告上海纽鑫达公司26%的股权变更登记到原告程某某名下，第三人张某应当予以配合。

一审判决后，上海纽鑫达公司不服，提起上诉。上海市第一中级人民法院于2020年5月14日作出（2020）沪01民终3024号民事判决：驳回上诉，维持原判。

裁判理由

法院生效裁判认为：本案系一起典型的涉外股东资格确认纠纷，根据《中华人民共和国涉外民事关系法律适用法》第十四条的规定，法人的股东权利义务等事项，适用登记地法律。被告上海纽鑫达公司登记于国内，故本案应当适用中华人民共和国法律。本案的争议焦点是：第一，第三人张某是否代持了原告所有的26%目标公司股权；第二，原告要求办理股权变更登记是否存在法律或政策上的障碍。

一、关于第三人张某是否代持了程某某所有的 26% 上海纽鑫达公司股权

首先，双方有一系列明确的协议相互印证原告程某某实际享有被告 51% 股权。2009 年 11 月的《股份协议书》、2012 年 10 月的《股份协议书》以及 2018 年 8 月的《出资证明书》均是各方真实意思表示，均能证实程某某实际享有被告 51% 的股权，其中 26% 的股权由第三人张某代持，25% 的股权由第三人程某代持。其次，程某某已举证证明其对被告履行了相应的出资义务。程某某称 2009 年 11 月 3 日程某向张某打款 458762 元中的 26 万元系程某某以张某名义缴纳的被告出资，第三人程某对此表示认可，同时也承认其出资的 49 万元中的 25 万元实际系原告出资。被告及第三人张某虽然否认，但没有提供充分的证据予以佐证，且根据后来的《股份协议书》《出资证明书》及分红方案等，亦可推断原告程某某已经实际履行了出资义务。最后，从各方往来的一系列电子邮件可以看出，程某某事实上参与了被告的经营管理，特别是重大事项的决策，履行了其作为大股东的权利和义务。至于被告抗辩《出资证明书》系程某事后伪造。一方面，《司法鉴定意见书》没有得出明确的结论，被告也没有提供其他证据予以佐证；另一方面，各方均认可该《出资证明书》上的公章系真实。即使存在第三人程某在空白盖章页上打印《出资证明书》的情况，系被告内部管理问题，不影响法院综合全案证据认定被告股权的实际所有人。因此，法院认定程某某系被告的隐名股东，第三人张某名下 26% 的被告股权的实际拥有人是原告。

二、关于程某某要求办理股权变更登记是否存在法律或政策上的障碍

被告上海纽鑫达公司系有限责任公司，显名股东为第三人张某、程某，均系国内自然人；隐名股东为原告程某某，系美国人。如变更相应的工商登记，使隐名股东显名，主要存在以下争议：

（一）关于国内自然人能否与外国人成立外商投资企业问题

原《中外合资经营企业法》第一条规定，允许外国公司、企业和其他经

济组织或个人……同中国的公司、企业或其他经济组织共同举办合资企业。该法规定的中方合资人虽然未包括中国的自然人，但该法已于 2020 年 1 月 1 日废止。后生效的《中华人民共和国外商投资法》(以下简称《外商投资法》）并没有这方面的限制。该法第二条明确规定：外商投资企业，是指全部或者部分由外国投资者投资，依照中国法律在中国境内经登记注册设立的企业。《中华人民共和国外商投资法实施条例》第三条进一步明确：《外商投资法》第二条中的其他投资者，包括中国的自然人在内。同时，根据《最高人民法院关于适用〈中华人民共和国外商投资法〉若干问题的解释》第二条规定：对外商投资准入负面清单之外的领域形成的投资合同，当事人以合同未经有关行政主管部门批准、登记为由主张合同无效或者未生效的，人民法院不予支持。前款规定的投资合同签订于《外商投资法》施行前，但人民法院在《外商投资法》施行时尚未作出生效裁判的，适用前款规定认定合同的效力。因此，本案中被告及第三人张某要求确认原告程某某与第三人共同成立公司的行为无效，法院不予支持。

（二）关于外国人成为公司股东是否需要办理相关审批手续问题

《外商投资法》生效后，我国对外商投资实行准入前国民待遇加负面清单管理制度。所谓准入前国民待遇，是指在投资准入阶段给予外国投资者及其投资不低于本国投资者及其投资的待遇；所谓负面清单，是指国家规定在特定领域对外商投资实施的准入特别管理措施，国家对负面清单之外的外商投资，给予国民待遇。本案中，法院特函上海市商务委员会，就“如确认原告为被告股东，上海市商务委员会是否同意将原告变更为被告股东，并将被告变更为外商投资企业”进行咨询。上海市浦东新区商务委复函称：上海纽鑫达公司所从事领域不属于外商投资准入特别管理措施（负面清单）内范围，我委办理程某某变更为上海纽鑫达公司股东，并将上海纽鑫达公司变更为外商投资企业的备案手续不存在法律障碍。因此，原告要求变更为被告股东，无需履行特别审批手续，亦不存在法律上的障碍。

此外，《最高人民法院关于适用〈中华人民共和国公司法〉若干问题的规定（三）》第二十四条明确规定：实际出资人请求公司变更股东、签发出资证明书、记载于股东名册、记载于公司章程并办理公司登记机关登记的，应当经公司其他股东半数以上同意。本案中，除名义股东张某以外的其他股东，暨第三人程某明确认可原告的股东身份，也同意将原告变更登记为被告股东。因此，原告要求被告将第三人张某代持的被告26%股权变更登记到原告名下，符合法律及司法解释规定，法院依法予以支持。

（生效裁判审判人员：郑天衣、敖颖婕、成　阳）

参考性案例153号

海通国际金融产品（新加坡）有限公司诉宝威时代实业有限公司等质押合同纠纷案

（上海市高级人民法院审判委员会2023年5月26日讨论通过）

关键词　涉外商事 / 准据法 / 跨境担保 / 股权质押效力

裁判要点

1. 境外公司以外商投资企业中的股权为出质标的，双方就出质公司对外担保效力产生争议的，因涉及公司权利能力、行为能力、组织机构等主体因素的认定，应以公司登记地法律为准据法进行审查。

2. 除法律、行政法规另有规定或者合同另有约定外，一方当事人仅以境外公司出质外商投资企业股权未经外商投资企业董事会决议、中方股东同意或行政机关核准、登记、备案为由，主张股权质押合同无效的，人民法院不予支持。

相关法条

《中华人民共和国涉外民事关系法律适用法》第十四条、第四十一条

《最高人民法院关于审理外商投资企业纠纷案件若干问题的规定（一）》第十三条

基本案情

2017年12月21日，原告海通国际金融产品（新加坡）有限公司（以下简称海通公司）与第三人宝威锂业有限公司（以下简称宝威锂业公司）签署一份《借款协议》，约定由海通公司向宝威锂业公司提供1200万新加坡元的借款。合同约定借款期限为12个月，最长可再展期24个月，还约定该协议受新加坡法律管辖并依据新加坡法律进行解释。

借款到期后，宝威锂业公司于2019年1月2日支付了借款利息84万新加坡元，未能偿还本金。在宝威锂业公司的请求下，海通公司同意给予6个月的展期，并适用新的借款年利率8.5%。第三人宝威锂业公司的母公司宝威控股有限公司（以下简称宝威控股公司）为上述借款向原告提供了担保。2019年6月20日，原告给予的借款展期到期，第三人宝威锂业公司、宝威控股公司均未能偿还本息。原告于2019年8月以第三人宝威锂业公司、宝威控股公司为被告，向新加坡共和国最高法院提起诉讼。2020年1月29日，新加坡共和国最高法院高等法庭判决宝威锂业公司需向原告支付主债务总额11636983.60新加坡元及应支付费用和利息；宝威控股公司连带偿付上述费用。2021年9月21日，经申请人海通公司请求，上海市第二中级人民法院作出（2021）沪02协外认9号民事裁定书，承认新加坡共和国最高法院高等法庭作出的上述民事判决。

另查明，2019年8月22日，在宝威锂业公司到期未能还本付息的情况下，被告宝威时代实业有限公司（以下简称宝威时代公司）、被告伟盛投资有限公司（以下简称伟盛公司）作为宝威锂业公司的关联公司，与海通公司签署《股权质押合同》，约定以宝威时代公司、伟盛公司所持有的扬州时代实业有限公司（以下简称扬州时代公司）的股权向海通公司出质以提供担保。合同第2.4条约定，“出质人应于本合同签署之次个工作日起十五（15）个工作日内于标的公司注册地有管辖权的市场监督管理部门办理完毕股权质押登记手续取得相应股权质押登记核准通知书”。第9.1条规定，“如果因出质人的原因导致质权未能有效设立，……且出质人与债务人不是同一人，质权人有权要求出质人在本合同约定的担保范围内对担保的债务与债务人承担无限连带保证责任”。第12.1条约定，本合同应按中国法律进行解释，并受中国法律之管辖。后宝威时代公司、伟盛公司未按照合同约定完成股权质押登记手续，相应质权并未有效设立。

2021年1月6日，海通公司诉至法院，请求判令宝威时代公司、伟盛公司就新加坡最高法院高等法庭判决确定11636983.60新加坡元的欠款、利息以及主债权合同诉讼相关费用向海通公司承担连带清偿责任。

宝威时代公司、伟盛公司共同辩称：（1）本案《股权质押合同》系宝威时代公司原董事陈某与海通公司恶意串通签订，依法应认定为无效。宝威时代公司、伟盛公司对外提供担保须经公司决议机关同意后执行。另外，根据〔1997〕外经贸法发第267号《外商投资企业投资者股权变更的若干规定》（以下简称《股权变更规定》）第十二条规定，投资者将中外合资企业股权质押，应当经其他投资者和企业董事会决议同意后，报审批机关审批。未办理审批和备案的质押行为无效。海通公司与陈某签订《股权质押合同》时，中外合资企业的股权质押登记仍执行上述规定。海通公司在签订质押合同时未对法律明确要求的董事会决议和其他投资者的同意进行任何审查，不能认定其为善意。本案两被告系香港公司，海通公司系新加坡公司，涉案《借款协议》是在境外签订，双方却特地跑到与双方及质押合同均无任何关联点的上海签订《股权质押合同》，并约定上海法院对本案有管辖权，不符合基本的商业规律。（2）即使《股权质押合同》有效，其约定的被告宝威时代公司、被告伟盛公司承担连带清偿责任的条件也未成就。《股权质押合同》第9.1条规定，在质权未能有效成立的情形下，出质人承担连带保证责任的条件是"因出质人的原因导致质权未能有效设立"。本案中，涉案股权质押因没有办理登记而不能有效设立，系因扬州时代公司的中方投资者就被告宝威时代公司和被告伟盛公司质押股权不肯出具同意意见所致，不属于出质人的原因导致质权未能有效成立，《股权质押合同》约定的出质人对债务承担连带保证责任的条件并未成就。

第三人宝威锂业公司未向法院陈述意见。

裁判结果

上海市第二中级人民法院于2022年12月8日作出（2021）沪02民初10号民事判决：一、宝威时代公司、伟盛公司就新加坡共和国最高法院高等法庭作出的民事判决所确认的宝威锂业公司应向海通公司支付11636983.60新加坡元的付款义务，向海通公司承担连带清偿责任。二、宝威时代公司、伟盛公司就新加坡共和国最高法院高等法庭作出的民事判决所确认的宝威锂业公司应向海通公司支付费用和利息向海通公司承担连带清偿责任。

一审判决后，各方未提出上诉，该判决已生效。

裁判理由

法院生效裁判认为：本案争议焦点为案涉法律关系的准据法适用和《股权质押合同》的效力问题。

第一，关于案涉法律关系的准据法适用。本案系涉外股权质押合同纠纷。质权人系新加坡公司，两出质人系香港特区注册公司，各方依据协议约定，就涉案质押合同纠纷适用我国内地法律均无异议，但对于宝威时代公司、伟盛公司对外提供质押担保是否须经公司内部授权以及案涉质押担保的效力应适用的法律存有争议。法院认为，涉案《股权质押合同》虽约定协议项下的纠纷适用我国法律，但宝威时代公司、伟盛公司提出的关于宝威时代公司、伟盛公司对外担保是否须经公司机关决议及标的公司扬州时代公司的内部授权问题，其实质涉及的系公司权利能力以及行为能力的认定，根据《涉外民事关系法律适用法》第十四条第一款“法人及其分支机构的民事权利能力、民事行为能力、组织机构、股东权利义务等事项，适用登记地法律”的规定，应当适用宝威时代公司、伟盛公司登记地法律，即香港特别行政区法律予以认定。

第二，关于《股权质押合同》的效力认定。宝威时代公司、伟盛公司辩称因标的公司为中外合资企业，涉案股权质押须经标的公司中方股东同意并经董事会决议通过，报审批机关审批，未经审批和备案的质押行为无效。海通公司签订质押合同时，未对出质人和目标公司的公司决议及中方股东是否同意股权质押进行审查，故应认定海通公司签订合同时并非善意相对人。法院对此认定如下：

首先，本案系两家香港公司以其在内地投资的股权设定质押，向新加坡公司提供担保。宝威时代公司、伟盛公司为香港公司，其对外提供担保是否需经宝威时代公司、伟盛公司的公司机关决议，以及海通公司是否有义务审查宝威时代公司、伟盛公司决议或进而是否须审查标的公司董事会决议的问题，应适用香港法进行评价。根据法院查明，在香港法下，《香港公司条例》并未就公司向其他公司提供担保需进行内部决议存在相关规定，本案宝威时代公司、伟盛公司作为出质人签署《股权质押合同》，亦未违反香港法和公司章程细则；且在公司董事签署对外担保合同并加盖公司印章的情况下，《香港公司条例》亦未要求另一方在签署合同时履行任何审查义务。故宝威时代公司、伟盛公司关于海通公司有义务对宝威时代公司、伟盛公司的机关决议、标的公司董事会决议及中方股东是否同意股权质押进行审查的抗辩意见，缺乏法律依据。

其次，宝威时代公司、伟盛公司提出的〔1997〕外经贸法发第267号《股权变更规定》系商务部的部门规章，根据该规定，外商投资企业将股权质押的，须报经有权审批的机关批准，未办理审批和备案的质押行为无效。但是随着涉外金融贸易业务的发展，我国司法政策已取消涉外担保合同核准、登记生效要件，转而采取了涉外股权质押合同自合同签订时发生法律效力的制度安排。根据《关于审理外商投资企业纠纷案件若干问题的规定（一）》第十三条规定，外商投资企业股东与债权人订立的股权质押合同，除法律、行政法规另有规定或者合同另有约定外，自成立时生效。未办理质权登记的，不影响股权质押合同的效力。国家外汇管理局2014年发布的《跨境担保外汇管理规定》第二十九条亦明确规定，“外汇局对跨境担保合同的核准、登记或备案情况以及本规定明确的其他管理事项与管理要求，不构成跨境担保合同的生效要件”。据此，涉案《股权质押合同》依法已成立并生效。未办理质权登记的，不影响股权质押合同的效力。综上，宝威时代公司、伟盛公司上述关于本案《股权质押合同》无效的主张不能成立，人民法院不予采信。根据《股权质押合同》第2.4条约定，两被告作为出质人有义务办理股权质押登记手续。现两被告未按约办理质押登记，导致质权未有效设立，海通公司未能取得质押标的的优先受偿权，两被告的行为显属违约，依法应承担相应的民事责任。根据《股权质押合同》第9.1条有关违约责任的约定，如因出质人的原因导致质权未能有效设立的，则出质人在合同约定的担保范围内对担保的债务与债务人承担无限连带保证责任。故海通公司依据合同约定，要求两被告就担保的债务承担连带保证责任的诉讼请求，具有合同依据和法律依据，予以支持。

（生效裁判审判人员：邵美琳、朱志磊、王永睿）

参考性案例154号

SPAR航运有限公司诉大新华物流控股（集团）有限公司申请承认外国法院判决案

（上海市高级人民法院审判委员会2023年5月26日讨论通过）

关键词　涉外海事／申请承认／外国法院判决／互惠／个案审查

裁判要点

1. 互惠关系的认定并不以相关外国法院对人民法院民商事判决先行给予承认和执行为必要条件。若根据作出判决的外国法院所在国的法律，人民法院作出的民商事判决可以得到该国法院的承认和执行，可以认定我国与该国存在承认和执行民商事判决的互惠关系。

2. 外国法院在其裁判中将我国法院的民商事判决、裁定作为证据或事实加以认定，不属于承认和执行我国法院民商事判决、裁定。

相关法条

《中华人民共和国民事诉讼法》第二百八十九条

基本案情

申请人SPAR航运有限公司（以下简称SPAR公司）诉称：SPAR公司为与被申请人大新华物流控股（集团）有限公司（以下简称大新华控股）租船合同保函纠纷，向大不列颠及北爱尔兰联合王国高等法院（以下简称英高等法院）对大新华控股提起诉讼。英高等法院于2015年3月18日作出[2015] EWHC 718（Comm）号判决，判决大新华控股应当向SPAR公司承担责任。大新华控股不服，向大不列颠及北爱尔兰联合王国上诉法院（以下简称英上诉法院）提起上诉，英上诉法院于2016年10月7日作出[2016] EWCA Civ 982号判决，驳回大新华控股的上诉。然而，大新华控股并未履行生效裁判确定的义务。SPAR公司认为，英高等法院曾在[2015] EWHC 999（Comm）号原告西特福船运公司（以下简称西特福公司）诉被告中国银行股份有限公司（以下简称中国银行）案中承认了我国法院作出的判决和裁定，故基于互惠原则，请求法院裁定承认英高等法院[2015] EWHC 718（Comm）号判决、英上诉法院[2016] EWCA Civ 982号判决和相关一系列法院命令。

被申请人大新华控股辩称：我国与英国未缔结或参加相互承认和执行法院判决、裁定的国际条约，也未建立相应的互惠关系，SPAR公司所称英高等法院[2015] EWHC 999（Comm）号案承认我国判决一说，仅是将我国法院的判决、裁定作为证据予以认证，并非通过承认和执行程序进行审理后的承认，且[2015] EWHC 999（Comm）号案虽认定了我国法院的判决、裁定，但最终裁决结果却是实质性地否定了我国法院的判决、裁定。互惠原则的本意应当是英国法院承认中国法院判决的条件与中国法院承认英国法院判决的条件基本相同。由于英国法下存在禁诉令制度，当事人违反禁诉令在中国诉讼所取得的判决，在英国将得不到承认和执行，即英国法院承认中国法院判决的条件更为严苛。再者，SPAR 公司申请承认的英国判决在适用中国法时存在明显错误。此外，英国是《海牙选择法院协议公约》成员国，我国也已签署该公约，公约将超过实际损失的惩罚性赔偿排除在可被承认和执行的范围之外。SPAR 公司申请承认的英国判决中利息的利率标准明显具有惩罚性，另还判有费用罚金，对此不应予以承认。

法院经审理查明：

2010 年 3 月 5 日，SPAR 公司与大新华（香港）轮船公司签订三份定期租船合同，将“SPAR CAPELLA”“SPAR VEGA”“SPAR DRACO” 三轮出租给大新华（香港）轮船公司。2010 年 3 月 25 日，大新华控股向 SPAR 公司出具 3 份保函，为大新华（香港）轮船公司履行上述租船合同提供担保。3 份保函均约定适用英国法，诉讼提交位于伦敦的英高等法院审理。因大新华（香港）轮船公司迟延支付租金，SPAR 公司依据保函约定向英高等法院对大新华控股提起诉讼。大新华控股到庭应诉。2015 年 3 月 18 日，英高等法院作出［2015］EWHC 718（Comm）号判决，支持 SPAR 公司的诉求。此后又通过法院命令的形式对债权数额和诉讼费用等作出核定。大新华控股不服，向英上诉法院提出上诉。2016 年 10 月 7 日，英上诉法院作出［2016］EWCA Civ 982 号判决，对大新华控股的上诉理由予以了驳回。

另查明，青岛海事法院在荣成市西霞口船业有限公司（以下简称西霞口公司）与西特福公司、瓦锡兰芬兰有限公司、颖勤发动机（上海）有限公司船舶设备买卖侵权纠纷案中，曾作出（2011）青海法海商初字第 271 号保全裁定，限制中国银行向西特福公司进行任何支付。英高等法院在［2015］EWHC 999（Comm）号原告西特福公司诉被告中国银行保函纠纷一案中，对前述裁定表示承认，但认为此不影响中国银行在保函下对西特福公司的支付义务，遂在保函项下作出有利于西特福公司的判决。

裁判结果

上海海事法院于 2022 年 3 月 17 日作出（2018）沪 72 协外认 1 号民事裁定书，裁定：一、承认大不列颠及北爱尔兰联合王国高等法院于 2015 年 3 月

18日作出的［2015］EWHC 718（Comm）号判决及其在该案下于2015年4月27日、2016年10月3日作出的命令、2016年11月1日作出的最终费用证书和2018年5月17日作出的修正命令；二、承认大不列颠及北爱尔兰联合王国上诉法院于2016年10月7日作出的［2016］EWCA Civ 982号判决及其在该案下于2016年10月7日、2017年5月8日作出的命令。

裁定一经送达，即发生法律效力。

裁判理由

法院生效裁判认为：本案系申请承认外国法院民商事判决案。根据我国《民事诉讼法》第二百八十九条的规定，我国与英国之间尚没有缔结或者参加相互承认和执行法院民商事判决、裁定的国际条约，故应以互惠原则作为承认英国法院判决的审查依据。

我国《民事诉讼法》在规定互惠原则时并没有将之限定为必须是相关外国法院对我国法院民商事判决先行承认和执行，故如果根据作出判决的外国法院所在国的法律，我国法院作出的民商事判决可以得到该国法院的承认和执行，即可认定我国与该国存在承认和执行民商事判决的互惠关系。当然，若已有该外国法院对我国法院民商事判决予以承认和执行的先例，自是可以成为我国法院作出的民商事判决可以得到该国法院承认和执行的有力证明。关于此节，［2015］EWHC 999（Comm）号案中虽有对西霞口公司在中国诉讼中获得的判决及其保全裁定予以“承认”的表述，但SPAR公司并未举证证明，在英国法下，针对某一抗辩事由而对外国法院判决、裁定所表达的承认或引用，同样具有“承认和执行外国法院判决”意义上的“承认”效果。

尽管SPAR公司未能通过举证英国法院有承认和执行我国法院民商事判决的先例来证明我国法院作出的民商事判决可以得到英国法院的承认和执行，但根据英国法律，其并不以存在相关条约作为承认和执行外国法院民商事判决的必要条件，故审理法院认为我国法院作出的民商事判决可以得到英国法院的承认和执行。对此，大新华控股也没能举证证明我国法院作出的民商事判决在英国法院承认和执行存在何种法律上或事实上的障碍，其仅以英国法下有禁诉令制度而主张我国法院作出的民商事判决在英国法院得不到承认和执行，该理由难以采纳。

在对互惠关系进行审查时，审理法院还考虑了英国法院有没有曾以不存在互惠关系为由拒绝承认和执行我国法院民商事判决的情形。大新华控股认为［2015］EWHC 999（Comm）号案驳回中国银行关于中止执行的申请，实质上否定了我国法院的判决、裁定。但如前已述，［2015］EWHC 999（Comm）号案不是承认和执行外国法院判决之诉，英高等法院更不是以中英之间不存在司法互惠关系为由驳回中国银行的中止执行申请。故此，将［2015］EWHC 999（Comm）号案驳回中国银行关于中止执行的申请视为英国法院不予承认我国法院民商事判决的先例，进而作为不存在司法互惠关系的例证，而拒绝承认英国法院判决，并不妥当。

在按互惠原则进行审查后，还需进一步审查是否存在其他不予承认和执行的事由。对此，大新华控股仍以禁诉令问题作为其主张的理由。审理法院认为，英国法院对案涉纠纷并不是通过禁止当事人在我国法院诉讼的方式而获得管辖并作出裁判。本案中，保函约定适用英国法在英国法院诉讼，大新华控股也参加了在英国法院进行的诉讼活动，其间从未就英国法院的管辖权问题提出过异议。该些事实使得本案不宜将管辖问题作为不予承认和执行的充分事由。

关于大新华控股提出 SPAR 公司申请承认的英国判决在适用我国法律时存在错误一节，审理法院认为，当事人之间的实体权利义务关系，不属于承认和执行外国法院判决之诉的审查范畴。即使适用法律错误问题确实成立，也只有在违反我国法律的基本原则或者国家主权、安全、社会公共利益时，才构成拒绝承认和执行的事由。

大新华控股提出的判决中涉及的利息及罚金，系因大新华控股未履行支付义务所产生，不属于惩罚性损害赔偿，故大新华控股要求将利息和罚金排除在可承认事项之外的抗辩也不能成立。

（生效裁判审判人员：胡永庆、金晓峰、王　蕾）

参考性案例 155 号

世嘉有限公司诉中国大地财产保险股份有限公司等海上保险合同纠纷案

（上海市高级人民法院审判委员会 2023 年 5 月 26 日讨论通过）

关键词　涉外海事 / 海上保险 / 船舶适航 / 安全管理体系

裁判要点

《国际船舶安全营运及防止污染管理规则》(ISM 规则)是适用于国际航行船舶的强制性国际标准。被保险船舶在船舶安全管理体系实施方面违反 ISM 规则，严重影响船舶航行安全，可构成船舶不适航。若此种不适航与船舶搁浅全损具有直接的因果关系，保险人依法不负赔偿责任。

相关法条

《中华人民共和国海商法》第二百四十四条第一款第一项

基本案情

世嘉有限公司(GLOBAL EMINENCE LIMITED)(以下简称世嘉公司)是“SAGAN”轮的船舶所有人，于 2016 年 7 月投保船舶定期保险。共同承保人中国大地财产保险股份有限公司及其航保中心出具了一年期的远洋船舶保险单，约定保险条件为：“协会定期船舶保险条款全损险(1/10/83)，附加共同海损、救助、施救和碰撞、触碰责任”。“SAGAN”轮持有安全管理证书(SMC 证书)，船舶管理人为持有符合证书(DOC 证书)的明进船舶管理顾问有限公司(以下简称明进公司)，但实际由世嘉公司自行管理。

2017 年 2 月 1 日，空载的“SAGAN”轮自中国台湾地区高雄港出发驶往韩国昂山(Onsan)港，开航次日开始主机扫气箱至少 7 次起火，因船上配件不足难以维修，主机于 2 月 6 日彻底无法启动，“SAGAN”轮失去动力开始漂航。涉案航次中船岸通讯畅通，世嘉公司在明知配件不足、船舶主机随时可能无法启动的情况下要求船长继续航程。在船舶漂航后，世嘉公司组织拖轮施救无果。“SAGAN”轮漂航 5 天后，于 2 月 11 日在日本诹访之濑岛西南岸搁浅。约半小时后，“SAGAN”轮发出求救信号，当日下午报告出险。日本救助株式会社救助无果。“SAGAN”轮因搁浅即视为推定全损。

世嘉公司诉称：两被告作为保险人回避参与施救，拒绝负担施救费用和赔偿船舶损失，为此诉请判令保险人赔偿船舶全损赔偿金人民币 30648960 元及其利息损失、救助费用 3559866.49 美元及其利息损失以及另案案件受理费人民币 166395 元、司法评估费人民币 75000 元等损失。

中国大地财产保险股份有限公司及其航保中心辩称：涉案船舶搁浅毁损并非保险条款列明的承保风险所致。涉案航程中并无不能预见、不能避免的恶劣天气。涉案船舶搁浅全损不属于机损所致损失，原告自行管理船舶，但没有船舶管理的资质，涉案船舶没有必备的安全管理体系文件，原告明知涉案船舶在开航前不适航，且在涉案船舶失去动力情况下不及时有效地采取防止或减少损失的措施，因此船舶搁浅受损并非意外而是必然会发生的结果，或者是扩大的损失，保险人无需承担赔偿责任。

裁判结果

上海海事法院于2021年3月9日作出（2019）沪72民初463号民事判决，驳回世嘉公司的诉讼请求。

一审判决后，世嘉公司不服，提起上诉。上海市高级人民法院于2022年6月10日作出（2021）沪民终359号民事判决，驳回世嘉公司的上诉，维持原判。

裁判理由

法院生效裁判认为：

一、关于法律适用

涉案协会定期船舶保险条款标题下方载明“This insurance is subject to English law and practice”（本保险适用英国法律和惯例），说明对保险条款的解释应遵循英国法律和惯例。本案中并无其他证据证明双方就保险合同项下纠纷适用的准据法达成过一致，故应当适用与合同有最密切联系的国家的法律。鉴于涉案保险人为中国公司且涉案保险合同在中国签订，因此中国法是与涉案保险合同有最密切联系的国家的法律，本案的准据法应当为中华人民共和国法律。

二、关于事故原因

造成“SAGAN”轮全损的直接原因是搁浅。涉案保险条款中并无“搁浅”这项列明风险，因此需要具体分析“搁浅”是否构成保险条款第6条第1款列明风险中的“海上危险”。根据英国《1906年海上保险法》附件1《保险单解释规则》第七条对“海上危险”的界定，该术语仅涉及海上意外事故或灾难，不包括风浪的通常作用。因此，并非所有的搁浅事故都当然地属于“海上危险”，需要看具体的搁浅事故是否达到与“意外事故或灾难”相同性质的意外性和灾难性。

根据查明的事实，主机活塞环的过度磨损导致活塞和气缸套的不气密，从而引起主机着火和因此无法启动。而导致活塞环过度磨损和扫气箱着火的可能原因有很多，比如活塞顶、气缸套等问题，也不排除使用了低品质的燃油和活塞环的问题，但上述原因均不构成经谨慎处理无法发现的“潜在缺陷”，没有证据证明系由保险条款第6.2.2条中“机器、船体的任何潜在缺陷”引起。“SAGAN”轮在涉案航次前刚刚经过主机维修和试航，据此可以合理推定修船人和船员存在疏忽，未经谨慎处理发现和纠正主机存在的问题或未正确保养和维护主机，可能涉及第6.2.3条中的“船长、高级船员、船员的疏忽”和第6.2.4条中的“被保险人以外的修船人的疏忽”这两类列明风险，这是保险条款第6条第2款列明的保险人承保的第二类风险，保险人对此类风险的承保存在“但书”的例外规定，即以保险标的的全损损失非起因于被保险人、船东或管理人缺乏谨慎处理为条件。

在案证据表明，“SAGAN”轮与原告之间的实时通讯畅通。2月4日“SAGAN”轮报告活塞环备件严重不足，需要24个活塞环的紧急备件，2月5日“SAGAN”轮报告6组气缸中有3组气缸的活塞环损坏，说明船上备件严重不足，如果其他气缸的活塞环继续出现问题，主机随时可能无法再启动。原告在有条件纠正船舶不适航状态的情况下不采取合理措施，未安排解决紧急备件，也未根据当时的船位，趁船舶主机尚可以启动时就近挂靠附近港口进行维修，未给予船舶足够的岸基支持。当船长两次询问原告是否继续航程时，原告指示“SAGAN”轮冒险继续航程，缺乏合理和必要的谨慎。船长在2月6日上午已向原告报告主机无法启动，原告在当日也获悉“SAGAN”轮的6组气缸中仅有1组气缸的活塞环状况良好且无足够配件更换，因此已明知不可能靠船员的修理使主机恢复正常。船舶处于完全失去动力的漂航状态，面临碰撞和搁浅的现实危险。证据表明，“SAGAN”轮在2月6日晚间已经与渔船发生碰撞。此时，原告还应当注意到未来几天海况将会恶化的天气预报，应当尽早安排拖轮对船舶进行施救。但是原告直到2月8日下午才开始联系韩国拖轮。并且，当天被告知拖轮遇到高涌浪被迫返回，预计到2月11日上午才能出发拖航后，未立刻寻求更大马力的拖轮施救。2月9日午夜船长明确告知如果拖轮有延迟，“SAGAN”轮有搁浅危险，2月10日上午，原告已获报船舶距离附近的岛屿仅有60至70海里的距离，当天被告知另行联系的同样马力的日本拖轮预计到2月13日才能出发时，再无其他应急举措，也不指令船舶发布求救信号，放任"SAGAN"轮身处险境。综上所述，在"SAGAN"轮主机故障演变为搁浅全损的过程中，原告缺乏谨慎处理。即使"SAGAN"轮主机故障可能系由第二类风险所引起，但由于全损损失是被保险人缺乏谨慎处理所致，因此属于保险人在此类列明风险下不承担赔偿责任的例外情形。

"SAGAN"轮在2月9日开始遇到的海况为6级风和5—6级的浪，好于开航次日的海况，不属于灾害性的异常海况，其对"SAGAN"轮的影响是"风浪的通常作用"，对于动力正常时的"SAGAN"轮难以构成威胁，不构成协会定期船舶保险条款第6条第1款列明的第一类风险中的"海上危险"。

综上，"SAGAN"轮搁浅全损的事故系由多种原因共同作用所造成的结果，但该多种原因或不属于保险人承保的列明风险，或属于列明不予赔偿的情形，因此保险人无需赔偿。

三、关于船舶不适航

"SAGAN"轮于2016年7月在港口国监督检查（PSC，即PORT STATE CONTROL）中被滞留，被发现设备老旧，建议对船况进行全面检查，在开航前因主机点火故障进厂维修，厂修结束后未经过船级社的检验认证，因此，"SAGAN"轮事发时虽持有全套有效的船舶证书，但并不足以证明其船体、轮机和装备等适航。"SAGAN"轮的主机在开航次日就接连发生多次扫气箱着火事故，最终失去动力不能完成既定航程，这一事实本身足以证明"SAGAN"轮在开航当时主机状态并不适航。"SAGAN"轮在2月4日就报告需要24个活塞环备件，说明开航时携带4个备用活塞环可能符合最低的要求，但是针对老龄船和主机曾经发生故障的"SAGAN"轮而言远远不够。因此，"SAGAN"轮在开航时船况不佳且备件不足，技术状态上不适航。

"SAGAN"轮在2016年4月和7月的PSC检查中连续两次被滞留，先后被列为标准风险与高风险船舶，主机故障后缺乏有效应急措施，深层次原因是船舶未有效建立或落实安全管理体系，安全管理方面不适航。国际海事组织制定的《国际船舶安全营运和防止污染管理规则》（ISM规则）是《1974年国际海上人命安全公约》（SOLAS公约）的组成部分，是适用于国际航行船舶的强制性国际标准。虽然“SAGAN”轮持有安全管理证书（SMC证书），船舶管理人明进公司持有符合证书（DOC证书），但这只是“SAGAN”轮的安全管理体系符合ISM规则的初步证据。从涉案船岸沟通情况看，“SAGAN”轮由没有船舶管理资质的原告船东直接运营管理，船舶备件、船舶修理、船舶货运安全等都在原告的控制之下，作为船舶管理人的明进公司从未出面，船舶安全管理体系和实际的管理情况脱节，导致船舶在发生主机故障时，原告无力按照ISM规则的要求，向船舶提供足够的资源和岸基支持，不能在任何时候对船舶所面临的危险、事故和紧急情况做出正确的反应，使机损事故一步步演变为搁浅全损事故。

综上，“SAGAN”轮在涉案航次开航时在技术方面和安全管理体系方面均不适航，且船舶不适航是导致其搁浅的原因。原告作为船舶所有人，对“SAGAN”轮直接运营管理，对以上适航性方面存在的问题显然是明知的，依据《中华人民共和国海商法》第二百四十四条的规定，保险人不负赔偿责任。

（生效裁判审判人员：孙辰旻、张　雯、张　俊）

参考性案例156号

东盛航运有限公司诉商行荣耀国际航运有限公司申请承认和执行外国仲裁裁决案

（上海市高级人民法院审判委员会2023年5月26日讨论通过）

关键词　涉外海事/申请承认和执行外国仲裁裁决/管辖权/纽约公约/主要办事机构所在地

裁判要点

离岸公司主要办事机构所在地在中国境内的，中国法院有权根据《联合国承认及执行外国仲裁裁决公约》(《1958年纽约公约》) 受理申请承认与执行外国仲裁裁决案件。在认定离岸公司主要办事机构时，只要有证据证明被申请人与法院地存在一定程度的联系，其确在该地经营或办公即可认定该地为其主要办事机构所在地。

相关法条

《中华人民共和国海事诉讼特别程序法》第十一条

《最高人民法院关于适用〈中华人民共和国民事诉讼法〉的解释》第三条

基本案情

申请人东盛航运有限公司称，其与被申请人商行荣耀国际航运有限公司签订租船合同，约定由被申请人租用申请人所有的船舶用于货物运输，双方如有争议由伦敦海事仲裁委员会（LMAA）仲裁解决。后双方就该租船合同的履行发生纠纷，申请人依据仲裁条款向伦敦海事仲裁委员会申请仲裁，并由两名仲裁员组成的临时仲裁庭作出终局裁决，裁定被申请人向申请人支付租金 90790.28 美元、仲裁费 11400 英镑、申请人因该仲裁支出的费用及上述各项费用的利息。因被申请人未履行裁决书确定的义务，申请人向上海海事法院申请承认和执行上述仲裁裁决书。

审查中，商行荣耀国际航运有限公司在提交答辩状期间，对管辖权提出异议，认为其登记注册地为马绍尔群岛，在中国未设立主要办事机构，也没有任何财产，申请人无权在中国法院申请承认和执行涉案仲裁裁决，上海海事法院对该案没有管辖权。

裁判结果

上海海事法院于 2020 年 7 月 13 日作出（2020）沪 72 协外认 1 号民事裁定书，裁定驳回被申请人商行荣耀国际航运有限公司对本案管辖权提出的异议。

管辖裁定作出后，被申请人提起上诉。上海市高级人民法院于 2021 年 1 月 22 日作出（2020）沪民辖终 110 号民事裁定书，裁定驳回上诉，维持原裁定。

裁判理由

法院生效裁判认为：申请人与被申请人就双方之间的租船合同纠纷提交英国伦敦进行仲裁，仲裁裁决于 2019 年 10 月 10 日在英国作出，本案仲裁裁决为外国海事仲裁裁决。中、英两国均为《联合国承认及执行外国仲裁裁决公约》(《1958 年纽约公约》) 缔约国，本案中不存在上述公约第五条规定的拒绝承认和执行外国仲裁裁决的情形。根据《中华人民共和国海事诉讼特别程序法》第十一条的规定，当事人申请执行国外海事仲裁裁决的，向被执行的财产所在地或者被执行人住所地海事法院提出。因此，申请人可以向被申请人住所地或财产所在地的海事法院申请承认和执行涉案仲裁裁决。

申请人与被申请人签订的租船确认书载明被申请人的地址为中国上海。涉案仲裁裁决书载明，被申请人是一家注册在马绍尔群岛的公司，经营地在中国上海（carrying out business in Shanghai，China）。在履行涉案航次期间，业务员发送给租船经纪人的邮件称，被申请人（租家）确认其与 HONG GLORY SHIPPING CO.，LIMITED 是同一家公司，并由该业务员向船长发送涉案航次的相关指示，而 HONG GLORY SHIPPING CO.，LIMITED 的办公地址与租船确认书载明的被申请人地址一致。上述材料可以证明中国上海的该处地址同时也是被申请人的经营办公场所，被申请人的主要办事机构所在地可以确定。被申请人称其在中国未设立主要办事机构，该辩称与实际情况不符。根据《最高人民法院关于适用〈中华人民共和国民事诉讼法〉的解释》第三条的规定，中国上海系被申请人的住所地，属于上海海事法院管辖范围，故上海海事法院对该案具有管辖权。

（生效裁判审判人员：壮春晖、范　倩、俞　佳）

（责任编辑：牛晨光）

《上海市高级人民法院关于支持和保障浦东新区高水平改革开放打造社会主义现代化建设引领区的实施细则（2023 年）》

为全面落实中共中央、国务院《关于支持浦东新区高水平改革开放打造社会主义现代化建设引领区的意见》，推动《上海市高级人民法院关于支持和保障浦东新区高水平改革开放打造社会主义现代化建设引领区的实施方案》各项举措落到实处，取得实效，为支持浦东新区高水平改革开放、打造社会主义现代化建设引领区（以下简称浦东引领区建设）提供更加有力的司法服务和保障，上海市高级人民法院在认真调研、全面梳理有关司法需求的基础上，结合上海法院工作实际，制定本实施细则。

一、加强机制保障，支持浦东新区立法探索实践

1. 坚持法治引领，推动建立系统完备的法治保障体系。对于上海市人民代表大会及其常委会立足浦东改革创新实践需要，制定的浦东新区法规，以及浦东新区人民代表大会及其常务委员会和浦东新区人民政府在暂无法律法规或者明确规定的领域先行制定的管理措施，依法予以支持。浦东新区法规可以被司法裁判引用，作为判决和说理的依据。着力推动规则、规制、管理、标准等制度型开放，推动建立完善与浦东大胆试、大胆闯、自主改相适应的司法保障体系。加强浦东引领区建设过程中司法需求和突出问题的前瞻性调研，总结经验做法，适时向最高人民法院提出制定、修订或废止相关司法解释和政策文件的意见建议。对于可以通过制定浦东新区法规、管理措施解决的问题，结合司法实践，及时提出立法建议，并在立法全过程中提供必要的协助，强化支撑浦东高水平改革开放的法治保障。

2. 加强调研指导，强化信息化保障。在推动浦东新区法规、管理措施落

实中，不断总结疑难复杂和新类型案件的裁判规则，加强前瞻性研究，及时发布涉引领区建设的知识产权、商事、金融、海事、行政等领域专业化审判工作报告、审判白皮书和典型案例，以及涉浦东新区法规和管理措施实施的司法白皮书和相关案例，加大司法改革创新举措和典型案事例的法治宣传，提升司法裁判的影响力和公信力。加强智慧法院建设，推动司法大数据和行政管理大数据的互联互通，提升司法大数据预警预测功能，协同防范化解重大风险，助力浦东打造现代化城市治理的示范样板，促进“一网统管”智慧城市建设。

二、加大知识产权司法保护力度，支持和保障国际科技创新中心核心区建设

3. 加大对重点领域、关键环节创新型知识产权的保护力度。聚焦浦东在集成电路、生物医药、人工智能、生命科学、民用航空、高端装备、新能源及智能网联汽车产业等领域的创新研发，健全证据保全和审查机制，切实加强涉关键技术领域产业的知识产权诉讼指引。准确把握证据规则和证明标准，运用法院调查令、证据出示令等制度，有效减轻权利人举证负担，同时，加大对举证妨碍行为的司法惩戒力度。探索将专利实施调查结果作为故意侵权判定的依据，结合在案证据全面审查、综合评估被诉侵权方主观过错及其过错程度。健全技术调查官制度，增强技术事实认定的准确性。优化损害赔偿计算方法与裁量规则，合理确定知识产权侵权赔偿基数，依法实施更大力度的知识产权侵权惩罚性赔偿制度，降低维权成本、提高侵权代价，助力浦东加快关键技术研发，强化高端产业引领功能。

4. 健全知识产权裁判机制，实现更高水平的知识产权保护。聚焦浦东深化科技创新体制改革，优化创新创业生态环境，依法落实《上海市浦东新区建立高水平知识产权保护制度若干规定》《上海市浦东新区优化揭榜挂帅机制促进新型研发机构创新发展若干规定》，深化上海法院知识产权“三合一”审判机制，加强知识产权民事、行政、刑事交叉案件法律适用疑难问题研究。充分运用互联网新技术，积极探索知识产权纠纷在线化解新模式，探索科创板拟上市企业知识产权诉讼的快速处理工作机制，调研推动外观设计、驰名商标认定等纠纷案件管辖问题，促进纠纷依法、公正、便捷、高效化解。加

强商业秘密保护的法治宣传和类案研究，加强对商业秘密权利人和相关主体合法权益的保护。加强人民法院知识产权司法保护国际交流（上海）基地、人民法院知识产权司法保障科技创新研究（上海）基地建设，促进国际司法交流，研究解决技术创新中的知识产权保护前沿问题，助力浦东打造世界级创新产业集群，推动自主创新新高地建设。

三、发挥商事和破产审判职能，支持和保障国际贸易中心核心区建设

5. 提升涉外司法效能，完善涉外商事审判机制。建立健全与浦东引领区建设要求相适应的国际商事审判体制机制。对接上海自贸区及临港新片区投资贸易自由化制度和规则体系特殊需求，推进上海国际商事法院设立，加强国际商事审判组织建设，完善涉外商事案件归口集中办理机制，探索简易涉外民商事案件快速审理机制，探索跨境在线审判程序，提升涉外民商事案件审理效率。健全国际商事纠纷法律查明与适用机制，完善多边、双边域外法查明合作机制，提升国际商事审判法律适用水平。准确实施外商投资法及相关司法解释，积极推动建立与国际通行规则相衔接的制度和规则体系，助力浦东营造有利于外商投资和保护的法治环境，增强中外投资者信心。

6. 依法维护好市场主体合法权益，深入推进商事制度改革。依法落实《上海市浦东新区市场主体登记确认制若干规定》《上海市浦东新区推进市场准营承诺即入制改革若干规定》，支持保障浦东探索试点商事登记确认制、市场准营承诺即入制、制定放宽市场准入特别措施清单、深化实施“一业一证”改革、建立行业综合许可和综合监管制度等多项改革有序推进。完善涉商事制度改革产生的法律纠纷解决机制，依法妥善解决相关法律争议，充分发挥司法裁判的规范引导功能，助力浦东发挥全方位、高水平扩大开放试验田作用。

7. 完善新型破产审判规则体系，健全市场主体退出机制。加强企业破产府院联动机制建设，建立健全规范高效的破产管理人履职保障机制，依法落实《浦东新区关于构建企业破产工作府院协调机制的实施方案（试行）》，配合相关政府部门建立健全破产信息归集、共享和公示系统，推动建立有别于正常经营企业的重整企业信用修复机制。依法落实《上海市浦东新区完善市场化法治化企业破产制度若干规定》，探索完善符合高质量发展需要的破产审

判规则体系，大力推进支持企业庭外重组、预重整的有效机制，细化企业强制清算转破产清算的程序衔接，完善破产案件繁简分流、简易程序快速审理等审判机制，提高破产案件办理质效。开展个人破产制度研究。加快打造高水平专业化破产审判机构，加快推进破产审判专业化建设，切实承担好先行先试任务，为上海和国家破产法治完善探索积累可复制可推广的经验。

四、创新金融审判机制，支持和保障国际金融中心核心区建设

8. 打造金融审判创新试验区，支持保障进一步扩大金融开放力度。依法落实《上海市浦东新区绿色金融发展若干规定》，保障各项金融创新举措的实施，支持上海金融法院积极稳妥探索金融市场案例测试机制，创新专业化金融审判机制。健全完善与科创板及注册制相适应的专业化金融审判机制，公正高效化解涉科创板金融纠纷。聚焦浦东发展人民币离岸交易、跨境贸易结算和海外融资服务，健全涉外金融审判机制，妥善审理涉跨境证券及金融衍生品、涉跨境投融资、涉跨境资管产品、信用证和独立保函、涉跨境支付结算、涉跨境保险等新型业务引发的金融案件。加强中国法院金融审判国际交流（上海）基地建设，积极运用支持诉讼机制、示范判决机制、代表人诉讼机制等妥善化解涉外金融纠纷案件。完善涉外金融案件管辖机制，依法行使涉外金融纠纷司法管辖权，助力浦东进一步加大金融开放力度，更好服务和保障实体经济发展。

9. 加强金融法律制度保障，健全金融风险防控机制。高度关注境外金融市场对国内金融市场的传导效应，支持在沪金融基础设施建立健全跨境金融风险防范机制，维护人民币跨境支付系统等交易、清算、结算系统安全，强化金融风险的源头治理，筑牢境内外金融风险隔离墙。进一步加强与金融监管部门、行业协会的互动协作，建立健全防范化解金融风险协同机制，支持金融监管部门开展“监管沙盒”等监管模式创新，推动建立健全跨境资金流动监测预警、宏观审慎评估和协调联动体系，助力浦东提升区内金融创新竞争能力，促进上海经济金融健康良性发展。

五、优化多元化纠纷解决机制，推动矛盾纠纷源头化解

10. 加强与司法行政部门等协调配合，健全完善开放共享、多元共治的

诉讼前端纠纷解决机制。坚持将非诉纠纷解决机制挺在前面，充分发挥司法引领、推动和保障作用。进一步深化与世界知识产权组织的合作，支持世界知识产权组织仲裁与调解上海中心建立完善涉外知识产权纠纷多元解决机制建设。依法落实《浦东新区促进商事调解若干规定》，建立健全商事调解与商事诉讼的对接协作机制，解决调解程序与诉讼程序、时效合理衔接问题，畅通诉调对接、调解协议司法确认等衔接渠道，提升商事调解执行效力。加大与国际商事调解机构、仲裁机构的协作力度，健全调解、仲裁、诉讼有机衔接的涉外商事纠纷“一站式”纠纷解决平台。支持境外知名国际商事仲裁机构在浦东新区设立业务机构，就国际商事争议开展仲裁业务，依法支持和保障仲裁案件当事人的财产保全、证据保全、行为保全等临时措施的申请和执行，助力浦东打造成为上海国际法律服务中心、国际争议解决中心和面向全球的亚太仲裁中心的核心承载区。

《上海审判实践》征稿启事

《上海审判实践》是由上海市高级人民法院主办的应用法学类刊物。为进一步提升《上海审判实践》的办刊质量，更好地服务法官执法办案，更好地汇聚法律共同体的真知灼见，进一步扩大刊物的社会影响力，自2018年5月起，《上海审判实践》将改版公开发行。在改版之际，本刊编辑部正式向全市法院系统及社会公开征稿，欢迎全市法院干部、法学理论界和司法实务界同仁惠赐佳作。

一、办刊宗旨

《上海审判实践》将秉持求真务实的原则，秉承兼容并蓄的风格，倡导实务研究，鼓励理论创新，传递“法律人共同的声音”，努力构筑法学理论界、司法实务界探索交流的实践与学术高地。刊物以季刊形式每年四辑公开出版。

二、栏目简介

1. 专稿：主要展示司法实务部门业务专家、权威学者等的理论研究佳作。

2. 专题策划：以相关法律热点为专题开展深入探讨，形成对热点问题的系统、全面解读。

3. 司法实务：主要展示对司法实践突出问题的深入分析与认真思考，突出文章的现实指导意义和实践参考价值。

4. 学术争鸣：主要展示专家学者、实务界精英对前沿理论问题的思考。

5. 司法大数据分析：以司法大数据为基础，梳理实践中的突出问题，深入剖析内在原因，探索解决路径。

6. 改革前沿：主要展示司法改革的内容、成效以及相关思考。

7. 案例精解：精选最高人民法院指导性案例、公报案例、上海法院精品案例等，进行深度解读。

8. 审判业务文件：对最高人民法院、上海市高级人民法院等发布的审判业务文件进行研究解读。

9. 审判答疑：对审判实务中的热点、难点，尤其是法律适用不统一问题，组织经验交流和总结答疑。

三、征稿要求

1. 字数：《上海审判实践》以稿件的学术水平及文稿质量作为辑录依据。普通稿件 8000—10000 字为宜，最多不超过 15000 字；案例分析 6000—7000 字为宜。

2. 稿件要求：《上海审判实践》编辑部拥有《上海审判实践》辑录作品的相关知识产权。来稿需未在任何纸质和电子媒介上发表过；译稿请同时寄送原文稿，并附作者或出版者的翻译书面授权许可；作者应保证对其作品具有著作权并不侵犯其他个人或组织的著作权。稿件需注明作者身份、联系方式和投稿栏目信息。

3. 格式要求（见附件）。

四、来稿方式

上海法院内部的稿件通过《上海审判实践》投稿系统直接投送；上海法院外部的稿件以电子邮件方式发送至电子邮箱 shspsj@126.com。上海市高级人民法院《上海审判实践》编辑部，地址：上海市徐汇区肇嘉浜路 308 号。

五、辑录说明

1.《上海审判实践》公开出版发行后，“中国上海司法智库”微信公众号将作为其唯一电子版及电子增刊发布平台。除作者在来稿时声明保留外，则视为同意将《上海审判实践》投稿作品供“中国上海司法智库”微信公众号进行编辑推送。

2.“中国上海司法智库”微信公众号已发布的优秀原创作品，将择优辑录入《上海审判实践》；未辑录入《上海审判实践》的作品，也将择优以

《上海审判实践》电子增刊形式在“中国上海司法智库”微信公众号进行编辑推送。

3.《上海审判实践》及“中国上海司法智库”微信公众号上刊登的上海法院原创来稿，将录入上海法院调研工作考核系统。

《上海审判实践》辑录所有文章的转载、摘登、翻译和结集出版事宜，均须得到编辑部的书面许可。

上海市高级人民法院研究室
《上海审判实践》编辑部
2018年4月2日

请扫右侧二维码
即时关注《上海审判实践》网络版及电子增刊发布平台

附：注释体例

来稿一般应有摘要及关键词，应做到“三统一”，即体例统一、数字用法统一和注释规范统一。

（一）本书提倡引用正式出版物，出版时间应精确到年；根据被引资料性质，可在作者姓名后加“主编”、“编译”、“编著”、“编选”等字样。

（二）文中注释一律采用脚注，全文连续注码，注码样式为：①②③等。

（三）非直接引用原文时，注释前加“参见”；非引用原始资料时，应注明“转引自”。

（四）数个注释引自同一资料时，注释体例为：前引①，哈耶克书，第48页。

（五）引文出自同一资料相邻数页时，注释体例为：……，第67页以下。

（六）引用自己的作品时，请直接标明作者姓名，不要使用“拙文”等自谦词。

（七）具体注释体例：

1. 著作类

① 胡长清：《中国民法总论》，中国政法大学出版社 1997 年版，第 20 页。

2. 论文类

① 苏永钦：《私法自治中的国家强制》，载《中外法学》2001 年第 1 期。

3. 文集类

①［美］J. 萨利斯：《想象的真理》，载［英］安东尼·弗卢等著：《西方哲学演讲录》，李超杰译，商务印书馆 2000 年版，第 112 页。

4. 译作类

①［法］卢梭：《社会契约论》，何兆武译，商务印书馆 1980 年版，第 55 页。

5. 报纸类

① 刘均庸：《论反腐倡廉的二元机制》，载《法制日报》2004 年 1 月 3 日。

6. 古籍类

①《史记·秦始皇本纪》。

7. 辞书类

①《新英汉法律词典》，法律出版社 1998 年版，第 24 页。

8. 外文类

依从该文种注释习惯。

《上海审判实践》（网络版）目录

	栏　目	题　　　目	作　　者	责　编
1	精品案例	网络舆论监督合理限度的认定标准与责任承担	孙海峰　陈宇琦　喻　晖	牛晨光　唐安东
2	适法研究	涉婚恋诈骗罪案件统计分析研究	邓梦婷	高佳运
3	精品案例	法院执行中探望权困境的实证研究	顾爱彬	牛晨光
4	决策参考	人口老龄化司法应对相关问题研究	朱晓喆　张开骏　艾志凌　王　璐　汪绪文　王佳文	高佳运
5	精品案例	公司股东作为实际出资人请求显名无需经其他股东过半数同意	吴金水　毛海波　俞　佳　陈　姝	牛晨光
6	论文精选	侵犯商业秘密罪中“商业秘密”的认定	周宇翔	李瑞霞
7	精品案例	合作完成发明创造之专利权属的判定方法	张　莹　李沐璇	牛晨光
8	法官论坛	民事诉讼强制措施制度的异化运行及匡正——基于价值与方法的二元视阈	陈树森　沈　烨　孙志超	高佳运
9	精品案例	舆论监督侵害营利法人名誉权的司法认定	王晓梅　顾嘉旻	牛晨光
10	论文精选	认罪认罚制度与无罪辩护的实践冲突及消解路径	徐美娟	李瑞霞
11	精品案例	共同海损理算的司法审查	李　剑	牛晨光
12	决策参考	诉源治理视域下人民法院推进基层社会治理法治化路径研究	鲍慧民　王燕华　熊艳蓓　陈育超　阮彦宁	高佳运　邓梦婷
13	精品案例	股东查阅会计凭证的可行性与边界分析	朱　川　李非易	牛晨光　蔡　港
14	精品案例	股权拍卖中股东优先购买权保护的司法认定	韩　峰　高　磊	牛晨光　蔡　港
15	法官论坛	公司法规范类型的选择与识别——以公司法二审稿为讨论对象	陈　克	高佳运

图书在版编目(CIP)数据

上海审判实践. 2023年. 第2辑/王光贤主编. —
上海:上海人民出版社,2023
ISBN 978-7-208-18417-6

Ⅰ.①上… Ⅱ.①王… Ⅲ.①法院-审判-工作-研
究-上海 Ⅳ.①D926.22

中国国家版本馆CIP数据核字(2023)第133557号

责任编辑 史尚华
封面设计 夏 芳

上海审判实践(2023年第2辑)
上海市高级人民法院 主办
王光贤 主编

出 版 上海人民出版社
(201101 上海市闵行区号景路159弄C座)
发 行 上海人民出版社发行中心
印 刷 上海商务联西印刷有限公司
开 本 720×1000 1/16
印 张 22.5
插 页 2
字 数 343,000
版 次 2023年8月第1版
印 次 2023年8月第1次印刷
ISBN 978-7-208-18417-6/D·4162
定 价 95.00元